南开大学中外文明交叉科学中心资助

张友伦文集

美国西进运动探要

张友伦◎著

南开大学历史学院◎编

天津出版传媒集团

天津人民出版社

图书在版编目（CIP）数据

美国西进运动探要 / 张友伦著；南开大学历史学院
编 . -- 天津：天津人民出版社，2022.2
（张友伦文集）
ISBN 978-7-201-17795-3

Ⅰ.①美… Ⅱ.①张… ②南… Ⅲ.①领土扩张—美
国—近代—文集②区域开发—美国—近代—文集 Ⅳ.
①K712.42-53

中国版本图书馆 CIP 数据核字(2021)第 226796 号

美国西进运动探要
MEIGUO XIJIN YUNDONG TAN YAO

出　　版	天津人民出版社	
出 版 人	刘　庆	
地　　址	天津市和平区西康路35号康岳大厦	
邮政编码	300051	
邮购电话	（022）23332469	
电子信箱	reader@tjrmcbs.com	

总 策 划	王　康　　沈海涛	
项目统筹	金晓芸　　康悦怡	
责任编辑	王小凤	
特约编辑	康悦怡	
装帧设计	明轩文化 · 李晶晶	

印　　刷	河北鹏润印刷有限公司	
经　　销	新华书店	
开　　本	710毫米×1000毫米　1/16	
印　　张	24	
字　　数	334千字	
版次印次	2022年2月第1版　　2022年2月第1次印刷	
定　　价	182.00元	

前　言

　　张友伦先生是国内外知名的美国史、世界近现代史和国际共产主义运动史学家,1959年毕业于苏联列宁格勒大学历史系,回国后于南开大学历史系、历史研究所从事教学、研究工作。张先生曾任南开大学历史研究所所长、美国史研究室主任、校学术委员会委员,长期担任教育部人文社科重点研究基地南开大学世界近现代史研究中心学术顾问、教育部国别与区域研究(备案)基地南开大学美国研究中心学术顾问,主要学术兼职有中国美国史研究会理事长(1986—1996)及顾问(1996—　　)、中华美国学会常务理事、《美国研究》编委等。张先生撰写和主编的学术著作、教材和工具书有二十余种,在《历史研究》、《中国社会科学》(英文版)、《世界历史》、《美国历史杂志》等国内外重要的学术刊物上发表了数十篇论文。值得特别指出的是,张先生还曾参与历史知识的普及工作,由其编写的《共产主义者同盟》《第一国际》《第二国际》等通俗历史读物,行销百万册,甚至出版发行了少数民族文字版。张先生指导过近三十名硕士和博士研究生,其中数位已经成为中国世界史学界的栋梁之材和骨干力量。张先生在世界史尤其是美国史领域的学术探索、学科建设、人才培养等方面做出了卓越贡献,推动了中国世界史研究的纵深发展,堪称"老一代和新一代史学家之间的桥梁"。

　　由天津人民出版社编辑出版的多卷本《张友伦文集》,在张先生及其家人、众多张门弟子、南开师友与出版社众位领导、编辑的共同努力下终于问世。这套文集由南开大学历史学院主持编选,现就一些事项做说明如下:

　　《张友伦文集》收录张先生所著的多部学术著作及四十余篇学术论

文,这些论著写作时间跨度很长,难免带有时代烙印,并且著述体例规范各异,给文集的整理和编辑工作带来了较大困难。此次出版除对个别字句的误植进行订正和对人名、地名、译名的核改外,尽量保持最初发表及出版时的样貌,其间涉及俄文注释的篇章,保留了张先生对部分俄文的翻译,充分体现学术发展的脉络和时代性,以便后人更好地理解中国世界史研究的发展态势。

为保证文集的学术水平和编纂质量,南开大学历史学院与天津人民出版社密切合作,联手打造学术精品。经张友伦先生授权,由南开大学历史学院主持文集编选工作,成立以杨令侠教授、丁见民教授、张聚国副教授为主导的编选委员会,带领研究生收集旧版书稿、整理编选、核对史实、翻译注释,并拟定各卷顺序及目录。其中,美国研究中心的博士及硕士研究生杜卓阳、栗小佳、马润佳、赵航、郝晋京、陈阿莉、吴昱泽等同学出力尤多,在旧版书稿与扫描文稿间多次折校。东北师范大学梁茂信教授,北京大学王立新教授,复旦大学李剑鸣教授,南开大学杨令侠教授、赵学功教授和付成双教授,分别对各卷文稿进行专家审读,以避免年世浸远而引起的篇牍讹误。

感谢南开大学中外文明交叉科学中心江沛教授、南开大学历史学院余新忠教授为文集出版所做的努力和所提供的支持。中外文明交叉科学中心负责人江沛教授在担任历史学院院长时,启动了《张友伦文集》的出版工作,并指派专人负责文集资料的收集与整理工作。余新忠教授担任历史学院院长后,也十分关心文集出版的后续进展,提出了不少建设性意见。

天津人民出版社刘庆社长、王康总编辑和沈海涛副社长带领团队全力以赴,成立专门的编辑小组。小组全体编辑倾情投入,付出了艰巨的劳动,她们是金晓芸、孙瑛、张璐、王小凤、康悦怡、燕文青、康嘉瑄。在此向天津出版传媒集团和天津人民出版社表示衷心的感谢。

2021年,恰值张友伦先生九十华诞,这套历时三年精心打造的文集是献给张先生的寿辰贺礼!张先生长达半个世纪的学术生涯是在南开大学度过的,他对南开大学历史学院及世界史学科常怀眷眷之心,退休后依然关心历史学院的发展,希望南开史学后继有人。先生的殷殷嘱托,时常响于耳畔,勉励我辈奋发图强。

衷心祝愿先生健康长寿!

《张友伦文集》编选委员会
2021 年 11 月 18 日

作者附言

天津人民出版社为我出的这套文集,差不多把我一生所写的文章和书都收进去了。过去,只有知名的老教授才能获得这样的机会,但获得的人数极少。我虽然也是退休老教授,却没有什么知名度。所以,从来没有出这种文集的奢望。

作为一名教师,出版文集也是心所向往却又不容易的事情。我有幸出过两本文集,但部头都不大。每本只有二十几篇文章,三十多万字。那时已有幸遇知己的感觉,满怀高兴和感谢之情。对于那些从未谋面或交往不多的知我者一直念念不忘。

这次的感受更不同了。当我听到要出多卷本文集的时候,立刻被震动了,喜出望外,深感出版社的知遇之情,同时也明白自己同"知名"还有距离。我被拔高了,心中有所不安。常言道实至名归,我却是实尚未至,名却归了。

出版社的工作抓得很紧。2019年初,金晓芸编辑就带着她的编辑出版计划到我家来商讨,时任南开大学历史学院院长的江沛教授和曾任中国加拿大研究会会长的杨令侠教授一直关心文集的出版,也参加了这次商讨会。大家都觉得,出版社的计划很具体,也很周密,按专题分卷,并列出了每卷收入的著作和文章,可操作性很强。大家都同意这个计划,但觉得部头大,编辑工作很繁重,我应当配合出版社做的事情也很多,恐怕我这个耄耋老人承担不了。大家的担心不是多余的。只是查找和收集分散在外的文章这一项工作就得跑遍资料室和图书馆,是我无法办到的。我的听力不行，用电话和编辑沟通也比较困难，肯定会影响工作的进展。我确实有些为难了。江沛教授察觉到我的心情，当场就指定张聚国老师全力帮助我。

聚国是我的同事，办事认真、仔细。有他帮助，我就如释重负了。那段时间，在他的帮助下，我比较快地完成了应做的事情。现在工作已经到了校对阶段，离完成的日子不远了。可以说，聚国是此事的一大功臣。现任南开大学历史学院院长余新忠教授和副院长丁见民教授也为这部文集的出版费了不少心力，我谨在此对他们和所有关心、帮助过文集出版的先生、学友致以诚挚的谢意。对出版社的诸位领导和编辑除了深深的感谢以外，还要对他们为了事业，不计得失，果断出版多卷本、大部头史学文集的气魄表示由衷的敬佩。

在我的附言中不能不提到我那已经去世的老伴李景云。她也是南开大学历史系的教师。在我们共同生活的五十五年中，她总是主动承担着几乎全部的家务，否则我是写不出这些著作和文章的。这套文集背后有她的辛勤劳动和无限关心，没有她的支持也就不会有这套文集。我心里总觉得文集是我们两人共同努力的结晶，所以要在这里写上一笔。

张友伦

2021年11月10日

目　录

导　言

　　美国西进运动进入我的视野是20世纪80年代的事,起初并不是我的研究重点,但接触越多就越感到这个问题的重要性。于是在教学之余尽可能多用点时间关注这方面的研究状况,阅读有关的书籍和论文,断断续续地在《历史研究》《世界历史》等学术刊物上发表了一些文章。但是,由于教学任务在身,能够挤出的时间有限,精力也很难集中,不敢存有写成一部专著的奢望,一直到退休后才把这件事情提上议事日程。

　　西进运动就是美国拓展西部疆域和开发广阔的西部的过程,历时大约一个世纪。所涉及的疆域是东自阿巴拉契亚山,西至太平洋沿岸的广大地区,约相当于美国国土的3/4。在如此广袤的土地上变荒原、丛林为沃野、城镇,不可不谓之奇迹,其重要意义无论如何高估都不算过分。从某种意义上说,不研究美国的西进运动就不可能了解美国迅速发展的重要原因。

　　西进运动是史无前例的开创性事件,其所包含的内容极为丰富而且十分重要,绝非一两本书可以说清楚的。美国西部史专家帕克森、默克和比林顿的专著都是洋洋洒洒的巨著,对西进运动研究做出了重大的贡献,至今仍然是这方面必读的参考书。即使这样,书中对西进所涉及的文化现象、社会结构的变化、移民的心理状态、少数族裔的状况、妇女的地位和作用等问题都语焉不详,或者根本没有提到。后来又陆续出版了许多专题著作弥补了综合性著作的不足。但是由于西进运动涉及的问题很多而且十分复杂,有些问题虽然经过反复论述仍然留下了进一步探讨的空间。选准这些空间,走进去探寻一下,也许会有所得。即使没有突破,把繁杂纷乱的现象和事件梳理成型也是一项有益的工作。所以我决定对西进运动中某些重要问题进行梳理和再探讨。由于这些问题相互之间都有联系,结合在一本书里大体上也可以勾画出美国西进运动史的轮廓。

尽管西进运动在美国历史上十分重要,但在一个世纪以前无人理睬,完全为当时美国史学界所忽视。当时知名学者的著作几乎都不涉及西部和西进运动,即使偶尔提到西部也是一带而过。有的学者甚至不愿参加西部史的讨论。1882年12月,美国史学家约翰·富兰克林·詹姆森在出席这届讨论过西部史的美国历史协会年会后,给他父亲写信说:"这次会议毫无意义……我认为不管怎么说西部史都是枯燥无味的。"①直到19世纪90年代弗雷德里克·杰克逊·特纳的边疆学说提出后,美国西部才开始引起学术界的重视。美国西部史也逐渐成为一门独立的学科。不过,特纳的西部史主要是讲美国的边疆从东到西不断推进的过程,而不是对某个固定的西部地区的全面研究,实质上就是一部西进运动史。

此后,美国西进运动史学又经历了差不多一个世纪的发展,取得了长足的进步,可谓硕果累累。当然,众多的论著并非都是精品,其中也颇有一些糟粕,需要加以鉴定和整理。在这方面美国西部史学家做了大量工作,很值得我们对他们的研究成果进行学习和再研究。为此本书中专门辟出一章,占了相当大的篇幅,这也许会对读者有点帮助。

西进运动是什么性质的运动?为什么会发生在美国?对美国的发展起过什么样的作用?有什么经验教训值得总结和汲取?这些都是应当在书中说清楚的问题。简单地说,西进运动主要是美国大批移民不断西进和开发西部的过程,其先决条件是必须有一个广阔的未经开垦的西部。美国建国之初,密西西比河就是它的西部边界。那时的西部不算太大,翻越阿巴拉契亚山西进的移民大致用了不到半个世纪的时间就把它开发出来了。

---

① Clyde A. Milner, *A New Significance: Re-envisioning the History of the American West*, New York: Oxford University Press, 1996, p. 3.

从密西西比河西岸直到太平洋东岸，没有强大的主权国家存在，是最容易扩张的地区。美国政府的决策人早就有吞并这个地区的野心。他们先后通过购买和战争不断把疆界向西推进，使美国西部的面积成倍地增加。西进运动因而同领土扩张同步进行，这就构成了西进运动的一个阴暗面，自然也就要不断受到人们的谴责和批判。然而谴责西进运动并不等于完全加以否定。假如在美国历史上不曾发生过这个过程，那么今天的美国也只不过是密西西比河以东的一个中等大小的国家。广大西部的丰富资源和开发过程中所出现的种种机会都不可能为美国所利用，美国的国力和发展速度都会受到极大的影响，不可能在19世纪末赶上欧洲列强，跻身于世界强国之林。其后，美国也很难发展成像今天这样的超级大国。从这个意义上说，西进运动决定了美国的命运。

在移民西进和大举开发西部的过程中，美国迅速壮大，其经济发展、技术进步、农业机械化和城市工业化、现代化的速度都远远超过了其他资本主义强国，后来居上。社会生活的总体水平也有显著提高。美国学者约翰·M.布卢姆认为，美国西部"在造成经济成长和提高生活水平方面，虽然不是唯一的，但却也是主要因素，大多数白人或多或少地受益于这种生活水平的提高"[①]。

从阿巴拉契亚山到太平洋的辽阔西部都是未开垦的土地，但却不是无主的土地，差不多在各个角落都生活着印第安人，甚至在条件十分恶劣的沙漠地带也有他们的足迹。开发西部就是要从他们手中夺取土地。尽管他们人数很少，而且远远落后于欧洲移民，但仍然要奋起保卫自己的家园。于是西进运动也就成为驱赶、屠杀印第安人和剥夺其土地的过程。这在美国历史上又留下了一个洗刷不掉的污点。

美国的领土扩张和西部开发能够如此迅速而又顺利地进行，在很大程度上取决于特定的历史条件和地理环境。美国奠基于远离欧洲的北

---

① John M. Blum, *The National Experience*, Vol. 1, New York: Harcourt Brace Jovanovich, Inc., 1985, p. 206.

美新大陆,有辽阔的大西洋做天然屏障,不易受到欧洲列强的侵扰。当时欧洲列强又忙于争夺霸权而互相火并,无暇向美洲进军。美国原来的宗主国——英国虽然强大可畏,但由于受到其他欧洲强国的牵制和远隔大洋鞭长莫及,不得不在两次战争中两次中途议和,放弃对美国的征讨。西班牙、法国的殖民地和英国的加拿大殖民地虽然包围着美国,但武装力量都很薄弱,不足以对美国构成威胁。独立后的墨西哥是美国西南方的邻国,同时也是一个备受内忧外患困扰的弱国,无力抵御美国移民的渗透。正是这些条件为美国的领土扩张提供了方便,使它有可能在半个多世纪内成为横跨北美大陆的泱泱大国,为西进移民开辟了广阔的天地。

从广义上说,欧洲移民在东海岸登陆以后每向内地发展一步都是在向西推进,但是作为一种运动却是始于向阿巴拉契亚山以西移民。由于这是一本研究西进运动的书,所以书中所使用的西部概念比现今所使用的西部概念要广泛得多,包括老西部和中西部在内。在西进运动过程中,美国西部是一个不断扩大的地域。在大批移民开始西进的时候,阿巴拉契亚山到密西西比河的地区就是西部。路易斯安那的购买使西部扩大到落基山麓。其后美国又通过美墨战争和几次购买把西部边界扩展到太平洋沿岸。特纳及其弟子们一直把西部作为不断扩展的地域,其西部边界随着移民的西进而不断向太平洋沿岸推进。这样就把西部和西进运动混为一谈。其实如果就地理位置来看,老西部和中西部的大部分地区都位于美国本土的东半部。说它们属于西部只不过是历史上形成的概念,并不符合实际情况。

19世纪末美国政府宣布边疆关闭以后,越来越多的学者倾向于按地理位置和自然条件来界定西部疆域,使其成为一个固定不变的地区,从而把西部史和西进运动史区分开来。1931年,美国历史学家沃尔特·普雷斯科特·韦布在他的名著《大平原》一书中强调把西部的地域概念固定化的重要性,并认为西经98°就是美国西部的东界。①后来,迈克尔·马隆又进一步把这个说法具体化。他说:"的确,西部应当包括西经98°以西的整个地区,这是一条降雨量逐渐减少的界线,它北起南达科他的东边,往南穿过得克萨斯的中部。"②这样的界定逐步得到了美国学术界的普遍认同。干旱半干旱成为西部的一个重要标志。美国官方读物《美国地理简介》也明确指出:"在美国最主要的地理界线之一,是50公分雨量线③。这条线由北而南贯穿全国,几乎通过美国中央。此线以西的特征是人造的灌溉系统、耐旱作物、在草地上放牧、人口稀少。"④然而,对西部地域的界定,无论是过去还是现在都存在着某些不同的看法。美国人口调查局一直认为,西部只包括十三个山地州和太平洋沿岸的几个州。可以从蒙大拿到新墨西哥画一条从北往南的线,线以西的地区都算是西部,包括阿拉斯加和夏威夷在内。⑤这样,大平原就被排除在西部之外,同公认的看法有较大的出入。1991年,《进入西部》一书的作者沃尔特·纽金特在一次访谈会中发现,仍然有少数学者对西部的疆域范围有不同的看法。他们认为,西部只包括干旱地区,东起道奇城一线,西到内华达山脉,大体上由落基山区、大盆地和沙漠组成。太平洋沿岸几个州不属于西部,最多只能叫作外西部地区。⑥

有人对居住在西部的人做了一次调查,结果同少数学者的看法大相径庭。在所谓外西部的加利福尼亚、俄勒冈和华盛顿的居民,都认为他们的州加上落基山区、俄克拉何马、得克萨斯就是西部,他们是不折不扣

① Walter P. Webb, *The Great Plains*, Boston: Ginn and Co., 1931, pp. 8–9.

② Michael P. Malone ed., *Historians and the American West*, Lincoln: University of Nebraska Press, 1983, p. 2.

③ 公分为厘米的旧称,50公分雨量线为今500毫米等降水量线。(编者注)

④ 美国大使馆文化处编译:《美国地理简介》,美国大使馆文化处出版,1981年,第7页。

⑤ Walter Nugent, *Into the West: The Story of Its People*, New York: Knopf, 1999, p. 7.

⑥ Walter Nugent, *Into the West*, pp. 8–9.

的西部人。[①]

对西部地域的界定虽然没有完全统一，但以西经98°或者100°为分界线是大多数人的看法。

在开发西部的过程中究竟是哪一部分人最先到达西部，并在那里建功立业？按照美国学者的说法，这部分人就是毛皮商人，他们的足迹所到之处就叫作"毛皮边疆"。他们的确是最先到达西部的人，不过人数很少，流动性很大，最多只建立过一些简陋的商栈作为临时落脚点和收购转运毛皮之地，其中只有少数商栈发展为居民点。从发展经济的角度来说，他们所起的作用是短暂的和局部的。不过，他们所开辟的道路和商栈却给后来的众多移民提供了诸多方便，这应当算是他们为西部开发做出的一项重要贡献。

真正对开发西部起决定性作用的人恐怕是那些胼手胝足、不畏艰险的拓荒者了。他们只有为数不多的资金，拖家带口越过阿巴拉契亚山，在西部某个地方开辟出一小块耕地，在那里创立自己的家业。起初他们的人数很少，几百平方公里内只有几户人家，而且所开垦的土地极为有限。他们在相当长一段时间内都要竭尽全力来解决温饱问题，没有什么可以拿出去进行交换的剩余农产品。《美国农业——第一个三百年》的作者埃弗里特·E.爱德华兹把这种农业叫作"谋生农业"[②]。当时，很少有人会预见到正是这种微不足道的"谋生农业"，后来竟然成长为生机勃勃、飞速发展的最重要的经济部门，并且带动了其他经济部门的发展。

19世纪初期的美国是一个农业国家，农业在国民经济中占主导地位。当时美国的农业技术和农业生产知识还处于比较落后的状态，农业发展主要依靠扩大耕地来实现，西部的广袤土地为此提供了非常重要又非常优越的条件。随着移民的大批西进，耕地面积迅速增加，在西部出

---

① Walter Nugent, *Into the West: The Story of Its People*, p. 9.

② Everett E. Edwards, *American Agriculture—The First 300 Years*, Washington D. C.: Government Printing Office, 1941, p. 174.

现了庞大的粮食生产基地和广阔的农产品市场。农产品出口成倍增长，为美国经济的全面发展提供了必要的物质条件和资金。正是在这个基础上，美国实现了工业革命、农业半机械化和机械化。美国农业的飞速发展无疑是经济全面起飞的一个前提和西进运动的辉煌成果。

开发西部并不是美国电影所描写的那种充满浪漫色彩的个人经历，而是一次极为艰苦而又危险的创业。第一批踏上西进征途的拓荒者所面对的是无人知晓的几百万平方英里①的荒原，到处都有丛林、峻岭、江河、沙漠的梗阻。只有几条印第安人踩出来的时断时续的羊肠小道、毛皮商人开辟的难于辨认的山间狭路和几条穿越阿巴拉契亚山的道路，但这些道路都很难走。在大多数情况下最初的移民们都得自己寻找和开辟道路。后来的移民虽然可以循着他们的足迹前进，但恶劣的自然环境和印第安人的袭击使他们在途中备受折磨，死伤甚众。从密苏里到俄勒冈和加利福尼亚的道路上，随处都可以见到毁损的篷车和不幸死亡的移民的累累白骨。

既然西进存在着如此巨大的困难和危险，那么到底是什么东西具有那样强大的吸引力，可以使大批移民不畏艰难险阻，冒着生命危险踏上前途难卜的崎岖道路？答案只有一个，那就是西部广阔的土地。正如美国学者丹尼尔·J.布尔斯廷所说："美国在19世纪向西部开拓的运动归根结底乃是土地热的一种表现。"②美国建国之初，阿巴拉契亚山以西直到密西西比河的广阔土地差不多都是未开垦的处女地，遍布丛林，只有人数不多的印第安人在那里生活。弗吉尼亚、佐治亚、北卡罗来纳和马萨诸塞等州都对这片土地提出了各自的要求，打算将相应的土地据为己有。邦联政府虽然于1780年宣布合众国的西部土地应当属于国家，但却不能控制和处理那里的土地，当然也不可能提出任何处理西部土地的

---

① 英制单位，1英里合1.6093千米。

② [美]丹尼尔·J.布尔斯廷：《美国人：建国历程》，美国大使馆新闻文化处出版，1987年，第85—86页。

政策和办法。因此任何人都不可能取得拥有某段西部土地的合法权利。但是,对小农来说土地就是一切,西部无人管理的土地的诱惑力实在是太大了,他们根本不考虑什么合法性,成群结队地翻越阿巴拉契亚山,随意占用荒地,在那里安家落户。于是很快就出现了西进的移民浪潮。

没有政府的有效管理和支持,西部移民的处境十分困难。移民内部的争执、同印第安人的冲突,以及英殖民者的侵扰使得那里危机四伏,社会秩序极为混乱。直到18世纪80年代中期弗吉尼亚等州相继放弃了对西部土地的要求,并撤走所占领土地的军队以后,邦联政府才可能着手处理西部土地。那时俄亥俄河以北、密西西比河以东的土地问题已经到了非解决不可的地步。邦联政府先后通过了1784、1785、1787三个法令,规定了西北土地的建州原则和步骤及出售土地的办法。①后来西部其他地区也沿用了这些原则和步骤,而且取得了很好的效果。售地办法则存在较多问题,几经修改,最后为《宅地法》所取代。土地法规定西部公共土地必须经过丈量后才能向私人出售,但丈量的进度远远落后于移民西进的速度,所以非法占用土地的现象相当普遍。后来联邦政府不得不通过《先买权法案》,让那些占地者享受优先购买所占地段的权利。

《宅地法》确定了免费向私人分配西部公共土地的原则,可以说美国的土地问题基本上得到了合理的解决。但由于许多宅地的地理位置和土质不佳,获得这类宅地的人不得不另外购买土地。另外《宅地法》本身也存在着漏洞,有些土地投机者趁机套取大量土地,破坏土地的公平分配。不过这些弊端是掩盖不住法令本身的光芒的。

西进的移民浪潮总在不停顿地前进,要席卷西部的每一个角落。极其原始的交通运输条件也就成了西进的瓶颈,迫切需要予以解决。严格地说,西进伊始并没有什么成型的道路,那时所谓的西进通道不过是一些崎岖难行的山路。其中使用得比较多的有三条:第一条是荒原路,东

---

① 18世纪80年代美国先后颁布过三个针对西北地区的法令,统称为《西北法令》,分别为《1784年西部领地组织法令》《1785年西部土地出售法令》《1787年西北领地组织法令》。(编者注)

起霍尔斯顿河和瓦拉加河的汇合处,途经坎伯兰山直达俄亥俄河;第二条路是老沃尔登路,起于大云雾山区,通往纳什维尔;第三条路沿俄亥俄河的支流卡诺瓦河往西直达辛辛那提。在这样的道路上行进真有点难于上青天的味道。

随着西进人流的迅速增大,修筑通往西部的道路刻不容缓,而且有利可图,于是在19世纪出现了修筑收费公路和开挖运河的高潮。其后铁路的兴建,火车、汽船的发明和使用引起了美国的交通运输革命,为大批移民西进和西部的迅速开发创造了极为有利的条件。

过去有一种看法认为美国经济之所以能够在19世纪取得高速发展,交通运输先行是一条重要经验。如果再进一步探察,那么就会发现交通运输发展是西进运动带动起来的,而交通运输的发展又反过来促进西进运动。在几条横贯大陆的铁路通车以后,西进运动才宣告完成。

在西进运动初期,一些偶然的发现也可能成为加速西部开发的契机。19世纪40年代末,人们在加利福尼亚发现黄金,一下子就引发了淘金热,形成了又一次移民高潮。不过这些淘金者先集中在加利福尼亚和内华达山麓,随后随着落基山区陆续发现新的金矿而不断从西向东移动,形成一条从西而东的反方向的边疆。这一批又一批的淘金者既无资本,又缺技术,只会使用简单的工具和落后的方法手工淘取黄金。他们所到之处形成了大小不等的居民点。一旦表层黄金被淘尽以后就得转向新的矿区,人员走散以后,临时凑成的居民点大多被抛弃,只有少数位置和条件比较好的居民点能够保存下来,发展成为后来的城镇。

由于分布在土地表层的黄金有限,而淘金者人数众多,只有幸运儿能够发财致富,大多数人的收获不过可以勉强糊口,有的人甚至不得不流落他乡另谋生路。没有经过多长时间,淘金者的美梦就完全破灭了。不过,他们的大举西进对于加速西部开发的进程还是颇有作用的。尽管他们自己没有能力建立固定的采矿点,但毕竟是开发西部矿藏的先驱。接踵而来的那些拥有资金和设备的中小矿主就在淘金者遗弃的矿区建起矿场,采掘深层的黄金,在矿场所在地很快就形成了欣欣向荣的居民点和小城镇。与此同时,那些放弃采掘的淘金者逐步组成了开发西部的劳动大军,在一定程度上缓解了西部严重缺乏劳动力的问题。他们当中一部分人流入城市,成为那里的劳动者,一部分人加入了筑路队伍,也有人转入了畜牧业和农业。

大量的西进移民,淘金热的出现和道路、运河的修筑,特别是横跨大陆铁路的完成,都极大地推动了西部商业的发展与城镇的形成和壮大。一般来说,西部城镇多半是在农业边疆之后形成的。因此多年来的传统看法突出了农村在西部开发中的重要作用,而完全无视了城镇,以特纳为首的边疆学派几乎不提西部城镇的作用。特纳在晚期著作中才开始提到城市问题,并曾号召人们加以注意,但可惜他本人却没有提出这方面的研究成果。直到20世纪50年代和60年代,随着城市史研究的蓬勃开展,才出现了一批关于西部城市史的研究成果,开始注重西部城市的作用。理查德·C.韦德在他发表于《美国历史评论》的文章中认为,西部城市是"边疆的前哨"[1]。城市创建者往往比农业拓荒者先到西部。他们向周边地区施加经济影响,提供商贸服务,传播先进的文明成果,从而使西部的穷乡僻壤转变成多姿多彩的富庶地区。

韦德的话多少有点矫枉过正的味道。因为城市创建者比拓荒者先到西部并不是普遍现象,而只是出现在一些特定条件下。例如,军事要塞和西进运动初期,某些大土地投机商为吸引移民而修建的城镇及矿山城镇。过分强调城市的作用是不符合实际的。十六年后布拉德福德·勒金厄姆在他发表在《西部史季刊》上的一篇文章中提出了更全面的看法,认为既不能偏重乡村,也不能偏重城市,乡村和城市的作用都应当关注。[2]

美国是一个独特的国家,在欧洲移民到达以前那里根本没有城市。

---

① Richard C. Wade, *The Urban Frontier: The Rise of Western Cities, 1790–1830*, Washington D. C.: Howard University Press, 1959, pp. 341–342.

② Bradford Luckingham, "The City in the Westward Movement—A Bibliographical Note", *Western Historical Review*, Vol. 5, No. 3, July, 1974, p. 1.

可以说美国的城市都是从移民建立的居民点发展起来的,西部的城镇也不例外。不过,有些城镇的形成却有另外的原因。要塞和兵站的建立是出于军事的需要,毛皮商栈则是由毛皮公司建立的。这种类型的城镇往往建立在移民到达之前,曾经为路过的拓荒者提供食宿,并补充他们需要的物品。这就是韦德所说的那种"美国边疆的先头站","作为要塞和商栈,远在居民边疆线之前就已落成,为西部迎接人口的到来做好了准备"。①然而,随着形势的变化和发展,大多数要塞、兵站和商栈都失去了存在的条件而被废弃,只有那些地理位置比较好的要塞和商栈才得以保存下来,成为地区的商业中心和商品转运中心。

一般地说,西部城镇和周边农业地区是相互依存和相互促进的。有人把城镇和周边的乡村地区比喻为细胞核和细胞的关系,认为一个城镇或一个小城镇不可能同它周围的乡村隔离,否则就无法生存。如果它不能成为服务于周边地区的商业中心,就会失去活力,迅速走向衰亡。事实上,西部城镇大多是周边地区和更远的腹地的农产品集散地,并向这些地区提供日用品和农具。比较大的城市还和外地市场,甚至同出海口岸都有密切的联系。例如,1838年建立的堪萨城就是以密苏里河流域为腹地,通过铁路同东海岸港口相连接的城市。由于拥有如此方便而又广阔的市场,这座城市得到了迅速的发展。

西部城市的发展和壮大是同市场的占有份额分不开的。大城市的形成和扩张是通过争夺市场的激烈竞争来实现的,辛辛那提和匹兹堡之间、圣路易斯和芝加哥之间,甚至在规模较小的城市之间都进行过这样的竞争。1880年,当联邦统计局公布芝加哥人口已超过圣路易斯十五万时,这个昔日西部第一大城市的市民们感到震惊和难以接受,认为市政官员欺骗了他们,令他们感到耻辱和愤怒。6月18日的《圣路易斯快讯》还专门就此事做了报道。1893年,芝加哥举办了世界博览会,并取

① Alexander B. Callow Jr., Ed., *American Urban History*, New York: Oxford University Press, 1982, p. 68.

得了巨大成功,城市的地位得到了显著的提高。圣路易斯的市政官员们立即做出反应,于1904年举办了同样的博览会,力图挽回颓势提高自己城市的地位,但没有取得明显效果,影响有限。在两个城市的竞争中,圣路易斯始终处于劣势。主要原因是该市的决策人缺乏远见,满足于水路运输中心的地位,而没有及时发展铁路运输,丧失了加强同东北部发达地区联系的机会。而芝加哥则作为连接东西部的铁路运输枢纽,牢牢控制着大部分货运和广大市场,其发展速度明显快于圣路易斯。

竞争虽然在不同程度上对两个城市造成过人力和财力的损失,但更重要的是促进了两个城市的发展。尽管圣路易斯在竞争中遭到了失败,但也改善了自己的基础设施,加强了同密西西比、得克萨斯、路易斯安那、阿肯色、田纳西、肯塔基诸州的联系,市场范围也有所扩大,城市的工业也有长足的发展,到19世纪60年代一跃成为美国的第四大城市。[①]其他一些重要城市差不多也经历了类似的过程。

妇女在西进和西部开发中的作用是长期受到忽视的问题,留下的文字材料和确切的信息少得可怜。研究者能够依据的材料主要是传教士夫人和知识妇女留下的日记和书信。国内能接触到的材料就更少了。由于这个问题很有意义,本书专门设立了一章。尽管所搜集的信息不够充分和全面,但作为一个起步还是有点参考价值的。

在考察西进运动和西部开发的过程中,绝对不能忽视美国政府的政策和导向的作用。政府的行动虽然远远落后于移民西进的速度,但后来所采取的政策和决定对于西进和西部开发的成败都是十分重要的。例如,1787年邦联政府通过的西北领地组织法令,最终确定了处理西北土地的原则和建立新州的程序。其后的实践证明,这样的原则和建州程序是符合整个西部的情况的,因而被普遍接受,西部土地的建州问题也就得到了解决。联邦国会曾经为了加速交通运输的发展先后通过法令向

---

① Government Printing Office, *United States Bureau of Census*, *Ninth Census 1870*, Vol. 1, Washington: Government Printing Office, 1872, p. 194.

收费公路公司、运河公司和铁路公司赠送了大量土地。虽然这种赠送存在着种种弊端，并招来了来自各方面的批评和指责，但却使道路的建设速度大为加快，便利了西进的移民。又例如联邦国会为了发展农业教育和农业技术于1887年通过《哈奇法》，要求各州建立农业试验站，并吸收农业院校的研究人员参加工作，使教育和科学研究相互结合。这项措施有力地推动了美国农业现代化的进程。有的学者认为这是美国农业发展新阶段的开始。①

在诸多的西部政策中，美国政府也有不少失误，其中最大的失误就是驱赶、屠杀印第安人和剥夺他们的土地。西部土地上的众多印第安部落都处于较低的社会发展阶段，没有强大的国家，没有先进的武器。分散的部落各自为政，没有力量抗拒外来的欧洲人的入侵。如果美国政府能够采取人道主义政策，友好交往，妥善处理相互关系，那就可以避免一场旷日持久的血腥的种族大屠杀。可惜当时美国政府的决策人，甚至还有不少移民深受种族主义的毒害，向印第安人伸出了罪恶的双手，大肆杀伐，造成了人类历史上巨大的悲剧。这场悲剧的阴影不仅长期压抑着印第安人的心灵，而且也使那些制造悲剧的人不断受到负疚感的折磨。美国的历史也因此蒙上耻辱。

西进运动是美国历史上的一个转折点，是一个影响全局的重大事件。它涉及美国社会的各个方面，不仅对经济、社会结构，而且对思想、习惯都有很大的影响。这一切都是无可争议的事实。美国学术界的看法大体上是一致的。不过，在特纳以前的学者却不是这样认识的。在他们的心目中，西进运动只是发生在西部的事件，没有什么重要意义。

特纳之所以重视西进运动的一个重要原因是他不满意美国文明来源于欧洲的生源论。他曾经感慨地说："我们的早期历史是研究欧洲生源在美国条件下的发展。学院的大学生给予德国根源过多的注意而对

① L. B. Schmidt and E. D. Ross, *Readings in the Economic History of American Agriculture*, New York: The Macmillan Company, 1925, p.481.

美国因素注意太少。"①他第一个看清了西进运动的重大意义和独特性，试图用西进运动的特有现象来说明美国历史的独特发展道路，并且把边疆的不断向西推进说成是美国历史的动力和解释美国历史的依据。他有一句名言："一片辽阔的大地，它的不断归并及美国人向西移居说明了美国发展的概况。"特纳重视西进运动当然是正确的，但是把它夸大到极致，用它来解释美国的历史发展显然是过分的，后来遭到美国学者的批评和否定也就不足为奇了。

西进运动已经过去许多年了，但它对美国社会和美国的民族性格所产生的影响还是非常深远的。归纳起来至少有下列四个方面：

第一，美国人崇尚民主、渴求自由的性格得到了充分的演练和发展。在西进过程中，移民所到之处，根本不存在政府和管理机构，一切都要靠移民自己安排，实际上是一个以个人为中心的社会，可以说是无法无天。只是为了维持居民点起码的安全和秩序，才由大家选举一个管理公共事务的人员或者不大的机构，来行使大家赋予他们的职权。但那只是一种契约的关系，多年依靠全体居民自觉遵守，约束力有限。凡是重大事件都须经全体居民讨论，然后才能做出决定。对于移民来说，任何形式的集权机构和措施都是不能容忍的。他们甚至对那些旨在消除混乱、维持社会秩序的过渡性措施都要加以反对。例如，他们当中许多人认为《1787年西北领地组织法令》关于在西北地区先建立领地、设置总督管理领地事务的规定不民主，要求由当地居民直接选举官员，并享有同原有十三州公民同等的权利。他们把领地管理机构叫作只适合于英、法的"仲裁政府"，把领地的第一任总督圣克莱尔叫作"开倒车退回老殖民地的总督"。

事实上，领地制度只不过是西部地区建州过程中一个过渡阶段，其任务是维护当地的社会秩序，以便创造条件最后建州。美国西部诸州都

---

① Frederick Jackson Turner, *The Frontier in American History*, New York: Henry Holt and Company, 1921, pp. 3–4.

经历过这个阶段,然后才作为一个新州加入联邦。可见领地这个阶段是必不可少的,并不有悖于民主自由原则。这样看来,当初移民们在维护民主自由的过程中也会不恰当地反对一些必要的措施和制度。今天我们在美国人身上有时仍然可以看到由于过分强调民主而破坏社会秩序的负面影响。

第二,培养了移民的开拓精神和冒险心理。西部对于移民来说是一个憧憬中的美好世界,同时又是陌生的危机四伏的世界。当他们踏上征途以后会立即发现自己走上了荆棘丛生、到处都是艰难险阻的危险道路。单是西部的穷山恶水、沙漠荒原、严寒酷暑,沿途缺水断粮和疾病的折磨就夺去了不少移民的生命。如果再加上同印第安人的冲突和匪徒的袭击,那就是一路上都要受到死亡的威胁。可以说西进就是一种冒险,没有充分的精神准备是很难把这条路走到底的。绝大多数移民都能够战胜自己也战胜恶劣的环境胜利地到达目的地,只有少数人没有做好精神准备知难而退,离开了西进大军的行列。

西部固然有无穷无尽的机会,是移民创家立业的好地方。但那里没有天上掉下来的馅饼,一切都得靠自己去开创,去把握机会。这样的环境对每个移民都是公平的。只有开拓、创造才能实现自己的梦想,在这里守旧是没有出路的。正是移民们的开拓精神赢来了西部的兴旺和繁荣。

第三,西进运动也加强了美国人喜欢个人独立,不依赖别人,甚至不依赖父母的个性。移民去西部拓荒是一家一户的事情,完全由自己做决定,自己筹措费用,自己承担一切风险,应付路途中的变故和享受成功的果实。家庭就是一个独立自主的小实体,对社会的依赖比较少。而移民家庭中的成员也都必须承担自己的职责,做出应有的贡献,并且同样面对种种险恶的环境和变故的考验。每个成年成员,甚至青少年都具有很强的独立生活的能力,个人的独立自主意识也随之加强。

第四,西进运动对美国人的思想也有负面影响。扩张主义就是其中的一种。其实美国人的扩张主义思想来自欧洲的上帝选民说和白人负担说,所不同的是美国人的扩张主义披上了一件美丽的外衣。他们在进行扩张的时候总是说在执行上帝的旨意,传播文明和民主制度。边疆学派的创始人特纳就把边疆作为文明和野蛮交汇的界限,边疆的向西推进就是文明的扩展。美国土地扩张的实质却完全被掩盖了。不过,美国的某些学者和政治家却直言不讳地说明了土地扩张的意图。特纳的弟子帕克森公开表示美国边疆的向西推进同英国的殖民活动是一脉相承的,但"它的命运和精神则变成美国的了"①。本杰明·富兰克林曾经表示,殖民地居民不应限制在阿勒格尼山以东。约翰·亚当斯于1787年宣称,"地球这部分的全部北部"注定要并入美国版图。②

西进运动开始以后,美国的土地扩张加紧进行。在疆界不断向西推进的过程中,扩张主义思想得到适宜的土壤,迅速膨胀,形成了泛滥一时的思潮。在西进的道路上首当其冲的是印第安人居住的土地。美国政府曾经向印第安人保证,只要他们离开自己的土地,迁移到密西西比河以西就不会受到政府军队的驱赶和攻击。但是,在西进移民日益增多并跨越密西西比河以后,这种保证就一再被打破。因为在美国政府决策人看来,印第安人只被允许在白人不需要的土地上居住。一旦白人需要这块土地,他们就应当立即离开。

19世纪30年代和40年代,当美国政府打算出兵夺取墨西哥土地的时候就出现了天定命运说,把西部土地扩张说成是上帝赋予美国人的使命。这种思潮到19世纪后半期达到了高峰,美西战争期间和其后的美国对外政策都受到这种思潮的直接影响。今天,美国虽然不搞领土扩张,但强行输出意识形态、价值观和美国式的民主制度也是一种扩张,而且是更危险、影响更大的扩张。可悲的是相当数量的美国人在支持这种

---

① Frederick Logan Paxson, *History of the American Frontier*, 1763–1893, New York: Houghton Mifflin Co., 1924, p. 1.

② J. A. Hawgood, "Manifest Destiny", in H. C. Allan and C. P. Hill eds., *Brithsh Essays in American History*, London: Arnold, 1957, p. 127.

扩张的时候,还以为他们在支持正义的事业。

关于西进运动想说的话太多了,就此打住。如有不妥,请读者批评。衷心希望有更多的人关心并研究这个课题。自觉水平和精力都十分有限,不妥和错误之处在所难免,恳请读者指正。

第一章　西进运动史学的形成和发展

一、早期的记载和著作

19世纪的美国西部处于一种被东部移民不断拓殖、不断开发，从东到西逐步扩展的状态。西部历史就是这个移动过程的记录和评说。因为这段历史是美国从东向西的扩展过程，是一种动态的历史。人们称之为西进运动史，不称为西部史。19世纪末20世纪初大规模的西进停止后，西部史就不能再叫作西进运动史了。实际上西进运动史只是西部史的一个特殊阶段，不能代替其后的西部史。

美国西进运动史学是随着广阔的西部的拓殖、开发而逐步形成和发展起来的。因此探讨这个问题必须同西部的社会进步和地位变化结合起来，否则很难弄清楚西进运动史学的发展线索。美国俄勒冈州立大学教授威廉·罗宾斯曾经强调，美国西部史的研究必须放在美国资本主义社会总体发展的大前提下才能取得成功。他认为："应当把资本主义作为一个综合体加以理解，这对于研究美国西部具有重要意义。"①他的这一论点，值得我们借鉴。

美国虽然没有经历过封建社会，一开始就跨入了资本主义阶段，但在殖民地时期也不过是一个力量薄弱的刚刚建立起来的社会，还没有进入到处发展、到处创业的时期。直到独立战争结束以前，殖民政府管辖

---

① William G. Robbins, "Western History: A Diakectic on the Modern Condition", *Western Historical Quarterly*, Vol. 20, No. 4, Nov., 1989, p. 438.

的范围只限于阿巴拉契亚山以东地区,这里有相当广阔的土地尚待开发。对于英属十三个殖民地的居民来说,阿巴拉契亚山以西地区并不重要,那里不过是一些神秘而又充满危险的蛮荒地区。只有为数不多的猎人、毛皮商人和拓荒者为了谋生、获利和拓殖土地,才冒着生命危险跨过阿巴拉契亚山在那里活动和定居。他们所建立的移民点很少又很分散,从那里流传过来的无非是某些人的亲身经历、感受或者道听途说的惊险故事,没有太大的史料价值,当然更谈不上西部史学。

独立战争胜利以后,随着西部土地扩张、工农业和交通运输的发展,西进移民人数急剧增加,形成了一股巨大的洪流。在人们心目中,西部已经成为一个充满机会、充满挑战和危险的广阔天地,资产者到处创业的时期终于到来了。美国西进运动史学也步入了酝酿时期。

美国政治家对西部问题的观察最为敏锐。杰斐逊总统尤其重视西部问题,刘易斯和克拉克的探险就是根据他的委托组织起来的。除此以外,在西部探险的还有泽布伦·派克和斯蒂芬·H.朗。他们的经历都整理成书并公开出版,这些记载后来都成了有关西进运动的第一批有价值的史料。

文学家对西部变化的反应也相当快。内战后就涌现了一批知名的西部文学家。例如,爱德华·埃格尔斯顿撰写了一系列的关于南印第安纳拓荒者的短篇故事,着重描写小城镇居民勤劳朴实而又浪漫的生活。乔治·华盛顿·凯布尔以新奥尔良和路易斯安那地区的拓荒者为题材的小说也受到读者的欢迎。马克·吐温后来居上,成为西部文学的泰斗。他们的作品虽然不能作为严谨的史料,但是对于了解西部的社会和人民的生活有重要的参考价值。

比较有价值的史料是詹姆斯·费尼莫尔·库伯在19世纪20到40年代间陆续出版的书籍。库伯并不是历史学家而是东部的一位乡绅,他从未到过纽约以西的地方。他的五卷本《长皮裤英雄》主要是根据间接搜集的材料写成的。美国最勤奋的史料搜集家休伯特·H.班克罗夫特的四十卷西部历史文件集,恐怕是那个时期最有价值的史料了。他的足迹遍及西部,搜集了大量的信件、日记和文献,最后才汇集成书。他非常重视拓荒者的经验,认为这种荒野生活对于开发西部是极其有用的。

除此以外,一些19世纪上半期的思想家和社会活动家对西进运动也曾有所论述,并提出了种种不同的看法。他们的论述对于西进运动史学的形成是产生过一定影响的。早期的工人运动活动家、自由土地运动的支持者托马斯·斯基德莫尔和乔治·埃文斯等人,把西进运动作为解除贫困、消除劳动者之间的竞争,以及建立新的劳动者乐园的出路。他们的主张经常刊载在《工人拥护者》杂志上。例如,该报在1844年7月6日刊载了一篇文章,要求"实现人们对土地的权利",主张"造成一个使过剩劳动力输往新鲜而肥沃的西部土地的出口。成千上万陷入绝望贫困中的工人可以去那里求得真正的能够迅速实现的自立的劳动市场,从而能够消除当前的灾难性的竞争,而那些留下的及迁走的人都将得到实现富裕生活的机会"。①

一些具有自由主义的思想家和学者则试图从西进运动中寻找出不同于欧洲国家的美国的民族精神和民主、自由的源泉。他们虽然没有写出系统的著述,但他们的观点对其后的西进运动史学有相当大影响。著名的思想家埃默森在认真观察西部以后认为:"粗犷多山的西部为新大陆注入了民族精神,我们从而将会获得一种美国精神。"②后来,英国学者詹姆斯·布莱斯也认为:"西部是美国最美国化的部分,即那里是美国区别于欧洲的那些特点表现最突出的部分。"③

在社会主义运动内部也有人把西进运动作为解决社会问题的根本途径,甚至把在西部建立公社作为共产主义运动的内容。侨居美国的德

---

① J. R. Commons et al., *A Documentary History of American Industrial Society*, Vol. 7, New York: The Macmillan Company, 1910, p. 301.

② Ralph Waldo Emerson, *Emerson's Complete Works*, Vol. 1, Boston: Houghton Mifflin, 1883, p. 349.

③ James Bryce, *American Commonwelth*, Vol. 2, New York: The Macmillan Company, 1889, p. 681.

国大学生海尔曼·克里盖以德国共产主义者的代表自居,号召美国社会各阶层,首先是社会上层解囊资助工人和贫苦大众,使他们能够在西部购置廉价的土地,并逐步建立起"第一批充满天国的爱的村镇"[①]。他不断在自己主编的《人民论坛报》上发表文章,大肆宣传这个观点。实际上,他把随着西进运动的进展而日益高涨的土地改革运动和共产主义运动混为一谈,从而在美国社会主义者内部造成思想混乱,并因此受到马克思和恩格斯的严厉批判。不过,他所发表的文章和他的基本观点对后来的西进运动史学却是不无影响的。

美国历史学界对西进运动的反应比较迟缓,在相当长时期内没有给予足够的重视。造成这种局面的主要原因有两点。一是美国史学还很年轻,具有较高素养的历史学家比较少。二是当时在欧洲占统治地位的"生源论"还主宰着美国的历史学界。美国第一代史学家几乎都受这种理论的影响。他们认为欧洲的文明和传统起源于日耳曼人的公社制度,又由英国的清教徒移民传到了美国。美国的历史不过是欧洲的"生源"在新大陆条件下的传播和发展。因此他们把研究课题局限在欧洲影响和东部地区范围内,而忽视了西进运动。特纳曾经感慨地说:"我们的早期历史是研究欧洲生源在美国条件下的发展。学院的大学生给予德国根源过多的注意而对美国因素注意太少。"[②]就连特纳本人直到19世纪80年代也基本上是一个"生源论"者。

在19世纪前半期,专门论述西部历史的著作凤毛麟角。在大多数美国历史著作中,西部历史或者被完全忽略,或者只在个别章节中有所反映。甚至连浪漫主义学派(即早期学派)的著名史学家乔治·班克罗夫特也只在他的十卷本《美国史》的第1卷中谈到了《西北法令》的重要意义,赞扬了密西西比河流域拓荒者的"美德"。专门研究西部历史而又称得上历史学家的恐怕只有华盛顿·欧文和弗朗西斯·帕克曼两人了。欧

---

① 《马克思恩格斯选集》第一卷,人民出版社,1972年,第89页。

② Frederick Jackson Turner, *The Frontier in American History*, pp. 3-4.

文曾经在现今俄克拉何马州境内旅居一个月,对西部拓荒者的生活产生了浓厚的兴趣,他就所见所闻做了大量札记,并且广泛阅读有关西部历史的材料。他在此基础上陆续整理出版了三部著作:《草原上的旅行》《阿斯托利亚》《博纳维尔船长的探险》。他在书中把文明的东部和不文明的西部划分为两种不同的社会,把西部的原野生活浪漫化,而且往往把朴实无华的边疆人同诡计多端的东部人做对比。弗朗西斯·帕克曼可以算是19世纪中期研究西部历史的泰斗了。他和欧文一样也曾在西部地区旅居,并且显示了对荒原的偏爱。他把建设美好社会的希望寄托于"农业边疆以外的西部","令人振奋的西部",因为那里的人们没有地位低贱和高贵之别,都是荒原的自由居民,而且完全可以同其他堕落地区相隔绝,能够杜绝外界的不良影响。他撰写了几部至今仍有影响的西部历史,它们是:《俄勒冈小道:草原和落基山生活片段》《庞蒂亚克阴谋史:加拿大被征服后北美部落反对英殖民地的战争》《大西部的发现》。

除此以外,还有几位年轻学者对西部怀有极大的兴趣,并且做出了自己的贡献。例如,哈佛大学学生、新英格兰青年理查德·达纳曾经作为一名水手到达当时墨西哥的加利福尼亚,并在那里的沿海地区停留了一段时间,写了一本很受读者欢迎的书,书名叫作《在船桅下的两年》。他在书中介绍了加利福尼亚沿海地带的情况和人们的生活习惯。另一位受过良好教育的青年女子苏珊·谢尔比·马戈芬,在从肯塔基到墨西哥的旅途中写下了详细的日记,对沿途居民的生活进行了生动的描述。后来她的日记整理成书,书名是《走过圣菲小路进入墨西哥》。

19世纪中期和后半期日益流行的以西部为题材的廉价书往往把西部边疆作为野蛮社会的同义语,专门描写、宣扬那些屠杀印第安人的"孤胆英雄",对西部的现实进行了严重的歪曲。这些书毒化了美国史坛,也毒化了美国社会,根本谈不上什么参考价值,最多只能作为研究西部历史的反面教材。80年代初,著名女作家海伦·亨特·杰克逊挺身而出,对这种流毒进行清算。她搜集了大量史实,撰写了《可耻的世纪》一书,以极大的义愤揭露了西进运动中掠夺、屠杀和驱赶印第安人的暴行。1881年，她自己出资出版了这本书，并分发给国会议员，呼吁他们起来纠正这个错误。杰克逊非常重视这个事情，认为要洗清这个历史上的耻辱，只有"依靠美国人民的良心发现"①。

19世纪后半期关于西部历史的著作不多。西奥多·罗斯福撰写的《赢得西部》是其中比较重要的一部。该书共有六卷，材料相当丰富，有重要的参考价值。但他以美国政府当权者的眼光来看待西部扩张，对那些在扩展西部边疆出力的人大加赞许，而对那些反对向西扩张的朝野人物则采取讽刺的态度。他在这部书的序言中曾这样写道："总有一些人反对标志着把美国文明向野蛮的海岸扩展的战争。"②毫无疑问，这种带有浓厚的官方色彩和种族主义色彩的观点使这部书大为逊色。不过，作为那个时期历史的产物还是有一定的参考价值的。

诚然，所有19世纪的关于西部和西进运动的记载、资料、著作及种种看法对西进运动史学的形成都至关重要，但他们本身还谈不上是真正意义上的西进运动史学，最多只能说是西进运动史学的资料准备。

二、"边疆学派"和西进运动史学的形成

19世纪早期和中期，由于西部还处于拓殖阶段，探险，毛皮贸易，对西部草原、丛林、大平原和山川的记载，西进道路的开辟，同印第安人的交往和战争，自然成为那个时期历史著作的主要内容。无论是历史学家帕克曼，还是当时的年轻女士马戈芬都不可能超越这个现实提出更深层次的问题。他们的观点也不可能脱离"生源论"的窠臼，超越当时美国学者对西部的看法。在他们看来，野蛮的西部是一个完全不同于文明的东部的世界，文明只能来自欧洲。

---

① Helen. H. Jackson, *A Century of Dishonor*, Minneapolis: Ross & Haines, 1964, p. 30.

② Theodore Roosevelt, *The Winning of the West*, New York: G. P. Putnam's Sons, 1900, p. 12.

19世纪后半期,尤其是19世纪末,美国西部由于西进运动接近尾声和最后完成,已经有了显著的发展,工业、农业、商业和交通运输都有长足的进步而令人瞩目。西部在美国社会中所占的地位越来越重要。与此同时,美国独立已有一个多世纪之久,并且从英属十三个殖民地发展为世界第一流的大国,在很多方面都不同于欧洲,具有自己鲜明的特色。无论是西部还是整个美国,同当时欧洲的先进国家相比较都有相当大的差别。从政治上考虑,当时美国朝野上下也不甘愿作为欧洲传统的附属品,而渴求突出美国的独特地位。因此,"生源论"开始受到挑战。特纳的边疆学说就是在这种历史条件下应运而生的。

弗雷德里克·杰克逊·特纳生于1861年,出生地是在威斯康星麦迪逊城北部的一个名叫波奇特的小镇。1881年,特纳进入威斯康星大学读书,毕业后留校任教,同时攻读硕士学位,1888年获得学位后进入约翰斯·霍普金斯大学攻读博士学位,1890年获得学位,随即返回威斯康星大学担任历史系主任。1910年受聘为哈佛大学历史学教授,在那里任教,直到1924年退休。从1927年到逝世(1932),他在加利福尼亚圣马里诺的亨廷顿图书馆做研究工作。特纳是西进运动史学的创始人,他使西部史成为一个独立的学科,或者说成为美国历史的一个重要分支。特纳的重要贡献就在于推翻了一切都来自欧洲,一切都向欧洲看齐的"生源论"的说法,突出了美国历史发展不同于欧洲的个性。按照他的说法,这种个性是在欧洲文明和西部荒原生活相结合,并受到改造的基础上产生的。这就是美国的文明,是一种不同于欧洲的崭新的文明。1893年,特纳在美国历史协会芝加哥年会上所做的报告中有一句名言:"一个自由的区域的存在及其不断的收缩,以及美国向西的拓殖,就可以说明美国的发展。"[①]这是他基本观点的完整的、高度的概括。特纳的报告在美国史学界引起了极大的轰动,并使他后来成为与查尔斯·比尔德、弗农·帕林顿齐名的进步史学家三巨擘之一。

---

① Frederick Jackson Turner, *The Frontier in American History*, p. 1.

特纳学说的形成有一个过程，不仅同前人的著作、留下的思想资料和当时的政治形势有关，而且同特纳本人的经历分不开。特纳的出生地威斯康星州波奇特镇，离当时的西部边疆不远。他在青少年时期就曾目睹西进的人流，对边疆生活有亲身体验，这对于他未来的学术研究方向是有所影响的。1883年他发表了第一篇历史论文，到1888年进入约翰斯·霍普金斯大学，这段时间共发表了七篇文章和书评。这些作品的选题都集中在西部的经济和土地问题上。特纳通过研究1793年至1867年波奇特镇土地所有制，论述了土地所有制在美国社会经济发展中的重要作用。他写道："在简单的土地制度中会有我们发展的最伟大的因素。""如果西部土地没有被外来移民开拓，则不可能落入资产者手中成为巨大的财富。"①1888年，特纳进入约翰斯·霍普金斯大学以后，更加集中于西部土地问题的研究，此时他还没有摆脱"生源论"的影响，他在研究美国地方制度和国家制度起源的时候曾多次提到欧洲根源。他写道："我们政治制度的渊源——城镇和乡村，可以追溯到古老的条顿民族……我国的历史可以理解为欧洲历史在新大陆环境下的发展。"②特纳在给威斯康星大学函授班讲课的时候，仍然把美国西部的移民看作欧洲移民的一部分。不过，此时他的观点已经有所变化，开始强调美国地理环境的作用，强调西进运动对于重新评价美国历史的重要性。他在《历史的意义》一文中，第一次采用了"向西扩张"这个词，并且明确指出："我们将在向西扩张的历史中研究美国发展的主线和支配我们的特点的力量。"③这个论断已经相当接近边疆学说的核心思想。1891年，特纳在自己的博士论文《威斯康星印第安贸易的特点与影响》中，首次使用"边疆"这个术语。一年后，他在《历史问题》一文中已经勾画出了边疆学说的大致轮廓。他概括地指出："这

---

① Henry Nash Smith, *Virgin Land: The American West as Symbol and Myth*, Cambridge: Harvard University Press, 1950, pp. 252–253.

② Everett E. Edwards, *The Early Writings of Frederick Jackson Turner*, Madison: University of Wisconsin Press, 1969, p. 64.

③ Everett E. Edwards, *The Early Writings of Frederick Jackson Turner*, p. 72.

个自由土地的不断退缩的边疆是美国发展的关键。"①

1893年,特纳在美国历史协会的年会上所做的以"边疆在美国历史中的意义"为题的报告宣告了边疆学说的正式形成。以后经过特纳及其弟子的不断阐述和补充,这一学说又得到了发展和完善,边疆学派也成为美国史坛上的一个影响极大的学派。边疆学说的内容很多,归纳起来大致有如下四个主要论点:

第一,美国的历史不是来自欧洲的"生源",而是产生于美国的西部。欧洲对美国的影响只限于东部沿海一带,往西就逐渐消失了,代之而起的是美国的文明和传统。用特纳的话来说,只有大西洋沿岸才是"真正意义上的欧洲边疆。在向西推进中,边疆愈来愈成为美国的了"②。至于美国文明传统为何能够产生于西部,特纳则用西部的特殊环境来加以解释。他认为,西部荒原和森林的严酷的自然条件迫使来自欧洲的移民抛弃他们在欧洲享受的一切物质文明,生活在原始状态的社会中,并且用知识和双手重建一个文明社会,这就是美国的社会、美国的文明。由于美国的西部是一片广阔的自由土地,边疆总是随着人们的西进而不断推移。在每一条新的边疆,这种重建社会的过程总是周而复始、持续不断的。结果使得一代又一代移民不仅在改造荒原和森林中重建了物质文明,而且创造了自己的文明和传统。美国的民主制度、民族性格随之产生和形成。特纳的结论是:"民族主义的成长和美国政治制度的演进都取决于边疆的进展。"③

第二,美国社会发展的动力是美国人的不断扩张、不断拓殖、不断征服恶劣的自然环境的进取精神。特纳所说的自然环境也包括印第安人的抵抗在内。正如美国学者弗朗西斯·保罗·普鲁查所说:"'边疆史'和'印第安人–白人关系史'往往狭隘地集中写欧洲人的倾向和愿望,把美

---

① Everett E. Edwards, *The Early Writings of Frederick Jackson Turner*, p. 72.

② Frederick Jackson Turner, *The Frontier in American History*, p. 4.

③ Frederick Jackson Turner, *The Frontier in American History*, p. 24.

洲土著人当成纯粹的自然环境的一部分,如像看待森林、野兽一样,视之为'进步'或'文明'的障碍。"①特纳在他的著作中不仅对美国的不断向西扩张做出了解释,而且还为19世纪末美国的海外扩张进行辩护。他写道:"……美国人民从不断扩张中获得他们的性格,这种不断扩张不仅一向是向他们敞开着的,而且他们非进行扩张不可……美国的精力将继续要求一个更广阔的用武之地。"而当"自由土地的供应耗竭,同时作为美国发展的有效因素的西进运动宣告终结"以后,"无怪乎我们发现美国又再度卷入世界政治……西班牙战争尚未处理的岛屿:波多黎各和菲律宾群岛、古巴以及巴拿马地峡运河和在中国所呈现的问题,这一切都指明了国家大船的新航向,于是我们转而注视海外"。②

特纳的这一观点具有鲜明的政治倾向,为美国具有扩张主义思想的政客提供了论据。他们随心所欲地加以解释和发挥,形成了后来的新边疆论,时而说美国的边疆在太平洋岛屿上,在亚速尔群岛上,时而又说在欧洲的莱茵河和多瑙河上。总之,他们可以根据需要把美国的新边疆推进到世界的任何一个角落,甚至推进到月球和太空去,并且证明向那里扩张是美国自身发展的需要。

特纳本人并不掩盖自己的政治倾向。他认为:"每个时代都重新研究它的历史,并且是以那个时代的精神所决定的兴趣去进行研究的,这是一个众所周知的观点……毫无疑问,每一个研究者和作者都要受到他所生活时代的影响,这个事实也同样使历史学家具有倾向性,同时也向他提供了处理研究课题的新手段和新思想。"③

第三,西部边疆是美国民主制度的发源地。特纳特别强调美国的民主制度是美国人自己创立的,不同于欧洲,也不同于英国。其特点在于

---

① Francis Paul Prucha, *United States Indian Policy*, Bloomington: University of Indiana Press, 1977, p. 7.

② Frederick Jackson Turner, *The Frontier in American History*, p. 244, 246.

③ Frederick Jackson Turner, *The Frontier in American History*, p. 323.

美国的民主制度是建立在个人绝对自由的基础上的,而只有美国西部的广大自由土地才可能提供这种基础。用特纳的话说,这就是"经济权力保证政治权力"①。他写道:"一句话,自由土地的意思就是自由机会。它的存在把美国的民主制度和在此以前的各种民主制度区分开来。"②

第四,"社会安全阀论"。特纳认为,西部自由土地的存在为工人和贫民提供了谋生和发财致富的机会,使美国社会得以避免激烈的冲突。西部成了美国社会的安全阀门。特纳写道:"荒原从来都向那些东部社会地位固定不变的穷人、愤愤不平者和受压迫者敞开避难的大门,阿勒根尼那边就是自由。"③特纳的弟子弗雷德里克·洛根·帕克森更为直截了当地说:"边疆,当它继续存在的时候,是一个社会安全阀,它可以防止社会压力或者阶级对抗增长到危险点。"④

特纳在威斯康星大学麦迪逊分校度过了早期的教学生涯,那所学校成了美国西部史学的摇篮。1891—1892学年度,特纳开了"美国经济和社会史"这门课,主要讲述跨越大陆沿途的居民点的形成和变迁,最后又把这门课程改名为"西部史"。⑤到1895—1896学年,西部史正式列入了威斯康星大学的课程表。雷·艾伦·比林顿认为这是美国的第一门边疆史课。随着边疆学说影响的扩大,美国的一些知名大学也开始关注西部史的教学和研究,开设有关西部史的课程,并培养出一批博士、专家。据约翰·R.旺德估计,19世纪末20世纪初大约有六十二名年轻学者从不同大学的研究生院毕业并获得学位,成为西部史专家。其中,威斯康星大学十人,哈佛大学六人,宾州大学和芝加哥大学各五人,其余的人毕业

---

① Frederick Jackson Turner, *The Frontier in American History*, p. 32.

② Frederick Jackson Turner, *The Frontier in American History*, p. 260.

③ Frederick Jackson Turner, *The Frontier in American History*, pp. 259–260.

④ Frederick Logan Paxson, *Recent History of the United States*, New York: Houghton Mifflin Co., 1928, p. 175.

⑤ Clyde A. Milner, *A New Significance*, p. 5.

于英国牛津大学和美国的其他大学。[①]到1922年约有半数州的院校开设了西部史课程,十年后开设西部史或者边疆史的学校达到了全国院校的63%。[②]特纳所开创的边疆学派很快就成为美国史坛的第一大派,其影响延续了半个多世纪。英国史学家贝洛特曾经这样评价说:"在1893年到1932年特纳去世这段时间内,没有哪一个人像他那样,对美国的研究和著述拥有如此深远的影响。"[③]一些美国学者也做了类似的评价,认为:"美国历史已经因他而予以重新解释或改写"[④],"几乎没有一本(历史)著作没有受他的影响的痕迹"[⑤],特纳的报告"产生了历史学的'边疆学派'……他的假说不是转变为对美国史的某一种解释,而是转变为唯一的一种解释"[⑥]。

哥伦比亚大学教授理查德·霍夫斯塔德曾经把特纳和比尔德相提并论。他说:"美国的历史著作在19世纪曾经产生两种主要理论,或者说两种认识方式:查尔斯·A.比尔德所提出的对政治的经济解释和弗雷德里克·杰克逊·特纳所提出的对美国发展的边疆解释。"[⑦]比尔德非常谦虚,认为特纳比他影响更大。他写道:"在美国历史著述中恐怕没有哪一篇文章比特纳教授的《边疆的重要意义》文集的第一篇文章被更多地引

---

① John R. ed. Wunder, *Historians of American Frontier: A Bio-bibliographical Sourcebook*, New York: Greenwood Press, 1988, p. 7.

② John R. ed. Wunder, *Historians of American Frontier*, p. 8.

③ H. Bellot, *American History and Historians: A Review of Recent Contributions to the History of the United States*, Norman: University of OkIahoma Press, 1952, p. 24.

④ Merle Curti, *Methods in Social Science*, Chicago: University of Chicago Press, 1931, p. 367.

⑤ Louis M. Hacker, "Sections or Classes", *Nation*, July 26, 1933, p. 108.

⑥ Ray Allen Billington, "Frederick Jackson Turner: Universal Historian", in Frederick Jack-son Turner, *Frontier and Section*, Englewood Cliffs: Prentice-Hall, 1961. p. 5.

⑦ Richard Hofstadter, "Turner and the Frontier Myth", *The American Scholar*, Vol. 18, No. 4, Autumn, 1949, p.433.

用了。"①在特纳发表成名演说后不久,1894年1月31日,经济学家弗朗西斯·A.沃克写信给他说,报告的"主题是耐人寻味的"。2月6日,历史学家约翰·菲斯克寄给特纳一张明信片,夸奖他的报告是一篇"优秀的值得赞赏的文章"②。当时担任内政部门首脑的西奥多·罗斯福也于是年2月10日写信给特纳说:"我觉得你提出了一些第一流的思想,并且把相当多的捉摸不定的好思想固定成形。"③

特纳的第一个继承者是弗雷德里克·洛根·帕克森。1877年2月12日,他出生在费城的一个教友派教徒的家庭里,1903年获得宾夕法尼亚大学历史学博士学位,后来去威斯康星大学任教。1910年,特纳离开威斯康星大学去哈佛大学担任历史系主任后,帕克森接替了他的职位,并且成为边疆学派的重要成员。1924年特纳退休后,帕克森就成为这个学派的权威。他一生著述颇多,其中比较重要的有《最后的美国边疆》《内战》《新国家》《美国边疆史,1763—1893》《当西部终了的时候》。帕克森的《美国边疆史,1763—1893》一书曾获得普利策奖,是他关于美国西部史的代表作。帕克森的同代人都认为这本书是他对西部史学的重大贡献,完全可以证明他是特纳的合格的继承人。帕克森的主要贡献是进一步论述边疆学说,使特纳的思想具体化和系统化,并对边疆关闭后的前景做了某些预测。

帕克森和特纳一样,都特别强调西部和边疆的重要性。他在《最后的美国边疆》一书中写道:"美国最重大的问题就是西部问题。""边疆的影响是美国历史上最强大的因素。"④同样,帕克森也从未对西部城市的作用做

---

① Charles Beard, "The Frontier in American History", *The New Republic*, Vol. 25, Feb. 16, 1921, No. 324, p. 349.

② Wilbur R. Jacobs, *The Historical World of Frederick Jackson Turner*, New Haven: Yale University Press, 1968, p. 3.

③ Wilbur R. Jacobs, *The Historical World of Frederick Jackson Turner*, p. 4.

④ Frederick Logan Paxson, *The Last American Frontier*, New York: The Macmillan Co., 1910, p. 1, 3.

过深入的研究,在他的著作中很难找到有关这个问题的资料和论述。

另外一位与帕克森同代的著名西部史专家是沃尔特·普雷斯科特·韦布。他虽然不是出于特纳的门下,但究其观点而言,基本上是属于边疆学派的。埃利奥特等学者认为他是边疆学派的一员主将。

韦布是得克萨斯人。他的代表作是《大平原》《大边疆》。《大平原》一书出版后很快就得到学术界的承认,影响很大。

韦布的基本观点同特纳是一致的。概括起来说,就是美国西部原始的、艰苦的环境改变了移民们从欧洲带来的生活方式和政治概念,重新铸造了美国人的社会。韦布认为,移民们到西部以后,由于环境的变化,"事实上,被带进来的每种制度要么被打破了和重建了,要么部分被取代了"[1]。"当人们第一次跨过这个界线的时候,没有立即认识到他们周围所发生的细微变化",也没有预料到这种变化将会产生"改变他们自身性格和生活方式的全部后果"。[2]赫伯特·尤金·博尔顿是同韦布齐名的西部历史学家。他生于威斯康星的门罗县,是特纳的学生。他于1899年获得宾夕法尼亚大学历史学博士学位,曾在得克萨斯大学、斯坦福大学和加州大学伯克利分校任教。他的重要贡献是搜集、整理和出版墨西哥档案中有关美国的历史材料。1908年4月,《美国历史评论》发表了博尔顿以"墨西哥中央档案中关于西南部的历史材料"为题的报告,使他从此声名鹊起。1921年,他的代表作《西班牙边境地区:老佛罗里达和西南部的编年史》问世。这部书在广泛使用档案材料的基础上,揭示了西班牙殖民期间老佛罗里达和美国西南部地区所受到的深远的影响,对研究早期的美国西部历史做出了重要的贡献。

特纳的另一个学生,在哈佛大学执教的历史学家弗雷德里克·默克对西进运动研究多年,曾发表关于俄勒冈、天定命运论等著作。但他的代表作《西进运动史》是在他去世后才于1978年出版的。这部书内容丰

---

① Walter P. Webb, *The Great Plains*, p. 8.

② Walter P. Webb, *The Great Plains*, p. 8.

富,是继帕克森的《美国边疆史,1763—1893》之后的又一部大部头著作,在美国史学界至今仍有相当影响。

20世纪三四十年代以后,特别是第二次世界大战结束以后,边疆学派的影响已经大为削弱,不再是垄断美国史坛的派别。西进运动也不再是西部史的唯一课题。不过,这个学派仍然存在,并且取得了令人瞩目的成就。第二次世界大战以后崛起的特纳学派的代表人物雷·艾伦·比林顿,发表了许多有关西进运动的著作,维护和修正了特纳的学说。他和詹姆斯·布莱恩·赫奇斯教授合著的《向西部扩张:美国边疆史》是一部颇有影响力的著作。他在第一版序言中明确表示,该书是以特纳的观点和所留下的建议为指南,并注意吸收新近的研究成果而撰写出来的。他还对边疆学派的三位前辈:帕克森、默克和赫奇斯所给予的鼓励和帮助表示了谢意。[1]

20世纪60年代后期出现了所谓的"新边疆派"。其代表人物是研究美国学出身的学者肯特·I.斯特克默塞和罗伯特·V.海因。他们注重人文方面的东西,把暴力、社区建设和西部英雄人物作为研究主题。海因认为美国西部边疆的四大特点是"迅速的发展、强有力的扩张、暴力和蔑视权威"[2]。

到目前为止,边疆学派并没有从美国史坛完全消失,仍然占有一席之地。

三、对边疆史学的检讨和开展西部地区史研究

西进运动史学主要反映的是移民西进和开拓西部的动态的历史。特纳生前从来没有确定西部的范围和位置,也没有说明西部边疆在不

---

① Ray Allen Billington, *Westward Expansion: A History of the American Frontier*, New York: The Macmillan Publishing Co., Inc., 1974, p. 13.

② Clyde A. Milner, *A New Significance*, p. 47.

断变动中的确切位置。他在大多数情况下把"边疆"定义为东部文明和西部野蛮、原始相接触的一条线,这条线是在不断地向西移动的,没有固定的位置。特纳曾经说过:"边疆,这是一个灵活的词汇,因为我们不需要确切的定义。"①这种对西部历史的理解符合19世纪美国的实际情况。因为差不多在整个19世纪,西进的过程一直没有停止,始终是美国社会的中心问题。西进运动自然而然地成为研究西部史的压倒一切的课程。然而进入20世纪以后,西部的边疆已经到头,不再移动。西部也已经定型,有自己确切的地域概念。西进运动已经成为一个业已结束的历史过程。

随着时间的推移,西部广大地区建州的过程逐步完成,经济开发也取得了令人瞩目的成就,在政治上和经济上均趋于成熟。西部作为一个整体,以及西部诸州的发展逐渐成为人们注意的中心。西部史的研究领域也随之变化和扩大,研究的重点逐步从西进运动转向西部地区。越来越多的美国学者开始关心西部地区史的研究,并对特纳的学说提出质疑和进行批评。美国西部史的研究进入了一个全面发展时期。

美国西部史专家、蒙大拿州立大学教授迈克尔·P.马隆再一次提出应当把西进运动和西部地区的概念搞清楚,认为在西部史研究中存在的最大问题就是这两个概念混淆不清。人们往往把西进运动史当作西部史而不加区分,其结果就是用西进运动史代替了西部地区史,严重地影响了西部地区史研究的开展。他在《超越最后的边疆》一文中写道:"许多历史学家仍然把作为已经不存在边疆过程的西部同作为地理概念的美国地区混为一谈",从而妨碍了西部地区史的深入研究。他认为,特纳所说的边疆绝不能取代对西部地区问题的研究。马隆还指出,由于特纳的学说长期受到人们的尊崇,几乎成了一种规范,从而影响了对新问题的研究。他写道:"西部地区史由于西部史学家依赖于弗雷德里克·杰克逊·特纳提出的,又经过韦布修正的边疆学说而受到损害。特纳的规范

① Frederick Jackson Turner, *The Frontier in American History*, p. 3.

不仅是过时的,而且也是造成把边疆和西部作为同义语的有害的方法的基本原因。"①

马隆侧重批评了边疆史学落后于形势的一面,还有更多的美国史学家从不同的角度对特纳的学说进行了全面的检讨。批评的重点大体在下列四个方面:

第一,特纳学说的科学性问题。1933年,路易斯·M.哈克在《民族周刊》上发表《区域还是阶级》一文,对特纳的学说进行了严厉的批评,认为他的学说没有什么科学根据,是一种捏造。他写道:"新一代历史学者必须摧毁特纳的捏造。这些捏造不仅是'虚构'的,而且是绝对有害的。"②耶鲁大学教授乔治·威尔逊·皮尔森在《新英格兰季刊》发表文章,指出特纳学说的三大缺点:首先,特纳的理论缺少根据,"边疆假说似乎是过于乐观、过于浪漫、过于粗糙和过于民族化的,以至于在任何世界历史研究或者比较文化研究中都是不足为凭的"③。其次,特纳学说的基石——边疆的概念是不确切的、捉摸不定的,一会儿是"地区",一会儿是"人口",一会儿是文明和野蛮的交接线。最后,特纳从不使用新材料证明自己的学说。他在创立边疆学说二十七年后重版自己的著作时,并未对自己的学说做任何修正和进一步论述。皮尔森因此认为特纳在他的一生中"发现多于证明"④。

第二,边疆的推移能不能说明美国历史的发展?一些持批评态度的历史学家并不否认边疆的历史意义,但反对夸大这种意义。著名的美国进步史学家查尔斯·比尔德曾经这样说:"特纳过高地估计了边疆经济对

---

① Michael P. Malone, "Beyond the Last Frontier: Toward a New Approach to Western American History", *Western Historical Quarterly*, Vol. 20, No. 4, Nov. 1989, p. 409.

② Louis M. Hacker, "Sections or Classes", *Nation*, July 26, 1933, p. 108.

③ George Wilson Pierson, "The Frontier and American Institutions", *New England Quarterly*, Vol. 15, June, 1942, p. 251.

④ George Wilson Pierson, "The Frontier and American Institutions", *New England Quarterly*, Vol. 15, June, 1942, p. 294.

民主思想的滋长,国家政策的形成及宪法解释的影响。"①另一些历史学家则认为,孤立地研究边疆本身,并不能解释美国的历史发展,必须把边疆同整个资本主义社会联系起来,研究整个社会制度才能找到美国历史发展的原因。俄勒冈州立大学教授威廉·G.罗宾斯指出:"18世纪末19世纪初市场力量的渗透,1840年至1940年间土著人的被征服和殖民化,在同一时期内西部的拓殖,以及西部进一步融入国家的国际的交换关系,为广泛的历史分析奠定了重要基础。"②路易斯·M.哈克更为明确地指出:"只有通过研究美国资本主义和帝国主义的产生和发展,我们才可能看透今天我们所面对问题的实质和复杂性。"③

第三,美国的民主制度是不是产生于荒野的边疆? 一些美国学者不同意特纳完全否认欧洲影响的说法,认为民主的理论和实践都是从欧洲发展起来的,随后才传入美国,北美十三个殖民地建立后的改革都起源于东部而不是西部,可见特纳的说法——"森林哲学是美国民主哲学""民主来自美国森林"——是不正确的。耶鲁大学教授乔治·威尔逊·皮尔森也有同样的看法。他反问说:"假如真是这样,那么美国的森林究竟产生了什么独特的民主机构?""可不可以把人民党的进步主义纲领的产生归因于森林?""英国的社会立法同大陆的社会立法是否有完全不同的解释?"④他认为所有这些问题都是无法用特纳的理论解释清楚的,从而可以反过来证明边疆并不是美国民主的唯一策源地。另外一些美国学者则认为特纳的学说是片面的,导致了人们对欧洲影响的忽视。迈克尔·P.马隆指出那种关于"特纳的边疆是一个社会文化熔炉,它铸造出体

---

① Charles Beard, "The Frontier in American History", *The New Republic*, Vol. 25, Feb. 16, 1921, No. 324, p. 349.

② William G. Robbins, "Western History: A Diakectic on the Modern Condition", *Western Historical Quarterly*, Vol. 20, No. 4, Nov., 1989, p. 434.

③ Louis M. Hacker, "Sections or Classes", *Nation*, July 26, 1933, p. 410.

④ George Wilson Pierson, "The Frontier and American Institutions", *New England Quarterly*, Vol. 15, June, 1942, p. 245, 246.

现为民主、个人主义、异教精神和健康的爱国精神的新美国主义"的说法,实际上就是地域环境决定论,完全否定了美国民主制度所受到的欧洲传统的影响。如果接受这种论点必然会忽视其他因素,甚至是极为重要的因素,从而导致对历史事实的错误理解。例如,美国国会体制并不是西部莽莽荒原的产物,而是脱胎于欧洲议会。[①]

第四,边疆是不是社会安全阀?对于这个问题,批评者从不同角度提出质疑。有的史学家对具体历史材料进行研究以后,发现事实上不存在社会安全阀。哥伦比亚大学教授卡特·古德里奇和索尔·戴维森查阅了大量报纸杂志,研究了福尔河[②]、洛厄尔和斯普林菲尔德几个城镇的档案材料,没有发现曾经有大批工人流入西部的记载。他们将研究成果写成文章陆续在《政治季刊》上发表,文章的题目是《西进运动中的工薪阶层》。作者指出:"看来不能相信,实际上会有多么大批的工人作为个人或者有组织的集体逃往西部自由土地上去","而为数过少的工人离开工业中心,是不可能对工人的劳动条件产生任何显著影响的"。[③]有的史学家认为,19世纪的总趋势是农业人口流入城市而不是城市人口流入农村。伊利诺伊大学教授弗雷德·A.香农指出,在19世纪70年代危机之后,"大约有2000万人离开了农场到城镇地区居住,其中许多人定居在东部的工业中心"[④]。他认为:"运动是……从农场到城市。"[⑤]他还研究了边疆向西推进期间东部的失业情况,证明西部的自由土地并不是

---

① Michael P. Malone, "Beyond the Last Frontier: Toward a New Approach to Western American History", *Western Historical Quarterly*, Vol. 20, No. 4, Nov. 1989, p. 409.

② 福尔河(Fall River),现为霍巴克河(Hoback River)。

③ Cater Goodrich and Sol Davison, "The Wage—Earner in the Movement", *Political Quarterly*, Vol. 51, No. 2, Mar. 1931, p. 116.

④ Harold W. Bradley, "The Thirty—Seventh Annual Meeting of the Mississippi Valley Historical Association", *The Mississippi Valley Historical Review*, Vol. 31, No. 2, Sept. 1944, p. 230.

⑤ Fred A. Shannon, "The Homestead Act and the Labor Surplus", *The American Historical Review*, Vol.41, No. 4, July, 1936, p. 638.

社会安全阀。香农指出："无论以什么样的计算为根据,不可否认的是,从1865年到该世纪末,在每一个十年中,失业都构成了主要麻烦,而同样明确的是,自由土地并没有解决这个问题。"[①]

经过历史学家们的质疑,特纳的社会安全阀论越来越站不住脚。边疆学派的代表人物之一,威斯康星历史杂志编辑约瑟夫·谢弗曾经试图为社会安全阀论辩解。他曾经引用威斯康星道奇县的材料证明中西部地区曾有相当数量的工人移民,但是不能证明这些工人移民是从东部迁来的。他只得承认:"在有可能进一步证明以前,我们无法确信,在任何确定的时间内有大批真正的工业工人从东部城市走向边疆。"[②]不过,谢弗又退而强调心理上的作用。他说:"如果说工资保持上升是作为西进运动的间接影响,那么这主要是由于运动对雇主和雇员双方的内心产生了影响。"[③]边疆学派的另一位代表人物比林顿在新的形势下也对安全阀论做了修正。他写道:"它(边疆)只是作为一个减轻东部劳动市场压力的间接出路,作为一个相对繁荣的根源,这种繁荣减少了工人中间的不满,并作为一种防止对社会制度做激烈攻击的美好希望。"[④]

在对特纳的学说进行质疑和批判的过程中,越来越多的西部史学家摆脱了边疆学派的影响,从研究西进运动转向研究西部地区史。

最早把西部作为一个固定地区来看待的是沃尔特·普雷斯科特·韦布。他强调西部有确定的地理位置,而不是一个不断变动的疆域。以西经98°为界,以西的地带就是美国的西部,这个地带的共同特点就是干

---

① Fred A. Shannon, "The Homestead Act and the Labor Surplus", *The American Historical Review*, Vol.41, No. 4, July, 1936, p. 651.

② Joseph Schafer, "Some Facts Bearing on the Safety Valve Theory", *The Wisconsin Magazine of History*, Vol. 20, No. 2, Dec., 1936, p. 232.

③ Joseph Schafer, "Some Facts Bearing on the Safety Valve Theory", *The Wisconsin Magazine of History*, Vol. 20, No. 2, Dec., 1936, p. 217.

④ Ray Allen Billington, *The American Frontier Thesis: Attack and Defense*, Washington: American Historical Association, 1971, p. 24.

旱少雨。韦布为西部下的定义,在以西进运动为主要研究课题时期没有引起人们的注意,后来才为大多数美国历史学家所接受,一直到80年代还很少有人提出异议。迈克尔·马隆曾在20世纪80年代重申了韦布的观点。他指出:"的确,西部应当包括西经98°以西的整个地区,这是一条降雨量逐渐减少的界线,它北起南达科他的东边,往南穿过得克萨斯的中部。"①美国官方出版的读物《美国地理简介》也明确指出划分美国东部和西部的地理界线:"在美国,最重要的地理界线之一,是50公分雨量线。这条线由北而南贯穿全国,几乎通过美国中央……此线以西的特征是人造的灌溉系统、耐旱作物、在草地上放牧、人口稀少。"②

这条分界线和韦布的分界线大体相同。由于历史的原因,这条分界线以东直到阿巴拉契亚山西侧的地区仍然叫作中西部或者老西部,而不冠以东部的名称。例如,1976年,阿雷尔·M.吉布森就曾在《国家生活中的西部》一书中,把阿巴拉契亚山以西到跨密西西比河各州西部边界之间的地区叫作"老西部",在此以西直到太平洋的地区叫作"新西部"。③事实上许多西部史,或者边疆史著作都包含西进运动阶段的历史,不可避免地要涉及中西部的拓殖和开发过程。不过,20世纪40年代及其后也陆续出现了一批专门研究西部地区和某个城镇发展的著作,更具有地方色彩。1941年,哈佛大学教授爱德华·埃弗里特·戴尔出版了《牛镇》一书,专门叙述那里的社会状况和西部牛仔的生活,曾经引起读者对西部地区史的浓厚兴趣。1946年,温德尔·伯奇和A.G.梅策里克先后出版了《西部的经济自由》等书,进一步推动了西部地区史的研究。

进入60年代以后,西部地区许多州的经济实力迅速增长,在国内所处的地位日益重要。美国西部史学也进入兴盛时期。1961年,美国西部史学会在圣菲会议上宣告成立,雷·艾伦·比林顿当选第一届主席。三

---

① Michael P. Malone ed., *Historians and the American West*, p. 2.

② 美国大使馆文化处编译:《美国地理简介》,第7页。

③ Clyde A. Milner, *A New Significance*, p. 17, 18.

种有关西部史的学术刊物相继创立。第一种刊物是《美国西部》,创刊于1964年,一直到1985年以前都隶属于西部史学会,此后改为营利性杂志,脱离了西部史学会,但仍然发表一定数量的西部史文章。第二种刊物是《西部杂志》,创刊于1967年,是美国西部史学会的刊物。第三种刊物是《西部史季刊》,是美国西部史学会和犹他州立大学合办的刊物。在西部史学会的协调和倡导下,美国西部史的研究取得了累累硕果。一些西部史学家在回顾西部史学发展进程的时候深深感到,冲破边疆学派的局限性至关重要,不仅要转向西部地区史研究、转向20世纪西部史的研究,而且应当改进西部史的研究方法。

在此后一段时间内涌现出了一批朝气蓬勃的西部史学家。他们敢于突破前人的窠臼,推出不少富有创意的成果。1965年,尼尔·波默罗伊出版的《太平洋坡地:加利福尼亚、俄勒冈、华盛顿、爱达荷、犹他和内华达史》是这一时期最有开拓性的著作之一。作者不仅在较大范围内研究了许多州的历史,而且侧重于20世纪历史的探讨,打破了多年来只研究19世纪西进运动的格局。波默罗伊把19世纪90年代作为西部地区的拓殖时期和城市化的分野,并强调了城市化的重要作用。他反对过高估计西部边疆环境对美国社会的影响,认为当代的西部比拓荒时期的西部更为重要。①在20世纪西部史学家中,新墨西哥大学教授杰拉尔德·纳什恐怕要算是最具有影响力的人物了。他在70年代、80年代和90年代所发表的三部专著,成为20世纪西部史研究的奠基性著作。这三部书是:《20世纪的美国西部:城市奇迹简史》《美国西部的转型:第二次世界大战的推动》《第二次世界大战与西部:重塑经济》。

《20世纪的美国西部》这部书的研究涉及西经95°以西到太平洋沿岸的整个地区,就地区范围来说,超过了波默罗伊的著作。理查德·W.

---

① Richard W. Etulain ed., *Writing Western History: Essays on Major Western Historians*, Albuquerque: University of New Mexico Press, 1991, p. 337.

埃屠林认为，这是"第一部整个现代西部的历史"①。纳什很看重第二次世界大战对西部发展的推动作用，认为这是西部从落后状态转变为先导状态的决定性因素。因此他把西进运动结束后的西部史分为两个时期。第一个时期从1898年到1941年，是政治、经济、文化都处于依附状态的殖民地时期。第二个时期从1941年到1971年，是领先时期。在这个时期的开头几年，联邦政府对西部的拨款急剧增长，促进了西部经济迅速发展，人口大幅度增长，使西部在经济、社会、文化和政治影响方面摆脱了依附地位，而跻身于联邦各个地区的前列。纳什认为，到1945年第二次世界大战结束的时候，西部已经建起了发达的制造业体系，以及一批航空、电子高科技企业和繁忙的服务业。"在四年间，战争使一个落后的殖民地区转变为国家经济的先导。"②

纳什的这个立论得到许多西部史学家的赞同，影响颇为深远。但也有不同意这种"二战转折论"的学者。1992年，在西部史学会纽黑文会议上专门讨论了纳什的"二战转折论"。罗杰·W.洛钦认为，二战对西部的影响是有限的，西部的发展主要建立在长期积累的基础上。另外，二战也没有使西部经济成为全国经济的先导。

在这一时期，一批思想比较敏锐的西部史学家要求在西部地区史研究中尽快采用新的研究方法。马隆在《历史学家和美国西部》一书的序言中指出："西部历史学家在采用70年代已经流行的新的研究方法方面显然落后了。"③罗德曼·W.保罗也有同样的意见。尽管有的西部史学家不同意他们的观点，但对采用新的研究方法的要求是赞同的。例如，埃屠林就认为，同其他地区的史学家相比较，西部史学家在采用新研究方法方面并不落后。他指出早在70年代以前就有西部史学家采用新方法

① Richard W. Etulain ed., *Writing Western History: Essays on Major Western Historians*, Albuquerque: University of New Mexico Press, 1991, p. 337.

② Gerald Nash, *World War Ⅱ and the West: Reshaping the Economy*, Lincoln: University of Nebraska Press, 1990. p. 12.

③ Michael P. Malone ed., *Historians and the American West*, p. 53.

从事西部城市史的研究了。当城市史在60年代刚刚作为新的研究方向脱颖而出的时候，理查德·C.韦德就于1964年完成了《城市边疆》全书的出版工作，全面论述了早期的匹兹堡、辛辛那提、路易斯维尔等城镇的拓荒者的生活。罗伯特·R.戴克斯特拉也于1968年发表了《牛镇》一书。

不过，在西部城市史著作中以卡尔·阿博特的几部著作最具有代表性。他的《新的城市美国：阳光地带城市的成长和政治》和《波特兰：20世纪城市的政治、计划和成长》等书都是在使用统计材料、人口调查材料、社区研究和口头调查材料的基础上写成的。作者在研究过程中使用了历史学、统计学、计量法、社会学等多学科的研究方法，使他的著作成为跨学科的成果。与阿博特同时代的西部史学家人数最多，他们不仅对西部，特别是对远西部的城市史做出了重要的贡献，而且为西部史研究引入了新的研究方法。

值得一提的是，在这个时期，由印第安纳大学、亚利桑那大学和内布拉斯加大学出版，分别由马丁·里奇和沃尔特·纽金特、纳什、马隆主编的三套西部史丛书，对推动西部史的教学和研究起到了积极的作用。

四、社会史研究对西部史学的影响

进入20世纪以后，美国的史学有了进一步的发展。到20世纪中叶，一方面不少美国历史学家大量采用社会科学的理论和方法，另一方面也有不少社会科学家进入历史研究的领域，使美国的历史学产生了许多跨学科的分支，计量史、口述史、新经济史、新政治史、新社会史应运而生。其中新社会史对西部史学的影响十分明显。西部拓荒者的生活、活动、社区的形成和发展、传统习俗和道德观念以及价值观的变化、社区种族的构成和不同种族之间的交往和矛盾，以及妇女的地位和作用都成为西部史的研究内容。特纳学派所遵循的边疆史框架被彻底突破，研究领域大为扩展，研究方法也有明显的变化。过去不受人重视的边疆地区的纳税记录、人口调查材料、有关移民状况的地方档案或者私人的记载，甚至监狱档案都成为第一手的材料。新社会史的理论和方法的引进使西部史的面貌大为改观,从过去单一的西进运动史转变为丰富多彩的边疆社会全面发展的历史。

美国边疆史研究中最薄弱的环节就是边疆社会史。边疆学派的创始人特纳由于受到时代的局限,不可能提出研究边疆社会史的具体想法,但他作为一代宗师已经隐约地感到需要这方面的内容。1908年下半年,他曾经表示:"美国历史著述中最严重的断层之一就是对国家的社会思想的论述。"[1]不过,他并没有对"社会思想"做出任何解释。后来,他又把"拓荒妇女和她们在历史中的地位"郑重地提出来作为"有待进行的""有价值的研究"课题,希望下一代的研究人员予以关注。[2]这也许是特纳生前对他的"社会思想"所设计的一项具体内容。

边疆社会是一个移民的社会,也是一个多种族的社会。西部边疆社会史因而有其独有的特点和内容。首先,边疆社会是一个移民的社会,是一个多民族的社会,有来自美国东部的拓荒者,有来自欧洲、来自亚洲、来自非洲的移民,种族不同、地区不同,文化、传统、习俗都不相同。同时,由于西进运动时期边疆不断向西推进,边疆社会的人口也在不断变化。一部分居民离开原来的社区继续西进,到新的边疆地区落户。同时,也有不少从东部过来的移民填补了他们离开后留下的位子。所有这一切都使得边疆社会史的内容分外丰富、分外复杂,再加上文字材料的短缺,其困难程度是不言而喻的。可喜的是,在美国西部史学家的辛勤耕耘下,从20世纪50年代开始陆续出现了几部综合研究西部社会的著作。其中第一部书就是亨利·纳什·史密斯于1950年出版的《处女地:作为象征和神话的西部》,其后又出版了罗伯特·V.海因的《美国西部解说史》。这两部书都着重研究边疆居民的现实生活,摒弃了流传甚广的传

---

① Ray Allen Billington, *Frederick Jackson Turner: Historian, Scholar*, Teacher, New York: Oxford University Press, 1973, p. 491.

② Ray Allen Billington, *Frederick Jackson Turner*, pp. 491–492.

说和想象。他们发现,边疆生活繁重而又艰辛,没有给那里的居民们提供关心民主的可能性。西部的拓荒者、淘金者、牛仔完全被美化了,他们不可能是美国最高精神价值的象征。山中居民都崇尚自由、牛仔都崇尚美德的说法是没有什么根据的。[1]1974年,里查德·A.巴特利特也出版了自己的著作。[2]他除了用边疆居民的现实生活驳斥关于西部的想象以外,还把边疆史看成是不同族裔居民的历史和他们相互交往的历史。

西部边疆社区在其形成之初,往往是由同一种族,甚至是同一地区的移民组成的。他们在出发伊始就已组成大小不等的队伍,有些队伍甚至是半军事化的,有相当严格的组织纪律。每一支队伍都有各自的目的地,到达目的地后就结邻而居,形成了规模很小的单一种族的社区。这种社区有共同的语言、共同的文化、共同的传统和习俗。这对于研究者来说是十分有利的条件。

然而,随着边疆移民点的发展和扩大,不同种族的移民也陆续进入边疆社区,使社区的种族构成日益多元化。于是在边疆社区内就出现了不同语言、不同文化、不同传统、不同习俗和不同宗教信仰的种族群体。埃利奥特·韦斯特曾于2003年春天在美国《西部史季刊》发表一篇专论美国西部族裔的文章。他认为:"19世纪50年代,世界上没有哪个国家和地区像美国西部那样拥有如此众多的种族混杂群体。"[3]他还认为,只需从语言的种类就可以判定种族数量的多少。他写道:"占领得克萨斯和俄勒冈以及墨西哥割让地使得美国变得很大和很富有,并使更多的种族混合在一起,语言就是天然的标志。当美国的国土面积扩张约66%

---

[1] Henry Nash Smith, *Virgin Land*, pp. 81-111; Robea V. Hine, *The American west: An Interpretative History*, New York: Harper & Row, 1973, pp. 268-282, 317-334.

[2] Richard A. Bartlett, *The New Country: A Social History of American Frontier, 1776-1890*, New York: Oxford University Press, 1974.

[3] Elliot West, "Reconstructing Race", *Western Historical Quarterly*, Vol. 34, No. 1, Spring, 2003, p. 8.

的时候,在这个疆域里所讲的语言就增多了100%。"①由此可见,单单是如此繁多的语言障碍就足以使综合性的边疆社会史成为令研究者望而生畏的难题。因而在这方面鲜有突出的成果。相比之下,研究单个种族在西部社区的生活、活动和所处地位的著作比较多,而且质量也都不错。关于爱尔兰人、德国人、意大利人、犹太人、瑞典人,以及亚洲国家少数族裔和黑人边疆移民都有专门论述。②其中最引人注目的是有关黑人移民在边疆地区生活状况的著作。菲利普·德汉姆和埃弗里特·L.乔恩的《黑人牛仔》、威廉·H.莱基的《布法罗战士:西部黑人骑兵纪事》、托马斯·C.考克斯的《堪萨斯托皮卡的黑人,1865—1915》都是这类书中比较有影响的著作。③

西部少数族裔的迅速增加引发了严重的种族关系问题。种族主义的幽灵很快就笼罩了西部大地。在不同种族聚居的边疆城镇和社区中也同南部和东部一样,非盎格鲁-撒克逊人受压迫、受歧视的现象普遍存在。就连比较关注印第安问题的历史学家弗朗西斯·帕克曼在《俄勒冈小道》一书中,也表明他和印第安人之间存在着一条"不可逾越的鸿沟"。参议员哈特·本顿担心西进黑人同印第安人联合将会构成对白人的威胁,认为这将出现"有色人种对白人的蹂躏"④。不少人还相信所谓

---

① Elliot West, "Reconstructing Race", *Western Historical Quarterly*, Vol. 34, No. 1, Spring, 2003, p. 8.

② H. Arnold Barton ed., *Letters from the Promised Land: Swedes in America, 1840–1914*, Minneapolis: Univresity of Minnesota Press, 1975; Robert Levinson, *The Jews in the California Gold Rush*, New York: Ktau Publishing House, 1978; Robert A. Burchell, *The San Francisco Irish, 1848–1880*, Berkeley: University of California Press, 1980.

③ Philip Durham and Everett L. Jones, *The Negro Cowboys*, New York: Dodd, Mead and Co., 1965; William H. Leckie, *The Buffalo Soldiers: Narrative of the Negro Cavalry in the West*, Norman: University of Oklahoma Press, 1976; Thomas Cox, *Blaks in Topeka, Kansas, 1865–1915*, Baton Rouge: University of Louiliana Press, 1982.

④ Elliot West, "Reconstructing Race", *Western Historical Quarterly*, Vol. 34, No. 1, Spring, 2003, p. 11.

科学种族主义的结论,认为黑人处于人类发展阶梯的最下层,印第安人稍高一些,白人处于顶端。因此白人完全可以主宰一切。在这种思想的控制下,19世纪在西部曾经出现两次重大的种族危机。一次是堪萨斯当局禁止黑人进入农业领域。另一次是在加利福尼亚禁止智利人、墨西哥人和南美人采金矿,随后又禁止中国人淘金,并造成骇人听闻的流血惨案,许多华工惨遭屠杀。与此同时,受压迫、受歧视的少数族裔奋起反抗的事件也时有发生。这种种族关系也成为边疆社会史的一项重要内容。20世纪70年代和80年代,一批有关此类问题的专著陆续问世。其中有马里奥·巴雷拉的《西南部的种族和阶级:种族不平等的理论》和罗伯特·J.罗森鲍姆的《西南部墨西哥人的反抗:神圣权利的自我保护》等。

在美国的民间传说中,西部曾经是一个神秘的世界,同时也是一个无法无天的世界,暴力事件层出不穷。再加上电影、小说的夸大和渲染,在人们的思想上造成一种错觉,往往把暴力和西部联系在一起。西部成了杀人越货的强盗、打抱不平的枪手和好勇斗狠的牛仔们的舞台。不少西部史学家认为这是对西部社会的严重曲解。他们用切实可靠的材料和详尽的分析来纠正对西部暴力现象的曲解,消除传说、想象和西部现实之间的误差。1950年出版的亨利·纳什·史密斯的《处女地》用相当多的篇幅来说明想象、传说和现实之间的巨大差距,希望人们能够客观地、如实地看待西部的暴力问题。雷蒙特·D.加斯蒂尔曾对西部的暴力问题做了实际考察,出版了《美国的文化区》一书。[①]他对西部、北部、东部和南部的暴力事件做了比较,认为西部杀手的比例比北部和东部高出不少,但比南部低。其结论是西部存在比较多的暴力事件,但同传说中和想象中的严重情况相去甚远。

理查德·M.布朗把西部发生的形形色色的暴力事件大体分为三种:(一)不法分子、枪手和治安员、强制执法者之间的冲突;(二)大、中、小私

---

① Raymond D. Gastil, *Cultural Regions of the United States*, Seattle: University of Washington Press, 1975.

有者之间争夺土地的冲突和劳动者争夺职位的冲突;(三)种族和宗教冲突。而后两种暴力事件中也往往有治安员和强制执法者的参与,因此他们的行动就成为研究者关注的重点。

治安行动和强制执法行动是西部司法机构不健全、司法力量薄弱的必然产物。执法者不得不通过暴力,甚至枪战来维护社会秩序和保护私人财产。但执法者的某些过激行为和越轨行为也会造成严重的后果,因此在历史著作中对这种行动存在不同的评论。大多数著作采取肯定的态度。例如,托马斯·J.迪蒙思戴尔的《蒙大拿治安员》就只谈治安员的功绩。奥斯卡·O.穆勒的《蒙大拿中部治安员的搜捕》更是为1884年约有三十五人丧命的惨案中执法人员的行为辩护。[1]差不多过了一百多年才有了对这次事件进行全面分析的论述,理查德·K.穆勒的《格兰维尔·斯图尔特和1884年的蒙大拿治安员》纠正了偏袒执法者的观点。[2]

另外也有一些著作专门论述国家执法人员的活动,而不对治安员的作用进行评述。例如弗兰克·R.普拉塞尔的《西部的和平官员》和拉里·D.鲍尔的《新墨西哥和亚利桑那领地的警察局长》都集中论述了两个领地警察的活动和作用。[3]鲍尔还认为,他们的活动在1900年前后维护了当地的社会治安,并促进了中央集权化。

进入20世纪以后,犯罪团伙的活动曾经猖獗一时。这种现象在历史著作中也有专门的揭示。A.C.格林的《圣克劳斯银行抢劫案》就专门

---

① Thomas J. Dimsdale, *The Vigilantes of Montana*, *Virginia City*, Montana: D. W. Tilton & Co., 1866; Oscar O. Mueller, "The Central Montana Vigilante Raids", *The Montana: Magazine of History*, Vol. 1, No. 1, January, 1951, pp. 23–35.

② Richard K. Mueller, "Granville Stuart and The Montana Vigilantes of 1884", *Master's Thesis*, University of Oregon Press, 1980.

③ Frank R. Prassel, *The Western Peace Officer: S Legacy of Law and Order*, Norman: University of Oklahoma Press, 1972; Larry D. Ball, *The United States Marshals of New Mexico and Arizona Territories*, Albuquerque: University of New Mexico Press, 1978.

揭示了事件的真相及其社会影响。①

宗教信仰,特别是基督教徒在印第安人中间的传教活动也是西部社会的一项重要内容。亨利·沃纳·鲍登的《美国印第安人和基督教的传播:文化冲突研究》和索尔·布朗德的《社会公正和教会权威:大主教罗伯特·E.卢西的大众生活》就是两项重要的研究成果。②

由于西部社会史的兴起,西部史研究中很少采用新方法的状况得到改善。计量方法和跨学科研究都进入了这个领域。

五、新的挑战和前途

1964年,当西部史正在进入蓬勃发展时期之际,W.N.戴维斯就曾经在《密西西比河流域历史评论》杂志上发表了一篇以《西部在美国历史中能否作为一个领域存在?》为题的调查报告。他认为,对于西部史来说,挑战与机遇是并存的,只要在未来做出努力,机遇一定会大于挑战。③十五年以后,杰罗姆·O.斯蒂芬在《美国西部:新的视角、新的尺度》一书的序言中再一次提出这个问题。他写道:"西部史,仅仅由于它未能充分发挥其潜力而遭到忽视,就好像是把婴儿同弄脏了的洗澡水一起泼掉一样。现在是再把这个婴儿找回来并确定他是否还活着的时候。如能这样,未来又将能为他提供什么样的营养品?"④这两位学者所担心的问题是西部史能不能得到美国史学界的承认和重视。他们所指的挑

---

① A. C. Greene, *The Santa Claus Bank Robbery*, New York: Alfred A. Knopf, 1972.

② Henry Warner Bowden, *American Indians and Christian Missions: Studies in Cultural Con-flict*, Chicago: University of Chicago Press, 1981; Saul Bronder, *Social Justice and Church Authority: The Public Life of Archbishop Robert E. Lucey*, Philadelphia: Temple University, 1982.

③ W. N. Davis Jr., "Will the West Survive as a Field in American History? A Survey Report", *Mississippi Valley Historical Review*, Vol. 50, No. 4, Mar., 1964, p. 685.

④ Jerome O. Steffen, *The American West: New Perspectives*, New Dimensions, Norman: University of Oklahoma Press, 1979, p. 5.

战来自西部史学界的外部。1983年,理查德·范奥尔曼在西部历史学会年会上发表他对近二十年研究状况的评论:"注册人数减少,不合格的研究和教学,缺乏行政支持和其他领域的同行对我们学科的不尊重,都是不祥之兆。"①

　　上述几位历史学家在不同时期表现出来的对西部史学的担心不是没有根据的。西部史学在其发展过程中确实遇到了许多问题和来自各方面的挑战。不过,这些问题和挑战是发展中的问题,而不是西部史学本身是否能够存在的问题。罗杰·L.尼古拉斯曾经对这种现象做了比较中肯的解释。他认为:"西部历史学家不应当认为他们的研究领域正在被摧毁,而是应当认为它正在把注意力转向新的、可能是更重要的问题,那将有助于它的研究人员把研究工作成功地纳入美国历史的主流。"②

　　事实的确如此。20世纪60年代同西部史研究同时发展起来的,还有城市史、妇女史、印第安人史、环境史、社会史。西部史的研究领域同这些新分支有许多交叉。西部史的研究人员因而不断往这些新分支流动,有的还离开了西部史学会。从表面上看,西部史研究正在受到削弱,但是从开展研究的角度来看,西部史有关领域的研究工作仍然在进行,也许还有更快的发展。最明显的例子就是印第安史学的兴起,并脱离西部史学而成为美国历史学科的一个分支。印第安人的历史长期被歪曲、被忽视,一直是西进运动史学中不受重视的研究领域。而在这个研究领域中长期占统治地位的又是种族主义观点。许多历史事件都被颠倒了,需要澄清和研究的问题实在是太多了。所以随着20世纪60年代美国民权运动蓬勃开展、印第安人历史的研究沛然兴起,不少原来的西部史学者就成为一支独特的研究群体,离开了西部史学的队伍,但所研究的种

---

① Roger L. Nicolas, ed., *American Frontier and Western Issues: A Historigraphical Review*, New York: Greenwood Press, 1986, p. 5.

② Roger L. Nicolas, ed., *American Frontier and Western Issues: A Historigraphical Review*, New York: Greenwood Press, 1986, p. 5.

种问题却也离不开西进运动这个大背景。可以说19世纪的印第安人历史本质上是西进运动史的一个部分，或者说是西进运动史学的一个独立分支。

城市史和环境史的兴起和发展确实也吸引了一些西部史学家，使西部史的队伍有所削弱。因为这两个学科同印第安史的地位有所不同，所关心和研究的问题涉及整个国家，西部的城市和环境只是一个局部，任何时候都不能把城市和环境问题作为西进运动的独特现象。可见进入这两个研究领域的学者同西部史的联系可能会越来越少，这将会使西部史研究蒙受一定的损失。但这绝不能构成对西部史研究的威胁，更不能算是对西部史学的严重挑战。真正的挑战发生在1981年西部史学会圣安东尼奥年会上。在这次年会上有人提出了西部是不是能够作为一个统一的独特的地区单独存在，有没有所谓的西部史的问题。当时的西部史研究虽然由于各个专门史的发展而有所分流、研究队伍相对缩小，但基本上还处于昌盛时期，可谓人才济济，硕果累累。这一问题的提出使美国史学界感到震惊，引起了西部史学家的极大关注。

这个问题的提出，看来有点突然，但实际上有着深远的根源，是美国西部地区的不断发展所引起的。过去把西部作为一个统一体有两个根据：一是共同的自然条件，二是共同的边疆经历。自从西部史学家韦布把干旱少雨作为界定西部地区的标准以来，直到70年代初还没有受到质疑。西部史学家马隆在他主编的《历史学家和美国西部》一书中，仍然强调说："的确，西部应当包括西经98°以西的整个地区，这是一条降雨量减少的界线，北起西达科他的东边，往南穿过得克萨斯的中部。"[1]

然而，进入20世纪70和80年代以后，边疆经历的影响已经日益淡化，而共同自然条件的说法也有不少漏洞，经不起推敲。把西部地区界定为一个统一体的最重要的根据就是干旱少雨。对于西部的大部分地区来说，这是事实，但也有不少雨量充沛的地带，可见这个标准并不适合

---

[1] Michael P. Malone ed., *Historians and the American West*, p. 2.

所有的西部地区。事实上,西部地区是由许多自然条件不相同的地区组成的,至少可以分为西南沙漠地区、落基山区、大平原地区、惠特尼山地和死谷低地等不同地区。早在1972年,历史地理学家D. W.迈林就在美国地理协会年鉴上发表文章,提出大西部应当按照不同自然条件划分为若干小地区的论点。[1]这是一篇很有影响的论文,它的发表给统一的大西部说带来了一次巨大的冲击。迈林还出版过几部专门论述西部几个地区在文化上和地理上互不相同的著作。其中有:《大哥伦比亚平原:历史地理,1805—1910》《地理变迁中的三个民族,1600—1970》等。

其实,西部各个地区之间自然条件的差别是一直存在的。不过,过去当西部各州还处在开发阶段,经济还不够发达的时候,共同面临的问题和困难往往掩盖了它们之间的差别,看起来似乎是一个整体。西部在人们的想象中差不多是待开发和新开发地区的同义语。但是,进入20世纪以后,西部地区的各个州都取得了不同程度的发展,自然条件对经济发展的影响也日益明显。各个州或者各个地区的特点也随之突显出来,以致人们对西部是个统一体的说法产生怀疑。近年来,美国西部各州和大城市都注重开展当地的地方史研究,各地历史协会和地方刊物都集中发表关于当地历史的文章。西部史的研究相对削弱。

如果我们具体地考察一下西部几个州的发展状况,就不难看出问题的复杂性。就今日的加利福尼亚而言,它确实是一个非常独特的州。从各个方面来说它都不同于其他西部各州。正如《美国志:五十州现状》的作者尼尔·R.彼尔斯和杰里·哈格斯特洛姆表示:"没有一个州哪怕有一点点稍似加利福尼亚。这儿居住着2400多万人……假如它是一个独立的国家,那么它在人口上超过另外一百多个国家,面积超过92个国家。它的国民生产总值——接近3500亿美元——超过美国和其他六个国家以外的所有国家……在美国各州中,加利福尼亚是最能轻而易举独立生

---

① D. W. Meinig, "American Wests: Preface to a Geographical Interpretation", *in Annals of the Association of American Geographers*, Vol. 62, No. 2, pp. 159–184.

存的一个州。"①而如果就地理条件来说,"在最初的十三州之后的各州中,加利福尼亚是唯一拥有真正自然边界的一个州"②。

得克萨斯州也有自己的独特地位。它盛产石油,自然资源十分丰富。"它有巨大的财富和实力。它是美国第三大州,人们有理由像对纽约和加利福尼亚那样来严格判断它。"③而在历史上,得克萨斯又曾作为独立的共和国存在九年之久(1836—1845),甚至曾拥有自己的军队、邮政和货币。另一方面,南、北达科他州、怀俄明、内华达等州仍然是土地广袤、人烟稀少的荒凉地区,保留了过去西部风光的许多东西,同经济发达的西部诸州形成了强烈的对照。它们之间的差别越来越大,共同点却越来越少。

由于界定西部地区的两个依据出现了争议,西部史能否作为美国史学的分支存在下去就成了人们关注的问题。不过,在美国西部史学家中大多数人主张西部史可以而且应当存在下去。罗德曼·W.保罗和迈克尔·P.马隆于1985年1月在《西部史季刊》上发表合著的文章《西部史学的传统和挑战》,详细阐明了西部史作为美国史的一个分支的必要性。他们认为:"尽管西部存在种种差异,但把它作为一个地区看待仍然是可取的,它有足够的共同特征来证明使用地区一词的正确性。"④他们从两个方面来论证自己的观点:

第一,保罗和马隆扩大了干旱的概念。过去韦布只把干旱作为西部的一个共同特征。现在他们把半干旱地区也包括在内,这样就使得西部这个概念能够覆盖更为广阔的地区。他们从这一观点出发,更具体地划定西部的界限。他们在文章中写道:"最具特色的是干旱和半干旱,这构

---

① [美]尼尔·R.彼尔斯、杰里·哈格斯特洛姆:《美国志:五十州现状》,中国社会科学出版社,1987年版,第1047页。

② [美]尼尔·R.彼尔斯、杰里·哈格斯特洛姆:《美国志:五十州现状》,第1083页。

③ [美]尼尔·R.彼尔斯、杰里·哈格斯特洛姆:《美国志:五十州现状》,第868页。

④ Rodman W. Paul and Michael P. Malone, "Tradition and Challenge in Western Historiogra-phy", *Western Historical Quarterly*, Vol. 16, No. 1, Jan.1985, p. 29.

成大陆西半部的极大特征。这条线起于两达科他的中部偏东,西经98°,转而向西靠近西经100°的地方,南下穿过内布拉斯加、堪萨斯、得克萨斯中部,直至海湾,在这条线内年降雨量大大低于20英寸[1],因此使得潮湿地带的农耕方法不能使用。"[2]他们还列举了由于干旱和半干旱气候而派生的许多其他的共同特点。例如,牧草取代粮食作物、灌溉系统被广泛采用,以及这种自然条件对人们思想、生活习惯的影响等等。

第二,保罗和马隆特别强调西部地区共同的历史和传统的作用。他们认为:"第二个起联合作用的特征是拥有共同的历史和共同的文化传说,至少在可以称之为西部人的欧洲裔美国人中是这样的。"[3]

保罗和马隆所代表的大多数人的观点是有充分根据的。从历史的观点看问题,西部地区确有许多共同经历。西进运动就是西部各州共同经历过的历史过程。正是通过这个共同的历史过程,西部各州才可能在较短的时间内从人迹罕至的荒原和丛林变为交通便利、经济发达的地区。尽管它们发展的程度不同,地区之间相差悬殊,但发展的道路是共同的。可以说,研究西部各州的过去同研究整个西部的发展是不可分割的。事实上,西部地区很多共同性的问题已经发展为专门史。尽管有些专门史由于发展迅速已经成为独立的分支,但其研究人员和研究课题仍然同西部史学发生交叉,起到相辅相成的作用。如果从研究的深度和广度看问题,西部史学不是分裂了而是发展了。

以西部城市史为例,虽然它属于美国城市史分支,但也是美国西部史的重要领域。随着研究工作的开展,越来越多的学者认为,西部城市的兴起和发展对于西进和西部开发起到了至关重要的作用。特纳在论述边疆学说时忽略了城市的作用,他察觉了这个问题以后曾着手撰写

① 英制单位,1英寸合2.54厘米。

② Rodman W. Paul and Michael P. Malone, "Tradition and Challenge in Western Historiogra-phy", *Western Historical Quarterly*, Vol. 16, No. 1, Jan. 1985, p. 29.

③ Rodman W. Paul and Michael P. Malone, "Tradition and Challenge in Western Historiogra-phy", *Western Historical Quarterly*, Vol. 16, No. 1, Jan. 1985, p. 29.

《城市在美国历史上的重要意义》一书，但可惜未能完稿。1925年，他在致瑟·M.小施莱辛格的信中，提出评价美国城市的历史作用的重要性，并希望对方予以考虑。①小施莱辛格不负特纳的委托，在1938年美国历史协会年会上做了以"美国历史上的城市"为题的报告。两年后，这个报告在《密西西比河流域历史评论》上正式发表。小施莱辛格在文章中肯定了城市在西部发展中的重要作用，说明了西进运动中存在着一条"城市边疆"②。后来，小施莱辛格的学生理查德·C.韦德又以城市边疆为题，撰写博士论文，并于1959年正式出版。他考察了匹兹堡、辛辛那提、莱克星顿、路易斯维尔、圣路易斯等城市，认为这些城市是开发俄亥俄河流域的桥头堡和核心。这些城市不仅把大批移民吸引到这里来，而且带来了东部的先进文化，它们的强大经济实力影响着整个地区的发展。③继希克思之后，70年代和80年代出现了一批很有影响力的著作，从各个不同角度探讨西部城市兴起的原因、特点和曾经起过的重要作用。④

前面已经提到西部城市史是西部史研究中率先引用新研究方法的领域，曾经对整个西部史研究产生过良好的影响。进入20世纪90年代以后，又有不少有关西部城市发展的著作问世。值得指出的有乔尔·加勒奥的《边缘城市：新边疆的生活》和蒂莫西·R.马奥尼的《大西部的沿

① Ray Allen Billington, *Frederick Jackson Turner*, pp. 492–493.

② Arthur M. Schlesinger, "The city in American History", *The Mississippi Valley Historical Review*, Vol.27, No.1, June, 1940, pp. 66–68.

③ John Alexander Caroll and James R. Kluger, eds., *Reflection of Western Historians*, Tusson: University of Arizona Press, 1969, p. 156.

④ John W. Reps, *Cities of American West: A History of Frontier Urban Planning*, Princeton: Princeton University Press, 1979; Gunther Barth, *Instant cities: Urbanization and the Rise of San Francisco and Denver*, New York: Oxford University Press, 1975; Lyle orsett, *The Queen City: A History of Denver*, Boulder: Pruett Publishing Company, 1977.

河城镇:美国中西部地方城市化的结构,1820—1870》。①目前在美国西部史研究中,西部城市史仍然是一个方兴未艾的领域,正吸引着越来越多的学者去进一步探讨,其重要性也越来越凸显。美国学者布拉德福德·勒金厄姆认为:"城市对美国西部一直是重要的,它们在未来定会更为重要。这个地区城市的成长和发展突出地展示了美国当前和未来的趋向。'城市边疆'的吸引力仍然是一个有待完成的课题。但愿历史学家们能够继续致力于研究和展示城市在现代美国西部发展中的决定性作用。"②

　　除此以外,美国西部妇女史、环境史、经济史、社会史、暴力史等都已成为重要的研究课题。不少西部史学家正在从事这方面的工作,并且已经取得显著成绩。③由此可见,过去西部地区史有很多共同问题可以研究。即使在西部各州由于发展不平衡而形成的差异日益扩大的情况下,仍然存在许多共同性问题。西部史作为美国史的一个分支没有失去继续存在下去的理由。

　　美国西部史学家埃屠林在《撰写西部史》一书的结尾部分提出了西部史学今后的发展方向。他认为应当把特纳、韦布、博尔顿、比林顿、波默罗伊等老一代史学家的研究方法,同当前新的研究方法结合起来,只有这种结合才能使西部史研究获得进一步发展。具体地说就是要尊重西部史学的遗产,同时强调西部当代史的研究,保留过去那种引人入胜的文学叙述风格,同时使用新的研究方法。

　　埃屠林还认为,这种结合已经开始,并且经历了三个阶段。

---

① Joel Garreau, *Edge City: Life on the New Frontier*, New York: Doubleday, 1991; Timothy R. Mahoney, *River Townes in The Great West: The Structure of Provincial Urbanization in the American Midwest, 1820–1870*, New York: Cambridge University Press, 1990.

② Michael P. Malone ed., *Historians and the American West*, p. 336.

③ Glenda Riley, *Frontierswomen: The Iowa Experience*, Ames: Iowa State University Press, 1981; Sandra Myres, *Westering Women and the Frontier Experience, 1800–1915*, Albuquerque: University of New Mexico, 1982; Richard A. Bartlett, *The New Country*, 1974.

第一个阶段的特点是以传统的西进运动为研究课题,但注入了某些新内容。这一阶段的代表作是雷·艾伦·比林顿和詹姆斯·布莱恩·赫奇斯合著的《向西部扩张:美国边疆史》。这部书不仅详尽地论述了西进运动,而且也涉及妇女史、族裔团体史等新内容,但可惜没有充分展开,有点语焉不详。

第二阶段的特点是以论述西部边疆的经济发展为主,对于西部矿山的发展,社会、经济流动性、城市化和种族问题进行综合论述。有的著作也涉及20世纪的西部史。其代表作有:罗德曼·W.保罗的《远西部和转变中的大平原》、杰拉尔德·纳什的《转变了的西部》,以及马隆和埃屠林关于20世纪西部史的著作。

第三个阶段是所谓的整体研究阶段。在这个阶段,西部被看作一个整体,它的历史遗产得到认真对待。西部历史学家开始把西进运动和20世纪西部史结合起来研究,承认历史的连续性。其代表作有帕特里夏·纳尔逊·利默里克的《征服的遗产:美国西部的不可分割的过去》和唐纳德·沃斯特的《帝国的河流:水、干旱和美国西部的成长》。①

诚然,埃屠林的说法只是一家之言,关于西部史的争论并未停止。不过大多数西部史学家持肯定态度,西部史学会的活动仍在继续。1996年克莱德·A.米尔纳为此专门编辑了一部论文集《新的意义:重新勾画美国西部史》。文集从各个不同角度对美国西部史学的形成和发展及其重要意义做了概略的回顾和论述,肯定了美国西部史作为一个学科的必要性。

文集中的《西部史的第一个世纪的历程》一文的作者艾伦·G.博格认为:"从地区意义上讲,学院西部史显示,阿巴拉契亚山那边的地区也有骄人的历史,而且是美国经验的重要的不可分割的部分。"②他还列举了种种例证来说明西部历史的重要性。例如,西部士兵在挽救联邦过程

---

① Richard W. Etulain ed., *Writing Western History*, p. 350.

② Clyde A. Milner, *A New Significance*, p. 21.

中所起的作用,西部经济的迅速发展,等等。在他看来,西部史不是讲多了而是讲少了。他说:"这样,研究阿巴拉契亚山那边的地区的历史学家们就有充分的根据相信他们还有重要而没有受到重视的故事可讲。"①

在强调西部史在美国历史中的重要地位的同时,一种视野更为广阔的观点悄然兴起。不少西部史学家否定了就西部而谈西部的研究方法,主张放眼全国、放眼世界,把美国西部史的研究同美国全局,甚至同世界事务结合起来。1998年,西部史学会萨克拉门托年会专门组织了一次小型的圆桌会议,畅谈西部史的要求和前景。约翰·麦克·法拉格在发言中明确指出这种观点的正确性和必要性。②

对于强调西部史的独特性和封闭性的例外论观点,学者们也进行了考察和评论,认为例外论者所认定的西部在地理上、历史上不同于美国其他地区而处于隔绝状态的信念是没有根据的。"除了一两个分界山脉以外,西部同国家的其他地区并未隔离,也从未隔离。"③有一些敢于冒犯传统观点的西部史学家认为过去把西部的辉煌成就讲得太多,很少触及负面的东西,是应当还西部史以全貌的时候了。在他们看来,天定命运时期,包括美墨战争和西进运动以及1898年美西战争,都是美国曾加入殖民国家和帝国主义国家行列的例证。西部史学家玛丽亚·E.蒙托亚曾在《新墨西哥麦克斯维尔土地授予》一书中论述了这个观点,并认为美国西部都是占领的土地。她还揭露了不少美国历史学家们对此长期保持沉默的心态。她指出:"正如美国史学家一直不愿意看到美国曾是一个殖民国家那样,美国西部史学家面对西部是一个被征服的地区也感到

---

① Clyde A. Milner, *A New Significance*, p. 21.

② Virginia Scharff, et al., "Claims and Prospects of Western History: A Roundtable", *Western Historical Quarterly*, Vol. 31, No. 1, Spring, 2000, p. 33.

③ Virginia Scharff, et al., "Claims and Prospects of Western History: A Roundtable", *Western Historical Quarterly*, Vol. 31, No. 1, Spring, 2000, p. 33.

尴尬。"①实事求是地看待西部,这是西部史研究中正在兴起的一种新的健康的风气。既不掩盖西部史中不光彩的东西,也不允许夸大问题。20世纪90年代后半期有不少人把频频发生的校园枪杀事件归咎于西部的凶杀传统,这显然是夸大其词的。1999年,西部史学会曾于俄勒冈州波特兰市举行有五位西部史专家参加的圆桌会议。这个会议讨论了西部历史上的暴力问题,会议声明:"这个圆桌会议的参加者不相信暴力是西部发展的主要因素。他们不相信暴力铸造了我们的民族性格。他们相信文明和当今城市的基础不是由耸人听闻的暴力场景而是由平民百姓奠定的。"②纽约州立大学奥尔巴尼分校历史和公共政策教授罗伯特·R.戴克斯特拉以凶杀著称的道奇城为例,证明那里并非无法无天、杀人如麻的社会。那里的居民曾经努力用法制来控制社会,并在短期内取得了成功。他指出,该城建于1872年,1873年就由当地的社会名流进行管理。那时著名在案的杀人凶手不过十六人到十九人。从那时起直到1875年该城并未发生凶杀事件。此后该城设立了维持社会秩序的法制机构,有法警、法警助理、必要数量的警察、县行政司法官及其副手等。③可见这座凶城并非杀人凶手的乐园。

在埃默里大学执教的迈克尔·A.伯里塞勒斯在会议上做了"枪不杀人,电影杀人"的发言。他指出:"我们在美国陷入了自己制造的神话的圈套,相信边疆暴力锻造了美国人的基本性格。""许多美国人似乎乐于接受这种观点,即暴力是不可改变的,是来源于边疆遗产的根深蒂固的

① Virginia Scharff, et al., "Claims and Prospects of Western History: A Roundtable", *Western Historical Quarterly*, Vol. 31, No. 1, Spring, 2000, p. 42.

② Stewart L. Udal, et al., "How the West Got Wild: American Media and Frontier Violence A Roundtable", *Western Historical Quarterly*, Vol. 31, No. 3, Autumn, 2000, p. 277.

③ Stewart L. Udal, et al., "How the West Got Wild: American Media and Frontier Violence A Roundtable", *Western Historical Quarterly*, Vol. 31, No. 3, Autumn, 2000, p. 280.

经验的产物。"①他承认，"美国是今天工业世界中暴力最多的国家"，但强调西进的动机主要是挣钱谋生，而不是凶杀。西部的凶杀被媒体，特别是电影渲染和夸大得面目全非，产生了极坏的影响。"枪不杀人，电影杀人"就是结论。

伯里塞勒斯是言之有据的。早在1993年，美国心理学会曾就影视中暴力事件对青少年的影响做过一项调查。初中毕业生平均每人看到过8000个杀人凶手的表演、100000起凶杀案，高中毕业生在影视上看到的杀人凶手达到18000人。②

从西部史学界近期的动态可以看出这个学科还是有前途的。许多西部史学家都充满信心和热情地在那里辛苦耕耘。更重要的是西部史本身的内容太丰富了，而且是这个移民国家历史发展中最具有活力、最具有代表性的一个部分。可以说，从第一批移民踏上这片土地开始美国人就在从事拓荒和扩展土地的活动，而这种活动在西进过程中达到了登峰造极的地步，内容极为丰富又极为复杂。有些问题还只是浅尝辄止，有些问题根本就没有触及。即使那些已经研究得相当充分的问题，由于角度不同、侧重面不同，不免有所偏废，有必要重新加以研究。美国西部史学界也意识到这个问题。1989年9月，美国人文科学国家基金会曾出资在圣菲举办"时间追踪"展览会和"走向新西部史"专题讨论会。不少人认为，过去西部史过多地宣扬扩展帝国的辉煌战绩、神奇的发展，常常把研究范围局限在19世纪。现在应当讲讲征服过程中的残暴、不人道，讲讲受害者的悲惨情况和种种负面的东西，讲讲文化关系和20世纪的西部。

事实上从20世纪80年代开始，一批新一代美国西部史学家掀起了

---

① Stewart L. Udal, et al., "How the West Got Wild: American Media and Frontier Violence A Roundtable", *Western Historical Quarterly*, Vol. 31, No. 3, Autumn, 2000, p. 285.

② Stewart L. Udal, et al., "How the West Got Wild: American Media and Frontier Violence A Roundtable", *Western Historical Quarterly*, Vol. 31, No. 3, Autumn, 2000, p. 287.

58

使用新方法重新研究和重新考察美国西部史的浪潮,取得了不少重大的成果,形成了所谓的新西部史运动,使西部史研究迎来了又一个春天。其代表人物有帕特里夏·纳尔逊·利默里克、理查德·怀特、威廉·克朗伦、唐纳德·沃斯特、克莱德·A.米尔纳、里金纳尔德·霍斯曼等人。他们的著作多半都带有再探讨、再思考、再勾画等字样,其用意在于突出一个新字。例如,克朗伦等人主编的书就叫作《在开阔的天空下:重新考察美国西部的过去》。他们的著作是名实相符的,都颇有新意,给美国西部史学注入了旺盛的活力。美国西部史学大有希望。

另一方面,美国人在开发西部过程中积累的经验和教训都极为丰富,需要探讨和再探讨的问题很多。穷几代人之力也未必能够毕其功。美国西部史的研究仍然是任重而道远。

六、国内史学界的研究概况

国内史学界对美国西进运动的研究起步较晚。改革开放前发表的文章不多,而且侧重对西进运动黑暗面的揭露和批判,很少对西进运动进行全面的研究。改革开放后才开始把这个问题提上日程。1979年12月在武汉举行的世界史学术讨论会上就有不少学者对美国西进运动的重要作用和过去在这个问题上的片面看法提出质疑,认为除了土地扩张、屠杀印第安人和剥夺其土地的阴暗面以外,它还体现了美国资产阶级的创业经历和"广大移民披荆斩棘、吃苦耐劳的精神……它不仅直接推动了农业,而且带动了交通运输业和各个工业部门的发展"①。从20世纪70年代末到80年代末,有五十余篇有关西进运动的文章相继发表,所论及的问题大概有下列六个方面:

(一)评介特纳和边疆学说的论文。已故东北师大教授丁则民先生最早在学术刊物上发表对特纳学说的看法。他的《特纳的"地域理论"评介》

---

① 张友伦:《美国史研究中值得注意的几个问题》,《世界史研究动态》1981年第1期。

和《"边疆学说"与美国对外扩张政策》两篇文章都深刻地剖析了边疆学说和美国对外扩张政策的关系,但同时也表明"这并非特纳学说的全部和主流"①。美国史领域的另一位前辈杨生茂先生在《南开学报》陆续发表了两篇文章进行评论,充分肯定了特纳在美国史学界的地位,认为他"是19世纪末至20世纪30年代初美国史学界最有影响人物之一"②。1983年,他又选编了《美国历史学家特纳及其学派》一书,由商务印书馆出版。这是一本译文集,选材全面而且注重质量,有相当高的学术价值,是研究和了解特纳边疆学说必读的参考书。此外,厉以宁先生和王宏林、段牧云等学者都在不同的刊物上发表了有关这个问题的文章。③

(二)介绍和论述西进运动史学的论文。由于条件的限制,只在少数资料较多的地区和学校有人做这方面的工作。80年代在正式刊物上发表的文章不超过5篇。1985年,张友伦、倪亭合著的《试论美国西进运动史学》连续发表在《世界历史》第6期和第7期上。这篇文章主要评介美国方面的研究情况。十年后,张友伦才又在《南开学报》第1期发表了《美国西部史学的发展和面临的挑战》,弥补了上篇文章的某些不足。1986年,杨玉圣在《史声》总第2期和《世界史研究动态》第11期先后发表了《美国西进运动研究近况》和《美国西进运动研究在中国》两篇文章,侧重介绍了国内的研究状况。1989年,黄仁伟又在《东北师大学报》当年的第4期上发表了《美国西部史研究的现状与趋势评述》。

(三)评介西进运动的论述,介绍西进运动、论述西进运动的性质和

---

① 丁则民:《特纳的"地域理论"评介》,《吉林师大学报》1979年第3期;《"边疆学说"与美国对外扩张政策》,《世界历史》1980年第3、4期。

② 杨生茂:《试论弗雷德里克·杰克逊·特纳及其学派》,见杨生茂:《探径集》,中华书局,2002年,第19页。

③ 厉以宁:《美国边疆学派的"安全活塞"理论》,《厉以宁经济论文选:西方经济部分》,河北人民出版社,1986年;王宏林:《特纳的"边疆学说"评介》,《江海学刊》1982年第5期;段牧云:《美国"边疆史学派"创始人特纳及其理论》,《美国研究参考资料》1986年第10期。

作用的文章比较多。①这些文章都能够比较全面地介绍和评价西进运动,充分肯定了西进运动的历史意义及对美国经济发展所起过的重大作用。还有一组文章专门探索西部的开发问题。其中有徐玮的《内战后美国对西部边疆的开发及其作用》、贾东海的《美国西部开发中的几个问题》等。这些文章的侧重点在于总结美国西进运动的经验教训,作为我国开发大西部的借鉴。有的文章把美国西部的开发直接同我国西部某个省区的开发联系起来,并且提出自己的建议。②此外,对于西进运动和工业发展、交通运输之间的关系,以及美国政府的种种政策都有专题文章。③北京大学何顺果教授在系统研究美国西进运动以后,于1992年出版了专著《美国边疆史——西部开发模式研究》。这是国内第一部关于美国西进运动的学术著作,具有相当的开创性和广泛的影响。更令人高兴的是,丁则民先生率先把西进运动作为东北师大美国研究所的重点课题,在他周围形成了一个研究集体,并且收集和购买了大量有关这个专题的书刊,东北师大成为国内公认的美国西部史研究中心,并且得到美国学者的认同和帮助。这个研究集体形成以来硕果累累。

(四)西进运动和美国农业大发展的论著。西进运动首先是拓荒者垦殖西部土地的运动,同19世纪美国农业大发展有直接的关系,也是国

---

① 例如,何顺果:《美国西进运动初探》,中国美国史研究会编:《美国史论文集》,生活·读书·新知三联书店,1983年;《西进在美国经济发展中的作用》,《历史研究》1984年第3期;张友伦:《评价美国西进运动的几个问题》,《历史研究》1984年第3期;韩毅:《论美国西进运动的性质和历史作用》,《辽宁大学学报》1984年第5期;侯文蕙:《19世纪美国西进运动》,《兰州大学学报》1986年第1期等。

② 这方面的文章有:尹平等:《美国西部开发对我国西北工业发展的启示》,《工业经济管理丛刊》1987年第9期;刘文朝:《美国西部开发的成败对制订云南开发战略的启示》,《云南财贸学院学报》1985年第3期等。

③ 例如,韩承文、徐云霞:《美国西部开发与其资本主义工业化》,《许昌师专学报》1986年第2期;刘宏毅:《土地政策的放宽是促进美国西部开发的重要因素》,《世界经济文汇》1988年第3期;刘宏毅:《交通运输的变革是经济开发的先声——19世纪美国交通运输的发展和西部的开发》,《世界经济文汇》1984年第3期等。

内学者比较关心的问题。西部"自由土地"的存在是美国农业资本主义道路形成和发展的前提，没有西进运动也就不会有美国式的农业发展道路。20世纪80年代围绕这个问题发表了一系列文章。①其中发表最早、最有代表性的是潘润涵、何顺果的《近代农业资本主义发展的"美国式道路"》。这篇文章对"美国式道路"的内涵、形成的历史条件、开始和确立的时间及特点进行了比较全面的论述。它还特别指出，这条道路是通过斗争、包括革命战争才得以实现的，而强大的民主力量则是实现这条道路的决定性因素。1983年，天津人民出版社出版了张友伦的《美国农业革命》，这本书比较系统地论述了美国西进运动和美国农业发展的关系、"美国式道路"和农业机械化过程，以及农业革命的巨大成果。

（五）西部公共土地私有化和美国政府政策的论述。早在1979年刘祚昌先生就在《世界历史》发表了《美国人民争取西部土地与"宅地法"问题》一文，详细论述了西部移民争取无偿分配西部公共土地，以及美国政府逐步修改直到用《宅地法》取代《1785年西部土地出售法令》的整个过程。随后又有樊亢、贺力平、周章森、洪朝辉、何黎萍、陈锡镖、张友伦等人发表的文章多篇。②1993年，上海社会科学出版社出版了黄仁伟的《美国西部土地关系的演进——兼论"美国式道路"的意义》。这本书虽然分量不大，但却是国内第一部系统论述美国西部土地私有化和农业大发展的专著，有一定的参考价值。

---

① 洪朝辉：《农业资本主义发展的美国式道路》，王正平：《世界史大事汇编》，浙江人民出版社，1984年；刘淑敏：《农业中资本主义发展的"美国式"道路》，《自修大学（文史哲经版）》1985年第6期；赵小平：《农业资本主义发展两条道路刍议》，《世界史研究动态》1987年第8期等。

② 洪朝辉：《美国西部土地投机问题的史学争论与理论思考》，《美国研究》1992年第4期；樊亢、贺力平：《略论19世纪美国政府开发西部的土地政策及其对经济发展的影响》，《世界经济》1988年第4期；周章森：《美国资产阶级革命和土地问题》，《杭州大学学报》1983年第3期；陈锡镖：《内战前美国国有土地市场的形成和发展》，《上海社会科学院学术季刊》1997年第4期；张友伦：《关于美国1787年西北法令的评价问题》，《历史研究》1993年第4期；何黎萍：《美国西部土地立法与农业的资本主义化》，《学术研究》1998年第4期等。

（六）美国领土扩张方面的文章。早在20世纪80年代初，史学界前辈黄德禄先生就曾发表文章揭示天定命运说产生的历史背景和在土地扩张过程中所起的推动作用，以及西进运动和土地扩张的关系。[①]随后又在多种学术刊物上发表了有关这方面的文章。其中有黄安年的《美墨战争和天定命运思潮的泛滥》、伍宗华的《美国早期领土扩张刍议》、宋韦佩的《美国购买路易斯安那始末》等。

这一系列文章和专著的问世当然是非常可喜的事情，可以说国内的西进运动史研究已经启动，并且取得了不错的成果。千里之行始于足下，但愿以后会有更多更好的作品问世，使我们薄弱的基础得到巩固和加强。

---

① 黄德禄:《"天定命运"与美国的大陆扩张》,《河北师院学报》1981年第1期。

第二章　美国西进运动史学的独特分支
——印第安史学的兴起

一、被颠倒的历史必须颠倒过来

印第安人的历史本来是西进运动史中的一个重要内容,甚至可以说是不可分割的部分,直到20世纪60年代才由于民权运动的兴起而从西部史中分离出来,成为一个独立学科。从那时起短短几十年内,已经形成一支实力雄厚的研究队伍,研究成果累累,对过去存在的种种问题都进行了初步的清理,并对一些明显的错误观点进行了批判和纠正。所涉及的内容都是西进运动史无法回避和不能绕过的。两者的关系十分密切,可以说印第安史学在兴起阶段还是西进运动史学的一个独特分支。因此作者将印第安史学的兴起作为单独的一章收入本书。

在印第安人史的研究中长期占统治地位的是种族主义观点。印第安人的历史要么被忽视,要么被严重歪曲。从西班牙人殖民北美大陆起,印第安人就被当成劣等民族而惨遭屠杀、征服和奴役。他们几乎完全丧失了人类最起码的生存权利。阿尔文·M.小约瑟夫曾著文指出,在西班牙人的眼里,"美洲土著人是异己的、荒诞的、未开化的另一种人,欧洲人自然要采取不同态度来对待这种劣等民族。而印第安人作为劣等民族是注定要被征服、被征剿、被奴役的"①。后来的法国和英国殖民者

---

① Alvin M. Josephy, Jr., "The Historical and Cultural Context of White—Native American Conflicts", *Indian Historian*, Vol. 12, No. 2, Summer, 1979, p. 7.

同西班牙人一样,对北美殖民地的印第安人也采取同样残暴的政策。他们所奉行的当然也是同样的种族主义强盗逻辑。令人遗憾的是,这种强盗逻辑流毒甚广,在独立战争前后深深地渗透到部分东部商人和部分拓荒者的思想观念中,对当时和其后的史学著作都有严重的影响。其中最露骨的表现是公开污蔑印第安人,把他们说成是"残忍的杀手";歌颂驱赶和剿杀印第安人的战争,并把指挥战争的军官说成是功臣、英雄而加以赞扬。这种歪曲历史的现象持续了一个世纪之久。

19世纪80年代,海伦·亨特·杰克逊曾经出版《可耻的世纪》一书,对美国政府的印第安政策进行了有史以来的第一次严厉批评,在美国政界和舆论界引起了轰动。然而传统的看法根深蒂固,虽然有一些历史学家怀着同情的心情写印第安人的历史,但这样的人实在太少了,对主要潮流没有产生明显的影响。直到20世纪60年代,由于民权运动、反越战运动、新左派运动和各种运动的冲击,美国少数民族的历史才开始受到重视。一批印第安裔学者也脱颖而出。他们振臂疾呼,要求把颠倒的历史颠倒过来,还印第安人以公道。

印第安裔历史学家詹尼特·亨利从清理工作入手。他查阅了大量教科书后撰写了《教科书和美国印第安人》一书,揭露了美国教科书中大量污蔑和歧视印第安人的章节和片段。该书于1970年出版后引起了美国学术界的极大关注。作者在书中郑重地指出,令人感到愤怒和遗憾的是,作为教育青少年的教科书中竟然充斥种族偏见和对印第安人的伤害和诽谤。印第安人往往被描绘为"凶残的杀人者""背信弃义者"和"窃贼",等等。作者斥责了这些颠倒是非的说法,并愤怒地质问:"如果卡斯特战役被说成是屠杀,那么伤膝谷又作何论呢?""印第安人杀白人,因为白人夺去了他们的土地,破坏了他们的狩猎场,毁掉了他们的森林,消灭了他们的野牛。白人把我们的人围圈在保留地中,然后又夺去其保留地。那些出来保护白人财产的人被称为爱国志士,而同样在保护自己财产的印第安人却被叫作杀人者。"①

　　教科书尚且如此，在过去出版的描写印第安战争的著作中，这种偏见更为明显、更为严重。例如，在倒树之战中以征剿印第安人闻名的安东尼·韦恩将军和在小毕格霍恩战役中因征剿印第安人而被打死的"青年将军"乔治·阿姆斯特朗·卡斯特，都被说成是"伟大的英雄"，后世的文人还纷纷为他们著书立传。尽管这样，韦恩书信集的编辑理查德·C.克诺夫还抱怨美国的历史著作没有用足够的篇幅来描述韦恩将军的战功。他写道："也许在美国历史上没有哪一次战争像安东尼·韦恩少将所指挥的战争那样，虽然有详细记载却遭到忽视。"②克洛夫为了引起人们对韦恩的更大关注，将韦恩从1792年到1796年的信件汇编为《韦恩书信集》，达546页之多。他还强调说："学者们没有认识到，假如没有韦恩在军事上、外交上的胜利，西进运动就可能夭折于襁褓之中，或者将大为延缓，国家的声誉也可能一落千丈。尽管有外交协议，西部土地仍然可能脱离美国而并入其他国家。"③

　　至于歌颂卡斯特的书籍，那就更多了，简直不可胜数。这位进剿印第安人的指挥官被打死后，很快就成了传奇式的"英雄"人物，在美国舆论界轰动一时。报纸杂志及后来的电影、戏剧都争相报道和宣传。由于重复报道太多，以至后来的作者在出书的时候总是要向读者表明那是关于卡斯特的最后一本书了。印第安裔学者厄特利曾对这种现象嘲讽地说："小毕格霍恩战役的书目已经是洋洋大观，并且还在逐年增加，以至每个版本都要声明，这部关于卡斯特的书是卡斯特诸

---

① Jeannett Henry, *Textbooks and the American Indian*, San Francisco: Indian Historian Press, 1970, p. 2.

② Richard C. Knopf, Anthony Wayne, *A Name in Arms: Soldier, Diplomat, Defender of Expansion Westward of a Nation*, Pittsburgh: University of Pittsburgh Press, 1960, p. 1.

③ Richard C. Knopf, Anthony Wayne, *A Name in Arms: Soldier, Diplomat, Defender of Expansion Westward of a Nation*, Pittsburgh: University of Pittsburgh Press, 1960, p. 1.

书中的最后一本",或者说,"这是关于该题材的最后论述"。①埃德加·I.斯图尔特在他的著作《卡斯特的好运》的序言中也曾这样指出:"试图再描述反复讨论过的小毕格霍恩战役的故事是需要很大勇气的,至少需要大费唇舌加以解释。"②

不可否认,在大量著作中关于小毕格霍恩战役和卡斯特的评论并不是完全一致的,存在着长时间的争论。但是这些争论只是围绕着一些非根本性的具体问题而展开的。例如,卡斯特的死是否由于他不遵从他的上级特里将军的命令造成的? 卡斯特作战的现场发生过什么事情? 卡斯特的性格是怎样的? 而对于战争性质这样的根本性问题却没有或者很少涉及。

用种族主义偏见对待印第安人历史的另一种表现,同时也是更为隐蔽而不易为人发现的一种表现,就是在著作中故意避而不谈有关印第安人的事件和人物,或者放在极其不重要的地位一带而过。这种现象在美国较早的历史著作中普遍存在。当然,其中也不排除由于缺乏可靠材料而不得不略去的因素。但就多数著作来说,这并不是主要原因,而是或多或少地受到了种族主义偏见的影响。1970年,詹尼特·亨利在普林斯顿大学召开的印第安学术会议上所做的发言中,十分尖锐地批评了这种现象,许多美国历史学家,其中有的进步历史学家都被点了名。例如,乔治·班克罗夫特、查尔斯·比尔德、卡尔·贝克尔、阿塞·M.施莱辛格,都由于在书中未曾提到印第安人的土地被非法剥夺、杰克逊总统反对印第安人的政策、"眼泪之路"给印第安人带来的痛苦,或者没有肯定印第安人的经济发展而受到批评。③

其实,表现最突出的还不是上面被点名的那些美国历史学者,而是

---

① Robert M. Utley, *Custer and the Great Controversy: The Origin and Development of a Legend*, Los Angeles: Westernlore Press, 1962, p. 52.

② Edgar I. Stewart, *Custer's Luck*, Norman: University of Oklahoma Press, 1955, p. 52.

③ Rupert Costo et al. ed., *Indian Voices: The First Convocation of American Indian Scholars*, San Francisco: The Indian Scholar Press, 1970, pp. 106–108.

边疆学派的创始人弗雷德里克·杰克逊·特纳。他关于西部边疆的论著处处都涉及美国政府的印第安政策，以及移民和印第安人的关系，但他并未加以必要的揭示和评论，而只是把印第安人作为移民在西进过程中所遇到的新的环境中的一个危险因素来看待。虽然特纳从未用过"野蛮人"这个词来称呼印第安人，但他认为印第安人是落后、原始的同义语，势必让位于文明而趋于消亡。[①]詹尼特·亨利在批评特纳时指出，特纳把印第安人的土地说成是"自由土地""未被占有的土地"，又说什么"印第安人是共同的危险、需要采取联合行动去对付"，显然这都是"牺牲土著人利益的帝国主义扩张哲学"，"可惜这种哲学至今仍然统治着史坛而没有遭到抵制"。[②]詹尼特·亨利的结论并不是没有根据的。一些历史学家对印第安人历史在美国历史中所处的地位进行了调查，得出了同样的结论。例如，E.诺克斯分析的十三份调查报告和詹姆斯分析的十六份调查报告所得出的结论几乎是完全一致的："过时的理论和不可胜数的不准确的东西仍然充斥于新近的著作中，印第安人继续被忽视或者被说成是阻止进步的、不文明的障碍。"[③]另一位印第安史学家弗朗西斯·保罗·普鲁查在编辑印第安史学著作目录时，查阅大量书籍后颇有感慨地说："'边疆史'和'印第安人-白人关系史'往往狭隘地集中写欧洲人的倾向和愿望，把美洲土著人当成纯粹的自然环境的一部分，像看待森林、野兽一样，视之为'进步'和'文明'的障碍。"[④]

　　第二次世界大战后，一致论学派垄断了美国史坛，强调美国历史的协调性、一致性、稳定性和连续性，不主张揭露美国政府对印第安人的征剿，也不主张写印第安人反对迫害、保护家园的斗争。印第安人的历史

① David A. Nichols, "Civilization Over Savage: Frederick Jackson Turner and The Indian", *South Dakota History*, Vol. 2, No. 3, Fall, 1972, pp. 388-389.

② Rupert Costo et al. ed., *Indian Voices*, p. 109.

③ Donald L. Parman and Catherine Price, "A 'Work in Progress': The Emergence of Indian History as a Professional Field", *Western HIstorical Quarterly*, Vol. 20, No. 2, May, 1989, p. 195.

④ Francis Paul Prucha, *United States Indian Policy*, 1977, p. 7.

遭到了更大的忽视。正如美国学者格雷·B.纳什所说,由于一致论学派否认"阶级冲突,甚至否认深刻的社会矛盾,强调美国历史的稳定性和连续性,也就不可能突出印第安人的经历"①。在一致论学派代表人物丹尼尔·布尔斯廷的皇皇巨著《开拓历程》中,根本没有提到黑鹰、特库姆塞及其他印第安领袖领导的反抗斗争,甚至连五大文明部落被强迫迁往西部的事件也只字未提。

几个世纪的歪曲和偏见绝非一朝一夕可以纠正和清除的。假以时日,并付出不懈的努力才能够恢复历史的本来面目,还印第安人以公道。

二、印第安史学的形成

20世纪60年代,在民权运动蓬勃开展的大背景下,印第安人的历史也随之成为一个热门课题,逐步在美国高等院校的教学和研究中占有重要的地位。印第安历史协会也宣告成立,并在组织、推动全国印第安人历史的教学和研究中起到重要作用。从60年代开始,许多大学都开设了印第安史课程,以印第安历史人物和事件为选题的博士论文数目也显著增加。据统计,1950年以前只有两篇博士论文的选题是同印第安人历史有关的,而且还只限于论述美国传教士和印第安人的关系,范围极其狭窄,其着重点是论述传教士的活动及其对印第安人的影响。1950—1954年也只有五篇这方面的博士论文。进入60年代以后,论述有关印第安人历史问题的博士论文选题大幅度增加。1970—1974年达到高

---

① Gary B. Nash, "Whether Indian History? ", *Journal of Ethnic Studies*, Vol. 4, No. 3, 1976, p. 69.

峰,增加到六十三篇。①一批与印第安史有关的杂志陆续创刊。②印第安人史已经从美国西部史中分离出来成为一个独立学科。上述种种迹象表明,印第安史学已经形成。然而印第安史学不是凭空发展起来的,不可能脱离美国的社会现实和摆脱根深蒂固的历史偏见。种族歧视的阴影仍然挥之不去,随处可见。印第安裔史学家在历次印第安学术会议上和其他公共场合都不得不大声疾呼,要求公正地对待印第安人的历史。越来越多的非印第安裔史学家也产生了修正错误、澄清历史的责任感,开始重新认识和评价印第安人的历史。

还在第二次世界大战期间,印第安索赔委员会就曾向联邦司法部提出在印第安纳大学设立俄亥俄-大湖区人种历史学的研究项目,并拨付相应的经费。这项要求在战后得到满足,印第安纳大学因而成为最早的印第安人历史和文化研究中心之一。1955年11月在印第安纳大学成立了俄亥俄流域印第安历史协会,第二年出版了人种历史学杂志。该项目所召开的一系列学术会议为人类学家和历史学家创造了互相合作、切磋的条件,初步形成了跨学科研究集体。后来还在为该研究项目搜集的图书资料的基础上建立了地方图书馆。这样的集体虽然人数很少,而且是围绕研究项目组织起来的,比较松散,并不固定,但却代表着一种新的倾向,是有着广阔的发展前景的。此后,印第安部落本身的历史也开始受到重视。印第安社会的结构、团体组织、宗教、婚姻、家庭都成为研究课题。美国学者威廉·N.芬顿很高兴看到这种倾向,认为只有从这种社会

① Donald L. Parman and Catherine Price, "A 'Work in Progress': The Emergence of Indian History as a Professional Field", *Western HIstorical Quarterly*, Vol. 20, No. 2, May, 1989, p. 189.

② 19世纪末曾经出版过《印第安之友》(*The Indian Friends*),但早已停刊。60年代以来出版的比较有影响的刊物有下列三种:《印第安历史学家》(*The Indian Historians*),1964年10月创刊于旧金山,是美国印第安协会的刊物;《美国印第安文化研究杂志》(*American Indian Culture and Research Journal*),创刊于1974年,是加州大学洛杉矶分校美国印第安人研究中心的刊物;《美国印第安历史季刊》(*American Historical Quarterly*),创刊于1979年,1982年正式发行,是加州大学伯克利分校美洲土著人研究项目的专刊。

文化的角度来解释印第安人的行为,才可能改变他们在历史上被忽视的地位。①

20世纪60年代,随着美国少数民族寻根热潮的高涨,不少进步历史学家,特别是中青年历史学家要求用新的观点重新审查和改写美国历史。受到忽视和严重歪曲的印第安人史自然成为人们关注的焦点。在许多大学都增设了印第安人历史课程,并确定了有关的研究项目。选修这类课程的人很多,除去有关专业的学生以外,还有不少理工科学生。

70年代及其后,美国的几个全国性的有影响力的学术团体开始提倡并组织会员开展有关印第安人历史的研究,组织学术讨论会和出版有关这方面的著作。美国历史协会、美国历史学家组织、美国西部史学会、美国印第安历史协会都曾号召美国的史学工作者积极参与这项工作。从事印第安史研究的学者越来越多,成果数量也有显著增加。据西部史季刊发表的统计数字,从1982年9月1日到1987年8月31日,收到的关于印第安人历史的稿件数目超过了同期收到的关于政治、经济和城市史等热门课题的文章数目而居于首位。②

尤其重要的是一批有关印第安史的工具书和文件汇编陆续出版,为开展印第安史研究打下了扎实的基础。其中相当重要的一套文件汇编是著名印第安史专家威尔科蒙·E.沃什伯恩受史密森学会委托于1973年编辑出版的四卷本《美国印第安人和美国:文献史》。文件集分为印第安事务官员报告、国会关于印第安事务的辩论、法律、法令、公告和印第安条约等部分,是研究印第安人–白人关系的必备工具书。1972年,著名的纽伯里图书馆还建立了美国印第安史中心,组织出版两套印第安丛书。一套是印第安史目录丛书,共三十本,已由印第安纳大学出版社出

① William Fenton, *American Indian and White Relations to 1830: Needs and Opportunities for Study*, Chapel Hill: University of North Carolina Press, 1957, p. 21.

② Donald L. Parman and Catherine Price, "A 'Work in Progress': The Emergence of Indian History as a Professional Field", *Western HIstorical Quarterly*, Vol. 20, No. 2, May, 1989, p. 189, note 7.

版。另一套是关于印第安史目录学的论文集,由俄克拉何马大学出版社负责出版。此外,值得一提的还有弗朗西斯·保罗·普鲁查的《美国印第安人–白人关系史书目指南》《美国印第安人–白人关系:1975—1980年书目》,德怀德·L.史密斯的《美国和加拿大印第安人:书目》和爱德华·E.希尔的《美国国家档案馆有关印第安卷目指南》等。①

最为引人注目的是两套多卷本的印第安丛书。最大的一套丛书有几十卷之多,由加兰出版社出版。这套丛书是按部落、地区编排的,材料极其丰富。另一套丛书只有六卷,叫作《印第安史读者》,于1972年在旧金山美国印第安教育出版社出版,担任主编的是印第安裔学者詹尼特·亨利。

近四十年来,印第安专史研究也取得了累累硕果。以印第安人–白人关系史的数量最大,其中又以写印第安战争的最多。同时,在观点上也有很大的变化,越来越多的人抛弃了歧视印第安人的传统立场,转而批评政府的印第安政策和白人种族主义者的残暴行为。其实,当时的白人移民也是美国政府错误的印第安政策的受害者,除少数杀人成性的暴徒外,绝大多数移民是不愿卷入同印第安人互相厮杀的战争的。

随着妇女运动的开展,印第安妇女史的研究也开始受到重视。早在19世纪70年代,一批妇女运动活动家就已提出保护印第安妇女的权益问题。1787年,阿尔米莉亚·斯通·昆顿向总统和国会递交请愿书,要求联邦政府阻止侵犯印第安保留地的行为,以保障印第安妇女的安全。②1879年4月,在费城建立了全国印第安妇女协会,是年夏天,妇女又将一

---

① Francis Paul Prucha, *A Bibliographic Guide to the History of Indian- White Recations in the United States*, Chicago:Unicersity of Chicago Press, 1977; *Indian- White Relation in the United States: A Bibliography of Work 1975–1980*, Lincoln:University of Nebraska Press, 1982; Dwight L. Smith ed., *Indian of the United States and Canada: A Bibliography*, Santa Babara: ABC–CLIO, 1974; Edward E. Hill, *Guide to Records in the Nation Archives of the United States Relating to American Indians*, Washington D. C.: National Achives and Records Service, 1981.

② *The Indian Friend*, Vol. 9, No. 8, 1897, p. 2.

幅有十五个州1.3万人签名的长达300英尺①的请愿书递交总统和国会。

早期有关印第安妇女的著作多半以白人男子与印第安妇女的婚姻恋爱为题材,又往往赋予传奇色彩,"其目的在于把幸存的白人男子说成是英雄"②。例如,印第安一个部落酋长的女儿波卡洪塔斯因为下嫁白人男子,并帮助她的丈夫而成为印第安妇女史中的焦点人物,关于她的报道和著述经久不衰,至今仍然颇有影响。③不过,严格地说,印第安妇女史的研究是从20世纪60年代起才真正开展起来的。雷拉·格林在编辑《美洲土著妇女》一书时阅读了近七百种书籍后指出,从17世纪以来的三百年间,有2/3的有关著作是在1960—1980年写成的,"我可以说,关于土著妇女的研究已经开展起来了"④。

总体来看,20世纪60年代是印第安史学逐步形成的年代。从那时起各种刊物上登载的关于印第安人历史的文章和正式出版的书籍犹如雨后春笋,数量惊人。其中有一些质量很高的著作,但也有不少品位低下、满纸荒唐的文化垃圾。正如普鲁查所评论的那样,"关于美国印第安历史和文化方面的著述已经为数众多,但这些著作的质量极为参差不齐。其中最好的著述完全可以同第一流的学术著作相媲美,到处脍炙人口,而最坏的著作则可能带有恶意捏造的性质"。"有时候怀有善意的作者也会由于本人思想的限制或者缺乏相应的信息而表述出不合实际的

---

① 英制单位,1英尺合3048厘米。

② Rayna Green, *Native American Women: A Contextural Bibliography*, Vol. 1, Bloomington: Indiana University Press, 1983, p. 1.

③ 关于波卡洪塔斯的著作和文章很多,其中较有影响的有:Philip L. Barbour, *Pocahontas and Her World*, New York: Houghton Mifflin Harcourt, 1970; John Clark Bowman, *Powhatan's Daughter*, New York: Viking Press, 1973; William Warren Jenrins, *Three Centuries in the Development of the Pocahontas Story in Literature*, Dissertation University of Tennesse, 1977; Francis Mossiker, *Pocahontas: The Life and the Legend*, New York: Knopf, 1976.

④ Rayna Green, *Native American Women: A Contextural Bibliography*, Vol. 1, Bloomington: Indiana University Press, 1983, p. 1.

印象。"①

三、清除主流社会对印第安人的偏见任重而道远

由于印第安人的历史长期受到忽视和歪曲,新兴的印第安史学面临许多复杂的问题。清理几个世纪积累起来的错误观点,消除种族偏见,恢复历史本来面目是一项刻不容缓而又极其艰难的任务。对于有志从事这项工作的美国历史学家来说,任重而道远。用白人的立场和价值观来评论印第安人的历史及印第安人和白人的关系是过去许多历史著作的通病,结果弄得是非颠倒、真假难分,甚至随意捏造、恶意中伤的现象也时有出现。越来越多的学者认为这是首先应当纠正的问题。

早在1953年2月19日,美国早期历史和文化研究所就在威廉斯堡召开学术会议,讨论美国白人和印第安人的关系。威廉·N.芬顿在会上做了重要发言。他反对从白人的角度研究印第安人的历史,也不主张脱离美国社会单纯研究印第安人的历史。他认为:"现在是两种倾向可以有效地结合的时候了,不是去单一地研究白人社会中的印第安人,或者印第安人自己社会中的印第安人,而是相互结合起来加以研究。"②由于会议讨论的是早期美国印第安人和白人的关系,芬顿主张把人类学的研究方法和历史学的研究方法结合起来。不过,他也承认,这种全面的跨学科的研究是极为困难的,过去虽然有一些历史学家试图采用这种方法,但鲜有成功者。他认为,在有关的成果中,只有米利安·H.斯图尔德编著的六卷本《美国南部印第安人手册》还算取得了一定成效。该书对印第安人的政治组织、社会机构、文化生活都有不同程度的论述,具有较为重要的参考价值。③但总的来说,"尽管历史学家们努力填补文献历史和人类学之间的

---

① Francis Paul Prucha, *United States Indian Policy*, 1977, p. 52.

② William Fenton, *American Indian and White Relations to 1830*, 1957, p. 52.

③ William Fenton, *American Indian and White Relations to 1830*, 1957, pp. 13–14.

鸿沟,但还没有人写成真正以两个学科为基础的书"①。

尽管困难重重,但提倡使用人类学和历史学跨学科的方法研究印第安人的历史已经形成一种强有力的趋势,这是一个很好的开端。只有进行这种研究才能够客观地弄清印第安人在同白人接触以前的历史,这是摆脱过去错误的传统观点的重要一步,令人耳目一新。但在其后的发展过程中也出现了一种值得注意的倾向,那就是脱离美国各个时期的政治经济背景,孤立地研究个别部落,或者某地区印第安人的生活、风俗习惯。这对于全面了解印第安人的历史是远远不够的。

20世纪60年代以来,要求研究印第安人自身历史的呼声越来越高。1978年,罗伯特·F.巴克霍芬发表了《白人眼光中的印第安人:从哥伦布到现在关于美洲印第安人的想象》一书。他批评了从白人的角度看待印第安人历史的传统立场。他在书中指出,对于印第安人的传统看法仅仅是白人的想象,根本不符合实际。他认为白人和印第安人的文化不同,所受的影响也不同,对不同文化进行评论是不可能言中的,而传统看法的弱点正好在这里。巴克霍芬讽刺说:"奇怪的是我们不得不用我们的标准去衡量另一种文化的人。"②其结果是,很多东西都是白人强加给印第安人的。例如,美洲印第安人这两个单词就是哥伦布强加的,印第安人并不同意这种称呼。巴克霍芬还向美国历史学界呼吁,要求去掉那些不符合实际的想象的东西,从印第安人的角度研究印第安人的历史。随后,巴克霍芬进一步发展了自己的想法,提出了撰写新印第安史的主张。按照这个主张,新印第安史应当超越白人的传统偏见和冲破单一学科的局限,广泛地研究土著人的社会、权利、自身发展的动因、文化准则和价值观念。这种"新的以印第安人为中心的历史,将把印第安表演者推向

① William Fenton, *American Indian and White Relations to 1830*, 1957, p. 13.

② Robert F. Berkhofer, *The White Man's Indian: Images of the American Indian from Colum-bus to the Present*, New York: Alfred A. Knopf, 1978, p. 15.

他们自己的历史舞台的前台"①。

尼尔·索尔兹伯里进一步申述了印第安人自身历史发展,消除白人偏见的思想。他在《美国印第安人和美国历史》一文中批评了在美国历史学界长期存在的充满偏见的关于印第安人的神话。那种认为印第安人是"野蛮的"异教徒,白人和印第安人的关系就是"文明的"基督教徒和"野蛮的"异教徒的关系的说法可以休矣。②索尔兹伯里一再强调,结束这种神话的办法就是研究印第安人的文明史,为此,需要使用考古学、口述史、文献史、人类学、神学等方面的研究方法和材料。按照他的意见,印第安人的历史应当分为五个时期:第一个时期为"白令人时期",约公元前4万年到前1.2万年;第二个时期为"原始印第安人时期",约公元前1.2万年到前6000年;第三个时期为"古代印第安人时期",约公元前6000年到前500年;第四个时期为"后古代印第安人时期",约公元前500年到1500年;第五个时期为"欧洲人到来时期",约公元1500年迄今。③上述分期方法有一个明显的优点,它可以充分使用美洲的考古学发现来阐明古代印第安人的文化、生活和成就,同时也可以揭露白人对印第安人和印第安文化的摧残和污蔑。

从20世纪70年代开始美国印第安裔历史学家人数日益增多。他们对于美国政府的印第安政策和美国史学界的状况均表示不满,认为联邦政府历来所采取政策的"目的在于'同化'土著人,使其融入美国的生活,从而消灭印第安人的文化和生活方式,使他们成为类似白人的人"④。而美国史学界长期存在的两大"障碍"又恰好为联邦政府政策服务,严重地影响着人们对印第安人历史的认识。这两大"障碍"就是特纳学说的影响和世界历史的偏见。例如,世界历史在叙述世界文明起源的时候,

---

① Calvin Martin, *The American Indian and the Problem of History*, New York: Oxford University Press, 1987, p. 36.

② Calvin Martin, *The American Indian and the Problem of History*, p. 46.

③ Calvin Martin, *The American Indian and the Problem of History*, pp. 47-54.

④ Jeannett Henry, *Textbooks and the American Indian*, p. 1.

美洲的印第安文化总是被排斥在外,并且否认南、北美洲的土著人和亚洲人、非洲人之间的任何关系。

印第安裔历史学家主张研究印第安人自身的历史,并且要求从古代开始,恢复印第安文化在世界历史上曾经占有的重要地位。他们也主张研究各印第安部落内部的制度、组织结构、生活状况和所取得的各方面的进展,但不赞成脱离美国社会孤立地研究印第安个别部落的历史。詹尼特·亨利认为:"这个国家历史上,同时也是土著人本世纪历史上最重要的事件之一,就是从最初的接触到19世纪末的欧洲人同印第安人的关系。这种冲突发生以来将近四百年,这也许是人类历史上最长的战争和准战争时期。""从菲利普到约瑟夫,我们一直同侵略者作战。他们跨进我们土地的每一步所遇到的都是我们的战斗。"[1]印第安裔学者渴望美国史学界能够消除过去的谎言和污蔑,对这场流血战争的历程、性质及对印第安人造成的伤害有一个实事求是的公正的说法。他们并没有过分的要求,而只希望印第安历史在整个美国历史中有恰如其分的表述。正如詹尼特·亨利所说:"我们并不要求你们记载我们所做的一切事情,但我们要求你们予以理解。一个真正的美国历史纲要首先应当给予美国印第安人的文化和历史以重要的地位。"[2]

1970年3月,印第安历史协会在普林斯顿大学召开印第安学术讨论会。与会者约二百人,以印第安裔学者为主。有十名代表不同学科的非印第安裔学者与会。这次学术会议从哲学、经济学、人类学、历史学各个不同角度探讨了美国的印第安研究中存在的问题和今后发展的方向。同年,美国印第安历史协会又委托一批印第安裔学者审查美国学校中采用的历史教科书,詹尼特·亨利编著的《教科书和美国印第安人》就是这次审查的总结。作者对印第安史教学中存在的问题进行了深入全面的分析,并在此基础上提出衡量教科书是否恰当的九项标准:

---

[1] Rupert Costo et al. ed., *Indian Voices*, p. 111.

[2] Jeannett Henry, *Textbooks and the American Indian*, p. 3.

1.是否在美国历史的各个发展阶段都把印第安史作为它的组成部分？

2.是否把美洲土著人，即哥伦布曾经不恰当地称之为"印第安人"的人作为美洲最早的发现者？

3.书中所使用的有关统计数字是否准确？例如，过去估计白人到达美洲时，印第安人约80万—100万，但这个数字不准确。新的研究成果表明，实际人数远远大于这个数字。

4.是否如实描写美洲印第安人在开始同白人接触时的文化和生活方式？

5.是否把印第安文化看成一种不断发展的文化？是否把印第安人的社会制度和生活方式看成是发展的过程，而不是静止的状态？

6.印第安人对国家和世界的贡献是否得到说明？

7.是否准确描述美国历史中印第安人在社会、经济、政治方面的独特地位？

8.是否论述了印第安人在宗教、哲学和思想方面的贡献？

9.是否正确地描述了印第安人今日的生活和境况？①

毫无疑问，这些标准都是合理的，应当遵循的。但是，贯彻起来并不容易。因为在美国史学界印第安裔学者毕竟是少数，而且他们当中还有一些人长期脱离印第安的社区生活，甚至在语言上也存在着困难。对于大多数非印第安裔学者来说，既有实际困难，又受传统思想影响，一时很难拿出成批的、观点正确、论述全面的著作。正如美国学者科林·G.科洛威所说："尽管近年来涌现出大量关于印第安史的著作，但大多数历史著作还是走传统的、过时的老路。历史学家们继续集中注意力于印第安人-白人的冲突、印第安人的抗暴领袖，以及联邦政府的政策，而较少注意印第安人的家庭生活、经济活动、文化渊源和政治变化。印第安史学

---

① Jeannett Henry, *Textbooks and the American Indian*, pp. 14–19.

家也没有像其他社会史学家那样采用计量方法。"[1]

虽然美国的印第安历史教学和研究存在着种种困难和不足,但毕竟已经向正确的道路上迈出了第一步,而且越来越多的学者认识到这个问题的重要性,愿意付出巨大的努力来纠正过去的偏差和错误。印第安纳大学、亚利桑那大学、俄克拉何马大学等西部学校都设置了印第安史教学和研究项目。1995年还建立了土著美国人历史档案(简称"NAHA")。一批印第安历史方面的学者、专家还通过共同努力在因特网上建立了土著美国人历史资料库,其中含有四千多种历史和现今的有关材料。

千里之行,始于足下。只要长期坚持不懈,美国印第安裔学者的愿望一定能够实现,颠倒的印第安历史一定会颠倒过来。

国内对印第安史的研究起步较晚,相对来说成果较少。20世纪80年代初期,在《民族译丛》《世界史译刊》等刊物上登载过一些介绍性的译文。国内作者和华裔美国学者也曾陆续发表几篇文章。[2]其中最具有学术性的文章恐怕要算丁则民先生于1986年在《兰州学刊:美国史研究专刊》发表的《19世纪下半叶美国政府对印第安人政策的演变》。文章揭示了美国政府从讨伐战争转向征服和同化并行政策的原因是讨伐政策的失败和所带来的严重问题,并且指出这种政策转变只是手段的变化,不可能改善印第安人的社会地位和悲惨处境,实施的结果仍然让印第安人陷入贫困无助的深渊。李剑鸣教授在20世纪90年代,连续发表了《两个世界文明汇合与北美印第安人的历史命运》《美国印第安人保留地制度的形成与作用》《文化接触与美国印第安人社会文化的变迁》等论文,并出版了《文化的边疆:美国印第安人与白人文化关系史论》。他在

---

① Colin G. Calloway, *New Directions in Amenican Indian History*, Norman: University of OkIahoma Press, 1987, p. 5.

② 例如,赤林:《美洲印第安人是土生的还是外来的?》,《世界历史研究动态》1980年第6期;徐光伟:《美洲印第安人对世界农业的贡献》,《世界民族研究学术讨论会论文集》1980年;万心蕙:《美国印第安人的觉醒与斗争》,《外国史智识》1981年第12期;《印第安人是怎么到美洲的?》,《九江师专学报》1989年第1期等。

注意印第安人的种族特性、经济状况的基础上,侧重从文化史的角度探讨印第安人和白人的关系,认为只有实现"平等的自治","印第安人的社会文化才能走上正常的变迁轨道"。①毫无疑问,李剑鸣的论著把美国的印第安人历史研究推向了新的高度。

---

① 李剑鸣:《文化的边疆:美国印第安人与白人文化关系史论》,天津人民出版社,1994年,第349页。

第三章　独立前的西部

一、西部的地域概念

　　了解和研究美国的西进运动,首先应当弄清楚美国西部的地域概念,它究竟指的什么地方,这种概念是不是随着历史的进展而有所变化。同时还应当了解,美国独立前哪些国家曾经派人进入过西部地区,留下了什么东西,对西部的影响如何,当然也应当了解西部土著人——印第安人的生活和命运。只有这样才能了解广大移民在西进过程中可能面对的山川险阻和种种困难,同印第安人的冲突和交往,以及和不多的在那里定居的欧洲移民的关系。

　　美国幅员辽阔,位于北美洲中部,东部长4500公里,南北宽2575公里。从东到西的地形地貌和气候都有明显的变化。东部大西洋沿岸潮湿多雨,北段多岩石,中段和南段是一条北窄南宽的沿海低地,宽度从100公里到500公里。众多的河流从阿巴拉契亚山经低地入海,为这里提供了丰富的水资源。低地的西面是纵贯南北的阿巴拉契亚山,长达2000多公里,纵深200公里到300公里,正好把低地同内陆隔断,成为西进运动初期的天然障碍。不过,阿巴拉契亚山并不是高耸入云的山峰,平均高度不过800米,比较容易攀登。所以当移民大举西进的时候,这条山脉并没有造成太大的麻烦。

　　阿巴拉契亚山西部是坡度不大的高原,再往西就是广袤的平原。这个平原一直伸展到落基山麓。如果以50公分雨量线为分界,雨量线以东是大草原和森林,以西是干旱和半干旱的大平原。大平原地势平坦,东西长约640公里,略微向西上倾。这里气候恶劣,草木稀少,在西进运动初期,几乎没有人在这里停留定居。大平原西端就是巍峨的落基山,山势高拔陡峭,是西进移民最难通过的地段。落基山以西山脉纵横,有内华达山脉、喀斯喀德山脉和海岸山脉等。山脉之间有科罗拉多高原和大盆地。

从美国的地形来看,越是往西道路就越难走,进入落基山区以后,移民西进所遇到阻碍更是难以想象的。《美国地理简介》这样描写说:"今日的游览者在西岸的俄勒冈州和华盛顿州的喀斯喀德山脉中沿着康庄大道而行,可以看到索缆在悬崖上磨出来的条条凹痕,这些都是早年拓荒者为了到达富饶的河谷谷底,千辛万苦将马匹和牛车从峭崖放下时磨成的。"①

最早的英国移民都只在大西洋沿岸地带定居。可以说整个大陆都在他们的西边。由于这个地带气候适宜、土地肥沃,宜于耕种,在相当长时间内移民的活动主要局限在北美十三个殖民地的疆界内,而且都在平坦地区,很少有人进入阿巴拉契亚山区。人们还没有西部这个概念,即使有人逐步向西边的内地扩展,也没有人认为这是一种西进运动。但是,随着时间的推移,各殖民地的人口不断增加,经济迅速发展,滨海的低地已经显得过于狭小,不能满足新移民对土地的要求。不断有人越过瀑布线进入山区寻找可以耕种的高地和河谷地区,并在那里垦殖土地、形成移民点。于是在美国历史上第一次出现了西部的概念,人们称之为老西部。美国历史学家雷·艾伦·比林顿对老西部做了如下的界定:"17世纪行将结束的年代,从滨海平原和洼地中精选出来的土地已经告罄,拓荒者做好了进入地形学上的省区,即老西部的准备。这里所说的老西部包括新英格兰的高地,纽约和宾夕法尼亚宽广的河谷,以及南皮德蒙特的丘陵地。"②这时美国西部的地域概念还只局限在瀑布线以西、阿巴

---

① 美国大使馆文化处编译:《美国地理简介》,第4页。

② Ray Allen Billington, *Westward Expansion*, p. 90.

拉契亚山以东的狭长地带。至于阿巴拉契亚山以西的广阔土地,还没有进入大多数移民的视野。

到18世纪中期,宾夕法尼亚、新泽西、弗吉尼亚和北卡罗来纳等殖民地的人口急剧增长。有不少移民利用英国军队开辟的军用道路越过阿巴拉契亚山到达俄亥俄河的岔口,或者越过坎伯兰山口到达肯塔基的丘陵地带,也有人沿着瓦陶加河、霍尔斯顿河和克林奇河进入田纳西东部。这时的西部只不过刚刚越过了阿巴拉契亚山,范围十分有限。美国独立后,根据《巴黎和约》规定,西部边界推进到密西西比河,西部的地域概念大为扩大,相当于后来所说的中西部,不过面积要小一些,不包括密西西比河以西的草原地带。

由于弗吉尼亚、南北卡罗来纳和佐治亚等州对阿巴拉契亚山以西的地区有土地要求,邦联政府不能对这片土地制定处理政策,一直到有关州放弃要求以后才颁布了三个土地法令,处理俄亥俄河以北密西西比河以东的西北土地。后来《西部扩张地图》的作者就把这个地区叫作老西北部,以南的地区叫作老西南部。[1]

路易斯安那购买和美墨战争使美国的版图继续向西扩大,西部边界直抵太平洋,美国因而成为横跨大陆的大国。移民们西进的空间差不多扩大了一倍多。他们在越过密西西比河以后又不断西进,然后跨过了50公分雨量线,进入了一个自然条件差异明显的干旱世界。这条雨量线恰好从北到南把美国大陆划分为面积大致相等的两部分。从地理位置来看,人们所说的老西部和中西部都在美国的东半部,只是由于历史的原因才把它们叫作西部。

由于过去长期没有对西部的地域概念做出明确的界定,所以至今仍然存在种种不同的说法。美国的人口普查局认为,西部应当指山区和太平洋沿岸的十三个州,北起蒙大拿南至新墨西哥一线以西的地区,包括

---

[1] Alan Wexler, *Atlas of Westward Expansion*, New York: Facts on File, 1995, p. 18, 22.

阿拉斯加和夏威夷在内。①这样,从达科他到得克萨斯之间的大平原地带就被排除在西部之外,但从自然条件来看这一带应当属于西部,这一带的居民也一直自认为是西部人。所以人们对这种说法存有异议。

美国学术界和大多数人都认为西经98°是美国东西部的分界线。这条线和50公分雨量线大致相当,线以西是干旱和半干旱地区,线以东是雨量充沛和比较充沛的地区。具体地说,西部应当包括华盛顿、俄勒冈、加利福尼亚、爱达荷、内华达、犹他、亚利桑那、蒙大拿、怀俄明、科罗拉多、新墨西哥、北达科他、南达科他、内布拉斯加的大部分、堪萨斯和得克萨斯的一半、俄克拉何马的一小部分,再加上阿拉斯加和夏威夷。其面积和东部(包括南部)大约相等。

20世纪80年代和90年代,有人在南达科他、内布拉斯加、艾奥瓦等州寻找西部起始的标志。他们在内布拉斯加明登的住房墙上找到了当初挂在那里的快马邮递箱,并认为这里和南达科他位于西经以东34英里的地区就是西部东界的两个标志。

按照现今西部的地域概念,西进运动所涉及的许多地区都不属于西部。但本书所探讨的是西进运动,所以必须把老西部和中西部都包括在内。

二、西班牙人捷足先登

在地理大发现中西班牙走在前面,最先进入北美。16世纪初,先后有几批人沿着佛罗里达海岸航行,企图在那里建立立足点,但都未成功。西班牙人胡安·庞塞·德里昂于1513年3月率领一支探险队从波多黎各出发,在佛罗里达的圣约翰河口登陆,沿着佛罗里达海岸探查,直抵彭萨科拉湾,沿途遭到印第安人的袭击,不得不放弃建立殖民点的计划,返回波多黎各。1519年,阿朗索·阿尔斯·德皮内达又率人从墨西哥出发,沿

---

① Walter Nugent, *Into the West*, p. 7.

墨西哥湾北岸到佛罗里达,并在那里经商、购买印第安人的土地。但由于印第安人的威胁,不得不离开佛罗里达到牙买加。

从佛罗里达转而进入西部的第一人是赫兰多·德索托。他希望在新大陆找到传说中的七大城市和黄金。1539年,他带领探险队从墨西哥出发,沿墨西哥湾北岸向东航行,在托蒙帕湾登陆进入佛罗里达,然后北上,直抵萨凡纳河畔,随即沿这条河向北方行进。他们进入山区,抵达阿拉巴马河以后又沿这条河转向西南,到达马威洛后再折向西北,越过亚祖河和密西西比河,进入阿肯色河一带。他们用了差不多五年时间,探索了35万平方英里土地,既未发现什么大城市,也没有找到金子,只好离开北美大陆,结束了探险。德索托没有走完全部旅程,在孟菲斯以南几英里的地方死在一张简陋的小床上。

1540—1542年,科罗拉多率领的探险队进入西部,在落基山和科罗拉多一带活动,但未建立固定的移民点。1598年春天,西班牙人胡安·德奥奈特带领一支四百多人的探险队,其中包括十名天主教传教士,先后进入新墨西哥和加利福尼亚,在普依布罗人和皮马人中间传教,并以武力做后盾不断扩大势力和影响。在新墨西哥地区还出现了西班牙人的农业移民点,新墨西哥逐渐成为西班牙的殖民地。大约在1609年,殖民地总督佩德罗·德波拉塔在圣菲建立了殖民地首府。

西班牙人又从欧洲带来种种疾病,造成印第安人大量死亡,双方的矛盾日益激化,1680年终于爆发了普依布罗人起义。在起义中有20名传教士和380名西班牙人丧生。幸存者约有2000人,他们同一些持友好态度的印第安人一起撤退到埃尔帕索。经过整整十二年,西班牙人才又回到原地。1706年,西班牙人又在新墨西哥建立了另外一个重要城镇阿尔布开克。此后,殖民地逐渐稳定下来,不过天主教和印第安人宗教信仰之间的冲突仍时有发生。

胡安·德奥奈特早在16世纪中期就曾到过亚利桑那,但没有在那里留下什么痕迹。差不多一个世纪以后传教士犹斯比奥·弗朗西斯科·基诺又进入亚利桑那。1687年,他在亚利桑那南部旅行、传教,并建立了许多传教站，1771年逝世后，这些传教站才逐渐衰落。后来又陆续有人来这里建立军事据点，其中最大的一个是1775年建立的塔克森要塞。不过，在亚利桑那始终没有出现过西班牙人的农业移民点。据估计，直到1766年，那里的西班牙人和西班牙印第安混血儿一共不超过六百人。①

西班牙人进入得克萨斯是在1690年，其目的是限制其他欧洲人，特别是法国人向这里渗透。这一年一批军人和传教士进入得克萨斯东部农业地区，向居住在那里的卡托人传教，曾先后建立了两个传教站。其实，卡托人信奉基督教完全是被迫的，他们在西班牙士兵离开后纷纷脱离教会。1693年，两个传教站被迫关闭。

1716年，西班牙的传教士和士兵又卷土重来，在瓦列诺的圣安东尼奥建立教区和附近的农垦移民点。1722年，又建立了十个传教站和四个军事据点，居民人数增加到几百人。1730—1740年的十年是西班牙势力在得克萨斯增长最快的十年。在这十年里不仅移民人数有明显增长，其影响已经扩展到得克萨斯西部，在努埃塞斯河和里奥格兰德河之间还出现了草场和城镇。到1759年大约有1200名西班牙人和非印第安人居住在得克萨斯。1763年，七年战争结束，法国的势力退出北美，路易斯安那划归西班牙。法国人入侵得克萨斯的威胁去掉以后，西班牙没有再派人去那里增强自己的力量。

西班牙人还在加利福尼亚殖民。早在1533年和1602年，西班牙的船队就曾到达加利福尼亚沿海，但均未靠岸。1769年，圣迭戈·德阿尔卡拉（Sandiego de Alcala）带领两艘船从墨西哥出发去蒙特雷（Monterey），船上载有军人、传教士和移民，总共约150人。F. J.塞拉率领几名传教士在圣迭戈上岸，在那里建立了第一个传教站。德阿尔卡拉的船队继续北上，但驶过了蒙特雷湾，发现了旧金山湾。第二年，德阿尔卡拉又第二次从墨西哥北上，在加利福尼亚建立了一系列军事据点，塞拉也

---

① Walter Nugent, *Into the West*, p. 29.

随之在相应的地区建立了传教站。其中有蒙特雷–卡尔梅尔(1770)传教站、圣加布里尔传教站(1771)、圣巴巴拉(1782)和旧金山的军事据点(1776)等。1784年塞拉死后他的继承者又在附近建立了二十四个传教站。此外,在圣何塞、洛杉矶还有西班牙人的农垦点。

1781年9月4日,西班牙人在离海只有几英里靠近河边的印第安人村庄旁建立了洛杉矶,并使这个居民点逐渐发展为城镇。西班牙还采取赠地的办法吸引移民去开发加利福尼亚,并取得了一定成效。1821年墨西哥独立后仍然沿用这种办法控制加利福尼亚。1830年,新墨西哥、加利福尼亚等地的传教站实现了世俗化,教区的土地也属于居民所有。退伍的士兵、移民及其家属都拥有自己的耕地和草场,各个地方的居民区都相对稳定下来。西班牙经营最早的新墨西哥地区在1817年就拥有人口36579人。[1]

三、法国人和英国人在西部的活动和冲突

法国进入北美比英国略晚一些,但发展的速度很快。大约用一个半世纪的时间囊括了老西部以西、大湖区以南、密西西比河以东和墨西哥以北的广大地区。法国人进入北美是从毛皮贸易开始的。这项贸易的创始者是塞缪尔·德尚普兰。早在16世纪30年代,他就同乔治湾一带的休伦人进行毛皮贸易,随后他又派出手下的年轻人到附近开辟新地区。从休伦湖、密歇根湖,沿福克斯河上溯到距离密西西比河只有三天路程的地带都有他们的足迹。他们还发现了居住在这些地带的友好的温尼贝戈人,从而使所从事的毛皮贸易能够在安全可靠的环境中顺利进行。法国的毛皮商人在大湖区的影响因而得以迅速扩大。十年后,法国天主教传教士也陆续来到这个地区,在休伦人和温尼贝戈人当中传教,并取得了一定的成效。

---

[1] Walter Nugent, *Into the West*, p. 40.

但是,法国人在不断扩展的过程中,触犯了居住在尚普兰湖和伊利湖之间的强大的易洛魁部落联盟及联盟的支持者荷兰人。1642年,爆发了易洛魁战争。易洛魁战士以优势的兵力袭击了休伦人和法国传教士,占领了休伦湖以东的土地,并于1652年直抵密歇根湖东岸。1653年,易洛魁联盟与法国人签订贸易协定,易洛魁人取得了直接与加拿大贸易的权利,法国传教士则被允许在联盟内传教并建立传教站。易洛魁战争终于宣告结束。在这场战争中,法国人的许多传教站被摧毁,毛皮贸易也蒙受了巨大损失,一直到贸易协定签订以后才逐渐恢复。以后,法国人加强了自己的力量,沿圣劳伦斯河的居民点也发展强大起来。1663年,这一带被宣布为新法兰西省。

最早进入苏必利尔湖地区的法国商人是梅古德·乔尔特和格罗西勒尔斯。他们于1654年跟随到魁北克进行毛皮贸易的阿尔冈钦人到达苏必利尔湖,为新法兰西的毛皮商人开辟了一个新的地区,接踵而来的是一批又一批毛皮商人。他们发现,避开休伦人和渥太华人的中介可以用更低廉的价格从内地的印第安部落购买优质的毛皮。1659年,格罗西勒尔斯和皮埃尔·埃斯普莱特·雷迪森合伙运载五艘小船的货物,经渥太华河和尼布辛湖进入苏必利尔湖,并在湖南岸建立一个商栈。1660年,两人满载而归获利丰厚,但新法兰西总督借口两人未获得殖民地政府的允许,没收了大部分毛皮,于是两人转而求助于英王查理二世。1668年,格罗西勒尔斯的商船到达哈得孙湾,1669年,在一次苏必利尔湖远征中赚取了1万多英镑的厚利。1670年,英国的哈得孙海湾公司建立,直接威胁到法国人的毛皮贸易。从此英法之间在这个地区展开了激烈的争夺。

1663年,法国王室宣布新法兰西成为王室的一个行省,加强了对那里的统治。当地的传教士和商人更加积极地向西扩展。70年代初,雅克·马凯特和路易斯·乔利特从圣伊格纳斯传教站出发,跨过格林湾和福克斯河,沿威斯康星河下行,于1673年6月17日进入密西西比河,然后经伊利诺伊河回到密歇根湖,1674年初抵达魁北克。

1679年法国商人拉萨尔乘坐大帆船从密歇根湖的格林湾出发,沿湖岸航行,在圣约瑟夫河口建立迈阿密要塞,然后沿河南下进入伊利诺伊河,并在那里建立了克雷韦科尔要塞。拉萨尔一行曾经到达密西西比河,但由于满载毛皮的帆船失踪,克雷韦科尔要塞又遭到起义者的袭击,只得回到弗隆腾纳斯要塞。两年后,拉萨尔又带领一支二十三人的队伍从迈阿密要塞出发,经伊利诺伊河进入密西西比河流域,并沿河而下。1682年4月9日这支队伍到达墨西哥湾沿岸。法国人拉萨尔宣布密西西比河流域为法国殖民地,为了纪念法王路易十四,又把他们所发现的这一广大地区叫作路易斯安那。拉萨尔企图把这里变成他经营毛皮的王国,但1684年准备在密西西比河河口修筑要塞的时候,他在马塔戈达湾被手下杀害。

拉萨尔的梦想虽未实现,但法国人在密西西比河下游地带的频繁活动首先引起了英国人的严重关注。纽约总督托马斯·唐甘同易洛魁人结盟,向他们提供武器,鼓动他们向西北方向蒙特利尔推进,赶走沿途的法国人和与他们交好的印第安部落。经过两年时间,易洛魁人几乎到达了蒙特利尔的边沿。

新法兰西总督马奎斯·德多隆维尔立即回应英国人的挑战,先后在佩平湖和威斯康星河畔建立了圣安托万要塞和圣尼古拉要塞,并在圣约瑟夫建立了传教站。德多隆维尔还带领1500人的武装队伍进入易洛魁人的地区进行报复。1689年8月,法国人的居民点也遭到易洛魁人的攻击,死伤甚众。同年爆发了威廉王之战(1689—1697),英法双方虽然没有在北美战场投入正规兵力,但战事仍然相当激烈。在新英格兰和纽约的西北边境、大湖区和哈德林湾都发生过多起战斗。1897年,英法签订了和约,规定双方维持战前原状。实际上这仅仅是一个停战协定,英法双方都需要一个喘息时期以便重燃战火。

法国人明白,同英国争夺北美殖民地仅仅依靠商栈和少数要塞是远远不够的,准备在密歇根和密西西比河沿岸乃至墨西哥湾建立一系列要塞来巩固自己的殖民地。1700年,新法兰西官员卡迪拉克在有重要意义的麦基诺岛建立一座兵营,1701年又建立底特律和附近的庞恰特雷恩要塞,以控制水上通道和毛皮贸易。此外,法国人还在比洛克西湾建立毛里帕斯要塞和莫比尔湾的莫比尔要塞。英国方面也在加紧准备。1702年又发生了安妮王之战(1702—1713)。战争在南卡罗来纳和佛罗里达的边境、路易斯安那及新英格兰与加拿大接壤的地方进行。战争结束后签订了《乌特勒支和约》。英国人略占上风,但很多问题仍然悬而未决:墨西哥湾的边界没有划分,新斯科舍的边界未确定,争夺地段的归属也没有解决。后来这些问题经过乔治王之战(1744—1748)仍未解决。

　　在这段时间里由本维尔在密西西比河口建立新奥尔良无疑是一个非常重要的措施,它巩固了法国人在这个地区的存在。18世纪50年代,法国人向俄亥俄河流域扩展,在伊利湖到俄亥俄河汊之间修筑了一系列要塞。1756年爆发了法国印第安人战争(1756—1763),结果法国人被打败。根据1763年2月的《巴黎和约》,法国退出了北美,加拿大和墨西哥湾以北、密西西比河以东的地区归属英国,西班牙得到新奥尔良和密西西比河西侧的路易斯安那。由于和约签订的消息一时没有传到殖民地,新奥尔良的法国商人拉克里德还于1764年建立了圣路易斯,并使其成为毛皮贸易中心。法国殖民者虽然被赶走,但是法国的影响却长期存在。1800年,法国同西班牙签订了秘密的《圣伊尔德丰索条约》,路易斯安那及新奥尔良又重新划归法国。于是法国又成为年轻的美利坚合众国的心腹之患,不仅阻挡了美国向西推进的道路,而且使密西西比河东岸的土地暴露在拿破仑的窥伺之下。幸亏欧洲的紧张形势使拿破仑无力远征,并推动他将路易斯安那以低价卖给美国,于1803年完成了路易斯安那的转卖,否则密西西比河以西的地区将会成为美国移民的禁地。

四、英国政府阻止殖民地人民西进

　　1763年10月7日,英王发布敕令,禁止殖民地人民向阿巴拉契亚高地以西移民,但允许私人到那些地区经商,条件是必须持有殖民地当局或者军事长官颁发的准许证。这个敕令完全忽略了已经在大湖区、俄亥俄河流域和肯塔基及田纳西一带定居的移民,以及在底特律和密西西比河沿岸的法国人居民点,没有向他们提供保护和合理的管理办法,造成了不稳定的因素。

北美十三个殖民地的人民对英王的禁令十分不满,并置禁令于不顾,擅自进入禁区者大有人在。由于商人不受敕令禁止,在西部的活动非常频繁。英国本土和殖民地的土地投机者也看中了西部的大片土地,利用敕令不禁止商人的规定,大搞土地投机,企图得到英国王室的特许,成为那里的大地主。他们希望西部能够向移民开放,以便吸引大批移民开垦他们的土地。此外,弗吉尼亚当局以1609年英王颁布的特许状为据对西部提出土地要求,其他殖民地也希望英国王室在西部内地建立新殖民地,从而把握更多的商机和扩大自己的影响力。

还在七年战争(即法国印第安战争)以前,土地投机公司已经向英国王室申请土地特许状。当时英国政府也希望吸引移民到阿巴拉契亚山以西定居,以便加强英国的力量。由弗吉尼亚头面人物组建的俄亥俄公司(1747)经英国商会批准,获得了俄亥俄河和大卡纳华河之间的20万英亩①土地。同年,真诚土地公司从弗吉尼亚当局获得80万英亩土地。苏格兰商人在沃巴什河以西建立了夏洛汀那,纽约商人在密西西比河下游建立了新威尔士等移民城镇。弗吉尼亚人的密西西比河公司还在1763年6月向英国王室申请俄亥俄河和密西西比河之间的土地。1763年5月庞蒂亚克起义暂时中断了土地投机活动。1765年起义结束后,土地投机活动又活跃起来。

1766年,以菲尼亚斯·莱曼为首的曾在七年战争中为英军作战的军官组建"军人协会",要求英王授予俄亥俄河口的土地。同年,乔治·克罗根和一批在庞蒂亚克起义中蒙受损失的商人组建的伊利诺伊公司,要求将沿密西西比河岸的120万英亩土地授予他们作为补偿。此外,印第安

---

① 英制单位,1英亩合4046.856平方米。

纳公司也对紧靠1763年敕令线西侧莫农加希拉河、小卡纳华河和俄亥俄河之间的土地提出申请。

然而，在这些土地上都居住着印第安人，英国政府在批准这些土地申请以前必须得到那些印第安人的同意。单纯用武力赶走他们绝非上策，更何况英国政府正忙于欧洲事务，鞭长莫及，于是转而采取威胁加利诱的手段把一个又一个让地条约强加给印第安人。1768年11月5日签订的《斯坦威克斯要塞条约》，迫使印第安人同意将萨斯奎哈纳流域及沿阿勒根尼山和俄亥俄河直到田纳西河口的广阔地带都向移民开放，印第安人只得到10460英镑作为补偿。1770年10月签订的《洛卡博条约》迫使切诺基人让出从1763年界线向西到霍尔斯通河上的长岛，北至大卡纳河的地区，只支付了2500英镑的补偿费。而在测绘土地的时候，英国人又劝说切诺基人把西部的界线推移到大圣迪河，为此再向他们提供400英镑补偿费。但在实施过程中，测绘人员把边界线推进到肯塔基河，使切诺基人又丧失了一大片土地。

在诸多土地申请中，大俄亥俄公司的申请是最大的一笔。所申请的地段在1763年线以西，俄亥俄河汊以南、格林布里尔河以北、西奥托河口以东，共约2000万英亩土地，差不多相当于一个新殖民地的面积。公司准备在那里建立一个新殖民地，并取名为万达利亚。大俄亥俄公司为了取得英王的准许，表示将承担吸引移民的一切费用，并向王室缴纳二十年的代役租。1772年8月14日，英王和枢密院接受了这个申请。剩下的事情就是英王向公司颁发在万达利亚组织殖民地政府的特许状了。但是，由于英王同北美十三个殖民地的矛盾日趋激烈，革命形势逐渐形成，英国政府放弃了建立新殖民地政府的计划。这笔大宗的土地投机没有成功。

另一方面，一些土地投机者利用紧张的局势绕过英国政府直接从印第安人手中购买大片土地，而付出的代价却是微不足道的。1771年7月21日，塞缪尔·沃顿向乔治·克罗根发去一封信，委托他在俄亥俄河汊以西地区向印第安人购买土地，克罗根在五年内为沃顿购买了多达600万英亩的土地。此后伊利诺伊土地公司和沃巴什土地公司在伊利诺伊和沃巴什河岸也从印第安人手中购买了一块又一块的大地产。

1774年,英国政府又颁布了一项《魁北克法令》。法令允许居住在底特律、麦基诺和伊利诺伊村庄的法国居民建立自治政府,信仰天主教,并且把魁北克殖民地的边界向西推进到俄亥俄河和密西西比河。弗吉尼亚殖民当局首先起来反对这项法令,认为英国政府不应该把属于他们的西部土地划给另外一个殖民地。而土地投机者则认为英国在原本无人管束的自由土地上树立了一个殖民地政府,使他们的行动受到蒙特利尔的控制。他们企图在魁北克当局未能管理这个地区之前抢购印第安人的土地,造成既成事实,于是很快就出现了土地投机者直接向印第安人购地的混乱局面。

在东部的小农中,早在七年战争以前就有人越过阿巴拉契亚山去开辟新家园。1750年,托马斯·克雷萨普就穿越崇山发现了俄亥俄河汊地带。1753年,克里斯托弗·吉斯特又开辟出一条从波托马克河到雷德斯通河的小道,打开了进入莫农加希拉流域的大门。1754年,在这条河的中游出现了具有相当规模的居民点。此外,1763年敕令颁布前,在皮特要塞、林戈利尔要塞和贝德福德要塞周围也都出现了规模不等的居民点。

1763年敕令颁布后,仍然有相当数量的移民继续到莫农加希拉河及其主要支流沿岸定居,到1768年,这里的居民已达到2000人。[1]自从《斯坦威克斯要塞条约》把俄亥俄河以南和以东的土地向拓荒者开放以后,在宾夕法尼亚西部边疆有5000户移民定居,1771年又增至100000户。随后移居地区又向西扩大到大卡纳华河。到1776年,在大卡纳华河和山区之间的三角地带已经住满了移民。在这个地区还出现了刘易斯堡(1769)和彼得斯通(1770)两个城镇。

七年战争前就有人进入了田纳西东部。斯蒂芬·霍尔斯通曾经在田

---

[1] Ray Allen Billington, *Westward Expansion*, p. 159.

纳西河的支流修筑房屋居住,后来这条河就以他的名字命名为霍尔斯通河。在这里曾经形成不大的居民点,但由于印第安人的不断袭击,很快就被放弃,1746年才逐渐有人回来居住。在离这里不远的瓦陶加河也有一个移民点,那里的创始人是威廉·比恩。

瓦陶加移民点发展很快,到英王颁布敕令禁止北美十三个殖民地居民西进的时候已经初具规模。瓦陶加人为了对抗英国殖民地官吏的侵扰和驱赶,建立瓦陶加协会,签订了公约,选出了五名委员负责全社区的事务,建立武装,负责保卫工作。公约确定了民主议事,少数服从多数的原则。不少史学家认为这是美国民主制度的开端。

此外,在密西西比河流域和肯塔基也都有拓荒者的足迹。不过能够形成居民点的地方却很少,最先进入肯塔基并探查过很多地区的是丹尼尔·布恩。他是一名出色的猎手,18世纪70年代初多次在肯塔基狩猎,曾被肖尼人俘虏。布恩曾在红河畔建立一个营地,作为狩猎伙伴聚会和贮存毛皮的地方,1775年初成为布恩斯博诺城。

弗吉尼亚殖民当局早就对西部土地有掠夺的野心。1774年,弗吉尼亚总督邓莫尔勋爵调遣民兵进入肖尼人的土地发动了战争,史称邓莫尔勋爵之战。1775年3月14日至17日,双方在西瓦陶加河畔的西卡莫尔肖尔斯议和,并签订了《西卡莫尔肖尔斯条约》。肖尼人同意让出坎伯兰以南的肯塔基河和高地之间的大片土地,弗吉尼亚则向肖尼人支付1万英镑作为补偿。

还在条约签订以前,弗吉尼亚和北卡罗来纳的一些土地投机者早已觊觎这片土地。1774年,弗吉尼亚商人亨德森组建了路易莎公司专门收购肯塔基的土地,企图在那里建立特兰斯尔伐尼亚殖民地。1775年5月23日,哈诺兹堡、沸水温泉站、圣阿萨弗、布恩斯博洛等四个城镇的代表在布恩斯博诺聚会,讨论和通过殖民地的法规,并设立了法庭和确立了民兵体制。不过,亨德森希望特兰斯尔伐尼亚成为第十四个殖民地的计划并未实现。1777年,他的土地被划为肯塔基县,只是在俄亥俄河和格林河之间划出20万英亩作为对他的补偿。1783年,北卡罗来纳划出同样数量的土地作为对他开辟新土地的奖赏。

在独立战争期间,英国人和殖民地的托利党人曾经不断煽动西部的印第安人袭击那里的移民点,使不少移民被迫放弃自己的家园,聚集在较大的移民点里躲避灾难。1777年,肯塔基的移民经受了最困难的日子。他们不得不躲进布恩斯博诺、哈诺兹堡、圣阿萨弗三个有武装守卫的据点,来抵御印第安人的袭击。

另一方面,北卡罗来纳和弗吉尼亚都渴望取得田纳西和肯塔基的土地,采取了用廉价土地鼓励移民西进的政策。1777年,北卡罗来纳通过法令,规定肯塔基和田纳西的土地售价为每百英亩55先令,每人购地的最大限额为640英亩。两年后弗吉尼亚也做出类似的规定。事实上,拓荒者往往按100英亩10先令的价格购买土地。而那些在1778年以前就在那里定居的移民还可以免费获得400英亩土地。于是大批移民冒着被印第安人袭击的危险纷纷涌入西部,形成一次移民的小高潮。不过,这个小高潮在当地印第安人的抵制下延续的时间并不长,许多刚形成的居民点不得不被抛弃。

邦联成立后通过决议,禁止各州出售西部土地,宣布任何土地交易为非法。随着弗吉尼亚等州放弃对西部土地的要求,西部土地的处理问题逐渐集中到邦联手中。

美国独立前,西班牙、法国和英国政府为了扩张势力在西部建立的移民点和管理机构,以及要塞和兵站都曾经是移民西进的严重障碍。但他们遗留下来的城镇、移民点和商站,却为后来的美国移民提供了某些方便。

第四章　第一个世界性殖民浪潮的
冲击和美国的土地扩张

一、地理大发现的影响

15世纪末,欧洲的海上强国西班牙和葡萄牙为了寻求通往印度的海上航线,雇用了一批航海家进行探险航行。1492年10月12日,克里斯托弗·哥伦布率领三艘船组成的船队,带着西班牙两位联合执政君主斐迪南和伊萨贝拉颁发的护照和致中国皇帝的介绍信件抵达美洲,揭开了地理大发现的序幕。六年以后,达·伽马自西欧绕过非洲南端到达了印度。1519—1522年,麦哲伦和他的伙伴第一次完成了环球航行。此后又陆续有人航经新西兰、澳大利亚等地,并穿越亚洲和美洲之间的海峡。许多过去不为欧洲人所知的地方都陆续在地图上被标出了方位,成为欧洲商人和探险者向往的新世界。欧洲列强也随即派遣战舰军队去攻打和占领这些土地。当时称霸海上的西班牙、葡萄牙对一切可以发现的新土地展开了激烈的争夺,掀起了第一个世界性的殖民浪潮和持续不断的纷争。

早在1493年,西班牙和葡萄牙就已把相互间的争端诉诸教皇法庭。1493年教皇亚历山大六世曾几次颁发诏书,为西班牙和葡萄牙划分大西洋水域中的势力范围。1494年,两国签订了《托尔德西里亚斯条约》,规定在佛德角群岛以西370里的地方划一条南北去向的直线,把大西洋划为两部分,东部属于葡萄牙,西部属于西班牙。这条线就是历史上著名的"教皇子午线"。1529年,西、葡两国又签订了《萨拉哥撒条约》,划分了太平洋水域的势力范围。西班牙、葡萄牙不断派兵占领南、北美洲和亚洲的大片土地和岛屿,成为最早的殖民帝国。英、法、荷兰等后起的欧洲列强也不甘落后,加入了殖民帝国的行列。英属北美十三个殖民地的建立就是这个殖民浪潮造成的一个结果。在当时的英殖民者看来,这也不过是同法国争夺整个北美大陆的开端,从来没有打算仅仅把殖民地的范围局限在阿巴拉契亚山脉以东地区。早在16世纪,就有理查德·哈克鲁特这样的英国人认为:英国应当像古代罗马那样去占领、拓殖和发展新世界,没有任何其他民族能够完成如此伟大的事业。①

这种殖民主义思想在英国大举向海外扩张时期流毒甚广,当然也传到了北美殖民地。英国政府在颁发北美殖民地特许状的时候就没有规定西部的界线,允许它们向西扩张。在英属美国殖民地的上层人物看来,向西部扩张是很自然的事情,不应当受疆界的限制。这种情绪在美国独立战争后仍然有广阔的市场。美国学者理查德·W.范阿尔斯滕认为美国人从前人那里得到的一种思想遗产就是"北美大陆理应属于大西洋沿岸十三个殖民地人民的思想"②。这种影响在波士顿神父杰迪代亚·莫尔斯的言论中反映得十分清楚。1789年,他在《美国地理》一书中写道:"考察一下大致的背景,密西西比河从来没有被划定为美国西部边界。大自然的上帝(法则)也从来不打算把大地的某些最好的地方让远离该地4000英里之遥的君主国家的臣民们来居住。"美国"已成长为帝国","也许她的最后的、最广阔的疆域将是整个美洲"。③

美国的国父们和早期的政治活动家也在不同程度上受到殖民扩张思想的影响。1783年3月,乔治·华盛顿第一次使用了"正在兴起的美帝

① Alexander Deconde ed., *Encyclopedia of American Foreign Policy*, New York: Charles Scribner's Sons, 1978, p. 527.

② Richard W. Van Alstyne, *The Rising American Empire*, New York: Oxford University Press, 1960, p. 78.

③ Jedidiah Morse, *The American Geography: Or a View of the Present Situation of the United States of America*, Elizabethtown: Shepard Kollock, 1789, p. 469.

国"这个词,其含义是指人口在增加、土地在扩展、实力在增强的国家。本杰明·富兰克林在他的著作和演讲中也经常使用这个名词。①当他在巴黎做外交官的时候,曾经有一个了解远西部地区的机会。一位名叫约翰·莱迪亚德的年轻水手来到巴黎,筹集资金作为探查通往中国商路的费用。杰斐逊为他设计了一条穿越远西部的路线。按照这条路线,莱迪亚德应当经欧洲到俄国的堪察加,从那里乘船去温哥华岛的西岸,然后沿着同密苏里河相当的纬线,向东进入美国。但可惜的是莱迪亚德在进入堪察加后被捕,并被押送出境,这一次探险遂以失败告终。杰斐逊在《回忆梅里韦瑟·刘易斯》一文中说:"发现我们北方大陆西部的第一次尝试就这样失败了。"②

从法国返美后,杰斐逊仍然没有放弃沿密苏里河向西部探险的想法,曾经为此向费城美国哲学协会请求财政资助。但由于当时美国政府的注意力集中在国内事务上,不可能给予有力的支持,杰斐逊的设想到二十年后才付诸实施。

如果说到远西部探险并不是一个迫切的问题,那么从西班牙手中取得新奥尔良,从而保障密西西比河航运却是刻不容缓的事情。这同中西部甚至整个美国经济的发展都有着直接的关系。杰斐逊曾在1786年1月25日致阿奇博尔德·斯图尔特的信中表明了自己对这个问题的看法。他写道:"我们的邦联必须被看作一个基地,整个南北美洲都会有来自那里的移民定居。我们也应当注意,不要认为对西班牙人过快地施加压力是为了那个广阔大陆的利益。那些国家不可能掌握在更好的统治者的手中。我担心他们过于衰弱不能坚持到我们的民众可以推进到那里,并逐步从他们手中取得那些国家的时刻。我们必须拥有密西西比河航运。

---

① Richard W. Van Alstyne, *The Rising American Empire*, p. 1.

② Elliott Coues, *History of The Lewis and Clark Expedition*, New York: Francis P. Harper, 1893, pp. XVIII–XIX.

这是我们已经做好准备去取得的全部东西。"①杰斐逊的这段话虽然是针对新奥尔良问题来说的,但是已经含蓄地表露了美国在人口增长以后将会向四周扩张的思想。

在美国早期的政治活动家中,最积极主张向西部扩张的人恐怕要算约翰·昆西·亚当斯了。他曾经公开表示:"整个世界将会了解把北美作为我们恰当疆域的思想。"②

如果说早期的政治活动家们只是表述了美国的疆域可以扩展的思想,那么一些地图测绘者则把这种思想付诸实施。例如,费城的约翰·梅利什在1816年的美国地图中把西南至里奥格兰德河,北至北纬52°之间的地区划入美国版图。这样就把加拿大靠近美国北部的地带和包括旧金山在内的太平洋沿岸土地部分作为美国的领土。1820年,他在再版的美国地图中,不得不按照美英1818年协定把北部边界退回到北纬49°,但西部边界仍然没有修正。

地理大发现以后随之而来的殖民浪潮之所以势不可挡,其中的一个重要原因是对手太弱小。欧洲殖民国家所遇到的新世界的民族和国家的发展水平都远远落后于他们,南、北美洲和非洲的情况尤其如此。殖民者以相差悬殊的优势力量进攻土著居民,到处得手,简直把他们所"发现的"新世界当成无人之境,随意加以处置。只是由于新世界的土地过于广阔和自然条件的差异,他们的推进步伐才不得不放慢。美国所面临的情况正是如此,在它的西方虽然有西班牙、随后是法国的阻碍,但这两个国家都远隔重洋、鞭长莫及,而且都在不同程度上陷入了欧洲列强的火并和纷争之中。在密西西比河以西直到太平洋沿岸的广大地区,除去印第安部落居住的地区以外,就是人烟稀少的西班牙的殖民地和后来的墨西哥的领土。可以说,没有什么力量可以阻止美国向西扩张。而美国之所以没有立即向密西西比河以西推进,主要在于它羽翼未丰,自身的

---

① Richard W. Van Alstyne, *The Rising American Empire*, p. 81.

② Richard W. Van Alstyne, *The Rising American Empire*, p. 96.

拓殖和发展都还没有达到应有的水平。直到19世纪初,阿巴拉契亚山以西的地区还没有开拓完毕,密西西比河以西被看成是只适合印第安人居住的地区。

从世界性殖民浪潮影响的角度来看,美国的扩张绝不是一个孤立的现象,而是同当时的国际形势、特殊的历史条件分不开的。所不同的是,在北美大陆的扩张过程是由一个刚刚取得独立的国家来完成的。美国学者威廉·H.戈茨曼特别强调这一事件的国际性。他写道:"美国西部的开拓绝不是孤立的事件,它更多地属于世界历史而不是民族历史,在19世纪的最初几十年尤其如此。"①他还在《开拓和帝国》一书的序言中指出:"对于美国人和欧洲人来说,19世纪是一个开拓的时代。在这个时期里,所有海上的岛屿都被指定在地图上,而大陆内地的地段也都向西方世界的移民们敞开着。这些移民随身带去了基督教先进的思想,新的科学技术和浪漫的帝国主义的梦想。"②戈茨曼的看法是有一定根据的。事实上,随着时间的推移和国际国内形势的发展,越来越多的美国政府决策人想圆"北美帝国"这个美梦,最终把美国推上了土地扩张的道路。

二、购买路易斯安那和西部探险

最早向西部探索的是1670年得到英王特许状的哈得孙海湾公司。这家公司专门经营毛皮贸易,其活动范围是在加拿大境内的哈得孙湾和喀里多尼亚之间的地区。它只关心商业利益,在什么地方开辟商路,建立贸易点,完全取决于赢利的情况,同美国开发西部没有直接的关系,但是它的某些发现和成功曾经对后来的探险者产生过影响。1787年建立

---

① William H. Goetzmann, *Exploration and Empire: The Explorer and Scientist in the Winning of the American West*, New York: Norton, 1966, p. 3.

② William H. Goetzmann, *Exploration and Empire*, p. 16.

的西北公司采取了更为广泛和有效的政策,不仅开展毛皮贸易,而且要探寻通向西部的西北路线或者通往太平洋的水路。加拿大西部的许多重要地点都是这个公司的探险者发现的。这个公司还发现了密苏里河上游地区和黄石河流域地区。这些发现为后来的美国探险者提供了宝贵的信息和资料。对于了解路易斯安那也有帮助。

美国的领土扩张从购买路易斯安那开始。这是美国历史上规模最大的一次土地扩张,而且是通过购买的形式完成的。美国政府不费一兵一卒,就从当时欧洲强大的殖民帝国——法国手中取得了面积同自己国家领土大致相等的西部土地。这样的结果是美国政府事先所未预料到的。

路易斯安那的面积比美国现在的路易斯安那州大得多,包括从密西西比河到落基山东麓的广大地带。其北部边界没有确定,后来成为美国和英国的一个争端。路易斯安那是法国人拉萨尔率领一支殖民武装队伍,于1682年打败当地印第安部落后建立起来的。七年战争将近结束,法国作为战败国,为了缩小英国的影响,于1762年将整个路易斯安那转让给西班牙。美国独立后,西班牙已经衰落,丧失了海上殖民强国的地位,所以美国政府并未感到来自路易斯安那方面的威胁。同时,美国境内还有广大地区在等待着开拓,向密西西比河西岸扩张的问题还没有提上日程。美国政府当时所关心的问题是密西西比河的航运和在墨西哥湾的出海口,曾为此多次同西班牙政府交涉。1795年,美国获得了在新奥尔良的通商权,美国中西部的农产品、猪肉、木材都可以从这里出口到欧洲。这个问题解决以后,美国政府得到了暂时的满足。然而进入19世纪后,情况发生了急剧的变化。

随着拿破仑帝国的崛起,法国把海外扩张的矛头指向北美洲,派兵攻打海地,同时迫使西班牙于1800年将路易斯安那秘密转让给法国。1802年这则消息公开后,美国朝野上下大为震惊。密西西比河西岸顿时成为强大的拿破仑帝国的桥头堡,给美国的西部边界造成巨大的威胁。事实上,拿破仑早有把路易斯安那变成法兰西帝国一部分的野心,并且已经决定派兵进驻。只是由于气候恶劣,这支军队才未能启程。

美国政府面对这种严峻的局势,决定采取紧急的对策。当时在政府内部存在两种意见。一种是以联邦党人为代表的强硬派意见,主张同英国结盟,不惜同法国和西班牙兵戎相见,用武力夺取路易斯安那。另一种是以总统杰斐逊为代表的谈判派的意见,主张同法国进行谈判,通过外交途径购买路易斯安那。最后,杰斐逊决定于1803年初派遣詹姆斯·门罗出使法国,协助美国驻法大使罗伯特·利文斯顿同法国政府谈判购买路易斯安那问题。美国政府原来并没有打算购买整个路易斯安那,而只是购买其南端,包括新奥尔良在内的地段和东、西佛罗里达,并准备在法国拒绝出售新奥尔良的情况下争取获得在那里的航行权和货物存栈权。

1803年4月,在门罗到达巴黎以前,法国政府已经向利文斯顿提出出售整个路易斯安那的建议,所开出的售价为1500万美元。这笔交易对美国十分有利,但这绝不是由于拿破仑的失算偶然促成的,而是由于法兰西帝国所面临的不利局势使拿破仑不得不做出这种选择。1801年,拿破仑进攻海地失败,这支征讨军由于黄热病流行损失了6/7的兵员,这使得拿破仑的元气受到损伤,又由于英国的牵制,法兰西帝国一时无力远征北美。于是法国能否长期拥有路易斯安那,就成了一个前途难卜的问题。于是拿破仑决定把这块远离欧洲的殖民地出售给美国,一方面可以得到一笔可观的款项,另一方面还可以把美国拉到自己一边共同对付英国。

1803年4月30日,法美双方代表正式签订条约。美国以1500万美元的价格取得了密西西比河西岸的广阔地域,跨出了向西部扩张土地的第一步。然而,对于美国政府和未来的移民来说,路易斯安那又是一个陌生的、神秘的地区。那里虽然已经是美国的领土,但既无道路可通,又缺少美国的移民点,他们对那里的山川、森林、原野的方向位置毫无所知,最多也只是道听途说,或者从极不准确的地图上得到一点似是而非的概念。人们在进入这片土地以前,首先需要对它有初步的了解。于是出现了探索西部土地的热潮。

前面我们已经提到,杰斐逊总统在入主白宫以前,就曾经试图组织队伍到远西部探险,但那时条件不具备,没有成功。这时,他以总统的身份正式向国会提出拨款支持西部探险的要求。杰斐逊希望这次探险不仅能够找出一条通往太平洋沿岸的道路,而且能够对沿途地带进行科学的考察。但是,当时美国国会是不可能批准这种请求的,杰斐逊只得在表面上以开展商业活动作为这次探险的唯一目的。①

这次探险是由梅里韦瑟·刘易斯和威廉·克拉克两人领导的,从1804年春天开始到1806年9月23日胜利结束。然而,刘易斯和克拉克的探险主要是在西北部进行的,而广大的西南部则仍然是不为人知的荒地。这个地区究竟有多大,边界在哪里,人们并不清楚,而且同西班牙人的看法有分歧。在杰斐逊看来,路易斯安那应当包括密西西比河及其所有西部支流流经的地方,其西南部边界应当在"石头山"山脉,即落基山脉的丛山中。而西班牙人们则把普拉特河、阿肯色河、红河及其他西部支流作为自己的势力范围,对于美国在这些地区的探险采取阻挠的态度。在这种情况下,杰斐逊深感探查路易斯安那西南部的重要性和必要性,先后组织了几次探险。

第一支探险队是由费城的威廉·邓巴和乔治·亨特领导的。其探查目标是红河源头。因为杰斐逊相信,那里就是路易斯安那同西班牙殖民地的分界线。探险队于1804年10月16日出发,历时四个月,途中由于遇到欧塞奇印第安人的阻挠,只得改道去欧扎克高原,在那里进行考察。他们所报送的调查材料曾被杰斐逊用在1805年致国会的年度咨文中。②

第二年春天,杰斐逊从联邦国会得到5000美元拨款,并立即组织了

---

① Donald Jackson, ed., *The Letters of the Lewis and Clark Expedition*, Urbana: University of Illinois Press, 1962, pp. 10–13.

② William H. Goetzmann, *Exploration and Empire*, p. 42.

第二支探险队。这支探险队由托马斯·斯帕克斯率领。其目标仍然是红河源头。1806年4月19日,探险队从密西西比河同红河汇合处的亚当斯要塞出发,沿红河上溯,到大约635英里的地方被西班牙骑兵阻止,只得经原路返回。[1]

1905年夏天,泽布伦·派克中尉受路易斯安那领地总督詹姆斯·威尔金斯将军的委托,率领探险队探查密西西比河的发源地,并控制英国的毛皮商人。派克没有找到密西西比河的发源地,随即改道向西南,到达尼欧肖河后转向西北,直达距普拉特河不远的波尼人的村庄。他在这里南下抵达阿肯色河北岸,然后沿河西进到达落基山。落基山的派克峰就是由于他在那里的山脚下停留过而得名的。此后他们进入西班牙地区,并被西班牙骑兵缉捕,被囚禁在西班牙监狱中达数月之久。探险队成员获释后,经西班牙地区返回路易斯安那。

派克对西班牙的城镇做了详细报道,不厌其详地叙述了那里丰富的毛皮和其他货物,对美国商人产生了很大的影响,正是在这以后的一批又一批的西来商人开辟了举世闻名的圣菲小道。在派克之后一直到20世纪30年代,还不断有人数不多的探险队沿着阿肯色河、红河和圣菲小道向西探察,他们当中的许多人都曾被西班牙军队投入圣菲等地的监狱。然而,无论这些探险成功还是失败,都为美国向西推进准备了条件。

三、兼并佛罗里达

购买路易斯安那使年轻的美利坚合众国消除了来自西部边界的法国的威胁。但是,它的北部、东南部和西南边境以外,还有英国和西班牙的存在,这两个欧洲国家都是美国进一步扩张土地的障碍。英国虽然在独立战争中被打败,但仍然十分强大,其实力远远超过美国,而且随时都准备卷土重来。美国北方的扩张主义分子早就对加拿大垂涎三尺,跃跃

---

[1] William H. Goetzmann, *Exploration and Empire*, p. 42.

欲试,但惮于英国的实力不敢轻举妄动。西班牙虽然也不愿放弃它在北美的任何一块殖民地,甚至在形势不利的时候,也力求保住某些地盘,但是它在北美的力量有限,容易对付。于是美国政府就选定西属佛罗里达作为扩张土地的第二个目标。

早在16世纪,佛罗里达就是西班牙的殖民地。1670年《马德里条约》规定南卡罗来纳查尔斯顿以北的地区属于英国。1743年,英国把南部边界推进到圣玛丽河。1719年,法国移民到达珀底多河,西班牙即以此河为路易斯安那和佛罗里达的边界线。七年战争结束后,佛罗里达划归英国。英国将佛罗里达分为东西两部分,以艾伯维尔河为西佛罗里达的西部边界。1783年,英国又把佛罗里达归还西班牙。由于佛罗里达几经易手,其西部边界又有所变动,在路易斯安那购买以后,美国和西班牙对这条边界线有不同解释。西班牙认为这条边界线是英国划定的艾伯维尔河,美国则认为应当是西班牙自己曾经承认过的珀底多河,所以西佛罗里达的大部分地区都属于路易斯安那购买的一部分,应当划归美国。

美国对佛罗里达的兼并是逐步进行的。杰斐逊总统在完成路易斯安那购买以后,就认为西班牙所占领的西佛罗里达应当包括在这次购买之内。麦迪逊总统入主白宫以后,曾经公开宣布,美国的路易斯安那应当同法国曾经拥有过的路易斯安那一样大,它同佛罗里达的边界应当是珀底多河。西班牙政府对美国政府领导人的声明持反对态度,但却没有采取任何措施限制美国移民进入西佛罗里达。

佛罗里达的土地肥沃、气候温暖,物产丰富,是移民们的理想乐土,每年都有大批美国移民在西佛罗里达定居。1809年,美国移民已经占当地居民人数的90%。[①]这块土地虽然名义上属于西班牙,但实际上已经是美国移民的天下。1910年9月,西佛罗里达美国移民中的所谓的"革命分子"发动暴乱,围困了西班牙在巴顿鲁日的要塞,俘虏了那里的

---

① Ray Allen Billington, *Westward Expansion*, p. 260.

西班牙总督。三天后,暴乱分子开会决定正式向美国提出合并的请求。1810年10月27日,麦迪逊总统对他们的请求做出正式回答,并发表声明正式兼并艾伯维尔河和珀底多河之间的地区。这项声明随即由佐治亚州州长戴维·霍姆斯在一支正规军队的护送下送到西佛罗里达,沿途没有遇到西班牙的抵抗。1810年12月10日,美国的国旗终于在巴顿鲁日上空飘扬。西佛罗里达的大部分地区,除去莫比尔和彭萨科拉以外,都被美国强行占领。

与此同时,美国对东佛罗里达的入侵也开始进行。前佐治亚州州长乔治·马修斯于1810年秋天在佐治亚建立"革命党",准备夺取东佛罗里达。他到华盛顿请求麦迪逊总统采取措施支持他的行动,麦迪逊总统非常重视。联邦国会还于1811年1月15日通过秘密法令,授权佐治亚的地方长官采取措施夺取东佛罗里达。[①]麦迪逊总统也表示了同样的想法,但主张通过外交谈判来实现这个目的,如果发现第三国进行干涉就可以采取武装占领的手段。1811年1月26日,马修斯和约翰·麦基上校奉国务卿门罗之命前往东佛罗里达,同西班牙总督谈判,但遭到拒绝。1811年春天,马修斯回到佐治亚,并立即组织力量准备入侵东佛罗里达。

1812年3月,马修斯带领二百名志愿军进攻阿米利亚岛上的费南迪亚。同时,一批佐治亚的志愿者在罗斯布拉夫宣布起义,脱离西班牙殖民政府的管辖,并请求美国政府予以支援。一支在附近海域游弋的美国舰队司令官休·G.坎贝尔闻讯后,立即派遣五艘炮舰组成小舰队支持起义者。起义者随即打出美国的国旗,分水陆两路向圣奥古斯丁进发,在那里与马修斯的队伍汇合,形成了对这个城市的包围圈。西班牙政府对美国的正规军和非正规武装的入侵活动提出了抗议,要求美国政府撤走这些入侵者。与此同时,在联邦国会内外也出现了强烈的反对派兵入侵佛罗里达的情绪。麦迪逊总统不得不撤去马修斯的职务,并命令军队返

---

① Virginia Bergman Peters, *The Florida Wars*, Hamden: Archon Books, 1979, p. 37.

回圣玛丽河。1812年战争爆发后,由于西班牙没有参战,美国政府没有理由在东佛罗里达开辟战线,但并不禁止佐治亚州州长的入侵活动。

事实上,美国在东佛罗里达的移民从未停止。在第一次围攻圣奥古斯丁以后,起义者就在其周围建立了居民点,并不断得到佐治亚的武装支持。他们曾经共同反对居住在东佛罗里达的塞米诺尔人和逃到那里并获得自由的黑人,并且要求佐治亚政府出兵干预。佐治亚州州长 D.B. 米切尔正好以征讨印第安人和逃亡黑奴为借口,派兵入侵东佛罗里达,发动了历史上的第一次塞米诺尔人战争。入侵东佛罗里达的佐治亚军队不仅要面对西班牙殖民地军队的抵抗,而且要面对印第安人和黑人的袭击。

驻守圣奥古斯丁的西班牙军队士气低落,缺少粮食和军需品储备。对于美国军队来说,完成对圣奥古斯丁的包围并不困难,但是要对付分布在各地的黑人武装和印第安人的袭击倒是捉襟见肘、疲于奔命。1812年8月21日,史密斯上校在他的报告中曾经提道:"在印第安人的协助下黑人变得十分大胆,而我派出的小分队,总是由于缺少对这个地区应有的了解而徒劳无功。"[1]更为严重的是围城美军的运粮队伍不断遭到印第安人的袭击。约翰·威廉姆斯上尉和民兵指挥官汤姆林森·福特的运粮队就曾被劫,两人均身负重伤。于是美军决定派出由丹尼尔·纽曼率领的特遣队,去攻打印第安人聚居的阿拉楚河村镇。9月27日,双方发生了遭遇战。经过几次激烈的战斗以后,印第安部落虽然暂时从阿拉楚河撤退,但纽曼的军队也由于缺少补给而不得不离开那里。这次征剿收效甚微,围城美军的供应线仍然经常被切断。1813年5月15日,美国入侵者终于撤离了东佛罗里达。但是,美国的移民却在印第安人村庄的废墟上建立了自己的移民点,从而加剧了双方的敌对情绪。

1817年,塞米诺尔人受到英国野心家的挑动,不断同美国的边界居民发生流血冲突,双方相互仇杀事件时有发生。盖因斯将军于是年秋天

---

[1] Virginia Bergman Peters, *The Florida Wars*, p. 41.

再度进军佛罗里达,安德鲁·杰克逊将军也奉命越境追击塞米诺尔人。

杰克逊在追击塞米诺尔人的同时,攻占了西班牙佛罗里达境内的圣马克炮台和圣奥古斯丁以外的许多重要城镇。1818年5月,东佛罗里达实际上已经为美国占领军所控制。西班牙政府不得不承认现实,乃于1819年2月22日同美国签订条约,以500万美元的价格将东佛罗里达卖给美国。至此,美国完成了对东西佛罗里达的兼并。

四、美墨战争、俄勒冈问题和天定命运说

19世纪40年代美国的扩张目标已经指向墨西哥的土地,并在俄勒冈问题上同英国发生激烈的争吵。早在30年代,西进移民的前锋就跨过了密西西比河,密西西比河东岸的路易斯安那、密苏里、阿肯色先后建州。1831年,杰克逊总统还颁布了印第安迁移法,强迫密西西比河以东的各印第安部落西迁。墨西哥的得克萨斯和加利福尼亚境内都出现了美国的移民。得克萨斯原本是西班牙的殖民地,1821年随着墨西哥的独立而成为它的一个省。但是,当时的墨西哥是一个经济落后国力衰弱的年轻国家,无力管理和保卫远在东北边陲的得克萨斯。随着美国移民人数的增多,得克萨斯于1836年1月宣布独立,成为独立的"孤星共和国"。当时,美国政府已经对得克萨斯抱有扩张的野心,但由于力量不足,只能派遣有限的武装力量支持"孤星共和国"反对墨西哥政府的战争,而没有提出兼并的要求。随后由于美国南部和北部在建立奴隶州还是自由州问题上激烈争吵,美国政府不得不把接纳得克萨斯的问题搁置一边。

19世纪40年代中期,西进移民洪流的前锋已经触及墨西哥东北部领土的许多地区。南部奴隶主急于向西扩展种植园经济,东北部资产阶级也渴求开辟广大的西部市场,双方找到了共同点,于是兼并得克萨斯的叫嚣越来越强劲。一些报刊甚至宣称,即使动用武力兼并得克萨斯也不是侵略。1845年10月,《纽约早晨新闻》发表一篇社论,专门为美国兼

并得克萨斯辩解,文章指出,与侵略比利时、西里西亚、波兰和孟加拉不同,因为美国兼并的是荒无人烟的土地,而且还用文明和技术开发这些地区,所以这不是取之于人,而是施惠于人。其结论是:"美洲土地的获取,即使是用武力来完成的,都不应当看成是像旧世界那样对一个国家的入侵和征服。"①

此外,在国会讲坛上也有不少人为兼并得克萨斯制造舆论。伊利诺伊州众议员约翰·温特沃思在1845年1月27日国会会议上发言说:人们"不相信上帝在保佑美国军队取得胜利的时候(在革命战争中),只确定原来的十三个州享有自由。恰恰相反,他只是把他们作为伟大的中心,文明、宗教和自由都得以从那里扩散出来,一直扩散到整个大陆都将沐受他们的恩惠"②。

1845年12月29日,得克萨斯终于通过美国国会的法定程序,被接纳为合众国的第二十八个州。

在兼并得克萨斯的呼叫声中,《美国杂志和民主评论》的编辑约翰·奥沙利文于1845年该杂志的7、8月合刊上提出了天定命运说。他把兼并得克萨斯说成是上天的安排,即所谓的"天定命运",而美国政府在兼并得克萨斯过程中的所作所为都是替天行道,完成自己的使命。天定命运说无异是在侵略掠夺的外面包装了一层理想主义的辞藻,很快就成为扩张主义者的舆论工具。在扩张主义者的影响下,《纽约先驱报》《纽约太阳报》《波士顿时报》《哈特福德时报》等报刊都成了天定命运说的宣传站。

然而,天定命运说并不是奥沙利文的独创。如果追本溯源,构成天定命运说的核心思想应该是盎格鲁-撒克逊种族优越论。这种种族主义理论最早出现于英国,而且带有宗教色彩。英国的教士们总是把盎格

---

① *New York Morning News*, Oct. 13, 1845.

② Frederick Merk, *Manifest Destiny and Mission in American History: A Reinterpretation*, New York: Afred A. Knopf, 1963, p. 35, 36.

鲁-撒克逊人看成是上帝选定的种族,注定要统治世界,而世界上的其他民族则是被上帝抛弃的人,注定要臣服于盎格鲁-撒克逊人。早在16世纪,参与英国殖民事务的地理学家理查德·黑格路易特就曾扬言,占领、拓殖和发展新世界是盎格鲁-撒克逊人命中注定的事业,世界上没有别的民族可以担此重任。①后来,英国王室在颁发给伦敦公司和普利茅斯公司的特许状中,都强调要用英国的文明和宗教来改变北美的土著人。戴维·M.普莱彻认为,英国政府的真正目的在于"改变印第安人,使他们服从于一个定居的和宁静的政府"②。

美国独立后,开国元勋之一——约翰·昆西·亚当斯于1787年宣称:美国注定要"扩张到全球1/4的北部(北美洲)"③。塞缪尔·亚当斯也曾公开表示,按照上帝的安排美国应该拥有加拿大和新斯科舍。④在此以后,上帝授命美国人治理和发展整个北美洲的呼声越来越高。这种呼声在路易斯安那购买和1812年美英战争前后,在报刊和国会讲坛上都有强烈反响。例如,1830年《纽约晚邮报》就曾载文宣传密西西比河应当归属美国的思想。⑤又例如,在美国国会会议期间有人发言说:"先生,对我来说,有一点是清楚的,造物主划定了界限,南至墨西哥湾,北至永久的冻土带",都应当属于美国。⑥

12月2日,美国总统詹姆斯·门罗发表门罗宣言,宣布"美洲是美洲人的美洲"。其目的在于把欧洲列强,特别是英国的势力排斥在美洲之外,而又不限制美国的扩张。所以美国历史学家塞缪尔·F.比米斯认为,门罗主义是"天定命运说的呼声",因为它"并没有把美国的大陆扩张排

① Alexander Deconde ed., *Encyclopedia of American Foreign Policy*, p. 527.

② Alexander Deconde ed., *Encyclopedia of American Foreign Policy*, p. 528.

③ Albert K. Weinberg, *Manifest Destiny: A Study of Nationalist Expansionism in American History*, Baltimore: The Johns Hopkins Press, 1935, p. 31.

④ Alexander Deconde ed., *Encyclopedia of American Foreign Policy*, p. 528.

⑤ Alexander Deconde ed., *Encyclopedia of American Foreign Policy*, p. 529.

⑥ Alexander Deconde ed., *Encyclopedia of American Foreign Policy*, p. 529.

除在外"。①1839年11月号《民主评论》刊载的一篇以《未来的伟大国家》为题的文章,已经大体上勾画出天定命运说的轮廓,但还未使用这个名词。文章指出:"影响深远的和不可限量的未来将是美国的辉煌时代,这个民族的国家以其拥有的巨大的空间和时间,注定要向人类显示神圣原则的优越性。"②

天定命运说本来是在兼并得克萨斯的过程中提出来的,其目的是反驳欧洲的指责,但很快就被用于为美国所有的兼并、扩张行为辩解。奥沙利文本人在1845年12月27日为《纽约早晨新闻》撰写的社论中,再次使用"天定命运"这个名词说明俄勒冈的大部分土地应当归属美国。他还声称,加利福尼亚有美国移民,"所以我们坚决主张立即取得加利福尼亚"③。正如《美国历史词典》所指出的:"虽然这篇文章是具体针对占领得克萨斯的,但那句话很快被当时的扩张主义者抓住,并且运用于同不列颠的俄勒冈争端和1846—1848年对墨西哥战争结束后占领土地的要求中。这句话还用于下一个十年占领古巴的要求中。"④

在解决俄勒冈争端的过程中,美国政府的决策人在采取什么方式上有两种不同的主张。辉格党人、南部和东部的民主党人都主张自然兼并,即通过向俄勒冈移民,逐步控制这个地区,并使之自动要求并入联邦。这种主张的代表人物约翰·卡尔霍恩于1843年1月24日在联邦国会发言,强调:"这里只有一种解决争端的手段,幸好它是最强有力的手段,那就是时间。时间对我们有利,如果我们明智地听其运转,它将以不可抗拒的力量维护和保持我们的权益而不需要付出一分钱和一滴血的代价。在政府事务中,常常是不采取行动比采取行动更为有效,更为明智。在这个事件上,我们需要用以实现我们目标的全部措施就是明智

---

① Alexander Deconde ed., *Encyclopedia of American Foreign Policy*, p. 530.

② Alexander Deconde ed., *Encyclopedia of American Foreign Policy*, p. 530.

③ *New York Morning News*, May 18, 1846.

④ Harold W. Chase et al., *Dictionary of American History*, Vol. 4, Nre York: Charles Scrib - ner's Sons, 1976, p. 259.

的、巧妙的等待。我们的人口正以比我们所想象到的更大的冲击力涌向太平洋海岸。"①

西部民主党人则采取强硬态度,主张尽快向英国政府摊牌,必要时可以冒战争危险,用武力占领俄勒冈。这种观点的代表人物是波尔克总统和奥沙利文。奥沙利文主张美国应当明确无误地表明自己拥有俄勒冈地区的权利,并对美国政府迟迟不采取果断行动表示不满。他公开表示:"天定命运的权力要求我们为进行自由的伟大实验和联合自治政府的发展,而开拓和占有上帝赋予我们的整个大陆。这就是我们的要求。"②奥沙利文的主张对波尔克总统的扩张主义政策是一个有力的支持。波尔克总统在就职演说中露骨地表示:"我将以符合宪法的方法,坚持并维护美国对落基山脉以西这一部分的领土权,这同样将是我应尽的义务。我们对俄勒冈的主权是'明确而不容置疑的'。"③随后,波尔克总统又在1845年底致国会的咨文中,提出以北纬54°40′为分界线的强硬要求。在扩张主义者的鼓噪和煽动下,"54°40′,否则就是战争"的口号甚嚣尘上。只是由于美墨战争已迫在眉睫,美国政府才不得不同英国政府进行谈判以解决俄勒冈争端。1846年6月,双方达成协议,以北纬49°作为界线,以南的俄勒冈地区划归美国。1859年,这个地区作为美国的第三十二个州加入联邦,称俄勒冈州。

如果说美国兼并得克萨斯和俄勒冈没有诉诸武力,那么在夺取加利福尼亚和新墨西哥的时候,美国发动了不光彩的侵略战争。

美国政府对加利福尼亚早有野心。还在19世纪30年代,杰克逊总统就曾授命美国驻墨西哥代表安东尼·巴特勒同墨西哥政府谈判割让北纬37°以北的加利福尼亚地区问题。1836年圣辛哈托战役后,又提出以350万美元购买北纬38°线以北的加利福尼亚地区。与此同时,美国政

---

① Frederick Merk, *Manifest Destiny and Mission in American History*, p. 64.

② Albert K. Weinberg, *Manifest Destiny*, pp. 144–145.

③ 王建华等编译:《美国历届总统就职演说精选》,江西人民出版社,1989年,第108页。

府一直屯兵边境对墨西哥的加利福尼亚虎视眈眈。1842年，美国海军军官托马斯·A.C.琼斯误以为两国已经开战，带领舰队攻占加利福尼亚的蒙特雷，并宣布兼并加利福尼亚。但当他发现两国并未处于交战状态后，不得不向墨西哥政府道歉，并于一个月后撤出蒙特雷。不过，这种误会绝非偶然，实际上是美国侵略墨西哥战争的一次预演。

墨西哥政府对美国的侵略活动一直存有戒心，在波尔克总统就职后不久就对美国兼并得克萨斯提出了抗议，并宣布同美国断绝外交关系。1845年6月24日，海军部向太平洋防区司令斯洛特海军准将下令，要求他只要"确悉"墨西哥已向美国宣战，立即攻占旧金山。7月，波尔克总统又命令扎卡里·泰勒将军率军进驻努埃塞斯河岸，戍守得克萨斯西南边界。波尔克总统打算以武力做后盾，迫使墨西哥政府割让加利福尼亚。当年11月10日，他派遣约翰·斯利德尔作为全权公使赴墨西哥谈判，迫使墨西哥割让里奥格兰德河以东的土地以抵偿美国对债款的要求，并以500万美元的价格割让新墨西哥。但墨西哥政府拒绝接待斯利德尔，谈判没有举行。于是波尔克总统于1845年1月13日命令泰勒将军率部占领里奥格兰德河以东的地区，对格兰德河实行封锁。由于墨西哥政府对美国的侵略行动没有做出及时的反应，战争被延缓了一段时间。

1846年4月25日，墨西哥的一小队骑兵跨过了里奥格兰德河，同泰勒的骑兵遭遇，双方交火。这个事件就成了美国对墨西哥宣战的借口。

1846年5月11日，波尔克总统的咨文同军事委员会准备的战争法案同时提交国会审议。波尔克总统利用双方骑兵交火事件，在咨文中提出了对墨西哥作战的要求。他写道："墨西哥政府……在长期的一系列的威胁之后，最终侵入我国领土，使我国公民的鲜血流淌在我们的土地上。它宣布敌对行动已经开始，两国处于战争状态……为进一步维护我们的权益，保卫我们的领土，我请求国会采取紧急行动，确认战争的存在,授权以全力使用进行战争的一切手段,从而加速和平的恢复。"①波尔克要求开战的理由是完全站不住脚的。说墨西哥威胁美国,简直是天方夜谭。墨西哥骑兵虽然越过了里奥格兰德河,但那里本来就是墨西哥的土地,是美国军队侵占了这个地区,而不是墨西哥军入侵美国。美国国会两院的议员对此是十分清楚的,但他们当中的大多数人出于扩张领土的考虑,毫不犹豫地支持波尔克的主张。表决结果,众议院以174票赞成,14票反对,35票弃权通过了战争法案。②在参议院,战争法案也以40票对2票的多数获得通过。不过,在众议院中的弃权票竟有35票之多,这在美国国会历史上是不多见的。在投弃权票的议员中有不少人是不满意美国政府的侵略扩张政策的,在投赞成票的议员中有人只是支持保卫国土,而不支持侵略墨西哥。波尔克总统在他的日记中曾有这样的记载:他发现参议员本顿看了他的咨文以后"并不赞成咨文的所有内容。他愿意支持派兵和拨款防御我们的领土,但不准备支持进行侵略墨西哥的战争"③。

战争法案通过以后,美国朝野上下仍然可以听到反战的呼声。1846年5月12日,著名记者霍勒斯·格里利在《纽约论坛报》上发表题为《我们的国家:正确还是错误》的文章,激烈地抨击了美国政府的政策。他呼吁说:"美国的人民,你们的领导人正在把你们推向罪恶和灾难的深渊……觉醒吧,在还来得及保护你们的灵魂不陷入大规模屠杀罪恶中的时候,阻止这场屠杀吧!"④1847年4月26日,马萨诸塞议会还通过决议反对侵略墨西哥战争,谴责这场战争是"反对自由、反对人类、反对正义、反

① James D. Richardson, *A Compilation of the Messages and Papers of the Presidents*, Vol. 3, New York: Bureau of National Literature Inc., 1891, pp. 1292–1293.

② Frederick Merk, *Manifest Destiny and Mission in American History*, p. 64.

③ Jim McClellan, *Historical Moments: Changing Interpretations of America's Past*, Vol. 1, Guilford: Dushkin Publishing Group, 1994, p. 247.

④ Jim McClellan, *Historical Moments*, p. 249.

对联邦……和反对自由诸州的战争"①。但可惜的是这种正义的呼声被淹没在扩张主义的叫嚣中显得软弱无力。战争刚一结束美国的舆论界就公开为这场战争辩护,并为美国军队在战争中获胜感到骄傲,以后这场侵略战争一直成为美国某些学者津津乐道的话题。例如,约翰·弗罗斯特在《墨西哥战争和战争中的将士们》一书中,就对这场战争赞不绝口。他详细地记述了每一次战役,并在书中为"杰出的"军官们立小传,撰写有关他们的轶闻。作者在书中还骄傲地总结说:"欧洲长期以来把我们当作纯粹爱好商务和企业的国家",但是"墨西哥战争使这个幻想破灭了,并且使骄傲的欧洲得到教训,这一教训将长期留在参加战争会议的每一个人的记忆中……墨西哥战争是历史上罕有匹敌的事件"②。在战争的当代人中,内森·科温顿·布鲁克斯在他的《墨西哥战争全史》一书中称赞这次战争不仅扩大了美国的疆土,而且提高了美国的声誉。他写道:"它使我们国家跻身于世界各国的前列。"③

美墨战争是一次典型的大国侵略小国、强国侵略弱国的战争。美国军队所攻打的是一个缺乏自卫能力的刚刚取得独立的国家。当时墨西哥的经济和军事力量都十分薄弱,在政治上还处于混乱状态。它在加利福尼亚和北部其他地区的驻军人数既少,武器装备又差,无力保卫这片辽阔的国土。1846年6月10日,几十名美国人在加利福尼亚的梭诺马起事,15日就打出了白色的熊旗,宣布加利福尼亚共和国成立。探险家弗里蒙特带领的134名非正规武装人员也加入了驱赶墨西哥人的角逐。7月,美国海军派兵攻占蒙特雷和旧金山,同探险队会合,占领了整个上加利福尼亚。

扎卡里·泰勒将军率领的主力军更是所向披靡,很快就占领了马塔

① Jim McClellan, *Historical Moments*, p. 251.

② John Frost, *The Mexican War and Its Warriors*, New Haven: H. Mansfiels, 1950, pp. 331-332.

③ Nathan C. Brooks, *A Complete History of the Mexican War: Its Causes, Conduct and Consequences*, Philadelphia: Grigg, Elliot & Co., 1849, pp. 538-539.

莫雷斯和布埃纳维斯塔。攻占墨西哥城指日可待。但是,波尔克总统出于政治上的考虑,并不希望泰勒将军独占头功,又派遣温菲尔德·斯科特将军率舰队从海上进攻墨西哥。1847年9月7日,斯科特将军的军队攻占墨西哥城。墨西哥政府被迫求和,并于1848年2月2日同美国签订《瓜达卢佩伊达尔戈条约》。美国从墨西哥政府手中夺取了52.9万平方英里的土地,相当于墨西哥55%的领土,而只付给墨西哥1500万美元作为补偿。

无论从墨西哥战争的起因还是从战争的结果来看,这场战争就是掠夺土地的侵略战争。无论美国政府编造什么理由和借口都掩盖不了这场战争的实质。天定命运说也只能在短时间内煽动扩张主义情绪,混淆视听。随着时间的推移,战争的实质越来越清楚地为人们所认识,社会舆论开始谴责战争的发动者。在美国史学界也出现了许多对美国政府在战前和战争中的所作所为持批评态度的著作。归纳起来主要有三方面的意见:

一种意见认为,南部的奴隶制是引起这次战争的罪魁祸首。早在1850年埃比尔·阿传特·利弗莫尔在《墨西哥战争评议》一书中指出:"如果不是由于奴隶制,得克萨斯绝不会被征服和被占领……而如果不是由于占领得克萨斯,就不会对墨西哥的土地有更多的要求。"[①]他还指出:"明确和直接的结论是,奴隶制和对墨西哥战争在原因和结果方面都有联系。"[②]

第二种意见认为,商人和制造业主渴望扩展市场是导致美墨战争的主要原因。例如,米尔顿·梅尔策在书中写道:"对于商人和制造业主来说,边界扩展的前景意味着有许多他们的商品和劳务的新市场。"[③]又例

---

① Abiel Abbot Livermore, *The War with Mexico Reviewed*, Boston: Awerican Peace Society, *1850*, pp. 180–181.

② Abiel Abbot Livermore, *The War with Mexico Reviewed*, p. 15.

③ Milton Meltzer, *Bound for the Rio Grande: The Mexican Struggle, 1845–1850*, New York: Knopf, 1974, p. 41.

如诺曼·格雷布勒认为,推动美国向西扩张的主要原因是太平洋沿岸港口的巨大诱惑力,西进的目的就是"追求商业帝国"[①]。

第三种意见认为,美国墨西哥战争绝不是一次偶然事件,而是美国政府奉行扩张主义政策的必然结果。波尔克总统对这次战争的爆发负有直接的责任。随着时间的推移,持这种观点的人越来越多,甚至连曾经为美国政府辩解的学者也不得不承认这个事实。例如贾斯廷·S.史密斯曾经认为,1835年墨西哥政府未经审讯就处死22名美国公民,1840年4月墨西哥上加利福尼亚总督又突然拘捕美国和平居民并没收其财产等行为都是导致战争的原因,但他最后还是得出结论,承认"扩张联邦的愿望无疑是一个因素"。当"我们现在来考察政府态度的时候,立刻就发现波尔克处心积虑地要攻打墨西哥,并为了取得人们的认可而制造种种理由"。[②]

毫无疑问,上述三种意见都是有根据的,不过各有不同的侧重面。如果加以综合就可以更清楚、更全面地看出美国的扩张主义政策的实质。种种战争借口和天定命运说都可以不攻自破。美国学者奥蒂斯·辛格尔特里就曾直截了当地指出:天定命运说是一种"傲慢的扩张主义",也是一种"疾病"。查尔斯·L.达弗尔则认为,天定命运说是"一种纯粹的、单一的土地掠夺计划"[③]。

作为一种土地扩张的舆论准备,天定命运说只不过在某一个历史时期起作用,因为就美国来说,土地扩张毕竟是有极限的,主要是19世纪的历史现象。因此在进入20世纪以后,"天定命运"这个名词已经消失。然而天定命运说的内容却远远超出了土地扩张的范围,还涉及政治制度、价值观念和宗教信仰的扩张,这些内容恰恰是它的更为重要的核心

① Norman A. Graebner, *Empire of the Pacific: A Study in American Continental Expansion*, New York: Ronal Press, 1955, p. 3.

② Justin Smith, *The War With Mexico*, Vol. 1, Eloucester: Peter Smith, 1963, p. 123, 127.

③ Otis A. Singletary, *The Mexican War*, Chicago: University of Chicago Press, 1960, p. 20, 290.

思想。尽管"天定命运"这个名词不再使用,但其影响却是十分深远的。天定命运的核心思想——传播美国制度的神圣使命——在20世纪又以多种形式出现:加勒比地区的"传教士外交";第一次世界大战中为"创立民主制度的世界安全体系"的远征;第二次世界大战和冷战中的反法西斯主义和反共产主义;今天的先发制人、强加于人的战略。这一切都使世界和平受到严重威胁,国际形势趋于极度紧张。

然而,应当指出的是,对于广大美国人民来说,为自己的民主制度感到骄傲,并努力加以发扬光大,这是无可厚非的,应当受到人们的尊重。不可否认,美国政府和人民在捍卫民主、自由,反对法西斯战争中曾经做出过重大贡献,并且在当今的世界事务中起着举足轻重的作用。但是,如果超过这个限度,把美国的民主制度说成是放之四海而皆准的唯一正确的政治制度,并力图强加给其他国家,那就陷入了天定命运说的泥潭,染上了浓厚的种族主义的色彩。

五、阿拉斯加购买和其他的领土扩张

《瓜达卢佩伊达尔戈条约》没有满足美国对现今的亚利桑那州南端希拉河流域的土地要求。波尔克总统很想得到这个地区。他在和谈的最后时刻指示美国的和谈代表特里斯特尽可能说服墨西哥方面把这个地区包括在割让给美国的土地以内,但遭到墨西哥方面的拒绝。这个问题只好暂时搁置下来。1853年3月,国会授权陆军部勘测南部通往太平洋沿岸的铁路线。初步勘测表明,最佳的线路要穿越希拉河以南的墨西哥领土,其面积约为13万平方公里。在这里,纵贯南北的落基山脉降低了自己的高度,形成了许多比较平坦容易翻越的山口,铁路线经过这里可以省去大量的工程。于是获取这块土地的问题又重新提上议事日程。波尔克总统命令美国驻墨西哥公使詹姆斯·加兹登同墨西哥政府谈判。加兹登采取威逼利诱的手段,迫使墨西哥政府于1851年12月30日签订《加兹登条约》。美国以1000万美元购买了这片土地,史称加兹登购买。

至此,美国西南部的领土扩张宣告完成。

在北部,美国除了同英国达成妥协解决了俄勒冈争端以外,还同英国政府通过协商于1842年8月9日签订了《韦伯斯特-阿什伯顿条约》,划定了缅因和加拿大新布伦瑞克的边界。这里的边界争执已有六十年之久。1783年美国签订合约时,只注明这里应以"使注入圣劳伦斯河之各水流与注入大西洋各水流相分隔的高地"为界。美英双方对此各有不同解释,并且各执一词,互不相让,不时发生边界冲突。1838年,在阿鲁斯图克河畔发生了一场小规模的战争,几乎酿成大祸,幸好双方都采取了克制态度,很快又回到谈判桌上来。1842年初,阿什伯顿勋爵奉命出使华盛顿,并同丹尼尔·韦伯斯特举行会谈。《韦伯斯特-阿什伯顿条约》就是这次谈判的结果。根据条约,英方得到有争议地区的5/12的土地,美方得到7/12。结果使得合众国除占有的有争议地区的土地以外,还多得5000平方英里。

在天定命运说的影响下,美国在北美大陆的土地扩张基本完成以后,很快就把目光投向中美洲和太平洋。这一时期扩张主义思想的代表人物当推国务卿威廉·西沃德。他原本是北美大陆扩张的积极拥护者,曾梦想建立一个以墨西哥城为首都的,包括中美洲在内的北美大陆帝国,随后又进一步主张把美国建成一个开放的海洋商业帝国。

早在19世纪40年代,美国扩张主义者就企图在巴拿马地峡或尼加拉瓜取得开凿运河的权利,以便打通和控制大西洋和太平洋的水上通道。1846年,美国政府与新格拉纳达(今哥伦比亚)签订条约,获得在巴拿马地峡修筑公路、铁路或开凿运河的权利。1855年,由美国资本修筑的横贯巴拿马地峡的铁路落成,美国完全控制了这个地峡的陆上通道,但是在夺取对尼加拉瓜地峡的控制权时同英国发生了严重的争执。经过交涉和谈判以后双方才于1850年4月15日签订了《克莱顿-布尔沃条约》,对尼加拉瓜地峡实行两国共同控制,双方保证不得对拟议中的运河取得任何排他性的控制权。

在美国扩张主义者的眼中,古巴岛早应归入合众国的版图。波尔克总统在任内就曾经向西班牙政府建议,以1亿美元购买古巴,但遭到了西班牙政府的拒绝。随后美国扩张主义者又利用流亡在美国的西班牙的亡命徒洛佩斯拼凑雇佣军,对古巴举行三次军事入侵,但均告失败。

1854年2月,美国商船"黑战士号"因所装载货物与货单不符在古巴被西班牙当局扣留事件,给美国会中的扩张主义分子提供了军事占领古巴的借口。陆军部长杰斐逊·戴维斯也主张向西班牙开战,并敦促皮尔斯总统采取行动。幸亏国务卿马西出面阻止,这个事件才以西班牙政府向美国道歉而宣告了结,但扩张主义分子并不甘心。事后,美国驻法国、英国和西班牙的三位大使还在比利时的奥斯坦德会面磋商,并向国务卿发出一封共同的秘密建议书,史称《奥斯坦德宣言》。宣言要求美国政府说服西班牙将古巴卖给美国,如果遭到拒绝就用武力夺取这个岛屿。由于这是一封秘密建议书,三个起草人使用的词句没有经过精心的掩饰,所以扩张主义的蛮横态度跃然纸上。在此建议书被《纽约先驱报》披露以后,美国国内和国际上的舆论大哗,美国的形象也大受损害。

西沃德接任国务卿后更是野心勃勃,把扩张目标定在亚太地区。但是,在他的任期内美国发生了内战,内战后国力一时难以恢复,海军力量尤其薄弱,没有足够的实力来实现西沃德的海外扩张目标。不过,他还是完成了三件大事,那就是阿拉斯加购买、占领中途岛和同中国签订《蒲安臣条约》。

阿拉斯加是北美洲东北顶端的一个地区。那里气候恶劣,终年积雪,虽然有丰富的资源,但在科学技术还不够发达的19世纪却被视为荒凉透顶的不毛之地。不过,那时人们已经发现这个地区具有十分重要的战略地位。阿拉斯加与亚洲之间只有一个狭窄的白令海峡相隔,是北美洲通向远东的最近的立脚点。阿拉斯加原来是沙皇俄国在北美的殖民地,由沙皇政府属下的俄美殖民公司负责经营管理。拿破仑被欧洲联军打败以后,沙皇俄国成为神圣同盟的重要支柱。亚历山大野心勃勃,于1821年9月降旨,要把阿拉斯加殖民地的疆域扩大到北纬51°,楔入英美正在争夺的俄勒冈地区,并宣布从那里到白令海峡的水域为沙皇俄国的内海。沙皇的这一行动引起了美国的不安。1823年7月11日,亚当斯向俄国公使说明,美国不允许欧洲列强继续在美洲殖民,将对他们采取关门政策。1823年12月2日,门罗在年度咨文中进一步表达了把欧洲列强拒于美洲之外的思想,形成了"门罗主义"。

然而,沙俄向美洲扩张的野心不但没有实现,而且随着时间的推移和形势的变化,不得不考虑放弃阿拉斯加并从美洲撤出的方案。这是因为俄美殖民公司经营不善,负债累累,成为俄国政府的沉重负担。同时,英俄关系趋于紧张,特别是在克里米亚战争爆发后,沙俄担心自己的海军无力同英国的强大舰队抗衡,很难保住阿拉斯加这块殖民地,与其让英国夺走,还不如卖给美国。这样,既可以得到一笔可观的收入,又可以改善同美国的关系。1860年,沙皇政府授意驻美公使斯托克尔通过美国参议员格温打听向美国出售阿拉斯加的可能性。布坎南总统很快做出积极反应,表示愿意为购买阿拉斯加出价800万美元,并指令格温与斯托克尔会谈。但由于内战爆发在即,谈判不得不中止。

内战结束后,由于美国的军事力量有限,西沃德雄心勃勃的海上扩张政策受到很大的限制。1867年3月29日夜间,斯托克尔造访西沃德,告诉他沙皇已经同意向美国出售阿拉斯加。西沃德闻讯狂喜,迫不及待地要求当夜就签约。于是两人立即召集各自的秘书班子,深夜赶到国务院起草协议。第二天凌晨4时,俄美正式签约,俄国以720万美元的价格将阿拉斯加和阿留申群岛卖给美国。

阿拉斯加购买是西沃德在国务卿任内完成的一项最有价值、最有远见的买卖,而且是在双方自愿的原则下完成的,其意义对美国日后的发展是十分深远的。但是,在国会中也有不少人反对这次购买。有人认为:"阿拉斯加及阿留申群岛是一个荒凉的、气候恶劣的、被上帝遗弃的地区,简直一文不值,作为一块殖民地,对美国来说是一个绝对的损害和累赘。"①还有人把这次购买讥讽为"西沃德的冰箱""约翰逊的北极熊公

---

① Alexander Deconde ed., *Encyclopedia of American Foreign Policy*, p. 250.

园"。不过,在今天来看,阿拉斯加对美国的重要意义是任何人都不会怀疑的了。

西沃德完成的第二件事情就是1867年8月对夏威夷以西1200英里的中途岛实行军事占领。这虽然是一个微不足道的小岛,但其战略意义却是非常明显的,是美国通向远东的中间站,后来成为美国太平洋舰队的重要基地之一。在第二次世界大战中,美国海军曾在这里重创日本主力舰队,使日本海军一蹶不振。

1868年7月28日,美国国务卿西华德同"大清国钦差大臣"蒲安臣签订的《中美天津条约续增条约》(又称《蒲安臣条约》)。这个条约并不涉及割让土地的问题,从表面上看是要保证中国的领土完整,美国所要求的只是贸易机会均等、中美两国相互向对方开放、互设领事和互派留学生等。实际上,这是美国在当时形势下所采取的一种向远东扩张的外交策略。在列强瓜分中国,在中国争夺势力范围的角逐中,美国是迟到者。它要想争得一席之地就必须反对列强的势力范围,要求机会均等。所以它主张保证中国领土完整是为了实现自己的目的,不过在客观上对遏制列强瓜分中国起到了微妙的作用,因而也博得了当时不少中国人的好感。

不过,总的来说,19世纪中期美国的国力和军事力量都十分有限,还不具备向海外扩张的条件。虽然佩里带领舰队打开了日本的国门,在中国通过签订《望厦条约》和不断要求修订该条约获得好处,并签订了《天津条约》,但都不是大规模的持续不断的扩张。美国真正的海外扩张是在19世纪末,美西战争以后。

第五章　西进中的印第安人问题

一、土地是印第安人问题的根源

北美洲不是人类的发源地，没有真正的土著人，最早到北美定居的是印第安人。尽管他们也是从别的地方移居到这里的，但已经在这里建立了自己的家园，世代相传，居住了几千年，甚至几万年，也可以说是北美洲的土著人。第一批英国移民在詹姆斯河口登陆的时候，居住在现今美国境内的印第安人人数虽然不多，但除去沙漠和少数无人区外，几乎在这里的每一个角落都分布着印第安人的部落。每个部落的人数虽然有限，但所占有的土地面积却大得惊人，其中以游猎为生的部落所占有的土地更多，一个游猎部落往往拥有上千平方英里的土地。各部落之间虽然没有划定明确的边界，但都有一条大家默认的界线。如果超越这条界线，就可能引发部落间的冲突和战争。可见北美洲，包括美国在内并没有随意任人占用的无主的土地。任何人要取得那里的每一寸土地，都必须取得当地的印第安人部落的允许。

英国移民从在詹姆斯敦上岸的那一天起，就需要寻找一块落脚的地皮。那一带土地属于阿尔冈钦人最大的部落联盟波瓦坦。联盟的首脑波瓦坦下有三十多个部落酋长，管辖着1万多印第安人和5000平方英里土地。区区一百多移民绝不是波瓦坦的对手，如果波瓦坦不允许这批移民在他的土地上停留，马上就可以把他们赶回大海。幸好波瓦坦友善地接待了他们，不仅给他们安居的土地，而且用粮食接济他们，让他们度过了寒冬的饥荒。这是欧洲移民在现今美国境内取得的第一块土地，而且这一次是用和平的方式从印第安人手里取得的。

英国移民在立足未稳的时候不得不仰仗波瓦坦的帮助和保护,虽然企图获得更多的土地,但还不敢采取行动,暂时还能相安无事。英王詹姆斯也不相信移民武装的力量,曾经试图利用波瓦坦的强大势力来控制弗吉尼亚境内的印第安部落。1608年,詹姆斯敕封波瓦坦为国王,并派遣纽波特队长携带礼物和敕令到弗吉尼亚为波瓦坦加冕。

1609年,英国殖民者站稳脚跟以后,立即企图用武力夺取印第安人的土地来扩大殖民地。由史密斯指挥的武装力量兵分两路攻打波瓦坦村和南西蒙德。他们攻占了这两个地方,并要求波瓦坦把三百多英亩耕地和一百多平方英里的猎场划归英国殖民者。但在波瓦坦部落的大举反攻下,他们不得不把残兵败将撤回詹姆斯敦。这是英殖民者第一次用武力夺取印第安人土地的尝试,但遭到了失败。

1644年,英殖民者重开战端,以优势的兵力摧毁了弗吉尼亚境内最大的阿尔冈钦人部落联盟,许多部落都被迫从詹姆斯河和约克河之间的欧洲殖民者土地上撤走。只有少数部落留在那里,受弗吉尼亚殖民当局管辖。这样就开始了用武力夺取印第安人土地的进程,从而激化了双方的矛盾。

英属其他北美殖民地的建立和扩展也都是在夺取当地印第安人土地的基础上进行的。如果没有取得这些土地,英属北美十三个殖民地是不可能存在和发展的。所以从殖民地时期开始,美国人所谓的印第安问题都是由争夺土地引起的。独立战争结束后,根据巴黎和约,英国把阿巴拉契亚山以西、密西西比河以东的土地划归美国。这一大片土地同样是印第安人繁衍生息的地方,美国人要开辟这些地方就必然首先要夺取印第安人的家园,从而造成种种问题,甚至诉诸武力,引发流血冲突和战争。西进运动开始后这种冲突日益频繁,成为运动的一个重要内容。

一方面要不断夺取印第安人的土地,另一方面又要把引起冲突的责任推卸到印第安人身上,这就使北美十三个殖民地当局和后来的美国政府陷于自我矛盾之中不能自圆其说。他们不得不制造种种荒谬的谣言来污蔑印第安人。说他们是"野蛮人",是阻止文明进程的"障碍",甚至把他们同野兽、险恶的丛林一样看待,当成西进中的危险因素而必须加以清除。

西进运动开始后大批移民涌向西部,掀起了从东到西夺取印第安人土地的浪潮。美国政府采取欺骗、强迫的手段同印第安人签订了一个又一个割地协定,往往是数十万平方英里土地只给予极少的"补偿",或者完全不给任何补偿。在协定上签字的印第安人并不能代表多数人的意愿,甚至根本没有得到部落的授权,而且有不少部落并未参加有关的谈判,对于协定完全不知情。因此协定签署后总是遇到印第安人的抵制,被划割地区内的部落也奋起抵抗外来者的进入。于是印第安人就被指责为"背信弃义者"和"杀人凶魔",印第安人问题在西进运动整个过程中也成为无所不在的阴影。其实这个问题的制造者不是别人,正是美国人自己。

实事求是地说,欧洲移民同印第安人争夺土地是不可避免的。只要移民企图扩大自己的地盘就要进行掠夺,就要向印第安人动武。在资本主义条件下,要求他们不搞种族主义,不搞以强凌弱,平等对待印第安人是完全不可能的。

其实种族主义、以强凌弱不只是伤害了印第安人,也毒化了美国社会,造成了严重的民族问题。随着时间的推移,越来越多的美国人认识到这个问题的危害性和严重性,纷纷起来批评美国政府曾经采取的错误政策和暴行,并为此感到羞愧和耻辱。

回过头来评论美国政府当时的所作所为,用任何严厉的词句加以指责都不算过分。然而历史是无情的、不可逆转的。为印第安人讨公道绝非恢复原状,更不是以牙还牙。当务之急是要消除白人的偏见,把长期被毒化的美国社会舆论所颠倒的事实颠倒过来,关注印第安人争取平等地位的要求和斗争。

二、谁是北美大陆的真正主人

在北美洲,包括美国现今的国土在内的土地上,欧洲人到来以前,当地的土著人——印第安人已经繁衍生息了好几千年。按理说,他们应当是北美大陆的真正主人。但是,在欧洲移民踏上北美大陆的土地以后,又重新提出了土地的归属问题。他们完全无视印第安人的存在,认为这个新大陆是上帝赐给欧洲移民的无主的"自由土地"。例如,弗吉尼亚殖民地的创建人约翰·史密斯在登上北美大陆后十分兴奋地说:"天时地利,已造成一个最好的地方,给人居住。"[①]一直到19世纪末,美国边疆学派的创始人弗雷德里克·杰克逊·特纳还认为印第安人聚居的广大西部是无主的"自由土地"。他有一句名言:"一个自由土地区域的存在及其不断的退缩,以及美国向西的拓殖,就可以说明美国的发展。"[②]后来,印第安裔学者詹尼特·亨利曾对特纳的这种观点进行尖锐的批评。他认为,特纳把印第安人的土地说成是"自由土地""未被占有的土地",又说"印第安人是共同的危险,需要采取联合行动去对付",显然是"牺牲土著人利益的帝国主义扩张哲学"。[③]

也有人用低估北美印第安人人数的办法来证明北美大陆的许多地区是人迹罕至的荒野,那里没有什么主人,捷足者就可以先得之。在过去相当长一段时间里,对北美印第安人人数的估计远远低于实际数字。詹姆斯·穆尼于1928年发表的统计数字恐怕要算是最早的了。按照他的计算,在墨西哥以北,包括格陵兰在内的地区一共有115.3万印第安人,在美国境内近100万人。差不多在同一时期,威廉·麦克里德发表的

---

① 美国大使馆文化处编译:《美国地理简介》,第2页。

② Frederick Jackson Turner, *The Frontier in American History*, p. 1.

③ Rupert Costo et al. ed., *Indian Voices*, p. 109.

统计数字是300万人。①穆尼的统计数字曾被广泛采用，直到50年代和60年代，一般的教科书中都在采用这个数字，不过已经有人提出质疑。1966年，亨利·F.多宾斯采用所谓的新半球统计法，推定当时墨西哥以北的印第安人约有900万—1225万人。②如果采用这个统计数字，那么当时在美国境内的印第安人就远远超过了100万人。

诚然，就这块广袤的土地来说，就算是有1000万以上的人口，那也是十分稀少的，应当有大量的荒无人烟的土地。但如果我们考察一下印第安人使用和占有土地的情况，就可以发现这无边无际的丛林和荒原并非无主的土地。一般的印第安部落不仅需要相当数量的玉米地和南瓜地，而且拥有广阔的猎场，所以一个小部落所占有的土地往往相当于一个小国。就美国领土上印第安部落分布的情况来看，确实很难找出没有印第安人足迹的无主的"自由土地"。

根据自然条件的差异，现今美国疆土的北美大陆部分（不包括阿拉斯加）可以分为七个地区。在这七个地区里居住着不同的印第安部族和部落。

（一）密西西比河以东地区。在这个地区居住着几支庞大的印第安部族，分布在北起魁北克、南至两卡罗来纳、西至草原地带、东至缅因这一广大地区的是易洛魁人。易洛魁是一个庞大的部落联盟，其中包括莫霍克、奥奈达、奥农多加、卡尤加和塞尼卡五个部落群，后来又有塔斯卡罗拉诸部落加入。联盟的议事中心——大会议设在奥农多加谷地。平时，各部落的酋长独立地处理各自部落的事务，只是在处理共同的对外事务时，各部落酋长才在大会议厅共同议事，商量对策。

阿尔冈钦人是另外一个大部族，居住在北起哈得孙湾、南至两卡罗

① William W. Newcomb, Jr., *North American Indian: An Anthropological Perspective*, Pacific Palisades: Goodyear Publishing Co., 1974, p. 15.

② H. F. Dobyns, "Estimating Aboriginal American Population: An Appraisal of Techniques with a New Hemispheric Estimate", *Current Anthropology*, Vol. 7, p. 412.

莱纳、东起大西洋、西迄密西西比河的地区,在有些地方与易洛魁人为邻。仅在大西洋沿岸的部族就有十几个之多,其中有阿布奈基、索科基、彭纳库克、马萨诸塞、万帕诺亚格、诺塞特、尼普马克、纳纳甘西特、佩科特、奈安蒂克、马特贝塞克、霍托莫克、怀恩托诺克、马西干、沃华平、梅多亚克、埃索珀斯、未尼库克、特拉华、波托马克、波瓦坦等。

在东南部地区居住着五大文明部落。他们是克里克人、切罗基人、查克塔人、齐克索人和塞米诺尔人。此外,在休伦湖、伊利湖和安大略湖沿湖地带还住着休伦部族。

(二)草原地区。在这个地区居住的印第安人大体上分布在密苏里河流域和靠近密西西比河两岸的地带。其中有曼丹人、阿里卡拉人、扬克顿苏族人、波利人、艾奥瓦人、密苏里人、堪萨斯人、欧塞奇人和卡多人。他们大多以农耕、狩猎为生,是半定居的部落。

(三)大平原和落基山东麓地区,这里居住着以游猎为生的印第安部落,他们随野牛的迁徙而迁徙。17世纪,西班牙的马匹传入这些部落后,他们的生活发生了很大的变化,成为大平原和落基山地区新的富有者,人们称之为"骑马的印第安人"。其中的主要部落有:布莱克福特、蒂顿苏族、克罗、切尼、阿拉珀霍、科曼奇、凯厄瓦、肖肖尼、尤特等。

(四)西南部地区。这个地区为普依布罗人、阿科马人、泽尼和霍皮人所占据。他们是村居部落,以农耕为主,狩猎为辅。普依布罗人居住在里奥格兰德河流域的二十五个村子里,其余的部落居住在更靠西部的地区,分布在希拉河和科罗拉多河支流沿岸。他们善于利用河水,兴修小水坝灌溉土地。在他们周围居住着纳瓦霍、阿伯奇等游猎部落。

(五)西北部地区。这里的印第安人主要居住在哥伦比亚河大盆地内,以捕鱼为生,善于制造柏木舟,用以在主要河流航行,有时甚至用以出海追捕鲸鱼。主要部落有:奇努克、韦纳奇、迪拉穆克、斯波坎、尤马蒂拉、亚基马和斯诺霍米什等。

(六)大盆地和北部高地。在大盆地中居住着印第安人中最贫穷、最落后的部落,他们以采集草籽、草根、捕捉蝗虫、其他昆虫、蛇和兔子为生。他们是皮尤特人、尤特人的分支和肖肖尼人。居住在北部高地的印第安部落有亚基马、科达伦、内兹珀斯，弗拉德黑特等，他们以渔猎和采集浆果为生。

（七）加利福尼亚地区。居住在这里的部落有：尤基、帕母、米沃克、帕拉明特、图拉斯等。他们也是印第安人当中比较贫穷和落后的部落。

从上述情况可以看到，在欧洲移民到达北美大陆以前，在现今美国的国土上到处都有印第安人的足迹，并没有什么无人居住的"自由土地"等待着移民去占有。后来发生的西进运动和开发西部土地都是以强占印第安人的土地为前提的。《侵略美洲：印第安人、殖民主义和征服的借口》一书的作者弗朗西斯·吉宁斯一针见血地指出：关于"美洲是处女地和荒原"的说法是征服者制造的神话。如果他们所到之处真的没有人烟，那么那个地方可能会原封不动地保持到今天，"因为无论是16和17世纪欧洲的技术，还是社会组织，都没有能力以本身的资源去接济离开本土几千英里之遥的殖民地。欧洲人没有能力征服真正的荒原，但在征服其他民族方面却极为能干。他们正是这样干的"①。事实确实如此。假如英国在北美的第一批移民所到之处是荒无人烟的地方，那么他们就会因为得不到印第安人的帮助和周济冻饿而死，第一个居民点詹姆斯敦也就不可能建立和维持下去。应当说印第安人才是北美土地的真正主人。

三、如何对待处于社会发展较低阶段的民族

用历史的眼光看问题，各个民族，由于所处的地区不同，自然条件和历史条件不同，发展的经历和程度不同，自然就形成了各自的文化和各自的传统。一方面，每一种文化和每一种传统都有其独特性和合理性，

---

① Francis Jennings, *Invasion of America: Indians, Colonialism and The Cant of Conquest*, Chapel Hill: The University of North Cardina Press, 1975, pp. 8-12.

也都有过自己的辉煌时期。另一方面,又由于种种原因和条件的变化,各个民族的发展是不平衡的,有快,有慢,有停滞不前的,也有后来居上的。所以有的古老的、文明的民族后来成了落后的、发展缓慢的民族。在世界交往不发达的时候,各个民族各自安居一隅,互不侵扰,或者在较小的范围内发生一些与邻近民族的争执,不同文化的碰撞现象比较少。但是,在"地理大发现"以后,欧洲殖民者开始侵入非洲、美洲等社会发展相对落后的地区,出现了越来越多的激烈的文化碰撞现象。在资本主义社会发展初期,这种碰撞总是采取发展阶段较高的民族对发展阶段较低的民族进行征服的形式,而在征服过程中,殖民者又为自己的暴行制造种种借口,把被征服者说成是必须征服的"野蛮人"和"劣等民族"。

欧洲殖民主义者从登上美洲大陆那天起就不把当地土著人——印第安人当成和自己同等的人看待。美国学者托马斯·戈塞特在《美国思想史》一书中指出:"在西班牙,一场关于新世界的印第安人是真正的人类、是野兽,抑或是人兽之间的生物的议论持续了整个16世纪。"[1]其实,西班牙人并不是不知道印第安人具备了人类的一切特征,而是有意贬低他们来为自己的侵略行为寻找借口。议论本身虽然极其荒唐,不值一驳,但却为那种"印第安人非人"的谎言提供了一个宣传园地,其影响极其恶劣。不少西班牙人受到了这种影响,而在不同程度上染上了种族歧视和扩张主义的思想。阿尔文·M.小约瑟夫曾著文指出,在西班牙人眼里,"土著美洲人是异己的、荒诞的、未开化的另一种人,欧洲人自然就要采取不同态度来对待这种劣等民族。而印第安人作为劣等民族是注定要被征服、被征剿、被奴役的"[2]。不幸的是,这种恶毒的污蔑不仅为欧洲殖民者所利用,而且也传入了北美。美国境内的印第安人也被说成是

---

① Melvin Stanfield, *Cracks in the Melting Pot: Racism and Discrimination in American History*, New York: Glencoe Press, 1973, p. XXII.

② Alvin M. Josephy, Jr., "The Historical and Cultural Context of White—Native American Conflicts", *Indian Historian*, Vol. 12, No. 2, Summer, 1979, p. 7.

x

"劣等民族""野蛮人""杀人不眨眼的魔鬼"。美国历史学家弗朗西斯·保罗·普鲁查在编辑印第安史学著作目录时颇为感慨地说："'边疆史'和'印第安人-白人关系史'往往狭隘地集中地写欧洲人的倾向和愿望,把美洲土著人当成纯粹的自然环境的一部分,像看待森林、野兽一样,视之为'进步'或'文明'的障碍。"[1]

殖民者在捏造这些谎言的时候,完全抹杀了古代印第安人的辉煌成就和对人类社会所做出的巨大贡献,也完全忘记了当时许多欧洲民族相对落后于印第安人的事实。居住在美国境内的印第安人也同样有悠久的历史和光辉的文化,绝不是什么野蛮人,或者介乎人兽之间的生物。当哥伦布到达美洲的时候,当地的土著居民已经在这块土地上生息繁衍,度过了几十个世纪。当初哥伦布把美洲当成他梦寐以求的印度,因而把当地居民误称为印第安人,从此以讹传讹,这个名称沿用了几百年。但是,美洲并非印第安人的故土,大多数学者认为,印第安人的祖先是从亚洲迁移过来的。他们在若干万年前,或者由于饥荒,或者由于敌对部落的追逼,不得不踏上漫长的征途,跨过白令海峡到阿拉斯加避难。又经过若干世纪,他们才逐渐向美洲其他地区扩散,并在不同地区创造了自己的古代文化。玛雅文化、阿兹特克文化和印加文化都曾铸造过自己的辉煌,成为世界文明史上重要的篇章。以玛雅文化为例,大概在公元3—4世纪,在尤卡坦半岛南部就形成了玛雅人的城市国家,并且留下了石碑和铭文。根据记载,当时玛雅人已经学会农耕,出现了统治者与被统治者,有奴隶主、贵族、军事领袖、祭司和奴隶之分。玛雅人不仅有自己的条形文字和历史记载,而且在数字和天文学方面有很高的成就。玛雅人的历法是当时世界上最准确的历法,所计算的太阳年准确差还不到一分。

什么时候在美国境内出现了印第安人? 至今仍是一个谜。美国学者只是大致地把境内印第安人的历史分为史前期和有史时期。经过考

---

[1] Francis Paul Prucha, *United States Indian Policy*, 1977, p. 7.

古学家和人类学家多年的研究和发现，史前时期的许多遗址证明，印第安人的祖先在公元前许多世纪已经生活在这块土地上了。

在美国境内存在的史前遗址是分布在密西西比河流域及其支流附近地区、墨西哥湾和东部沿海地区的土堆群。据考古学者判断，这些史前遗址的建造者应该是印第安人的祖先，从土堆的造型和体积大小的差异可以推断不同类型的土堆有不同的用途，属于不同类型的建筑。一种名叫大土堆，是用泥和石块砌成的，形状像小山丘，其中有锥形的土堆高达70英尺。这类土堆多半是坟墓，或者是为悼念死者修造的建筑物。另一种是平顶土堆，一般是四角形的多层建筑，状似平顶金字塔，最高的达到100英尺，占地16英亩。估计是祭祀的平台和住房的基地，这类土堆主要集中在密西西比河下游。第三种是长形土堆。这种土堆一般都取形于某种动物，是一种象形土堆。最大的长形土堆是俄亥俄州亚当斯县的"蛇形堆"，长1330英尺，蜿蜒起伏，酷似一条长蛇。据推断，这些长形土堆可能是祭祀用的一种附属建筑。第四种是防御工事型土堆，多半筑在地势平坦地带的山丘上，四周有土石墙围绕。守卫者可以在上面居高临下，监视周围的形势。此外，在佛罗里达和大西洋沿岸的潮汐区发现了一种贝壳堆，其用途尚不十分清楚，有可能是用来防护海岸的建筑。从时间上看，贝壳堆大致建于公元前5000年至前1000年之间，土堆群建于公元前1000年至有历史记载时期。

有史时期的遗址也不少，其中最著名的恐怕要算现今圣路易斯附近的卡霍基亚文化遗址了。这也是一个庞大的土堆群，建于公元700年至1450年间，占地6平方英里，有100个大台地和大土塚，许多小土堆，布局像一座城市，估计可以容纳3万人居住。城中心是芒克斯堆，底部长984英尺，宽656英尺，高98英尺，可能是卡霍基亚最大的祭坛，土坛顶部四周还留有泥墙的痕迹。

这一系列考古发现的价值和意义是不容否定和轻估的。进一步需要进行的工作是找出这些文化遗址和各印第安部落的联系，寻找其间的连续性和继承性。但是，由于这些文化的突然中断和发掘的资料不足，根据已经取得的研究成果,只能证明少数文化遗址同某些印第安部落有比较密切的联系,而在其他印第安部落中却找不到邻近的文化遗址留下的痕迹。大家公认,阿拉巴马中西部芒特维尔的祭祀中心就是史前时期即已定居在密西西比河口和西北佛罗里达之间的克里克人、恰克托人和契卡索人祖先的居住地。另外一个可以肯定的中西部印第安人的文化遗址是现今圣路易斯附近的卡霍基亚,即所谓的奥奈塔文化。其后继者是卡霍基人,还有受这个文化影响而发展起来的艾奥瓦人、密苏里人、奥托人和温纳贝戈人。人们还发现,在威斯康星北部和苏必利尔湖沿岸居住的阿尔冈钦部落和密西西比河上游的埃菲基高台文化有联系。不过,居住在大湖区南端和纽约州中部的易洛魁部落和奥瓦斯科文化之间的联系,恐怕要算是最清楚、最明显的了。公元1000年是这个文化最繁盛的时期,那时已经出现玉米、大豆等农作物,作为狩猎和采集的补充,同易洛魁人的生活状况极其相似。但是,在弗吉尼亚境内发现的埃托瓦高台庙宇文化和在俄亥俄河谷发现的霍普韦尔文化群,却同当地的印第安部落没有什么联系。

大约在1.2万年前,甚至早在1.5万年前,在草原地区就已经有印第安部落居住。从那时起,其间经历过不同的发展阶段,但只有最后的一个阶段——草原村庄阶段才为后人所知。这个阶段始于公元1000年,以密苏里河上游曼丹人的村庄最典型。刘易斯和克拉克探险队曾经在那里度过了1804—1805年的严冬。沿密苏里河,在现今的南达科他的杨克顿和北达科他的俾斯麦一带,有一系列的考古发现可以证明,公元710年以后陆续有印第安部落在此定居。在普拉特河下游沿岸,今内布拉斯加境内,曾经居住过波利人的部落群,时间大约在公元1100年。沿阿肯色河支流而上,现今堪萨斯境内是威奇托人的居住地。

在美国西南部有筐篮文化和普依布罗文化(又名岩居者文化)。筐篮文化的时期大约在公元200年至700年之间。筐篮人已经学会农耕,开始种植从墨西哥和中美洲传来的玉米,善于用丝兰草和兔皮编织篮子、背包、便鞋等日用品,用柳条编制盛物品的筐子。但他们还不会使用弓箭，只有木制标枪和矛一类的武器。起初他们用火烤肉，把烧红的石头投入盛水的容器中煮食物，晚期才学会制造和使用陶器。

美国考古学家还在筐篮文化土层之上发现了一个完全不同的土层，这个土层形成的时间大约是公元1050年至1250年，土层里埋藏的是普依布罗文化。普依布罗人已经懂得使用弓箭，以农耕为主，农作物有玉米、南瓜、豆和葫芦，但普依布罗人有时仍从事狩猎与采集以补充农作物的不足。他们已经能够制作相当精美的陶器，上面绘有美丽复杂的花纹。由于陶器的使用相当普遍，发掘出来的数量也比较大，美国的许多博物馆都有这种展品。普依布罗人使用的武器都是用石头、木头和动物的骨骼制成的，所使用的器皿中也没有金属制品。这个文化的最大特点就是居住地集中，有时有一百多间房屋集中在一起。房屋是用石头建造的，最高的有三四层，一般都建在树木丛生的山头或山岩下。所以人们又把普依布罗人叫作岩居者。

可惜的是，这个文化后来突然消失了，其原因至今不得而知。据推断，可能因某种原因已转移到其他地区，但却未能在其他地方发现类似的文化遗址来证实这个推论。不过，现今住在这个文化遗址以南的普依布罗人、泽尼人和霍皮人都认为"岩居者"是他们的祖先，其房屋结构、生活习惯和宗教仪式颇有相似之处。有理由认为，这一说法并不是毫无根据的。

美国境内的印第安人虽然没有文学记载的历史，但有丰富的传说中的神话故事，这对美国的文化是有相当影响的。印第安人的口头文学非常发达，每个印第安人都具有演说的才能，而且有很多锻炼演说的机会。他们常常在部落会议和晚上的篝火旁边讲演和辩论，充分展示自己的口才。他们的讲话很有说服力，而且富于文采。印第安人也有相当高的艺术水平，善于绘制几何图案和花草，并用以装饰衣着。

印第安人还是一个能歌善舞的民族。他们的音乐旋律已经融入了美国的交响乐和歌剧。印第安人的舞蹈既是一种艺术，又是一种祈祷仪式，差不多所有的成年人都会跳各种舞蹈。其中经常举行的有太阳舞、熊舞、玉米舞、战舞、蛇舞和鬼魂舞等。

印第安人有自己的民族英雄,他们的忠诚和勇敢博得了后人,包括白人在内的尊敬。尽管这些英雄是在同白人作战中崭露头角的,但还是载入了美国的青史而永垂不朽。他们当中有苏族的红云、坐牛、疯马和夏延族的布莱克凯特尔、耶洛沃尔夫等人。

美国境内的印第安人也有丰富的地理知识,他们根据自己的经验和观察给自己足迹所到的地方取各种不同的名字。这些地名对于拓荒者识别新世界极为重要,所以许多地名一直沿用到今天。据估计,美国的州、地区、城市、河流、山岳使用印第安名称的在一半以上。

在农业方面,印第安人也有重要的贡献。玉米、土豆、南瓜、西红柿、各种豆类、花生、巧克力都是印第安人留给美国人的宝贵遗产,对全世界人民的生活都有巨大的影响。单就西红柿来说,它已成为世界各国人民餐桌上不可缺少的食物和佐料。不过,迄今还没有人能够确切说明,美国境内的印第安人何时开始掌握了种植技术,只是大致推定中西部的印第安人在公元前5000年就开始种植农作物了,但直到公元1000年才形成了以玉米、大豆、南瓜为主的农业种植体系,其他品种的农作物只作为补充。①18世纪中期,东南部的五大文明部落还学会了种植烟草、白菜、土豆、大蒜、豌豆、韭菜和桃。②由于农作物需要用水浇灌,印第安人的村居部落,特别是西南部的村居部落创造了建筑小型水利工程的办法,使当地的水土保持了几个世纪而没有受到破坏。19世纪中期,那里的水利工程被白人移民破坏后,出现了严重的水土流失,仅里奥格兰德河流域就有2/3的耕地由于水土流失严重而受到毁损。

总之,美国印第安人的悠久历史和所创造的文明是客观存在、不容

---

① Richard A. Yarnell, "Early Plant Husbandry in Eastern North America", in Charles E. Cleland ed., *Cultural Change and Continuity*, New York: Academic Press, 1976, p. 66.

② William N. Fenton and John Gulick, "Symposium on Cherokee and Iroquois Culture", *Bureau of American Ethnology Bulletin*, Vol. 180, Washington: Smithsonian Institution, 1961, pp. 94–95.

抹杀的。随着考古学和人类学的发展，一定会发现更多的文化遗址和文物来说明印第安人的种种成就。诚然，在哥伦布发现美洲大陆的时候，同欧洲人相比较，印第安人还处在低得多的社会发展阶段。但是这种结果取决于许多历史因素和客观条件，绝不能归结于生理上的原因而把印第安人说成是"野蛮人"，或者是什么介乎人兽之间的动物。只要能够客观地看问题，任何人都不会否认印第安人是一个有悠久历史和辉煌文明的民族。他们作为美国大家庭的一名成员应当受到欢迎和尊重，而不应当受到歧视和迫害。西进运动中，美国政府最大的失误就是对印第安人采取了驱赶和屠杀的政策，从而酿成了极大的历史悲剧，造成了深刻的民族仇恨。种族偏见和误解难以消除，紧张的民族关系也不易协调。

四、印第安人绝不是背信弃义者

在美国的历史教科书和有关印第安人的著作中，印第安人往往被描写为出尔反尔、"不负责任""不遵守条约规定的人"，是"背信弃义者"。诚然，如果不研究当时的具体情况和历史背景，只是从现象上寻找这方面的例子，那是并不困难的，但如果稍微考察一下事情的起因和经过就会得出完全不同的结论。印第安人绝不是背信弃义者。印第安人拒不履行"承诺"和条约的事情有之，但那或者是因为做出承诺和签约的人并非他们的代表，或者因为他们的代表是在美国政府的诱骗和威胁下被迫签字，得不到部落的认可。印第安人在这种情况下拒绝接受条约和履行承诺是理所当然的，绝非蓄意背信弃义。

从18世纪80年代邦联政府同印第安人签订条约开始，就出现了印第安人拒不接受强加于他们的条约的事件。出现这种现象的根本原因在于邦联政府不断地把夺取土地的条约强加于印第安部落。当时合众国当局的指导思想就是要从印第安人那里得到足够的土地，"以满足政府的一切需求，在一定时期内不仅能容纳来自联盟其他州的移民，而且能容纳来自外国的移民"①。根据这个指导思想,邦联政府派出的印第安事务官员先后强迫居住在东北地区和南卡罗来纳的印第安部落签订了斯坦威克斯(1784年10月22日)、麦金托什(1785年1月20日)、霍普维尔(1785年11月28日)和芬尼(1786年1月31日)四项条约。

印第安部落拒绝接受强加于他们、并且威胁到他们生存的条约是有充分理由的。这四项条约的签订有三个共同特点:第一,都是在政府官员的逼迫下签订的。谈判的地点都是政府军驻防的要塞。身处其中的代表除了接受政府提出的条件、顺从地签字以外,别无选择。第二,条约的条件十分苛刻,所剥夺的土地数量巨大,影响到印第安部落的日常生活,很难为他们所接受。例如,《斯坦威克斯条约》使易洛魁人和俄亥俄河流域的其他部落失去了沿安大略湖南端和伊利湖东南沿岸的大片土地。《麦金托什条约》则把西北地区的印第安部落限制在伊利湖南岸的一块矩形土地里,使他们丧失了对大片西北土地的所有权。《霍普威尔条约》则迫使切罗基人让出几乎全部的现今肯塔基州的土地和西弗吉尼亚州、两卡罗来纳州的部分土地。第三,参加谈判的印第安部落代表往往并非部落成员推举产生,许多部落都没有自己的谈判代表,也没有委托任何谈判代表代他们签字。所以这些谈判代表同政府签订的条约得不到部落成员的认可,更不可能为未参加谈判的部落所接受。

上述三方面的特点使得这几项条约在签订的时候就出现了其后不可能得到遵守的必然性。俄亥俄河流域非易洛魁部落在获得签订《斯坦威克斯条约》的消息后,立即愤怒地表明,易洛魁六个部落的代表无权代表他们签订这项条约,就是签约的易洛魁人也由于条约威胁他们的生存而拒绝承认,并且扬言要攻击靠近易洛魁土地的移民的居民点。《麦金托什条约》签订时,肖尼人拒绝签字,就是已经签字的部落事后也不准备遵守这些条款,让出土地。切罗基人根本不承认代表所签订的《霍普维尔条约》,奋起同入侵者作战达五年之久。在政府军的重重包围中被迫在

---

① Francis Paul Prucha, *United States Indian Policy*, 1977, p. 1.

137

《芬尼条约》上签字的肖尼人代表返回村庄以后，立即宣布拒绝承认这项强加给他们的条约。

反观美国政府的言行，背信弃义的罪名恐怕要落在它的头上了。邦联政府最初同印第安部落签订割地条约时总是信誓旦旦地保证，只要他们在条约规定的土地内居住，就可以得到政府的保护，在那里安居乐业，不受外界的侵犯。但是，往往条约的墨迹未干，印第安部落的土地就一再遭到侵犯而得不到政府当局的任何保护。例如，《斯坦威克斯条约》签订后不久，新划定的易洛魁人的土地就不断遭到侵蚀。到1790年，纽约州印第安人的土地只剩下几块相互隔离的、孤立的居住点。曾一度强盛的易洛魁联盟也由于失去大量土地而濒于解体。

不过，这时合众国政府背信弃义的行为给印第安部落所造成的损失相对地说还比较小，一般只涉及个别部落或者某个地区的部落，范围不大。但是在19世纪二三十年代外来移民大量涌入美国以后，对土地的需求急剧增长。联邦政府和各有关州政府为了自身的利益，都不顾过去曾经在各项条约中对印第安人许下的诺言，企图把密西西比河以东的印第安部落全部赶到河西去。早在1802年，佐治亚政府就曾与联邦政府签订协议，要求联邦政府通过和平的途径，以合理的条件取消印第安人在该州的土地所有权，以换取该州放弃对西部土地的要求。①路易斯安那购买完成后，在联邦政府中也出现了把印第安部落迁移到密西西比河以西的论调。1825年1月27日，门罗总统正式向联邦国会提出迁移印第安部落的咨文。咨文阐述了迁移印第安部落的必要性、应当注意的原则和可能采取的方案。咨文强调："应当完成的一件大事是把这些部落迁移到指定的领地，迁移的条件必须使他们满意，又能使联邦政府不丢脸。"②

联邦国会虽然未就门罗总统的咨文做出任何决定，但迁移印第安

---

① Francis Paul Prucha, *United States Indian Policy*, 1977, p. 39.

② Francis Paul Prucha, *United States Indian Policy*, 1977, p. 39.

人的问题已经正式提上了国会的议事日程。同时,在一些州驱赶印第安人的事件不断发生。1829年初,几名切罗基部落的代表给联邦陆军部写信,控告佐治亚州议会非法夺取印第安部落的土地,指控"佐治亚的议会违背联邦法律",擅自宣称"所签订的条约"(即驱赶印第安部落的条约)将于1830年产生法律效力。切罗基的代表要求陆军部对佐治亚议会的非法行为进行干预。当时的陆军部长约翰·H.伊顿于4月18日写了一封回信,信中已经明确地表示了要把东部的印第安部落迁移到密西西比河以西的构想。他写道:"应当指出,除了经常提到的,在此以前已经提请你们考虑的向密西西比河彼岸迁移的方案以外,没有其他值得一提的办法,只有在那里能够为你们提供保护与和平。对此你们应当明白,总统命令我再次把这个方案提请你们认真地、严肃地加以考虑。继续停留在你们现在居住的地方,即停留在独立州的领土内,除去骚扰和忧虑不安以外,你们什么也得不到。在密西西比河彼岸,你们的前景将会不同。你们会发现那里没有利益冲突。联邦的权利和主权不会受到具有高度权威的州司法权的牵制,而完全依靠它自己的力量,它将可以用你们民族的语言对你们说,只要树木生长或者溪水长流,土地就将是你们的。"①

1830年5月28日,美国联邦国会经过激烈辩论终于通过了《印第安迁移法》,从而在法律上剥夺了印第安部落在密西西比河以东地区居住的权利。这是一个涉及面很广的法令,许多印第安部落都深受其害,也是美国历史上一个非常严重的种族迫害事件。如果联邦政府这一次能够遵守诺言,让迁移到密西西比河西岸的印第安部落和平地生活在那里,那么印第安人还有一线生机。但令人遗憾的是,这一次和以后多次的诺言一再被破坏,印第安人一再被驱赶,最后被隔离在小块的贫瘠的保留地中,过着极端贫困的生活。据统计,从1778年美国政府同特拉华

---

① Francis Paul Prucha, *United States Indian Policy*, 1977, p. 46.

人签订第一个条约起到19世纪70年代共签订了370项条约，①差不多每一项条约都同夺取印第安人的土地有关。所以美国政府在签订每一项条约时都是在破坏自己保证不再侵扰印第安人的诺言。相比之下，印第安部落为保卫自己的家园而拒绝承认和履行某些被迫签订的条约就不算什么"背信弃义"了。

五、是印第安人屠杀白人，还是白人屠杀印第安人？

欧洲殖民者踏上了北美的土地，并且屠杀当地的土著居民，这是众所周知的事情。但是，在美国的历史书中这个事实却被长期颠倒了。印第安人被描写为"好斗成性的野人""残忍的杀手""屠杀居民的强盗"。印第安人对征剿者的反抗却被说成是大屠杀，那些剿杀印第安人的战役和指挥作战的军官则被称为保卫战和合众国的功臣，如此等等。诚然，确有某些印第安部落攻击过移民的居民点，杀害过无抵抗能力的和平居民，但大都出于对白人侵犯其家园的报复，其咎不在印第安人。至于那些为了掠夺财富而杀害白人的印第安部落只是极少数，不具备任何代表性。美国历史书正好利用夸大个别现象和只谈表面现象不究原因的办法，使得这段历史是非颠倒、真假难分。印第安裔学者詹尼特·亨利在审阅了大量教科书后愤怒地质问说："如果卡斯特战役被说成是屠杀，那么伤膝谷（事件）又当如何解释呢？""印第安人杀白人，因为白人夺去了他们的土地，破坏了他们的狩猎场，毁坏了他们的森林，消灭了他们的野牛。白人把我们围圈在保留地中，然后又夺去我们的保留地。那些出来保护白人财产的人被称为爱国志士，而同样在保护自己财产的印第安人却被叫作杀人者。"②

---

① Harold W. Chase et al., *Dictionary of American History*, Vol. 3, Nre York: Charles Scribner's Sons, 1976, p. 404.

② Jeannett Henry, *Textbooks and the American Indian*, p. 2.

教科书尚且如此,如果翻开专门描述印第安人的美国历史著作,那就会发现更多的、更加肆无忌惮的歪曲历史的现象。在美国历史著作中备受称道的倒树之战和小毕霍恩战役就是两个典型的例子。

倒树之战发生在1794年8月,是由安东尼·韦恩将军指挥的一次掠夺印第安人土地的讨伐战争。按照《1787年西北领地组织法令》的规定,俄亥俄河和马斯金格姆河汇流处大片土地可供移民垦殖,但遭到了印第安人的抵制。在美国政府的授意下,从1790年开始,乔赛亚·哈默将军和西北领地总督圣克莱尔先后出兵征剿当地印第安部落,但均遭惨败。韦恩将军出师顺利,在倒树之战中一举击溃印第安人,斩杀甚众,最后迫使当地的印第安部落签订《格林维尔条约》,同意交出土地。于是韦恩便成了拓荒者心目中的"英雄"。韦恩所做的事情是为白人移民夺取印第安人的土地,为他们开辟了西进的道路。他是白人的"功臣",但却是印第安人的"煞星"。韦恩书信集的编辑理查德·C.克诺夫完全从白人和美国政府的立场出发来评论韦恩的作用。他写道:"假如没有韦恩在军事上、外交上的胜利,西进运动就可能夭折于襁褓之中,或者将大为延缓,国家的声誉也可能一落千丈;尽管有外交协议,西部土地仍然可能脱离美国而并入其他国家。"[1]对于韦恩军队屠杀印第安人的事情,克诺夫却只字不提,似乎这场刀光剑影的征战根本没有发生过。

蒙大拿南部的小毕霍恩河战役发生在1876年6月25日。那时候联邦政府正在通过军事征剿和消灭大平原野牛群的办法,迫使印第安人进入保留地。卡斯特上校正是这个行动的急先锋。他身经百战,双手沾满了印第安人的鲜血。但在这一次战斗中,他轻敌冒进,率领一支不大的队伍,陷入重围,死于印第安人的枪下,所带领的征讨军也几乎全军覆没。战争完全是由于联邦政府夺取印第安人土地所引起的,正义在印第安人一方。卡斯特的死是咎由自取,轻如鸿毛。然而,他却立即成了英雄人物,受到美国舆论的赞颂,报刊和后来的电影、戏剧都争相报道和

---

[1] Richard C. Knopf, *Anthony Wayne, A Name in Arms*, p. 1.

宣传。关于卡斯特的图书和小册子种类繁多，令人目不暇接。印第安裔学者厄特利曾对这种现象嘲讽地说："小毕霍恩战役的书目已经是洋洋大观，并且还在逐年增加，以至每个版本都要声明，这部关于卡斯特的书是卡斯特诸书中的最后一本"，或者说"这是关于该题材的最后论述"。①

不可否认，教科书中所记载的关于西进移民遭到印第安人杀害的事情也并非捏造，移民的篷车队和居民点确实都曾受到过袭击。问题在于作者故意在残酷性上大做文章而不谈事件的起因和是非，不分青红皂白地统统称之为大屠杀。有些事件还作为单独的词条收入了美国的历史词典，其中，1622年"大屠杀"和"费特曼大屠杀"往往被作为印第安人残酷杀害移民的佐证。的确，从表面上看，1622年"大屠杀"是印第安人的酋长奥培昌堪娄发动的，是对分散在詹姆斯敦城外的白人居民点的一次大规模袭击。此役，移民死伤甚众，同"大屠杀"这个名词沾一点边。但是，这次袭击是印第安人对白人多次征剿的一次还击，归根结底还是白人移民造成的。我们只要回顾一下这十几年的历史，就什么都清楚了。

1607年，当第一批英国移民踏上北美大陆的时候，就是奥培昌堪娄的部落善意地接待了他们，不仅允许他们在那里建立詹姆斯敦，而且用玉米等食物周济他们，帮助他们度过了寒冷的冬天。然而这批移民在站稳脚跟后就兵分两路侵犯印第安人的村庄，抢劫印第安人的土地和粮食。当时的部落酋长波瓦坦就曾警告入侵者说："你们可以用友爱取得的，为何一定要用武力夺取呢？""收起你们那些引起我们戒惧的刀枪吧，否则你们也会同样遭受灭亡的。"②可惜殖民当局并没有认真对待这个警告，而是派出武装越来越频繁地侵袭印第安人的村庄，强占他们的土地。直到1622年4月，奥培昌堪娄和他的部落忍无可忍才大兴问罪之

---

① Robert M. Utley, *Custer and the Great Controversy*, p. 52.

② Virginia Irving Armstrong, ed., *I Have Spoken: American History Through the Voice of the Indians*, Chicago: Sage Books, 1971, p. 1.

师,拔除了分散的移民点。当然,发生这种流血事件是非常不幸的,但最初的肇事者不是印第安部落。

1866年12月21日发生在怀俄明的菲尔·卡尼要塞附近的"费特曼大屠杀"是政府军与印第安人的战斗,同和平居民无关,谈不上什么"大屠杀"。事情是由联邦政府修筑从拉腊米要塞到西蒙大拿金矿区的道路引起的。由于这条道路要占用并破坏沿路的印第安部落的土地和狩猎场,因而引起苏族人和肖尼人的顽强抵抗。在苏族领袖红云的领导下,沿线的印第安部落不断袭击筑路队和护路的政府军,以阻止道路的修建。战斗的规模不大,但持续的时间颇长,史称红云之战。威廉·费特曼上尉正是在一次护路战斗中连同他的80名部属被印第安人全部歼灭的。如果硬要说这是一次屠杀,那也只能说费特曼及其部属是联邦政府印第安政策的牺牲品。

《美国历史词典》中有一段文字,可以概略地说明这场旷日持久的白人和印第安人流血冲突的性质和起因。"在美国,土著印第安人是暴力迫害的第一个对象,因为他们在1607年建立詹姆斯敦以后的二百五十多年中一直在防止白人入侵者侵犯他们的家园和狩猎场。"[1]历史事实是,白人杀印第安人是为了夺取他们的土地,印第安人杀白人是为了阻止他们的入侵和掠夺。谁是谁非,自有公论。

六、历史趋势不可扭转

美洲和非洲被发现和奴役,印第安人被征剿屠杀都发生在资本主义萌芽和形成时期,这绝不是偶然的。在此以前,无论是在封建社会,还是奴隶社会,人类都没有能力在世界范围内活动,国际联系只发生在周边的国家之间。十字军的征讨和蒙古军队的西征虽然涉及欧洲和亚洲的

---

① Harold W. Chase et al., *Dictionary of American History*, Vol. 7, Nre York: Charles Scribner's Sons, 1976, p. 190.

许多国家,路程也相当遥远,但那也只限于欧洲和亚洲境内,归根结底也还是地区性的事件。美洲和非洲的大部分地区都还处于与世隔绝的状态,即使偶尔有探险者的足迹,也不可能使那里的宁静受到破坏。那里的土著人生活在自己的天地里,很少受到外来的侵扰。美国境内的印第安人也在这种与外界隔绝的状况下生活了几千年,分布在境内各地的印第安部落基本上都处于原始社会的发展阶段,还不会使用金属工具。但是由于北美洲地广人稀,自然资源十分丰富,各地的印第安人都可以用原始的工具生产和取得足够的食物来维持生存。他们可能遭受到的最危险的侵扰就是部落之间的战争、疾病和天灾,除此之外就没有别的足以威胁他们平静生活的因素了。也许这就是印第安人的社会长期停滞不前的重要原因之一。

人类社会进入资本主义阶段以后,情况发生了变化。从封建社会的灭亡中产生出来的资本主义社会是一个开放的社会,要求打破各种壁垒,建立广泛的联系。资产阶级赖以生存和发展的条件就是从国内到海外不断开拓和占有新的市场,为日益增加的商品寻找销路。正如马克思、恩格斯所指出的:"不断扩大产品销路和需要,驱使资产阶级奔走于全球各地。它必须到处落户,到处创业,到处建立联系。"[1]在原始积累时期,资产者所采取的手段主要是超经济的掠夺,所以地理大发现和随之而来的海外殖民都发生在这个时期。马克思对这个过程做了高度概括和十分确切的描述:"美洲金银的发现,土著居民的被剿灭、被奴役和被埋葬于矿井,对东印度开始进行的征服和掠夺,非洲变成商业性地猎获黑人的场所:这一切标志着资本主义生产时代的曙光。这些田园诗式的过程是原始积累的主要因素。"[2]

英国移民登上北美大陆的时候,国内的资本主义关系已经有了长足的发展,原始积累虽然还在进行,但资产阶级革命的条件日臻成熟。海

<hr>

① 《马克思恩格斯选集》第一卷,人民出版社,1972年,第254页。

② 《马克思恩格斯选集》第二十三卷,人民出版社,1972年,第819页。

外殖民虽然起步较晚，但进展迅速，大有后来居上超过西班牙和葡萄牙的趋势。同印第安人的社会制度相比，中间隔着奴隶社会和封建社会两个阶段，英国社会显然远远超过了印第安社会。从根本上说，先进的社会制度要取代落后的社会制度是不可抗拒的历史发展规律。

就社会发展的阶段而言，欧洲人和印第安人有高低之分、先进和落后之分，但就文化的功能和价值而言，却没有优劣高下之分。每一种文化都必须同它的环境相适应，都有它存在的价值和对人类社会的贡献。假如不同的文化能够在平等的条件下进行接触，那就会互利互补，对人类社会和文化都起到促进作用。但不幸的是，在资本主义条件下，两种不同文化的接触往往是采取以强凌弱、以大欺小的形式。欧洲殖民者是社会发展阶段远远高于对手的民族，无论从经济上、生产技能上，还是从军事上讲，印第安人都不是欧洲人的对手，长矛和弓箭抵挡不住火枪和铅弹，刀耕火种、游猎、采集的原始谋生手段注定要被欧洲的农业技术和近代畜牧业所取代。欧洲殖民者踏上新大陆的目标就是掠夺落后民族的土地和财富并奴役他们，迫使他们接受自己的文化和传统。这当然要遭到土著居民的英勇的但却毫无胜利希望的抵抗。印第安人虽然也取得过一些局部的胜利，但对于最终失败的结局起不到什么作用。于是就出现了美国境内的印第安人长期被屠杀、被驱赶的历史悲剧。

源源不断的大批涌进西部的移民是西进运动的动力，也是开发西部的主力军。他们在西进的时候不可避免地要侵占印第安人的土地。移民当中的大多数人是拓荒者，是善良勤劳的农民，让他们赤裸裸地、公开地去抢夺印第安人的土地是违背他们的良心和愿望的。于是就出现了"西部的土地是无主的自由土地"，印第安人是"野蛮人"，必须用武力征服等种种谬论，让拓荒者心安理得地去夺取印第安人的土地。这些煽动性的谎言对于急于取得开垦地的拓荒者很有感染力，使他们为自己的行为找到了思想支柱，于是就毫不犹豫地侵占印第安部落的土地，甚至不惜兵戎相见。美国政府也为大批移民的西进制定了一系列驱赶印第安人的政策，使西进移民在同印第安部落的冲突中得到了官方的军事支持和法律保护。这样,在欧洲移民同印第安人的文化碰撞中就出现了浓厚的种族主义色彩。

大批欧洲移民的西进对印第安部落构成了不可抗拒的巨大压力。早在殖民地时期就已经有除英国以外来自其他欧洲国家的移民进入现今美国境内。苏格兰和爱尔兰的移民进入了宾夕法尼亚和当时的边疆地区阿巴拉契亚山一带。法国移民在南卡罗来纳以北地区进行垦殖。从西班牙和葡萄牙迁来的犹太移民主要在罗得岛落脚。瑞典移民在特拉华一带聚居。威尔士和德国移民则主要分布在宾夕法尼亚境内。到1776年,仅苏格兰和爱尔兰的移民就有35万之多。[①]

随着美国独立和经济的发展,移民人数也迅速增加。19世纪20年代以后,德国移民和北欧国家移民成批涌入美国。他们当中许多人进入了伊利诺伊、明尼苏达、威斯康星、印第安纳、俄亥俄和密歇根等地,成为那里的拓荒农民。到1850年,来自北欧和西欧的人数已达到2300万人,连达科他和内布拉斯加这样的荒凉地区也开始有移民在那里定居。从80年代开始,东南欧国家的移民大量涌入美国。整个19世纪,从欧洲迁入美国的移民大约有3500万人。[②]移民中的大部分人加上从东部居民中西迁的人,形成了浩浩荡荡的拓殖西部的大军,这样庞大的人流不断向西延伸,迫使沿途居住的印第安部落不断地退缩。

这个庞大的移民人流给西部带来的是先进的生产方式和生活方式。那里的荒原、印第安人的田地、狩猎场,都变成了先进的农场、牧场、矿山、工厂、小城镇、城市和连接各地的公路和铁路。这个趋势代表了人类社会的发展方向,是不可阻挡和不可逆转的。

移民的西进得到了美国政府的支持。它同印第安部落签订了一系

---

① Harold W. Chase et al., *Dictionary of American History*, Vol. 3, Nre York: Charles Scribner's Sons, 1976, p. 334.

② U. S. Census Bureau, *Historical Statistics of the United States, Colonial Times to 1970*, Vol. 1, Washington: Government Printing Office, 1975, p. 112.

列让地协议,颁布了1830年的《印第安人迁移法》,并动用军队迫使印第安部落不断西迁,最后把他们圈进与世隔绝的保留地,使西进的移民们能够得到他们渴求的土地。据统计,1784—1894年,联邦政府总共同印第安人签订了720项让地条约,从印第安人手中夺取了几亿英亩的土地。[1]大部分条约是在联邦政府的逼迫下和征剿结束后签订的,只有少数条约是由印第安事务官员通过谈判同印第安人签订的。

分散的印第安部落面对的是一个强大的统一的国家。这个国家有完备的政府组织、强大的正规军和民兵,有发达的经济。而印第安部落本身则只不过是以民族血缘为基础的部落或者部落联盟,既没有统一的国家,经济和军事力量又都十分薄弱和落后,根本无力抵抗政府军队的进攻。在力量如此悬殊的较量中,印第安人的失败当然是不可避免的。英勇善战、诚实正直的高贵品质和必然归于失败的命运,使印第安人在历史舞台上演出了一幕又一幕慷慨壮烈的悲剧,虽然博得人们的深切同情,但却无可奈何地衰落下去。

---

① Harold W. Chase et al., *Dictionary of American History*, Vol. 3, Nre York: Charles Scrib - ner's Sons, 1976, p. 384.

第六章　印第安战争

一、殖民地时期的印第安战争

1970年，印第安史学家讨论会在普林斯顿大学举行，与会者约200人。其中有著名的印第安裔学者、专业人员和应大会邀请的非印第安裔学者。大会讨论了印第安人历史中的若干重要问题，会后还出版了一部专题文集——《印第安人之声：第一次美国印第安学者学术会议》。[1]大会非常关注西进过程中的印第安战争。文集特别指出："在这个民族及这个国家土著民族中发现的最重要的事件之一，就是欧洲人和印第安人从第一次相遇到19世纪末历经几个世纪的冲突。这样的冲突延续将近四百年，也许这是人类历史上最长的战争和准战争。"而"这一冲突的全部历史并没有讲清楚……今天，我们的形象是战败民族。是的，但是我们在被打垮的时候还是一再重新站起、一再重新战斗的人民"。[2]大会强烈要求客观地写出这些战争的过程，以澄清被歪曲的历史。文集还列出了从1537年佩科特战役到1898年里奇湖之战的六十八次重大战役，作为撰写印第安战争的参考题目。[3]

印第安学者之所以要大声疾呼地倡导写印第安战争史是完全可以理解的。综观美国历史著作，能够客观论述印第安战争的书的确是太少了，而刻意渲染讨伐印第安人战争的书籍、歌颂杀人如麻的讨伐队的军

---

[1][2] Rupert Costo et al. ed., *Indian Voices*, p. 111.

[3] Rupert Costo et al. ed., *Indian Voices*, pp. 111–113.

官们和讨伐队的书却颇有市场。要纠正这种偏向恐怕非一朝一夕之功，也许需要几代人的努力。

用火与剑征服和奴役非洲和美洲土著人是资本原始积累时期欧洲殖民者一贯采用的手段。北美十三个殖民地当局和后来的美国政府如法炮制，而且征讨的时间更长、更残酷，造成了旷日持久、连绵不断的战争，把印第安民族推向了濒于灭绝的深渊。本书之所以要设立印第安战争这一章，是因为这对于了解印第安人受到残酷杀害的史实太重要了。

欧洲殖民者对印第安人从来就不怀好意。1492年10月12日，克里斯托弗·哥伦布在圣塞尔瓦多岛上第一次看到印第安人就说："他们应当是好仆人和反应灵敏的仆人，因为我发现他们很快能说出对他们说过的所有的话，我相信他们很容易成为基督教徒，因为我觉得他们是没有教派的。"①同哥伦布一样，后来的英国移民首先想到的也是要让印第安人成为听话的仆人和皈依基督教的信徒，在印第安人拒绝接受他们的安排以后，就把印第安人当成魔鬼的后代而加以诅咒和迫害。新英格兰的清教徒表现得尤为明显。当1633年和1634年瘟疫夺去成千的印第安人的生命时，他们竟然拍手称快，认为这是上帝对异教徒的惩罚。

最早对印第安人发动武装袭击的是弗吉尼亚的殖民者。这次袭击的总指挥是史密斯上尉，他们兵分两路攻打波瓦坦部落的村庄。伍斯特带领由120人组成的主力军，直接攻打波瓦坦村，村中居民完全没有准备，等他们清醒过来的时候已经成了殖民者的俘虏。史密斯趁机向波瓦坦施加压力，要求他将一百多平方英里的土地划归弗吉尼亚殖民地当局，并承认弗吉尼亚民兵是波瓦坦边界的保卫者。另一路征剿队由马丁带领，奔袭南西蒙德的印第安村庄。这个队伍沿路烧杀劫掠无所不为，占领南西蒙德的村庄后，迫使当地的部落酋长答应第二年向殖民地当局交纳贡赋。

部落联盟首脑波瓦坦立即调动各部落的战士向占领两个村庄的殖

---

① Wilcomb E. Washburn, *The Indian and the White Man, Garden City; Anchor Books*, 1964, p. 5.

民军进行包围和反击,并把他们赶出村庄,迫使他们仓皇逃回詹姆斯敦。韦斯特也在战斗中被击毙,殖民者只好暂时收兵等待时机。事后,波瓦坦在格洛斯特接见史密斯时要求他停止袭击印第安人。

但是,殖民者并没有接受波瓦坦的警告,仍然不时偷袭印第安村庄。随着移民人数的增加和对土地需求日益迫切,武装侵扰印第安村庄的事件越来越频繁,最终导致了1622年的大规模流血冲突。

1618年波瓦坦去世后,其弟奥培昌堪娄继任联盟酋长,开始认真准备抵抗殖民者的进犯。1622年,他率领印第安战士对殖民者的进犯发起反击。3月,双方在詹姆斯河一带激战。印第安战士在圣马丁移民点和伯克利农庄发动袭击并取得了胜利,殖民军被迫后退,战斗曾暂时停歇。随后,殖民军趁印第安人返回村落收获谷物,注意力分散的机会,向印第安各村落发起偷袭,烧毁村庄和粮食,杀死了许多印第安人。同时,殖民者的一些移民点也遭到印第安人的报复,损失也相当惨重。1634年,英王同奥培昌堪娄订立和约,大规模的战争才告停止。

1644年,殖民者的力量大为加强,又重开战端。奥培昌堪娄已年逾九十,不能行走。但他在殖民军面前仍然不甘示弱,打起精神坐在床上,由几名印第安战士抬上战场亲自指挥战斗。是役,印第安人战败,惨死者达三百余人,奥培昌堪娄被俘,并被一个英国兵从背后开枪射死。至此,弗吉尼亚境内最大的阿尔冈钦人部落联盟遭到彻底摧毁。幸存的印第安各部落被迫从詹姆斯河和约克河之间的土地上撤走,残留在当地的少数印第安部落只得归附弗吉尼亚殖民当局。

在新英格兰,屠杀和掠夺印第安人的情况也很严重。在这里居住的有佩科特人、纳拉甘西特人和望万帕诺亚格人。佩科特人和纳拉甘西特人是两个互相敌对的大部落,不断互相残杀。新英格兰殖民者利用部落战争,侵占他们的财产和土地。1636年,马萨诸塞总督温斯罗普派遣恩提科特、安得黑尔、特纳三人率领100名民兵血洗布罗克岛的印第安村庄。

在一连串血的教训中,印第安部落的酋长中有人开始警惕殖民者的挑拨离间,意识到捐弃前嫌,共同御敌的重要性。佩科特人的酋长萨萨库斯首先派人同纳拉甘西特人讲和,要求共同抗击英国殖民者。他的使者对纳拉甘西特人说:"英吉利人对于我们都是外人,他们正在向着我们的领土侵占,假如容许他们的势力伸长,人数一天天增加的话,他们一定会占领我们的土地。假如你们……帮助他们征服我们,这正是你们自取灭亡之道,因为我们被诛灭后,他们的第二步就是要征服你们……"[1]但可惜这次讲和没有成功。

1637年6月初,梅森和安得黑尔带领40名普利茅斯民兵、37名康涅狄格民兵,同70名莫西干战士、1000名纳拉甘西特人,向佩科特人发动偷袭。6月5日晨,当佩科特人还在村庄里安睡的时候,村庄周围出现袭击者的身影。他们手执武器,悄悄地包抄过来,打头阵的殖民军在寨墙跟前停了下来探视动静。梅森和安得黑尔发现寨墙相当坚固,决定采取火攻。殖民者在西墙和南墙纵火,不久,两股大火一直烧到村庄的中央。火势惊人,在半小时内几乎把一切都烧成灰烬。村庄里的男女老少多半被活活烧死,奋力逃出火海的人又立即遭到殖民军的杀戮。佩科特人被杀得尸横遍野,无处逃生。这场大屠杀的指挥者安得黑尔回忆说:"据他们自己说,村庄里有400人,逃出我们手掌的不超过5个人。"[2]

6月底,马萨诸塞殖民军又向萨萨库斯的战士进攻,在康涅狄格沼泽地区消灭了佩科特人的最后一支力量。所有虏获的印第安男人一律处死,妇女和儿童或者被运到西印度群岛卖为奴隶,或者押回马萨诸塞充当婢女奴仆。

经过几次征剿,佩科特人被杀害和被俘的共约700人,为整个部落总人数的1/5。幸存的印第安人当中,一部分逃往弗吉尼亚的穷乡僻壤过着艰难的生活,一部分逃往特拉华安身。残留的佩科特人由安卡斯带领归附新英格兰殖民当局,人数不到500人。

---

① W. C. Maclead:《印第安人兴衰史》,吴泽霖、苏希轼译,商务印书馆,1947年,第169页。

② Fred A. Shannon, *American Farmer's Movement*, New York: Van Nostrand, 1957, p. 100.

佩科特部落被消灭以后,下一个进攻目标就是纳拉甘西特人了。殖民者最初利用安卡斯的部落来攻打他们,双方的仇怨越结越深,一场大战迫在眉睫。然而,出乎人们预料的是,并没有在纳拉甘西特人同殖民者之间爆发这场一触即发的战争,而是由普利茅斯殖民当局和并不强大的万帕诺亚格人之间率先交火。战争于1675年开始,延续了一年的时间,并且很快发展为新英格兰的殖民者同当地印第安诸部落的大决战。在美国历史上称之为菲利普王之战。正如麦克劳德所说:"实际上这场战争就是把新英格兰的印第安人的势力及印第安的种族根本消灭。"①

菲利普王是殖民者给万帕诺亚格酋长梅塔科迈特取的名字。普利茅斯殖民者对这位年轻力壮、精明能干而且很有声望的印第安酋长心存戒惧,几次强迫他向普利茅斯殖民地官员表明对殖民地当局的态度,并曾派人同附近的易洛魁部落联络,要求他们攻击万帕诺亚格人。但这种要求遭到了易洛魁部落的拒绝。

战争是由于普利茅斯当局企图解除万帕诺亚格人的武装,夺取他们的土地而引起的。万帕诺亚格人在忍无可忍的情况下才于1675年6月初做好起义准备。当时在菲利普王的手下大约有500名万帕诺亚格战士,从其他印第安部落中来到这里的加盟者将近900人。②6月24日,新英格兰殖民当局进行战争动员,要求波士顿附近的城镇派兵支援普利茅斯。6月28日,塞缪尔·莫斯利上尉和丹尼尔·亨奇曼上尉带领的两个步兵连和托马斯·普伦蒂斯带领的一个骑兵连夜赶到斯旺西,同卡德沃斯少校带领的普利茅斯民兵会合。就在这一天,联合殖民地委员会又向康涅狄格殖民地发出战争已经打响的通报,并请求予以支持。菲利普王的战士在各路殖民军的围攻下不得不撤离故土,进入波卡塞特沼泽地与殖民军周旋。斯旺西、达特茅斯、汤顿和里霍博斯都曾不断受到印第安战

---

① W. C. Maclead:《印第安人兴衰史》,第188页。

② Charles T. Burke, *Puritans at Bay: The War Against King Philip and the Squaw Sachems*, New York: Exposition Press, 1967, p. 95.

士的攻击。随着时间的推移,卷入战争的部落越来越多。1675年11月2日,新英格兰联合殖民地委员会又向纳拉甘西特人宣战。在印第安人的坚决抵抗下,殖民军伤亡惨重,仅在12月19日的一次战斗中,就有20名清教徒士兵当场被打死,150人受重伤,其中因伤势过重几天后死去的有75人。

然而,菲利普王面对的是普利茅斯、康涅狄格、马萨诸塞三个殖民地强大的联合军事力量的进剿,即使有所斩获,也很难坚持下去,不得不撤离波卡塞特,向尼普马克人求援。菲利普王虽然得到了尼普马克人的支持,并同纳拉甘西特人在不同地区对殖民军作战,但终因力量对比过于悬殊而节节败退。殖民军在同纳拉甘西特人的一次战斗中毁坏了他们的村庄,凶残地杀害手无寸铁的妇女儿童,并把被俘的酋长坎农契特同43名战士一起处死。

12月25日,殖民地联合委员会决定再征集1000人加紧对印第安人的征剿。他们打算乘胜追击,首先消灭纳拉甘西特人。一支由温斯洛带领的1500人的殖民军,沿着幸存的纳拉甘西特战士的足迹,直插荒野。由于气候严寒又缺少食物,历史上称之为"饥饿进军"。2月初,征剿结束,许多逃过追击的纳拉甘西特战士都加入了尼普马克人的队伍。

纳拉甘西特人的部落基本上被摧毁以后,尼普马克人就成了下一个被征剿的目标。尼普马克人聚居在康涅狄格河河谷,战斗开始以后就以博格河一带为中心,从那里派出战士袭击周围的城镇和居民点。兰开斯特曾遭到围困,不少房屋被焚毁,牧师雷文德·约瑟夫的夫人被俘,但不久被释放。她曾在日记中写道:"1676年2月10日许多印第安人袭击兰开斯特。他们第一次出现大致在太阳升起的时候。"[1]2月21日,印第安人又攻击梅德菲尔德,撤退后留下一张纸条,警告守卫这个城镇的驻军。上面写道:"你们可以从这张纸条知道,印第安人已被你们激怒,如果你们愿意打,将在这里战斗二十一年。这里还有许多印第安人。你们应当

---

① Charles T. Burke, *Puritans at Bay*, p. 153.

明白,印第安人除了生命以外不会失去什么东西,而你们却要失去漂亮的房子和牛群。"[1]

尼普马克人骁勇善战,在萨加莫尔·约翰和独眼约翰的带领下屡屡重创殖民军,并曾向敌人腹地进军,直指波士顿。4月中旬,大军在菲利普王的统一指挥下到达波士顿附近的萨德伯里。波士顿城内一片惊慌,殖民地联合委员会急忙从四面调兵来堵击印第安人的大队人马。双方在萨德伯里激战一整天,伤亡都很大。殖民军军官伍兹沃斯战死,菲利普王的力量也受到削弱。

7月,尼普马克人的抵抗中止,萨加莫尔等人被俘,并被殖民军绞死。菲利普王和他的部落遭到孤立。菲利普王本可以带领部落穿过梅里马克河谷到上康涅狄格河谷,求得那里的法国殖民者的保护,继续生存下去。但他没有这样做,因为他不愿意为了苟且偷生而屈从于另一个殖民者,于是他骄傲地带领部落回到自己原来的居住地,准备在那里同殖民军决一死战。美国学者伯克曾经这样评价说:"他是明知道没有希望还要战斗的人,下决心要战斗而死,并尽可能给敌人造成损害。"[2]

菲利普王及其战士的活动范围大致在汤顿和富尔河之间的沼泽地带,曾经向汤顿和附近的城镇发动袭击,但战果不显著。后来由于同盟者的倒戈和出卖,他的妻儿于1676年8月被俘,而且立即被卖到西印度群岛为奴。不久后,他也被俘,并遭到残酷的杀害。他的身体被肢解,头被割下悬挂在普利茅斯的一根高竿上示众。

菲利普王之战的结果对于印第安人来说是极为悲惨的。12000名印第安人死于战争和饥饿,被卖身为奴的不计其数。[3]居住在东部沿海地带的其他印第安部落也遭遇到同样悲惨的命运。他们受到当地殖民者的连续征剿,几乎被赶尽杀绝,在那个地带已经再也看不见印第安人

---

① Charles T. Burke, *Puritans at Bay*, p. 156.

② Charles T. Burke, *Puritans at Bay*, p. 211.

③ W. C. Maclead:《印第安人兴衰史》,第195页。

的部落和村庄了。

随着殖民地人口的增长,殖民地当局不断从沿海地带向内地移民,同居住在那里的印第安部落发生冲突,征剿印第安人的战争不断向内地延伸。1763—1765 年爆发了殖民地时期最后一次大规模的印第安战争,史称庞蒂亚克之战。

庞蒂亚克是渥太华部落的酋长。他对白人的侵扰深恶痛绝,决心保卫底特律河流域的印第安土地,把入侵者赶走。1762 年,他联合波塔瓦杜米和怀安多特部落,并得到他们的拥戴,他还向大湖区和南卡罗来纳以北地区的部落发出共同反对英殖民者的号召。尽管有不少部落响应庞蒂亚克的倡议,奔赴抗击英殖民者的前线,但要把如此分散的部落组织成为一支统一的武装力量,几乎是不可能的。各个部落在多数情况下只是各自为战。

1763 年 4 月 27 日,庞蒂亚克在底特律附近的一条小河畔召集了一次会议,附近各部落都派有代表参加,与会者表示愿意接受庞蒂亚克的领导。会后,庞蒂亚克颁布了第一道命令,要求波塔瓦托米人和休伦人秘密备战。同时,庞蒂亚克派遣自己部落的人进入底特律探听虚实。5 月 5 日,在波塔瓦托米人的村子里举行了第二次会议。庞蒂亚克在会上号召说:"弟兄们,对于我们来说,重要的是从我们的土地上赶走这个只想毁灭我们的民族。"[1]会议还决定在第二天对底特律发起突袭,由庞蒂亚克带领 60 名战士进入要塞做内应。休伦人和波塔瓦托米人则分兵两路,一路围困要塞,另一路在底特律河下游埋伏,狙击外来的援军。但当天夜间,英殖民军长官格拉德温上校收到告密,第二天禁止庞蒂亚克的护兵进入要塞,突袭计划未能实现。

5 月 8 日,印第安战士进攻底特律外围的建筑。5 月 12 日,围攻底特律开始。起义在其他地区也迅速蔓延。

---

① Howard H. Peckham, *Pontiac and the Indian Uprising*, Princeton: Princeton University Press, p. 119.

起义的爆发和迅速扩展使坐镇纽约的杰弗里·阿默斯特将军大为震惊。他一方面下令抽调兵马堵截起义军,另一方面急忙向伦敦报告军情。在东部战场,殖民军的援军于8月解了匹特要塞、尼亚加拉要塞之围。年底,底特律周围的印第安武装也陆续退走。在退走前庞蒂亚克曾给格拉德温上校写信,表示他将忘却过去的恩怨,同守军讲和,也希望对方能够接受他的倡议,停止敌对行动。但事实上,双方的仇恨并未消除。庞蒂亚克带领部落离开底特律后,准备去伊利诺伊,印第安部落同英殖民军之间的战事仍时有发生。1765年战争始告结束,据皮克哈姆估计,战争使四百多英国人丧失了生命(不包括移民被杀人数)。①1766年7月底,双方又在安大略要塞举行谈判,印第安部落重新承认英国人的权力。庞蒂亚克同他的部落重新回到自己的村子,后来在街上商店买东西时被暗杀。

　　庞蒂亚克战争的结束宣告殖民地时期印第安人大规模抗战的终结。在以后的岁月里,他们不得不继续向西迁移,把自己的家园留给殖民者。

二、美国独立后西北地区和东南部的战事

　　美国独立后,西部边界推进到密西西比河。密西西比河以东和俄亥俄河以西、以北的广阔的土地成为西进移民的理想的垦殖地区。在邦联时期虽然通过了《西北法令》,但还没有来得及从印第安人手里夺取这些土地。新成立的联邦政府立即要求西北领地当局把该地区的印第安部落迁移到更远的西部去,但遭到印第安部落的抵抗。于是西北地区军事指挥官乔赛亚·哈马将军准备动用军队来摧毁印第安人的反抗。1790年秋天,哈马将军率领军队从华盛顿要塞出发,直接指向莫米河,准备进攻那里的印第安部落。但由于行军速度极为缓慢,当哈马将军的军队抵达目的地时,那里的印第安人早已隐身丛林深处。10月下旬,哈马将军

---

① Howard H. Peckham, *Pontiac and the Indian Uprising*, p. 237.

又带兵南下,行动仍然十分缓慢。他派出的一个几百人的分遣队在莫米河附近陷入印第安人的埋伏,损失惨重,183人被打死。征剿遭到彻底失败。

第二次征剿规模更大。西北领地总督圣克莱尔亲自督军,他率领经过精心挑选的3000名士兵,再次征剿莫米河附近的印第安部落。1791年夏天,征剿队出发,沿途建立了三个要塞:汉密尔顿要塞、圣克莱尔要塞和杰斐逊要塞。11月3日,征剿队终于到达目的地,在莫米河南岸扎营。圣克莱尔傲慢自大,犯了兵家大忌,竟然允许手下士兵随意扎营,而且不设警戒。当天夜间,印第安人在暗地里包围了所有的营帐,次日拂晓,突然向尚在睡梦中的士兵发起猛攻。征剿队溃不成军,顷刻间被打死630人、被打伤283人。幸存者逃往杰斐逊要塞。圣克莱尔在卫队的保护下才突破重围,免于一死,圣克莱尔的大败使印第安人受到鼓舞。他们不断向附近的移民点进攻,迫使移民放弃所占据的土地,逃往附近的市镇。

1793年,新任西部军司令官安东尼·韦恩将军接到华盛顿总统关于征剿印第安人的命令。韦恩研究了前两次征剿失败的教训,不愿意进行无准备的战争,只是把军队开到杰斐逊要塞以外6英里处,就在那里驻扎下来,并修筑了格林维尔要塞,在那里度过了1793—1794年的冬天。1794年春天,韦恩的军队缓慢地向西北方向推进,在圣克莱尔被打败的战场上修筑了雷科弗雷要塞。1794年8月8日,他的军队终于抵达莫米河印第安人的驻地。韦恩随即扬言要攻打印第安战士的营地,这个消息使驻守在距英军的迈阿密要塞不远的同韦恩相对峙的印第安战士极为紧张。他们急忙把那里的树木砍倒,以阻止韦恩骑兵队的进攻。但韦恩没有马上进攻,等到他们松懈下来并分兵回村取粮草的时候,才突然于8月20日发动奇袭。韦恩的骑兵早有准备,奇迹般地突破了倒树的障碍,直取印第安人的指挥中心,另一路则猛攻左翼。战斗只持续了两小时,印第安人精心设置的防御就全线崩溃了。虽然印第安人只战死50人,损失不大,但士气却一落千丈,完全失去了抗击白人入侵的信心。这一战基本上决定了西北地区印第安部落的命运。韦恩不失时机地利用战争造成的有利形势迫使印第安诸部落签订条约，割让土地。

韦恩决定于1795年在格林维尔同印第安部落代表进行和谈。6月16日，参加议和的部落代表抵达格林维尔。会议地点就在要塞附近森林中的一个开阔地带，到会的有1130名印第安酋长和战士。8月3日，酋长们和韦恩将军在条约上签字画押，这就是历史上著名的《格林维尔条约》。条约规定，西北地区的印第安各部落只保留伊利湖沿岸的土地、印第安纳境内的一个三角地带和交通线上十六个不大的据点，将西北地区的其他土地完全让出来，由联邦政府提供一万美元年金作为补偿。

《格林维尔条约》签订后，在西北地区剥夺印第安土地的进程日益加紧，各个领地的总督们不断要求印第安部落将条约规定以外的土地让给政府。第一个提出这类要求的是印第安纳领地总督威廉·亨利·哈里森。他于1802年，召集基普卡人、韦厄人和特拉华部落的代表在文森斯集会，要求他们进一步让出土地，并以武力相威胁。1803年，哈里森以帮助卡斯卡斯基亚人打退其仇敌波托瓦托米人为条件，向他们索取大片土地。第二年又从索克和福克斯部落那里夺得了1500万英亩土地，其条件是提供一定数量的年金和释放被指控杀害白人的印第安人。密歇根领地的总督威廉、赫尔也采用类似的手段从印第安人手里夺取了大片土地。到1807年，密歇根东部、印第安纳南部和伊利诺伊大部的土地都落入了政府手中。

各地政府的巧取豪夺进一步激怒了印第安人。越来越多的印第安人不承认他们的代表同韦恩将军签订的《格林维尔条约》。大湖区各部落表示要誓死保卫自己的村庄和狩猎场。这时在肖尼族中出现了两位勇敢而又具有卓识的领袖人物特库姆塞和他的兄弟预言者劳德沃伊斯（又名坦斯克瓦特瓦），他们两人都主张建立印第安各部落的联盟来反对白人侵占土地。1805年11月坦斯克瓦特瓦在奥格拉兹河畔召集印第安诸部落会议，筹建联盟，塞尼卡·怀安多特、渥太华、肖尼等部落都派人参加会议。1807年，他同特库姆塞带领几百名印第安战士进入被剥夺的故土。次年，他们应基卡普人和波托瓦托米人的邀请，到沃巴什河和蒂珀卡努河的汇合处定居，在那里建立蒂珀卡努村（又叫作普罗普奈特城），并继续筹建印第安部落联盟。

特库姆塞兄弟的积极努力在西北地区印第安部落中产生了积极的影响。尽管一时还不能建成巩固的联盟，但已有相当数量的印第安部落酋长认识到，只有团结起来才能阻止白人继续西侵。坦斯克瓦特瓦还在西北地区印第安部落中创立和传布自己的宗教，反对酗酒，提倡互助和帮助弱者。哈里森对坦斯克瓦特瓦的行动极为关注，认为这是一种越轨行为。1810年7月，他写信给坦斯克瓦特瓦并警告说："我的孩子，这种行为必须立即停止，我再也不能容忍。你从很远的部落中召集一些人来倾听那个不说伟大的神灵的话而只说魔鬼和英国代理人话的蠢材。"[1]坦斯克瓦特瓦对总督的信做了如下回答："我的父亲，我曾经告诉你我们在做什么，我请求伟大的神明体察我的声明的真相。近三年来，我创立的宗教已得到世界上这一角落的所有不同的印第安部落的信奉。曾经是分崩离析的印第安人，现在成为一个民族了。他们都决定照我告诉他们的话去做，而这些话是伟大的神灵通过我直接传达给他们的。"[2]毫无疑问，坦斯克瓦特瓦的传教确实加强了印第安部落的团结，但却也因此引起了领地政府的恐惧。

早在1890年，特库姆塞就反对哈里森总督通过签订条约迫使特拉华人、迈阿密人和波托瓦托米人将文森斯以北沃巴什河两岸宽60英里的地带让给领地政府。他曾和哈里森发生过争论，并在8月20日的一次讲话中告诫说："弟兄们，自从缔结和平条约以后，你们杀戮了一些肖尼人、温纳贝戈人、特拉华人和迈阿密人，你们还从我们这里夺走土地，我

① Reed Beard, *The Battle of Tippecannoe: Historical Sketches*, Chicago: Donuhue & Henne - berry, 1889, p. 25.

② Reed Beard, *The Battle of Tippecannoe*, p. 27.

认为如果你们继续这样干,我们就无法保持和平。"①特库姆塞的鲜明立场得到越来越多的印第安部落的支持,建立印第安联盟的呼声也随之高涨。

另一方面,哈里森政府也加强了镇压印第安人的措施。哈里森首先同特库姆塞进行谈判,企图迫使他停止反抗活动,但1809年8月22日和1810年7月27日的两次会谈均无结果,于是哈里森转而向联邦政府搬兵求救。1811年7月17日,麦迪逊总统下令把约翰·P.博伊德上校指挥的骑兵第四团划拨给哈里森。哈里森还向所有的印第安部落发出信函,告诫他们不要参加特库姆塞倡导的联盟。

1811年9月,哈里森决定征剿印第安人,并于26日率领包括正规军、肯塔基民兵和印第安纳民兵的庞大队伍离开文森斯。10月3日,讨伐军到达沃巴什河东岸(今特拉霍特所在地)扎营,并在那里修筑了哈里森要塞。哈里森向印第安人传信,要求他们交出杀害白人的凶手和盗走的马匹,并退出蒂珀卡努,返回各自的家园,否则政府军将与他们兵戎相见。10月27日,一支上千人的讨伐军沿沃巴什河向印第安部落聚集的蒂珀卡努村进发。11月6日,讨伐军在离蒂珀卡努3.5英里的一块高地上扎营,营地周围戒备森严,部署了相当多的警戒兵力,轮班防守。第二天凌晨4时左右,印第安人发动了猛烈的攻势,持续了几个小时之久。尽管哈里森做了充分准备,也被打得手忙脚乱,喘不过气来,不得不在死亡线上挣扎。直到印第安战士由于久攻不下而且屡见伤亡并突然撤退以后,讨伐军才算死里逃生。

根据11月18日哈里森写给陆军部长的战报,政府军在战斗中死37人,伤151人,其中重伤25人。②有近十名军官阵亡,其中包括两名上校。印第安人方面死伤的人数大致相等,这在当时来说,是一个相当大的数

---

① Reed Beard, *The Battle of Tippecannoe*, p. 33.

② Reed Beard, *The Battle of Tippecannoe*, p. 66.

字。有人认为："这是在印第安土地上从未有过的最大的军事冲突。"①

印第安人虽然在这次战斗中没有遭受明显的失败，但却由于进攻未能得手而斗志涣散。特库姆塞千辛万苦组成的联盟因而濒临崩溃。当时特库姆塞本人正在南方劝说各印第安部落加入他的联盟，没有参加这次战斗。他回来后发现这次进攻同他的计划是完全相左的，所造成的严重后果已经无法挽回。于是他转而同英国军队联合反对领地政府，并在1812年战争中为英军作战，于1813年10月5日在萨麦德一役中战死。

特库姆塞南方之行虽未能完成建立印第安联盟的使命，但在鼓舞当地印第安部落起来捍卫自己的土地方面起到了积极作用。1813年夏天，克里克人准备联合查克塔人举行反对美国政府的起义，但未成功。6月25日，克里克人的首领弗朗西斯带领300名战士进驻霍利格朗，引起附近的汤比格比河和滕索居民点的白人的惊恐。这时，美国政府的军队正忙于同英军作战，无力分兵镇压，于是华盛顿县的詹姆斯·科勒上校立即组建民兵连队来赶走印第安人。7月25日，他率领一小队人马在圣斯蒂芬斯渡过汤比格比河，直奔格拉斯要塞，在那里同另外两队民兵会合，总兵力达到150人。他立即率领这支军队奔赴邦特科恩小溪，向克里克人的营地发动突袭。起初，趁克里克人不备，曾把他们赶进沼泽地，但克里克人很快就组织反击，一下子就把科勒的人马赶回山麓。

科勒的人马是乌合之众，经不起冲击，在印第安人的追击下溃不成军，四下奔逃。科勒和另一名指挥官伍德仓皇窜入丛林不知去向。民兵大败，死2人，伤13人。失踪的科勒和伍德后来在丛林中被找到时，已经快饿死了。

8月底，在阿拉巴马河下游的米姆斯要塞又发生了一次战斗。要塞中共有五百多人，其中有265名士兵，由狄克逊·贝利上尉指挥。克里克战士逐渐向这个要塞逼近，形势日趋紧张。丹尼尔·比斯利少校连同他手下的175名士兵被派往米姆斯要塞，并接掌要塞守军的指挥权。他是

---

① Reed Beard, *The Battle of Tippecannoe*, p. 75.

一个勇敢过人但缺少谋略刚愎自用的军官,并没有把印第安人的进逼放在心上。8月29日,克莱本将军曾派人警告他,要他做好准备,提防印第安人的进攻。但比斯利置若罔闻,第二天上午还在同军官们玩纸牌,民兵们也在各自消遣,整个要塞毫无防备。接近中午时分,有人在要塞门口大叫"印第安人来了!"少校不但不赶紧准备,反而要逮捕那位送急信的人。12时整,要塞的警钟终于敲响了,当时军官们正在吃午饭。近千名克里克战士冲向要塞大门,士兵们企图抢在攻击者前头,关上大门,但为时已晚。比斯利少校立即被打死,官兵们仓皇应战,战斗持续到下午5时。要塞守军死伤惨重,将近一百名妇女、儿童被俘。

征剿和驱赶东南部的印第安部落是南部几个领地早已制订好的计划,只是由于1812年美英战争的爆发而不得不推迟。1813年10月,杰克逊将军的军队与威廉·克莱本将军的密西西比军和约翰·弗洛伊德将军的佐治亚军会合,随即向阿拉巴马和佛罗里达的印第安人发动进攻,挑起了一系列战争。其中比较重要的有霍利格朗德之战。霍利格朗德位于阿拉巴马河南岸的平特拉拉和大沼泽溪之间,在现今的洛沃德斯县境内,是克里克人的后方基地。克莱本将军率领的千人大军于12月22日抵达这里,次日清晨即分左、中、右三路向村庄发起进攻。由于天气寒冷,地形复杂,直到中午卡尔森上校指挥的右路军始攻入村庄同印第安人激战,半小时后其他两路人马才赶到战场。这时,印第安人已沿着阿拉巴马河撤走。军队随即焚毁了这个巨大的村庄。

另外一次战斗,也是决定性的战斗是蒂霍皮卡之战,又叫作马蹄湾之战。该战役于1814年3月27日发生在塔拉普萨河大转弯处,由杰克逊直接指挥。他命令科菲将军率领一支军队渡河切断印第安人的退路,然后才从正面进攻。印第安人寡不敌众,他们的防御很快被摧毁。杰克逊的士兵冲进了村庄,肆意残杀老弱妇幼。事后杰克逊还颇为得意地说:"可以相信得以幸免者不超过二十人。"①

1814年8月9日,战败的克里克人被迫在杰克逊要塞签订和平条约,又称"征服协定"。根据这个条约,联邦政府从克里克人手中夺走了库萨河以西的广大地区。从此,相当于亚拉巴马州一半的地区正式向移民开放,克里克战争就此宣告结束。只有少数部落不承认这项条约,并试图寻求西班牙的支持,但其活动范围只局限在汤比格比河和莫比尔湾一带。

杰克逊将军还借口追捕逃亡奴隶,派兵攻打西属佛罗里达境内塞米诺尔人的村庄。塞米诺尔人是1716年从克里克人分离出去的印第安部落。克里克人的首领把他们叫作逃亡者,克里克语"逃亡者"的发音就是塞米诺尔。塞米诺尔人由于自身处境同逃亡奴隶颇有相似之处,特别同情逃亡奴隶,热情接纳他们,并同他们友好相处。在塞米诺尔人居住区内,阿巴拉契科拉河上游15英里处有一个要塞就是由黑人驻守的,塞米诺尔人有时也派战士前来帮助守卫。这个要塞因而也被叫作"黑人要塞"。杰克逊蓄意要毁掉这个要塞,并在佛罗里达、佐治亚、阿拉巴马交界处建立斯科特要塞与之相对峙,由弗吉尼亚人埃德蒙·P.盖恩斯将军驻守。同时,杰克逊还通过陆军部长要求西班牙驻佛罗里达的军事首脑拆毁这个要塞,但遭到礼貌的拒绝。

1812年美英战争开始后,佐治亚州政府曾经派遣民兵进入佛罗里达包围圣奥斯丁,但在印第安人和黑人的袭击下被迫于1813年5月撤兵。1814年2月7日,佛罗里达邻近的几个州又派出联军征讨塞米诺尔人。征剿大队肆意烧杀抢劫,毁坏了塞米诺尔人的房屋386间、玉米几千蒲式耳②,掠走马300匹、牛400只。③4月18日,讨伐军撤走。但由于

---

① H. S. Halbert and T. H. Ball, *The Creek War of 1813 and 1814*, Tuscaloosa: University of Alabama Press, 1969, p. 276.

② 英美制容量单位,英制1浦式耳合36.37升,美制1蒲式耳合35.24升。

③ Virginia Bergman Peters, *The Florida Wars*, p. 44.

美国移民不断涌入东佛罗里达，他们同塞米诺尔人的冲突也越来越频繁。在杰克逊将军眼里，黑人要塞是逃亡黑奴和塞米诺尔人的重要据点，如果不彻底清除，美国军队就很难控制东佛罗里达的局势。于是杰克逊将军致函盖恩斯，要求他进入西班牙殖民地用武力摧毁这个"祸根"。

1816年7月下旬，盖恩斯命令邓肯·克林奇上校带兵攻打"黑人要塞"。7月27日凌晨5点30分，讨伐军的一艘炮艇越过美国边界向要塞开火。炮火毁坏了围墙，引起火灾，要塞内270人被击毙和烧死。幸而逃出要塞的人立即冲向原野，四处奔逃。美国军队乘机夺取了要塞。尽管这个要塞在西属佛罗里达境内，杰克逊还是不顾国际关系准则下令重建，并派兵驻守。他甚至要求美国军队深入佛罗里达腹地追捕逃奴和印第安人，并致函西班牙总督说，任何阻止美国人沿阿巴拉契科拉河航行的行为都将被认为是不友好的行动。[1]

1817年，塞米诺尔人受到英国人的挑动，不断同美国边界居民发生流血冲突。双方仇杀事件时有发生。这就为美国政府再次发动进攻塞米诺尔人战争和侵入佛罗里达提供了借口。是年秋天，加勒特夫人和她的两个孩子被印第安人杀害的事件成了这次战争的导火线。盖恩斯将军一方面向陆军部报告了佐治亚、阿拉巴马南部边界的紧张形势，同时做好了征剿塞米诺尔人的准备。他借口富尔镇的印第安首脑拒绝接受传讯，派遣一支250人组成的武装队伍去攻打这个印第安人的村庄。结果烧毁了整个村庄并杀死四名印第安战士和一名妇女，把所有余下的印第安人都赶往佛罗里达内地。[2]盖恩斯将军这种肆意袭击印第安人的暴行甚至引起了边境地区的美国印第安人事务官员米切尔的不满。他曾就此事向陆军部提出报告，说明这个村庄的印第安人从未加入反对美

---

① Henrieotta Buckmaster, *The Seminore Wars*, New York: Collier Books, 1966, p. 22.

② Virginia Bergman Peters, *The Florida Wars*, p. 49.

国政府的战争,这次征剿完全是盖恩斯将军在滥用职权。[①]

福尔镇被焚后,塞米诺尔人和黑人联合起来进行反击,在边境地带袭击居民和旅客。1817年12月10日,美国陆军部长约翰·C.卡尔霍恩正式命令盖恩斯将军清剿西属佛罗里达境内的印第安人。10天后,安德鲁·杰克逊将军也奉命追剿印第安人,并授权在边境各州招募必要数量的民兵。1818年3月,杰克逊带领1000名田纳西志愿兵深入塞米诺尔人聚居的中心村庄米卡舒基,击溃了塞米诺尔人的武装力量,随即烧毁了村庄,劫掠了大量谷物和一群牛。在此以后,杰克逊率兵攻打萨旺尼地区的黑人聚居地,烧毁了300间房屋,缴获2700蒲式耳玉米、90头牛和许多马匹。战争至此告一段落。

三、《印第安迁移法》公布后的几次战争

1830年《印第安迁移法》公布后遭到部分印第安部落的顽强抵制。他们拒绝离开故土迁移到密西西比河以西去,并奋起抵抗政府军的武装干预,先后爆发了黑鹰战争和第二次、第三次塞米诺尔战争。

黑鹰是索克人的首领,曾联合福克斯人共同抗拒迁移。在《印第安迁移法》颁布以前,美国政府就已经提出将这两个印第安部落迁移到密西西比河西岸的要求,其根据是1804年联邦政府同这两个部落签订的《圣路易斯条约》。根据这个条约,这两个部落在密西西比河以东的5000万英亩土地应当让给联邦政府,由联邦政府向他们提供1000美元年金作为补偿。但是签约的四名印第安人都不是两个部落的正式代表,这项条约根本不具有法律效力。所以政府的要求是没有法律根据的,更何况用1000美元年金购买5000万英亩土地本身就是一种不公正的欺骗行为。印第安部落完全有理由不承认这项条约。黑鹰在自传中这样写道:"我从那个条约中发现,密西西比河以东、杰斐逊以南的所有土地以

---

① Virginia Bergman Peters, *The Florida Wars*, p. 50.

1000美元年金为代价让给了联邦政府。我请美国人民评议,我们的民族在这项条约中是否有合适的代表,或者联邦政府是否对这四个人让出的广阔的地区给予了公平的补偿。"①《索克人和黑鹰之战》一书的作者阿姆斯特朗也认为这四个签约的印第安人均非索克人和福克斯人的代表。"他们无权将土地卖给美国政府。因此印第安人以1000美元年金把5000万英亩土地卖给美国政府本身就是一个问题,把它作为攻击印第安人的理由是站不住脚的。"②

　　1829年春天,一大批拓荒者在政府的默许下侵入索克人和福克斯人的村子,把和平地生活在那里的印第安人赶走。当时索克人的老酋长基奥卡克被迫带领部落渡过密西西比河,在奥艾瓦建立新的居住地。但是黑鹰和一小部分索克人不愿意西迁,在未被拓荒者占领的土地上重建自己的家园,在一段时间内同拓荒者和平相处,没有发生冲突。

　　《印第安迁移法》颁布以后,黑鹰和他的部落都必须迁移到密西西比河西岸。1831年春天,有人故意制造的索克人将要袭击移民点的谣言不胫而走,这正好成为伊利诺伊州长雷诺驱赶印第安人的借口。5月18日,雷诺写信要求盖恩斯将军帮助他征剿印第安人。6月初,盖恩斯将军带领六个连队乘汽船从圣路易斯出发,在阿姆斯特朗要塞同另外四个连队会合,总兵力达到1000人。

　　1831年6月9日,盖恩斯将军试图通过谈判将黑鹰手下的人迁走,但遭到黑鹰的拒绝。他随即命令索克人在两天之内渡过密西西比河,否则将把他们赶走。当天,盖恩斯将军带领军队逼近黑鹰的主要基地索克鲁克,就近监视黑鹰部落的行动。士兵们在那里度过大半天,一直未发现索克人有什么敌对行为。于是盖恩斯将军把军队撤回要塞,并向陆军部长报告说:"无论他们的敌对情绪如何,他们除去自卫以外,不会去使

---

① P. A. Armstrong, *Sauks and the Black Hawk War*, Springfield: H. W. Rokker, 1887, p. 72.

② P. A. Armstrong, *Sauks and the Black Hawk War*, p. 108.

用他们的战斧和火炮。"①看来,盖恩斯将军并不想立即向索克人发动进攻。但是,雷诺兹州长和邓肯将军的到来完全改变了事件的进程。

他们两人率领1600名民兵于6月25日抵达罗克波特,并要求盖恩斯立即发起进攻。在这里居住的索克人只有1500人,大多是妇女、老人和小孩,战士不超过300人。在力量如此悬殊的情况下,黑鹰采取了正确的对策。6月25日晚上,他让所有的索克人都登上独木舟,停靠在离村庄约100码的岸边,随时可以渡河。第二天早晨在发现敌人向村庄进发时即悄然离去。

盖恩斯的大军逼进村庄后首先对索克鲁克进行火力侦察,然后分三路向村庄进袭。然而他们所攻打的却是一座无人的村子。于是这次策划已久的大征剿就变成了美国兵的庸人自扰。

黑鹰在这次征剿后仍然没有放弃返回故土的希望。6月30日,他和另外几位部落酋长到阿姆斯特朗要塞同盖恩斯将军谈判。雷诺兹州长坚持要他投降,强迫黑鹰签订了一个所谓的"协议和投降条例",不准许索克人重返密西西比河东岸。不过,这个文件由于手续不全,始终没有递交给总统和国会批准,不能算是一个正式协定。1832年4月6日,黑鹰带领部落又回到罗克河畔的故居。黑鹰在东岸出现的消息很快传到雷诺兹州长耳中,他随即于4月16日发布通告,招募民兵,准备再次征讨黑鹰。

雷诺兹州长和怀特斯德将军带领1000名民兵到普罗菲茨敦同总司令官阿克金森将军会师。但他们在阿克金森到达前已经开始行动,于5月12日进驻迪克森,斯蒂尔曼和贝利两位少校率先请求带兵进剿黑鹰。5月14日,他们在距黑鹰的村庄约6英里处的拜伦村扎营。斯蒂尔曼十分轻敌,放纵士兵饮酒,故意囚禁黑鹰派去谈判的代表,并带兵追击跟随代表的5名战士,途中遭遇伏击,斯蒂尔曼的军队大败。侥幸逃回大本营的士兵把这场战役描述得十分可怖,说什么黑鹰的战士有1000人,个

---

① P. A. Armstrong, *Sauks and the Black Hawk War*, p. 171.

个狰狞凶狠。其实当时参战的印第安战士只有40人。黑鹰后来回忆说:"不多一会儿我们发现整队敌人向我们急驰而来。我们现在确信,我们派出的第一批人(指谈判代表)被杀害了。我立即把我的人隐蔽在灌木丛后面,这样我们就可以在他们靠得够近的时候开第一排枪。他们在离我们不远的地方停下。我又发出一声呼喊,并命令我的勇敢战士向他们射击,预计他们会全部被杀死。战士们开火了,每个人都冲向敌人并进行射击。他们在我人数不多但勇敢的战士面前狼狈溃散了。"①

政府军在遭到这次挫败以后重新部署力量,以优势兵力继续追击黑鹰的人马。在追击过程中发生过多次规模不同的战斗,其中有6月上旬的阿普河战斗,6月16日的佩卡顿尼卡战斗,6月25日的第二次凯洛格林地战斗,7月21日的威斯康星高地战斗,以及8月初的烂斧头战斗。在诸次战斗中,凯洛格林地战斗要算是最激烈的一次了。阿姆斯特朗认为:"第二次凯洛格林地战斗,也是所谓的黑鹰战争在1832年的唯一的真正的战斗,是黑鹰反对白人的最后一次进攻。"②

战斗发生在迪克森以北36英里的凯洛格林地。6月25日,德门特少校带领50名骑兵追击印第安人。当发现大队印第安人时,追兵们不听命令,立即冲锋,随即陷入了黑鹰战士的火力网,追兵队伍大乱,死伤惨重,几乎全军覆没。

然而,黑鹰的队伍也由于长途跋涉、战斗减员、疾病和饥饿的困扰逐渐失去了战斗力,最终在威斯康星高地的战斗中败北,索克人的老弱妇孺惨遭屠杀。1832年8月27日,黑鹰被他的朋友独眼德科里和奇托斯出卖,被捕入狱。9月1日,索克人被迫同政府签订《阿姆斯朗要塞条约》。条约规定,索克人和福克斯人把密西西比河以东的土地全部让给联邦政府。联邦政府则在西岸的艾奥瓦河两岸划出400平方英里的保留

---

① J. B. Patterson ed., *Autobiography of Black Hawk*, St. Louis: Press of Continental Printing Co., 1882, p. 97.

② P. A. Armstrong, *Sauks and the Black Hawk War*, p. 438.

地供两个部落居住,并每年支付2万美元年金,期限为三十年。①

黑鹰和他的两个儿子及几位战友被押往华盛顿,并曾同杰克逊总统会面,随后又被解往巴尔的摩、费城和纽约。黑鹰获释后在艾奥瓦的戴维斯县定居,1838年10月3日因病去世。去世前他最关心的是他的同胞的安全,他在自传中写的最后一句话是:"但愿神灵保佑我们的人,使白人长久保护和平,这就是黑鹰的真诚愿望。"②

在东南部,特别是在佛罗里达,也发生了一系列驱赶印第安部落的战争,其中以第二次和第三次塞米诺尔战争为最激烈。1832年,联邦政府迫使塞米诺尔人的一些首领签订《佩尼斯台地条约》,规定塞米诺尔各部落应在三年内离开佛罗里达,到指定的西部土地上去。但是,大多数塞米诺尔人不承认这项条约,因为他们从邻近部落迁移时的悲惨境遇,看清了联邦政府的用心,宁愿死在战场上也不愿死在迁移的路上。他们最终选择了奋起抵抗的道路,推选奥西奥拉为首领,准备同白人决战。战争于1835年12月爆发,史称第二次塞米诺尔战争。战争初期,弗朗西斯·戴德指挥的政府军在两次战斗中都遭到失败。

塞米诺尔人利用森林和沼泽作掩护开展游击战,使自己的对手疲于奔命。杰克逊总统不得不几次改派指挥官以扭转被动的战局。1836年初派遣温菲尔德·斯科特将军代替邓肯·L.克林奇准将指挥征剿队,但在当年5月就解除了他的职务,最后任命托马斯·S.杰瑟普少将为新的指挥官。杰瑟普首先离间黑人和塞米诺尔人,并针对印第安人的战术,使用猎犬追踪。这样就使得塞米诺尔人丧失了机动性的优势,处于被动局面。

1837年10月,由于长期奔波和物资匮乏,奥西奥拉最终不得不表示愿意举行谈判。谈判地点定在离圣奥古斯丁要塞8英里的地方。奥西奥拉万万没有想到,这次谈判竟然是政府设下的圈套。当会议正在进行

---

① P. A. Armstrong, *Sauks and the Black Hawk War*, pp. 482–483.

② J. B. Patterson ed., *Autobiography of Black Hawk*, p. 180.

时，会场被政府军队包围。奥西奥拉和他的随员被捕，并被投入监狱。这对塞米诺尔人来说是一个巨大的打击，他们因此失去了统一的指挥。1837年圣诞节，塞米诺尔人在奥基乔比湖畔的战斗中惨遭失败。是役，约100名印第安人战死，2900人被俘，损失惨重。此后，虽然仍有战事发生，但塞米诺尔人的败局已定。到1842年战争结束，大部分塞米诺尔人被迫西迁，留下来的人不超过300人，联邦政府陆军部允许他们居住在奥基比亚湖以西地带。

然而，随着居民人数的增加，塞米诺尔人的居住地又不断受到侵犯，最终导致了第三次塞米诺尔战争（1855—1858）。当时，塞米诺尔人的人口只有360人，战士不过120人。这是一场力量对比悬殊的战争，塞米诺尔人只能采取游击战术同征讨军周旋。由于不断流动得不到足够的食品，他们常常处于饥寒交迫之中，不得不于1858年在迈尔斯议和。一部分人随着酋长鲍利格斯迁走，只有125人被允许留在当地。驱赶密西西比河东岸印第安部落的过程至此结束。据统计，至1850年，联邦政府总共同印第安部落签订了245个条约，从他们手中夺走了4.5亿英亩土地，为拓荒者提供了无穷的机会。

四、印第安人的背水之战

随着东北部地区工业革命的完成，交通运输革命的进展和加利福尼亚金矿的发现，大批移民陆续涌向西部，被驱赶到密西西比河以西和原来居住在那里的印第安部落又不断受到侵扰和剥削。他们已经没有退路可走，要么被迫进入狭窄的贫瘠的保留地居住，要么奋起反抗，背水一战，许多印第安部落选择了第二条道路，于是又发生了多次规模大小不等的印第安战争。

淘金者所面对的印第安部落是分布在加利福尼亚、俄勒冈、犹他一带的小部落，无力同入侵者对抗。只有俄勒冈的斯内克人、班诺克人和犹他、内华达的尤特人，在1850年到1855年间曾多次同入侵者作战，但战斗规模不大,而且都归于失败。

19世纪60年代初,淘金者对夏延人和阿拉珀霍人在怀俄明和科罗拉多的土地提出进一步要求。1861年2月18日,印第安事务官员在莱昂要塞召集两个部落的酋长开会要求他们放弃《拉腊米要塞条约》划归他们的土地,另外在阿肯色河和桑德溪之间划出一小块土地供他们居住,作为他们的保留地,并逼迫他们按这个条件签订条约。但是,部落战士拒绝遵从,并且组织起来向那些敢于侵入疆土的淘金者开战。战事一直持续到1864年。这一年秋天,夏延人的酋长布莱克·凯特尔代表两个部落的印第安人同科罗拉多总督约翰·埃文斯议和,但遭到拒绝,后来新任命的联邦军队的指挥官同意保护印第安人不受当地民兵的进攻,但要求印第安战士离开莱昂要塞周围。布莱克·凯特尔以为战事已经结束,于是撤退到桑德溪扎营。他没有料到奇文顿上校带领的科罗拉多民兵于1864年11月28日夜间突然袭击印第安人营地。战斗在第二天拂晓打响,民兵向尚在睡梦中的印第安人开火。尽管在营地上已经升起美国国旗和白旗,民兵们仍然没有停止枪击。他们把印第安人赶下已经干涸的桑德溪的河床,从两岸向他们射击,制造了骇人听闻的大屠杀,妇女儿童均未能幸免,只有布莱克·凯特尔和身旁的一部分印第安人得以逃离。

在北部,原来居住在明尼苏达的苏族人已于60年代初被赶走。联邦政府准备修筑道路,继续向西推进,把蒙大拿同弗吉尼亚城连接起来。1865年,政府决定修筑从拉腊米要塞经保德河,沿毕格霍恩山麓抵达蒙大拿博兹曼的道路,这条路就叫作博兹曼小道。博兹曼小道正好穿过苏族人赖以维生的猎场,所以筑路的消息传出后马上就引起苏族人的极大关注。筑路开始后,民工和护路军队不断遭到苏族人的袭击,工程进展极为缓慢。1866年全年战火不熄,W.T.费特曼上尉带领的82名士兵在一次袭击中全军覆没。

联邦政府虽然于1867年和1868年两次和苏族人签约,但小规模战斗仍时有发生。西部军统帅菲力普·H.谢里登将军决定分兵三路进剿印第安人,强迫他们进入保留地。第一路军从科罗拉多的莱昂要塞出发,直奔沃西托河谷并把沿路的印第安部落驱赶进河谷。第二路军从新墨西哥的巴斯科姆出发,把另外一个地区的印第安部落赶进河谷。第三路是主力军,由乔治、阿姆斯特朗·卡斯特带领,从海斯要塞出发,直接开赴沃西托河谷,准备在那里围歼印第安人。1868年11月26日晚间,三路联邦军队形成了对印第安人营地的包围圈,第二天黎明发起突然进攻,印第安人死伤遍地,仓促撤退。事后,在战场上发现103名印第安人的尸体,其中有布莱克·凯特尔。此后,幸存的印第安人不得不同意进入保留地。

在西南部,印第安人同白人的战斗更为激烈。在那里居住的阿帕奇人骁勇善战,在亚利桑那、新墨西哥、得克萨斯一带出没无常,不断袭击敢于进驻那些地区的移民。早在内战时期,南部同盟和联邦政府在西南地区的驻军和行政首脑都曾提出征讨阿帕奇人的设想。1862年底,南部同盟的亚利桑那领地总督约翰·R.贝勒上校曾向同盟总统杰斐逊·戴维斯建议,授命军队杀死所遇到的每一个阿帕奇人,但这个建议未获同意。同年12月29日,贝勒又写信给驻亚利桑那、新墨西哥、得克萨斯同盟军统帅J.B.马格鲁德重申他的建议,但仍未获得同意。南部同盟领导人对西南部印第安人之所以未采取行动,并不是出于对印第安人的同情,而是他们不愿分散兵力,影响战局。

联邦政府的态度就不同了,它默许西南地区指挥官卡尔顿将军对阿帕奇人进行征剿。卡尔顿曾向参加征剿的军官基特·卡森上校和威廉·麦克里弗下令,要求作战士兵"在任何时间、任何地点都应当杀死所有被发现的男人,而把未被杀死的妇女和儿童作为俘虏"①。但是,由于亚利桑那地形复杂多山,征剿小分队往往受到袭击而不能发现向他们开火的印第安人。于是,他们就采取欺骗手段诱杀最有威信的阿帕奇人的领袖曼格斯·科罗拉多(又名"红袖筒"),从而瓦解阿帕奇人的抵抗。1863年初,曼格斯应邀同沃克上尉会谈,并在后者的帐中被俘。1863年1月17

① Paul I. Wellman, *The Indian Wars of the West*, Garden City: Doubleday, 1954, p. 308.

日,曼格斯惨遭杀害。4月初,曼格斯的部落不得不接受政府的条件,进入新墨西哥东部珀科斯河畔的保留地。

在加利福尼亚对莫多克人的征剿也是旷日持久、成效甚微的,征剿队由于常常遇到伏击而不断蒙受损失。本·赖特上尉曾采取下毒和杀害印第安谈判代表的卑鄙手段来迫使莫多克人就范,但没有达到目的。到70年代,联邦政府不得不动用更多的军队来追击坚持游击战的印第安战士。1873年,E. R. S.坎比将军在一次追击中被打死。同年5月22日,接掌军队的戴维斯将军发现了莫多克人的行踪,立即包围了他们的营地,并俘虏了杰克队长、胡克、吉姆等部落首脑。10月3日,这些部落首脑被征剿者绞死。莫多克人的反抗至此暂告结束。进入80年代以后,在新墨西哥和亚利桑那境内又发生过几次较大的战斗,分别是:锡贝丘溪之战(1881年8月30日)、切维隆岔口之战(1882年7月17日)、霍斯舒峡谷之战(1882年4月23日)。

在北方,一部分苏族人拒绝签订要他们进入联邦政府划定的保留地的条约。他们居住在毕格霍恩河以东地带,在酋长坐牛和疯马的带领下在小毕格霍恩河扎营,并储备给养,准备迎头痛击征剿军。另一方面,联邦军队也在加紧策划大规模的进攻。1876年3月,政府军分三路进发,直取苏族人的主阵地。第一路由乔治·克罗克将军带领从北普拉特河上游新建立的费特曼要塞出发,向小毕格霍恩河推进。第二路由阿尔弗雷德·H.特里将军率领从达科他领地的林肯要塞出发向西进军。第三路由约翰·吉本上校率领,从蒙大拿的埃利斯要塞出发从西向东推进。这样就形成了一个对苏族人的大包围圈。6月中旬,特里的人马抵达罗斯巴德河和黄石河的汇合处,沿路均未找到印第安人的踪迹,但他在这里得到一个十分重要的情报。他的侦察人员向他报告说,有一大队苏族战士向小毕格霍恩河营地集中。特里当即判定苏族人的主力就在那里。于是他派遣阿姆斯特朗·卡斯特上校带领先头部队沿罗斯巴德河靠近印第安人,然后切断他们进入毕格霍恩山脉的退路。而他自己则带领主力队伍直奔毕格霍恩河,然后沿河而上,攻打苏族人的营地。

卡斯特上校是一个骁勇善战的军人，行动特别迅速。1876年6月25日早晨，他的队伍靠近了小毕格霍恩河。他立即兵分两路沿河流的两岸夹击印第安人的营地，自己只带领265人策马飞驰抢在队伍的前头，于中午同印第安人的前卫战士发生小冲突。按照特里将军的部署，他本应带领所部人马绕过印第安人营地，切断通往毕格霍恩山的道路，而不同印第安人交战。但他却带领这支人数不多的队伍直接攻打营地，以致身陷重围，几乎全军覆没。在营地等待卡斯特的是2500名印第安战士。双方激战几个小时，卡斯特的几次突围都不成功。他和他的战士相继战死在小毕格霍恩河畔，幸存者只有寥寥数人。卡斯特的另一路人马也面临着被消灭的危险，直至特里将军的大军赶到后才得以幸免。这次战役以征剿者的失败而告终，是美国历史上著名的小毕格霍恩之战。

　　此后，在落基山山地和科罗拉多都发生过规模不同的战斗。1890年，在伤膝谷发生了美国历史上最后的一场规模较大的印第安战争。印第安人的武装抵抗从此基本结束。

　　在西进过程中究竟发生过多少次战斗？谁也说不清楚。本书所提到的仅仅是其中很少的比较有名的几次战斗。可以毫不夸大地说，西进的过程就是武装夺取印第安人土地的过程，几乎随时随地都在发生战斗。印第安战争同西进是不可分割的同步现象。

第七章　西进和土地问题

一、殖民地时期的土地问题

美国殖民地时期的疆土只限于阿巴拉契亚山以东地区。十三个殖民地虽然逐渐拥有了自己的工商业,但还是以农业为主的社会。土地问题始终是这个时期的中心问题。在欧洲移民踏上北美大陆之前,这里的土地都是印第安部落的公有土地,不存在其他形式的土地制度。早期移民主要来自英国,基本上都是英王的臣民,十三个殖民地的土地也因此成为英王土地。但是,由于新世界远离欧洲大陆,英国政府鞭长莫及,不可能在那里建立完备的管理机构,往往要依靠私家公司或者实力雄厚的业主来管理某一方殖民地,或者某一个地区的事务。为此,英国王室就向他们赐授土地,或者颁发特许状,于是这些公司和业主也成了殖民地的大土地所有者。

然而,由于殖民地的土地广袤,人烟稀少,劳动力奇缺,无论是英国王室还是私家公司、业主都不可能像欧洲的封建庄园主那样把农奴束缚在土地上,使他们永远不能离开。所以,这里不存在封建土地所有制。但这并不等于说,英国王室和某些业主没有建立封建庄园的企图,他们是在企图失败后才不得已改弦更张的。即使这样,也还保留了代役租这样的封建地租形式。凡是在地主土地上耕作的农民,每年都要向地主缴纳代役租。有人把这种形式叫作半封建庄园。

在殖民地占统治地位的是大土地所有制,而且多半是这种半封建庄园。大地产的形成大体上有六种途径:

（一）英国王室的赐授。对于英王来说，北美殖民地的土地是一项可以自由支配而又不必动用国库的巨额财富。他常常将大片土地，甚至某一个殖民地赐授给某个功臣，或者用来偿付债务。例如，两卡罗来纳的约翰·科利顿爵士、安东尼、库柏等八个业主在1663年获得赐授地以后，都成为殖民地的屈指可数的大地主。亨利·马卡罗等伦敦商人也获得了三百万英亩土地。①

（二）官吏和豪绅利用权力侵占的土地。例如，两卡罗来纳的莫尔和摩尔斯家族就是靠侵占土地发达起来的大地主。

（三）私人购置的土地。一批英国教友派富人为了躲避宗教迫害，准备在北美殖民地购买大片土地，建立"教友派共和国"。不少人从新泽西业主手里购买了该殖民地西部和东部的土地，成为那里的大地主。还有一些人从宾夕法尼亚业主威廉·宾手中购买了大片土地。据估计，1681年到1682年间，约有四十名教友派资产者购买了威廉·宾出售土地总数的一半。②

（四）股份公司的大股东获得公司按股份分享的大量土地。例如弗吉尼亚公司曾经规定，公司的股东除去可以分得公司的红利以外，还可以按每股100英亩的标准在公司的辖地范围内获取土地。当时该公司的主要股东都拥有一百多到三百多股份，可以得到一万到三万多英亩土地。公司还规定，对能够吸引移民垦殖所分得土地的股东再分给一份土地。

（五）商人和土地投机者利用股份公司和业主们规定的"人头权利"，通过招募移民获取大量土地。所谓"人头权利"就是业主们规定的吸引劳动力的一种办法，每引进一个劳动力即由业主授予引进人一定数量的土地。1618年，弗吉尼亚最先实行"人头权利"，规定每引进一名移民授

---

① Curtice P. Nettles, *The Roots of American Civilization*, New York: Appleton-Century-Crofts, 1938, p. 137, 138.

② Curtice P. Nettles, *The Roots of American Civilization*, pp. 127–128.

田50英亩。后来条件进一步放宽,连"帮助"移民到弗吉尼亚定居的人也可以按人头获得50英亩土地。于是在弗吉尼亚,输入移民获取土地顿时成为一桩有利可图的生意。弗吉尼亚公司的大股东们都纷纷出面组织"殖民会",大量招募移民。"殖民会"的成员也通过招募移民而一跃成为弗吉尼亚殖民地的大地主。在此期间,最大的"殖民会"获得的土地多达20万英亩。[①]

通过"人头权利"吸引移民的办法也曾被马里兰、两卡罗来纳的业主所采用,不过授地标准略有不同。马里兰的授地标准曾几度改变。最初,每引进5名移民即可获地1000英亩,1636年增加到2000英亩。1649年以后,由于移民人数有显著增加授地标准减少为500英亩。两卡罗来纳则对那些招募7名以上劳动力的人按每个劳动力100至150英亩的标准授予土地。实行"人头权利"的结果是在这些地区造就了许多大地主。例如,塞思·塞塞尔以在五年内建立30所住宅、安置120名移民为条件,于1675年一次获得1.2万英亩土地。彼得·科利顿爵士在1675年到1684年间,通过分期安置移民,共获得35800英亩土地。[②]

随着时间的推移,"人头权利"逐渐成为土地投机商同殖民地官吏相勾结进行营私舞弊的一种手段,完全失去了吸引移民的作用。有的船主把全体船员的名字登记成册作为获得土地的凭证,有的土地投机者从旧人口册上,从墓志铭上抄录人名上报,只要他们向殖民地官吏行贿就可以按标准得到土地。后来,殖民地政府的秘书甚至公开以每人1—5先令的价格出售"人头权利"。1715年,弗吉尼亚殖民当局干脆收起了"人头权利"这个幌子,直接把土地划拨给某些大地主和土地投机商。

(六)荷兰殖民者留传下来的"巴脱龙"制度。这个制度是在荷属西印度公司占领纽约期间(1624—1664)形成的。该制度规定,公司的股票持有者每运进5名成年劳动力即有权占有东起大西洋、西至无限远、南

---

① Curtice P. Nettles, *The Roots of American Civilization*, pp. 134–135.

② Curtice P. Nettles, *The Roots of American Civilization*, p. 139.

北宽4英里的土地。结果在纽约殖民地造成了许多大地产。英国政府从荷兰手中夺取了这块殖民地以后,不仅承认了荷兰统治时期大地主的土地所有权,而且继续把土地赐授给殖民地官吏和大地主,单是一个总督的亲信约翰·伊万斯就获得了35万英亩以上的土地。

殖民地时期的大地产有两种经营方式。在南部主要是经营大种植园,种植园使用奴隶劳动,从事烟草、蓝靛等经济作物的栽种,为国外市场提供商品。这与封建社会的自然经济是不相同的。但另一方面,它使用的是奴隶的强制劳动,这一点又同封建制度相似。从这个意义上说,种植园也是一种封建残余。中部和北部地区的大地产一般都划分成小块出租,佃户每年向地主缴纳一定数量的代役租。在北美殖民地推行代役租制度是英国王室维护封建权力,加强对殖民地控制的一种手段。本来征收代役租是英国王室的权力,但后来在赐授业主土地时又把这种权力转让给业主。在英国王室颁发的马里兰、缅因、两卡罗来纳和宾夕法尼亚的特许状中都提到了这个问题。在佐治亚特许状中规定代役租的数额为每100英亩每年4先令。[1]地主征收代役租的权力则是从殖民地业主那里沿袭而来的。

代役租的数额在不同时期、不同地区有所不同。最初,有的地方完全是象征性的,一定数量的玫瑰花或者几捆小麦就可以充当一年的代役租。后来,多数地区的代役租为2—4先令。从数量上说,代役租并不算多,但对于远渡重洋、酷爱自由的移民来说,那是封建束缚的象征,是绝对不能容忍的。他们坚决反对代役租。在新英格兰和大西洋沿岸中部地区反对代役租的情绪最为激烈,那里的代役租很难征收。1650年,马萨诸塞殖民地正式废除了代役租,周围地区也受到影响。在其他殖民地抗缴代役租的事件也层出不穷。

抗缴代役租实质上就是争取不附带任何条件的自由土地的斗争。这场斗争对于发展小农土地所有制和农业资本主义经济都曾经起过重

---

① L. B. Schmidt and E. D. Ross, *Readings in the Economic History of American Agriculture*, p. 55.

要的作用。

同大土地所有制并存的还有小土地所有制,这种所有制主要是通过"人头权利"、契约奴制和武装移民等形式形成的。

"人头权利"也是一种用土地吸引个体移民的办法。弗吉尼亚公司于1618年规定,凡为该公司工作届满七年的移民每人可以获得100英亩土地,每个自费到弗吉尼亚的移民家庭成员均可获得50英亩土地,在该公司辖地内服役期满的契约奴也可以得到25—50英亩土地。

武装移民主要是在边境地区实行的一种制度,在佐治亚比较流行。在通常情况下,每一个自愿成边的移民都可以从信托局获得50英亩土地,以及第一年所需的衣物、粮食和武器。但他们无权转卖土地。

新英格兰的土地制度是北美殖民地的一种独特的小土地所有制。这里的土地是由移民团体向总督和立法机构申请得来的,包含有集体所有的成分。提出土地申请的移民团体经过批准后可以得到一个6—10平方英里的地段,这就是一个"市镇"。市镇的管理人员在移民团体中产生。申请者在领得土地后的第一件事就是建立市镇,分配土地。市镇的中心是居民的生活区,周围的森林、草地、耕地属公共所有。每一个居民都可以按所拥有的财产的数量分得一份相应面积的耕地、宅地和草场。分配的标准在各地不尽相同。根据马萨诸塞一个地区1662年的规定,每拥有100英亩财产就可以分得150英亩土地,其中宅地30英亩、耕地105英亩、草地10英亩、沼泽地5英亩。由于新英格兰移民基本上都是小农和手工业者,拥有财产的数量有限,所获得的土地为数不多。这里小土地所有制占有绝对的优势。据统计,1664年在康涅狄格的哈特福德地区,每个农户平均只拥有27英亩土地。1635年到1664年,埃塞克斯的农户中有75%是拥有土地50英亩以下的小农户。然而,随着时间的推移,新英格兰的"市镇"土地分配制逐步让位于土地拍卖。从1725年起,马萨诸塞、康涅狄格和新罕布什尔都停止开辟新的市镇,而把土地卖给商人。1737年,康涅狄格拍卖了六个市镇,马萨诸塞和新罕布什尔也把1762年新划定的市镇卖给了私人。①

在新英格兰以外的地区，许多小农耕作的土地都是经过占地而开垦出来的，不受英国政府和殖民当局的法律保护。小农不仅经常受到地主、种植园主和投机商的逼迫和剥夺，而且还要受到殖民当局的打击和追究，他们不得不继续向西部推进去寻找新的自由土地。在整个殖民地时期，争取自由土地的斗争始终是土地问题的焦点。

二、公共土地的形成和处理公共土地的政策

独立战争结束后，根据《巴黎和约》，密西西比河以东的土地都划归新建立的美利坚合众国。原来十三个州以外的土地基本上都成了公共土地。但是马萨诸塞、康涅狄格、纽约、弗吉尼亚、两卡罗来纳、佐治亚等州以殖民地时期特许状允许他们向西扩展为依据，要求拥有相应的西部土地，而马里兰、宾夕法尼亚、特拉华、新罕布什尔、新泽西、罗得岛则由于没有获得这种准许而加以反对。他们认为西部土地是从共同敌人手中夺取的东西，应当成为公共财产，要求把这片土地收归国有。双方展开了激烈的争论。马里兰州甚至以拒绝批准《邦联条例》为手段抵制纽约等州对西部土地的要求。

在马里兰等州的坚决反对下，纽约州首先于1780年放弃了对州界以西的土地的要求。当时的大陆会议从纽约州的这个行动看到了将西部土地收归合众国所有、成为公共土地的可能性。同年10月，大陆会议就"了解割让或转让与合众国"的土地通过了一项决议。决议指出："凡可能割让或转让与合众国的尚未分配使用的土地……其日后的处理应符合合众国的公共利益，在那里安置移民而组成的各个共和制州，应成

---

① Curtice P. Nettles, *The Roots of American Civilization*, p. 529.

为邦联的成员,并应享有与其他州相同的主权、权利、自由和独立。"①这样,决议就为合众国确立了处理西部土地的初步原则。

在纽约州的带动下,康涅狄格、马萨诸塞相继放弃了对西部土地的要求。由于杰斐逊的影响,弗吉尼亚也于1781年同意将毗邻州界以西的土地让给合众国。到1783年,西部土地的归属问题基本上得到解决,但北卡罗来纳一直到1790年才宣布把应属于它的西部土地让出来。这样就最后形成了西部的大片公共土地。

然而,西部土地绝不是无主的土地,更不是世外桃源,那里分布着印第安部落。英国人和法国人又利用印第安人同移民的矛盾从中挑唆,同一些部落结成联盟来反对年轻的合众国。同时,那里又是无人管辖的地区,移民们在那里的行动不受任何约束,简直是无法无天,歹徒盗匪更是横行一时,社会秩序令人担忧。面对这样复杂的形势,美国的政界人物有不同的看法和不同的对策。一部分人认为西部是化外之地,应当把那里作为《巴黎和约》划归合众国的殖民地,"要在西部建立殖民政府",或者在东部建立"一个管理西部国家的殖民政府"。②直到1786年5月,在《西北领地组织法令》提案辩论中,威廉·格雷森还宣称:"弗吉尼亚有权利得到它用自己的军队占领的地区,美国则有权占领这块土地的其余部分。"③

另一种意见认为,发展西部将使东部受到损害,虽然不主张把西部变为殖民地,但也绝不同意开发西部并向那里移民。鲁弗斯·金认为:"位于大西洋沿岸的各州政府,人口本就不多。失去了我们的人口就是失去了我们财富的重要源泉。"④"从大西洋各州出去的每一个移民对邦

---

① [美]塞缪尔·埃利奥特·莫里森等著:《美利坚共和国的成长》上卷,天津人民出版社,1980年,第294—295页。

② Edmond Cody Burnett, *The Letters of the Members of the Continental Congress*, Vol. 8, Washington D. C. : Carnegie Institution, 1936, pp. 470–472.

③ Edmond Cody Burnett, *The Letters of the Members of the Continental Congress*, p. 353.

④ Edmond Cody Burnett, *The Letters of the Members of the Continental Congress*, p. 18.

联来说都是永久失去的人。"①甚至连麦迪逊这样的人也曾一度对开发西部土地的后果表示担忧。他在致杰斐逊的信中提到，"留在大西洋各州"的人"将会由于鼓励移居西部而受到损失"，原有各州将会"人口减少"，土地将会"贬值"。②

　　显然，这两种意见都不利于西部土地的开发，其结果将使西部地区长期处于发展缓慢的落后状态和从属于东部的依附地位。这种情况有可能激起西部居民的激烈反抗，甚至导致频繁的内战，造成这个地区走上分离的道路。杰斐逊非常关注西部土地的处理，他独具慧眼，主张制定一个在西部建州的程序，让条件成熟的地区分别建州，并以与原有州平等的地位加入邦联。

　　这是处理西部土地的民主原则。其意义十分重大。它使得广大西部土地得以迅速开发，并自动地、顺利地建立新州加入邦联和其后的联邦，维护了美国领土的完整和全国的和谐。杰斐逊的这一原则集中反映在他主持制定的1784年土地法令中。法令的全称是《1784年4月23日西部领地组织法》。

　　法令于1784年4月23日通过。法令规定西部土地为美国全体人民的土地，在俄亥俄河以北、密西西比河以东的西北土地应划分为十六个地区。其中任何一个地区在其人口达到原有十三个州中最小州的人口数时即可建州，并以同原有各州平等的地位加入邦联，在建州前拥有相当限度的自治权。法令原稿中还有一段规定在新开辟的土地上自1800年起根除奴隶制和强制劳动的文字，但可惜在付诸讨论时被删去。由于当时一些州向邦联划拨土地的工作尚未完成，而且新地区人烟稀少，1784年土地法未能付诸实施。不过，西部土地国有，并在那里建立若干新州的原则已经确定。

---

① Edmond Cody Burnett, *The Letters of the Members of the Continental Congress*, p. 380.

② Robert A. Rudand and William M. E. Rachal eds., *Papers of James Madison*, Vol. 8, Charlottesville: University of Virginia Press, 1973, p. 180.

1785年土地法是由威廉·格雷森领导的委员会于当年4月14日提出的,经过辩论和修改于5月20日通过。法令的全称是《1785年5月20日西部土地出售法》。法令确定了先测量后出售的原则,规定以宾夕法尼亚州南部界线的西部顶端为基点划一条南北走向的直线,把这条线以西的土地划分为区。每36平方英里为一区,一个区就是一个市镇,每一平方英里(640英亩)为一个地段。这样,一个市镇就有三十六个地段,其中的四个地段由邦联政府支配,一个地段用于公共教育,一个地段用于宗教事务。其余土地均可出售,但不允许零售,必须以一个地段为出售单位,地价为每英亩不少于1美元,并以硬币或等价的信贷券支付,但合众国债券可按票面价值支付,购地款必须于一个月内交清。1785年土地法令确定了出售西北地区公有土地的原则、办法和价格,对于开发那里的土地起到了积极作用,但却剥夺了小农购置小块土地的机会,迫使他们以高价从土地投机商手中购买,从而鼓励了土地投机。

由于1784年土地法令未能实施,而且规定的地区面积太小,合众国迫切需要一个有效的管理西北土地的法令,乃于1787年通过了新的西北土地法令。法令全称为《1787年7月13日俄亥俄河西北合众国领地组织法》。其内容大致如下:(一)规定西北地区为一个独立的领地,由国会委派一名总督和三名法官进行管理,但国会有权否定该领地通过的法令,以后领地还将继续划分,并在上面建立3—5个新州;(二)任何一个再划分后的领地,拥有选举权的男性居民达5000人时即可建立两院制议会,并向邦联国会选派一名无表决权的代表;(三)当领地居民达到60000人时,可以组建为新州,经国会批准后加入邦联,并享有同原有诸州平等的权利;(四)1800年以后,新建州不允许奴隶制和强制劳动存在。

《1787年西北领地组织法令》最重要的贡献就是从法律上确定了新建州"在一切方面均在与原有诸州平等的地位上"加入邦联的原则,消除了东部各州打算西进的居民惧怕丧失原有政治地位的顾虑,坚定了他们移民的决心。正如雷·艾伦·比林顿所说的:由于1787年法令的颁布,"人们现在可以离开原有州,并且确信他们并没有放弃他们的政治特权。

国会不仅拯救了共和国,而且消除了西进运动的一大障碍"①。

尤其重要的是,《1787年西北领地组织法令》的各项规定大体上能够切合实际,得到公众的广泛认同,因而顺利地推广到西北地区以外的西部。甚至在西北地区第一个新建州——俄亥俄州加入联邦以前,位于西北地区以外的肯塔基与田纳西州已分别于1792年和1796年以平等地位加入联邦。其后,在西北地区完成建州的过程中,在中西部和远西部又有十二个新州加入联邦。这些州在加入联邦时除了在奴隶制问题上发生过激烈争执和冲突外,在建州原则、建州程序方面没有遇到什么阻碍。美国历史学家塞缪尔·埃利奥特·莫里森曾做过这样的总结:"1787年法令是美国伟大的创造贡献之一,因为它显示了怎样消除殖民地与宗主国相互关系上的摩擦。《1785年西部土地出售法令》和《1787年西北领地组织法令》的各项开明的规定,为美国的领地制度和殖民政策奠定了永久的基础,并使合众国得以向西一直扩展到太平洋,从十三个州扩大为五十个州,相对来说没有遇到什么麻烦。"②

然而《1787年西北领地组织法令》并不是一个尽善尽美的文件。它只规定了领地的管理制度和建州的条件和程序,不涉及西部土地的出售问题,对1785年法令出售土地的规定未做任何修改。这使得移民颇为失望。此后,在国会内外展开了长期的围绕售地份额、价格和付款期限问题的斗争,又由于法令的规定不够具体完善,还曾引起俄亥俄和密歇根的边境土地之争,几乎导致流血冲突。

三、出售公共土地和争取宅地的斗争

1785年土地法颁布后,邦联国会任命地理学家托马斯·赫钦斯负责西北土地的测量工作,并从每一个州任命一名土地测量员组成由他领导

---

① Ray Allen Billington, *Westward Expansion*, p. 213.
② [美]塞缪尔·埃利奥特·莫里森等著:《美利坚共和国的成长》上卷,第297—298页。

的测量队。原计划规定,要在七个地段的测量工作完成以后才能出售测量好的土地。但由于测量工作缓慢,总负责人赫钦斯又于1787年去世,邦联国会决定将已经过测量的四个地段先行出售,并修改了支付条件,把一次性现金支付全部地价改为先交1/3,其余款项可在三个月内交清。这种改变显然对购地人有利。但即使这样,购地者并不踊跃,而且有的州政府在出售土地时不得不极力压低地价。例如,在纽约的一次大拍卖只售出了108431英亩土地,售价为176000美元,比原来的价值低29872美元。①

售地缓慢的根本原因在于售地单位面积太大,广大小农移民无力购买。一部分人只好从土地投机者手中以高价购买小片土地,一部分人则仍然采取占地的方法,耕种公共土地。邦联国会曾为此多次明令禁止小农进入公共土地。1887年,当地民兵还曾两次接到命令驱赶占地者,并烧毁他们的房屋和谷仓。但是占地者在军队离开后又立即返回原地重建家业,可谓禁而难止。1791年国会曾在报告中指出,在弗兰其布罗德和大皮京以南地区仍有300户非法占地者,占有土地30万英亩。②

事实上,邦联政府倾向于大片出售土地,早已把大土地公司和土地投机者作为公共土地的主要买主,为他们提供极为优惠的条件,有时甚至把大片土地出售给个别州。例如,邦联政府曾将纽约州、伊利湖和宾夕法尼亚之间的20万英亩公共土地以每英亩75美分的价格卖给了宾夕法尼亚,并于1792年向该州颁发了特许状。③

在邦联时期最早同政府达成大宗购地交易的是俄亥俄同人公司。这家公司基本上是由独立战争时期的军人组成的。他们以已经大幅度贬值的政府发给军人的证券为股金,成立股份公司,并要求邦联政府同

---

① Benjamin Horace Hibbard, *A History of the Public Land Polices*, Madison: University of Wiscosin Press, 1965, p. 41.

② Benjamin Horace Hibbard, *A History of the Public Land Polices*, p. 42.

③ Benjamin Horace Hibbard, *A History of the Public Land Polices*, p. 43.

意公司使用军人证券廉价购买俄亥俄的大片土地再转售给移民。公司的创始人是梅纳西·卡特勒、鲁弗斯·帕特南和本杰明·塔珀等新英格兰的退伍军官。1786年1月25日,帕特南将军和塔珀在马萨诸塞的几家报刊上登载启事,号召愿意购买和开发俄亥俄州土地的退伍军人在各所在县集会,并选出代表参加将于3月1日在波士顿举行的代表会议。会议如期召开,并成立了俄亥俄同人公司(简称"俄亥俄公司")。3月3日,公司开始发售股票,一年后已经拥有足够的股份可以开始营运。

　　1787年夏天,俄亥俄公司委派卡特勒、帕特南和帕森斯三人去国会游说,争取以低价购地。6月和7月,他们进行了多方面的工作,但国会反应迟缓。卡特勒和公司的秘书温恩罗普·萨金特乃转向各州洽谈购地问题。萨金特去马里兰州,卡特勒去罗得岛和康涅狄格州。当时许多州都有空闲土地可供出售,而且出售条件往往比邦联优惠。他们的行动使邦联国会颇为着急,因为国会也希望卖出大片俄亥俄土地以吸引更多的移民去西部,从而能够保障那里的安全。1887年10月27日,邦联国会终于与俄亥俄公司签订了售地协议。

　　根据协议,俄亥俄公司可以得到第七地段以西沿俄亥俄河的150万英亩土地。地价为每英亩1美元,但要从中扣除1/3作为对劣质地的补偿,公司被允许用政府的纸币付款,1美元纸币只相当于12美分,价款的1/7还可以用战争时期政府发放的军人证券支付,所以每英亩的实际售价不过几美分。对于如此低廉的价格,卡特勒和萨金特非常满意,于是就主动向国会提出较为痛快的付款期限:协议签订后立即支付第一个50万美元;土地测量完成后支付第二个50万美元;其余50万美元分六年付清。[1]后来,由于第二个50万美元的支付遇到困难,俄亥俄公司实际获得的土地要少于150万英亩。

　　俄亥俄公司的行动为其他希望获得土地的退伍军人开了先例。新泽西的退伍军官约翰·克利夫·西姆斯也出面组织了一个类似的公司,并

---

[1] Benjamin Horace Hibbard, *A History of the Public Land Polices*, p. 49.

以同样的条件于1787年8月29日申请购地，但直到第二年10月14日才同国会签订了协议。西姆斯从国会得到100万英亩的特许，地价为每英亩66又2/3美分。其支付条件和俄亥俄公司的协议相同。

这种大片出售西部土地的办法完全把小农移民排斥在公共土地购买者的行列之外，剥夺了他们廉价拥有西部土地的机会。小农移民当然不会接受这种不公平的政策，从《1785年西部土地出售法令》颁布之日起，他们就围绕着降低限额、地价和改善支付条件展开了持续不断的斗争。早在1789年，来自宾夕法尼亚州的国会议员托马斯·斯科特就于5月27日在国会发表演说，主张把公共土地分成小块直接出售给居住在那里的移民，并就近建立土地办公室来负责这项工作。首先他对邦联成百万英亩出售土地的好处表示怀疑，因为测量土地的速度跟不上，势必延缓售地协议的执行，而售地款项又往往不能按时收上来，收上来的地价是否够支付测量和转移费用都很成问题。随后他又列举了出售小块土地的好处。他向国会报告说，已经有7000移民居住在尚未测量的公共土地上，这些人就是"非法占地者"。他们希望得到优先购买权，并为自己占有的土地支付地价。如果把这些小块土地出售给他们，那么邦联政府日夜担心并严加防范的"非法占地者"就将消失。这对邦联政府显然是十分有利的。斯科特还对老西部的土地进行了估算，认为那里可以容纳200万农户，"最保险地说也可以容纳100万户"，从这些农户那里可以得到500万美元的地价款，比大片出售土地的收益要好。[1]然而，斯科特的主张并没有得到多数国会议员的认可。他的提案也就不了了之。

1789到1800年间，围绕土地的出售单位面积、售价和支付条件的争论仍然十分激烈，但只在增加财政收入和防止土地投机两个方面达成共识。在此基础上通过了1796年土地法。这项土地法最大的改变就是规定每英亩的售价为2美元，据说这是为了防止大规模的土地投机，要使投机者无利可图。其实这项法令不仅打击了土地投机者也损害了移民

---

[1] Benjamin Horace Hibbard, *A History of the Public Land Polices*, pp. 56–57.

的利益,因为他们从投机者手中购买土地的价格也会随之上涨。从法令颁布后到1800年,售地速度明显降低,总共售出的土地还不到5万英亩。①国会所期待的出售土地的巨额收入变成了涓涓细流。这种情况迫使国会的议员们不得不重新考虑出售土地的办法。

1799年12月24日,来自印第安纳州的国会议员威廉·亨利·哈里森向国会提议成立一个专门委员会来研究西北土地出售问题。他的提议被采纳,并被任命为委员会主席。由于委员会的所有成员都同情移民的处境,没有经过争论就顺利地于1800年3月31日向国会提出了一个缩小售地单位面积,改变支付条件的法案。法案只经过不大的修正就通过了。1800年土地法把售地最低限额减少到320英亩,但马斯金格姆河以东的土地仍按整个地段出售。地价仍为每英亩2美元,第一个1/4交现金,第二个1/4在40天内付清,第三个1/4在两年内付清,余款则可在四年内交清。同1796年土地法相比较,新土地法令当然是一个进步,所以有人把它叫作"第一个边疆人的法令"。1804年土地法又把售地单位面积减少到160英亩,每英亩售价为1.25美元。1820年土地法令进一步将售地单位面积降为80英亩,但同时也取消了延期付款办法。1820年以后,联邦政府还曾通过一系列土地法令,售地单位面积一度降到40英亩。1841年通过的先买权法案又使"占地人"获得了按最低价格优先购买所垦殖土地的权利。

虽然每一个土地法令的通过都是西部移民争取土地斗争的成果,不过距离无偿分配公共土地还很远,对于贫苦的小农来说还是可望而不可即的。所以在19世纪20年代和30年代"占地"之风又盛行一时。随后,在美国工人运动中也出现了土地改革派,其倡导者是乔治·亨利·埃文斯。他出生于英国,后来移居美国,曾投身美国的早期工人运动,担任过《工人拥护者》和《人报》的编辑。1841年,他在《激进与年轻的美国》上提出了自己的土地改革纲领,后来又组织了全国改革协会,

---

① Benjamin Horace Hibbard, *A History of the Public Land Polices*, p. 68.

并领导了争取农地私有法的运动。与此同时,争取"自由土地"的农民运动也越来越具有组织性和政治色彩,"真正的美国人协会""土地权利协会"等农民组织相继成立。后来自由土地党和共和党都把争取"自由土地"写进党纲。

在开展土地运动的同时,广大移民还正式向国会提出了宅地,即自由土地的要求。不过,这种要求最初是以请愿书的形式传达给国会的。例如1797年俄亥俄河沿岸的居民就曾递交联名请愿书,要求政府允许在公共土地上连续耕种三年的每户家庭拥有400英亩无偿的自由土地。两年以后密西西比领地总督又向联邦国会转交了纳奇居民的内容相似的请愿书。在宾夕法尼亚、俄亥俄和伊利诺伊均有成员,影响颇大的"真正的美国人协会"就是在1812年由要求宅地的移民创建的。

在广大移民强烈要求的影响下,来自密苏里的国会参议员托马斯·哈特·本顿成为最早向国会提出宅地法案的国会议员。他从1820年当选参议员起就对联邦的土地政策提出批评,认为这种制度只对富有者和土地投机商有利,而对于小农不过是画饼充饥,毫无意义,所以使得很多有意西进的农民常常由于缺少资金而裹足不前。从1824年开始,他几乎每年都要向参议院提出宅地法案。1828年4月8日,他在参议院做了一次题目为《自由土地是理财良方》的报告。他指出:"在边疆州和领地有成亿英亩的空闲土地和成十万没有自由土地的公民。"应该给他们土地,使他们对国家产生感情。他还说:"财富并非总是罪恶和懒惰的结果。一些人生来贫穷,一直贫穷,一些人生来富有,但由于不幸而沦为贫穷。对于所有这些人来说,要从一个佃户变为土地持有者,将是他们一生中最难实现的历程。让联邦政府替他们实现这个转变吧。"[①]

但是,国会对宅地总是采取拖延的态度,把宅地法案束之高阁。不

---

① Martion Mills Miller ed., *Great Debates in American History*, Vol. 10, New York: Current Literature Publishing Company, 1913, p. 9.

过,有的州却采取了支持宅地的积极态度。1830年,阿肯色曾要求联邦国会准许该州给予边疆地区24英里以内连续居住五年以上的居民160英亩免费土地。印第安纳州也曾于1827年、1830年和1832年三次向国会提出类似的要求。①

联邦国会虽然没有批准任何适用于所有西部土地的宅地法案,但于1842年至1853年间还是通过了一系列土地法令,将边疆地带的土地有条件地赠予当地居民。根据这些法令总共给佛罗里达、俄勒冈、华盛顿和新墨西哥提供了约50万英亩土地,其中向佛罗里达提供的约20万英亩土地主要是用于军事移民。法令规定,凡是居住在遭受印第安人袭击地区有作战能力的移民,每人可以无偿从政府获得160英亩土地。

1845年,来自田纳西州的国会议员安德鲁·约翰逊提出一个新的宅地法案,要求联邦政府向每一家农户提供160英亩宅地。霍勒斯·格里利曾就此法案在《纽约论坛报》上发表评论,认为宅地法的目的在于"尽可能让每一个人得到工作和谋生的机会,其次也在于防止土地垄断和投机"②。这个法案曾于1849年到1850年国会开会期间交付众议院,但众议院随即将法案交给农业委员会审议,并遭到否决,直到1852年3月,众议院才正式讨论这个议案,争论十分激烈。结果未获通过。

1854年共和党成立,从此,围绕宅地问题的争论就越来越带有党派色彩。民主党和南部诸州的代表一次又一次地否决了共和党所支持的宅地法案。正如参议员约翰逊所说的,自由土地政策"同废奴运动极为相似",没有哪一个南部代表会同意这个政策。③

然而,随着西部地区经济的发展和西进移民的不断增多,要求宅地法的呼声日益高涨。1860年6月,国会参众两院都通过了宅地法,但被

① Benjamin Horace Hibbard, *A History of the Public Land Polices*, p. 351.

② K. Coman, *Economic Beginnings of the Far West*, Vol. 2, New York: The Macmillan Company, 1921, p. 362.

③ K. Coman, *Economic Beginnings of the Far West*, p. 364.

布坎南总统否决了。林肯入主白宫后,法案又在新一届国会经过重新审议,并在两院获得通过,1862年5月,经共和党总统林肯签署成为正式法案。《宅地法》规定,每个家庭户主或年满二十一岁的美国公民,以及取得美国国籍而又未曾使用武力对抗过美国的人可以无偿获得160英亩西部公共土地,在连续耕种五年以后即可获得该片土地的所有权。《宅地法》的颁布满足了移民的土地要求,奠定了农业资本主义发展美国式道路的基础,使西部土地得到了迅速开发,给美国农业带来了新的繁荣和高涨。据统计,1868年到1900年间,总共分出宅地68万份,总面积达到8000万英亩。[1]

然而《宅地法》颁布并未完全杜绝土地投机。《宅地法》还有一个变通规定,准许宅地申请人在登记后六个月按每英亩1.25美元折价购买。结果使许多私家大公司可以通过代理人用低廉的价格取得大量的宅地。据估计,从1881年到1904年分配出去的宅地中约有23%是属于这种宅地的。[2]在宅地法之后,联邦政府又颁布了一系列处理西部土地的法令。这些法令并非为宅地小农制定的,只有利于富裕农民和土地投机者。1873年的《木材种植法》,允许取得宅地的农民再申请160英亩林地,如四年内能够在1/4地段上种植树木,即可取得这个地段的所有权。1877年的《荒芜土地法》给予"大平原区"移民拥有640英亩的权利,经证明在三年内曾经进行过灌溉,并支付一定的价款以后即可取得对该片土地的所有权。1878年的《木材石料法》还允许移民按照政府估定的价格购买160英亩"不适宜耕种"的土地。这些法令的颁布一方面加速了西部土地的开发,另一方面也给土地投机提供了极好的机会,常常使一些适合于宅地的地段作为荒凉土地,或者林木土地出售给富裕农民和土地投机者的代理人,影响宅地法的实施。

此外,联邦政府为了发展西部交通,曾经拨赠给公路、运河、铁路大

---

① K. Coman, *Economic Beginnings of the Far West*, p. 365.

② Benjamin Horace Hibbard, *A History of the Public Land Polices*, p. 386.

片土地。仅1862年到1871年间拨给铁路的土地就达到127628000英亩。[1]用土地赠予鼓励西部的铁路修筑固然是一项积极的措施,但这些赠地都是从西部公共土地中划拨出来的,使宅地面积大为减少,理所当然地引起了移民的抗议。为此国会众议院不得不于1870年通过一项决议,禁止将公共土地赠予铁路公司和其他团体,必须将公共土地作为宅地分给真正的农民和资助教育事业。但这项决议并未认真执行。不久,国会又赠予铁路公司2000万英亩土地。[2]

1862年以后,联邦和各州在自己手中保留的大片土地也使宅地的面积大量减少。据统计,联邦政府大约掌握了1亿英亩,各州政府共掌握了1.4亿英亩。如果再减去《莫里尔法》和其他立法授予农业院校和资助教育的土地,那么剩余下来的好地就不多了。所以分配给移民的宅地多数是贫瘠土地,或者是远离交通要道的穷乡僻壤。有人说:"依据宅地法,移民为了得到良好的地段,不得不深入荒原到杳无人烟的地区去,因而在若干年内丧失了享受教育的权利和享受教会、磨坊、桥梁,以及实际上的社会的一切福利的机会。"[3]

由此可见,在宅地法颁布以后,还同时存在着赠予地和出售地。这对于宅地法的实施是不利的。土地投机活动反而因为得到了适宜的土壤而大为猖獗。盖茨在他的文章中曾经指出:"由于有超过1.25亿英亩的铁路土地、1.4亿英亩州有土地、1亿英亩印第安土地、1亿英亩供联邦按大片或小块出售的土地,以及存在宅地法、先买法漏洞的机会和两个法令的上述种种变通办法,显而易见,在1862年以后对于土地投机和土地垄断是不存在什么障碍的。"[4]不过,宅地法在实施过程中尽管存在这样和那样的问题,但作为美国的土地立法是具有明显的进步意义的。它

① Harry N. Scheiber, *United States Economic History*, New York: Van Nostrand, 1964, pp. 242–243.

② Harry N. Scheiber, *United States Economic History*, p. 244.

③ Harry N. Scheiber, *United States Economic History*, p. 247.

④ Harry N. Scheiber, *United States Economic History*, p. 246.

确立了农业资本主义发展的民主道路,即美国式道路,因而在美国历史上占有极其重要的地位。

四、各种赠地

国家出售土地和宅地法公布以后的无偿分配土地,仅仅是美国公共土地分配中的两种形式。联邦政府还利用庞大的土地资源代替短缺的现金投入各项公共事业,或者赠予各州用于新建和改进州内的基础设施。这样就使得那些沉睡的、毫无作用的荒原转化为开发西部的手段。这对于美国的经济发展和建设起到了非常重要的作用。

联邦政府最初是将土地赠予阿巴拉契亚山以西的州政府,用于改善和修筑通往西部的道路,解决西进移民行路难的问题。1802年,联邦政府将在俄亥俄州出售公共土地款项的5%拨给该州用于道路建筑,1823年又将联邦政府在该州的公共土地拨出80773.54英亩资助该州修筑从伊利湖到韦斯特里瑟夫的道路。俄亥俄开了一个先例,联邦国会马上就面临着其他有同样需求的西部州和领地的压力,不得不权衡这种做法的利弊。国会议员们当然很清楚,西部的新建州和领地都没有能力新修和改善道路,迫切需要联邦政府的帮助。他们当然也明白,合众国的国库空虚,将部分公共土地赠予西部的有关州和领地是当时唯一切实可行的办法。但是他们当中也有不少人主张以出售公共土地的款项充实国库,或者用于其他项目。由于国会内部有分歧,这个问题迟迟不能解决。

早在1829年佛蒙特国会议员亨斯向众议院提出议案,要求公共土地委员会同意从每年出售公共土地的收入中划出一定比例的款项,帮助几个州开展教育和内部改进工作。此后又有几位国会议员提出类似的议案,但均未获得通过。

1839—1840年联邦国会会议期间,密歇根州的国会参议员诺维尔又提出一项议案,要求联邦政府向其他新州提供相当于俄亥俄州那样的赠地。议案在众议院通过时把可以得到公共土地的新州限定为俄亥俄、印第安纳、伊利诺伊、阿拉巴马、密苏里、密西西比、路易斯安那、阿肯色和密歇根九个州。1841年,参议院在讨论议案时又做了修正,把土地资助范围扩大到所有新州及将来可能加入联邦的新州。9月4日,议案在参议院通过后经泰勒总统签字生效。

根据1841年赠地法规定,各新州所获赠地的限额为50万英亩,可按320英亩最低限额出售,售价为每英亩1.25美元。所得款项应当用于"修筑道路、铁路、桥梁、运河、改造河道和沼泽地"[1]。从1841年到1880年,十七个新州所获赠地总数达到7806554.67英亩。[2]出售赠地的款项主要用于交通运输项目。

1880年以后也有些州将得到的公共土地用于非道路建筑项目。例如,1898年,西达科他、蒙大拿和华盛顿作为新州加入联邦后所获赠地主要是用于改造沼泽地和盐碱地。

从1823年俄亥俄获得筑路赠地到1869年,有五个州获得9项筑路赠地,赠地总数达到3276646.21英亩(其中包括修筑军用道路的土地)。交通最为梗阻的俄勒冈获得的土地最多,共有2501348.12英亩,约相当于联邦道路赠地总数的76%。[3]

1825年纽约州筹资兴建的伊利运河通航后的巨大经济效益引起了国会的关注。国会仔细考察了开挖运河的利弊,于1827年3月27日通过决议,鼓励修筑大湖区到俄亥俄河和密西西比河的运河,并允诺向承建公司赠送沿河两岸各宽5英里的土地。到1860年,联邦政府为了促进运河修建而拨给俄亥俄、密歇根、印第安纳、伊利诺伊和威斯康星等州的赠地达到400万英亩。[4]后来,联邦政府又向阿拉巴马、威斯康星、艾奥

---

① *The Laws of the United States*, Vol. X, p. 157.

② Benjamin Horace Hibbard, *A History of the Public Land Polices*, p. 232.

③ Benjamin Horace Hibbard, *A History of the Public Land Polices*, p. 236.

④ George Rogers Taylor, *The Transportation Revolution 1815–1860*, New York: Routledge, 1977, p. 49.

瓦拨出土地2245252.31英亩,用于改善河道。①

由于铁路的出现及其不受地理条件限制的优越性,修筑运河的热潮到1860年以后完全消失,联邦政府也把支持的重点放在铁路建设上。早在1824年联邦国会就曾通过法令,决定由联邦政府出资派遣工程人员勘测线路。不久就测绘出巴尔的摩到俄亥俄、查尔斯敦到洪堡的线路,联邦政府为此支出75000美元的费用。②但是,由于东部和南部不愿意为西部的道路花费更多的钱,反对联邦政府向那里的铁路建设提供大量的经费和土地。直到1850年联邦国会都未能通过向铁路赠地的决议,只是在1833年把原本打算赠给伊利诺伊密—歇根运河的土地改赠给一家铁路公司。

然而,随着大批移民涌向密西西比河西岸,西部的地位越来越重要。滞后的交通成为西部发展的瓶颈,通往西部的铁路建设已经成为刻不容缓的事情。联邦国会内部支持西部铁路建设的呼声也越来越高。1850年9月20日,国会终于通过决议,把250万英亩土地拨给伊利诺伊州,用于资助伊利诺伊中央铁路公司。由于这条铁路要经过密西西比和阿拉巴马两州,还可以得到那两个州路段沿线12英里内的土地,③赠地总数达到3736005英亩。④

这次赠地的数目很大。伊利诺伊中央铁路公司主要依靠出售或抵押土地获得大笔资金。股东们所投入的资金只占不大的份额。据估计,伊利诺伊中央铁路的全部造价为23436668美元,股东们投入的资金还不到总造价的1/6。⑤

伊利诺伊中央铁路赠地法案通过以后,许多西部州都纷纷向国会提

---

① Benjamin Horace Hibbard, *A History of the Public Land Polices*, p. 239.

② George Rogers Taylor, *The Transportation Revolution 1815–1860*, p. 95.

③ Everett Dick, *The Lure of the Land: A Social History of the Public Lands from the Articles of Confederation to the New deal*, Lincoln, Web.: University of Nebraska Press, 1970, p. 162.

④⑤ George Rogers Taylor, *The Transportation Revolution 1815–1860*, p. 96.

出要求拨地资助铁路建设的申请。但大多数申请被驳回。联邦国会只于1852年、1853年、1856年和1857年通过四项赠地法案。有十个州的45条铁路得到赠地。赠地总数达到1800万英亩。[1]这个数字在当时来说已经是相当庞大了，但同后来横贯大陆铁路的赠地相比较又显得颇为逊色了。19世纪60年代及其后，联邦政府直接拨给横贯大陆铁路系统及有关铁路公司的土地达到91239389.27英亩，其中拨给联合太平洋铁路公司的就有11935121.46英亩，拨给北太平洋铁路公司的有38916338.61英亩。加上过去联邦政府通过有关州间接拨给铁路公司的赠地37789169.23英亩，铁路赠地总数达到129028558.50英亩。[2]

另外一笔大数目赠地就是教育赠地。重视教育，用拨赠土地的办法来支持教育，是美国合理使用国有土地的优良传统。早在殖民地时期，新英格兰的城镇就曾采用过这种做法。[3]建国以后这种做法还得到了发展。1785年《土地法令》明确规定，在测量过的土地上，每个城镇的第十六地段是充作教育事业之用的，其销售收入必须用于支持教育。由国会通过专项法令直接向公共学校赠予土地始于1912年6月13日。根据这项法令，密苏里领地的十一个城镇和乡村的公共学校从联邦政府手中得到了赠地。圣路易斯的学校也第一次得到了土地赠款。

不过，在执行过程中，在不少地方，第十六地段早被拓荒者所占用，甚至在联邦政府测量以前就已经成为拓荒者的耕地。国会颁布的一系列先买权法案又使这些占用地成为拓荒者可以取得的私有财产。1803

---

① George Rogers Taylor, *The Transportation Revolution 1815–1860*, p. 96.

② Benjamin Horace Hibbard, *A History of the Public Land Polices*, p. 264.

③ 1635年，根据马萨诸塞大法庭的决定，波士顿港湾的汤普逊岛划归公共学校所有。1641年，波士顿又将迪尔岛用于资助该城市的"自由学校"。1618年，根据英王的敕令弗吉尼亚公司在欣尼可划出9000英亩土地赠予大学、1000英亩土地赠予学院。在十三个殖民地中有不少高等院校都是依靠土地资助兴办起来的，例如，威廉·玛丽学院得到了2万英亩赠地，耶鲁得到了500英镑的售地款，达特默斯获得40960英亩。(Benjamin Horace Hibbard, *A History of the Public Land Polices*, p. 309.)

年3月3日通过的第一个先买权法案规定,密西西比领地内测量出的所有第十六地段都应当允许居住在地段上的拓荒者按官方规定的低价优先购买土地,接着这项法案又在密歇根和伊利诺伊生效。1834年,国会又通过法令,允许所有在1829年以前垦殖的占用土地的移民优先购买土地。1840年国会法令规定,在1838年6月18日以前占用未经丈量土地的移民可以享受土地先买权。[1]先买权法案施行的结果是使许多教育用地不复存在。为此,联邦政府不得不另外拨地作为对教育用地的补偿。例如,1880年仅内华达州就从联邦政府获得土地200万英亩。

为了防止低价出售教育地段和挪用所收取的售地款,联邦国会规定了较高的售价,并责成有关州将售地所得划入该州的教育基金。国会还将出售盐碱地、沼泽地的款项拨给有关州用于教育事业。拥有公共土地的二十九个州中有十九个州曾从联邦政府那里得到本州售地价款的5%,只有伊利诺伊州例外,只得到3%。这些州所得的拨款加在一起达9637604.79美元之多,其中获得拨款最多的是加利福尼亚州,为1148213.97美元。[2]

在相当长时间内,联邦政府所重点关注的是中小学教育,在不同时期以不同形式用于支持中小学教育的土地共达77261525英亩。[3]

西部土地的迅速开发迫切需要大批的农业技术人才,创办农学院和机械学院的呼声越来越高。最初的几所农业学校是依靠私人捐赠办起来的,规模小、教学水平也不高,远远不能满足需要。许多州的议会都不断收到请愿书,要求州政府出资兴办农学院和机械学院。1855年2月10日,密歇根议会通过法令,决定建立密歇根农学院,并将二十二个地段拨给这所学院。差不多在同一个时期,马萨诸塞议会、马里兰议会、宾夕法尼亚议会和艾奥瓦议会都通过了类似的决议,建立了州立农业院校。

---

① Benjamin Horace Hibbard, *A History of the Public Land Polices*, p. 313.

② Benjamin Horace Hibbard, *A History of the Public Land Polices*, p. 321.

③ Benjamin Horace Hibbard, *A History of the Public Land Polices*, pp. 324–325.

然而州的财力和公共土地也是有限的,很难满足需要。早在1850年密歇根就向联邦国会提出报告,要求联邦政府拨给35万英亩土地,作为创办农学院和机械学院的经费。接着马萨诸塞、纽约、伊利诺伊也提出了类似的请求。1857年,佛蒙特州的国会众议员贾斯廷·S.莫里尔做出了积极的反应,向众议院提出了动用公共土地建立农学院和工学院的议案。议案规定,联邦政府将按各州在国会中的参议员和众议员人数,以每人3万英亩的标准把公共土地划分给各州,对于公共土地不足和完全没有公共土地的州,则发给相当数量的土地证。有关州可将土地证出售给私人,再由购地者在拥有未分配公共土地的州取得土地。不过,这项议案遭到了公共土地委员会和拥有大量公共土地的西部新州的反对。经过几年的激烈争论,直到1862年议案才获得通过,7月1日经林肯总统签署后正式成为土地法令。《莫里尔法》的全称是《对设立学院以促进农业和机械工艺的各州和领地授予公共土地的法令》。

　　《莫里尔法》实行的结果,有一千多万英亩公共土地授予各州和领地,对创立州立大学和农学院曾经起过巨大的推动作用。马萨诸塞理工学院和农学院就是在这个时候成立的,1855年成立的宾夕法尼亚专科学校也于1863年扩建为州的农学院,一些州的大学和学校还创办了附属的农业和机械工程学校。

　　1890年8月30日联邦国会通过的第二个《莫里尔法》也是一个发展农业和工业教育的重要法案。法案要求联邦政府从出售公共土地所得款项中拨出一部分,给各州和领地作为那里的农学院和工学院的经费。法案规定在1890年底以前拨出15000美元,直到每年拨款达到25000美元为止。1893年国会又对这个法令做了修正,规定出售公共土地的收入不足以支付上述拨款时即由联邦国库支付。

　　总体来看,联邦政府用土地和出售土地的款项支持教育事业的政策是较为一贯和颇有成效的。许多州立大学、师范学校、矿业学校和军事学校都是受惠者,甚至有的私立院校也得到了好处。例如,密西西比的杰斐逊学院在1803年3月3日到1812年2月20日间得到23040英亩赠地。印第安纳的文森斯大学于1873年3月3日也得到了同样数目的土地。究竟有多少公共土地被用于教育,很难找到可靠的数字。美国学者希巴德做了一个粗略的估计,"政府直接和间接用于教育目的的土地超过了1亿英亩"[1]。如此巨大的投入对美国教育事业,特别是农业技术教育所起的推动作用是显而易见的。

五、军人授地

军人授地是一种特殊的土地占有形式,其份额颇大,这一部分土地如何进入市场并得到开发是一个很重要的问题。把土地作为对军人服役的津贴在北美殖民地时期已有先例,其目的在于鼓励居民点建立自己的武装和防御设施以适应所处的险恶环境。1646年弗吉尼亚殖民地就曾授予某居民点的军事长官100英亩土地作为对其服役的报酬。随后还规定凡是可以吸引250人以上的移民,并建成居民点和50人的武装队伍的人就可以得到1万到3万英亩的土地。

在殖民地时期使用武装移民成边是一种很流行的做法。康涅狄格等殖民地也都向边界地区拥有武装的移民赠送土地,让他们在那里定居,成为抵御外来入侵的有力屏障。

军功授地也是一种招募士兵、奖励作战官兵的办法。1755年,宾夕法尼亚殖民地政府就用颁发边界土地的办法鼓励人们参加反对法军的战争。1763年,英法七年战争结束后,英王颁布的敕令中就有要求北美殖民地当局免费授予曾在北美战场作战官兵土地的条款,并规定了各级官兵的授地标准:校官5000英亩,上尉3000英亩,中尉2000英亩,军士200英亩,士兵50英亩。但由于没有规定实际的措施,这项敕令并未得到认真贯彻。

在独立战争时期,首先利用军功授地瓦解大陆军的是英国政府。英

---

① Benjamin Horace Hibbard, *A History of the Public Land Polices*, p. 343.

国议会通过法令,许诺向开小差的大陆士兵提供一定数量的土地。华盛顿作为大陆军的统帅,也看到了军功授地是吸引人民参军的有效措施。他说道:"我不认为10美元的奖金可能产生所期望的效果……加上土地才会对兵役工作的持久进行有相当大的影响。"①为了对付英国政府瓦解大陆军的措施,大陆会议于1776年8月14日通过决议,将向脱离英军的雇佣兵提供50英亩土地,并给予美国公民权。

给予大陆军官兵军功授地始于1776年9月,这是大陆会议为招募大批士兵入伍而采取的紧急措施。如果没有土地的巨大吸引力,这次招募是不可能按时完成的。这次招募还规定了授地标准:上校500英亩,中校450英亩,少校400英亩,上尉300英亩,中尉200英亩,少尉150英亩,军士和士兵100英亩。②这次授地规定不包括将级军官。1780年,大陆会议又通过决议,将授地范围扩大到将官:少将授地1100英亩,准将授地850英亩。

其实,大陆会议在做出有关军功授地决议的时候,本身并不掌握土地,只得把授地推迟到战争结束以后。

除去大陆会议以外,马萨诸塞、纽约、宾夕法尼亚、弗吉尼亚、两卡罗来纳等州也为在大陆军中服役的各该州官兵提供军功授地。由于不少州在西部掌握着空闲土地,他们的军功授地甚至超过了大陆会议所提供的数量,而且容易兑现。弗吉尼亚占有大片的西部土地,其拨出的军功授地远远超出了大陆会议的标准。1779年,弗吉尼亚决定向本州的军官提供与大陆会议规定相同数目的军功授地,并为本州的士兵提供100英亩军功授地。随后,弗吉尼亚当局又把军功授地的标准大幅度提高,以便使募兵工作能够顺利完成。具体规定如下:少将15000英亩,准将10000英亩,上校6666英亩,中校6000英亩,少校5333英亩,上尉4000

① Benjamin Horace Hibbard, *A History of the Public Land Polices*, p. 117.

② Worthington Chauncey Ford ed., *Journals of the Continental Congress, 1774-1789*, Washington: Government Printing Office, 1906, pp. 763-764.

英亩,中尉2666英亩,军士400英亩或200英亩,士兵200英亩或100英亩。

由于弗吉尼亚的军功授地数量庞大,在其放弃对西部的土地要求以后,国会不得不在俄亥俄河西北一侧为弗吉尼亚保留了军功授地的专用土地,前后共拨付了6363000英亩之多。[①]

北卡罗来纳军功授地的标准也很高,普通士兵的授地面积达到了440英亩。纳撒尼尔·格林少将由于保卫该州立下了赫赫功勋,得到了25000英亩的授地。

独立战争时期军功授地的数量相当可观,而土地的实际占有者并不都是大陆会议和州政府,所以在战争结束后相当长时间里,军功授地并没有分到受地者手中。例如,纽约州的军功保留地一直是印第安部落的辖地。19世纪80年代末才把印第安部落赶走,军功授地的申领工作才得以进行。而弗吉尼亚的军功授地数量太大,申领工作延续到1852年还没有全部完成。

邦联政府成立后,由于有关州迟迟不放弃对西部土地的权利,它过去颁发的军功授地只不过是一纸空文,无法兑现,只有俄亥俄同人公司和西姆斯公司在邦联政府的《西北法令》颁布以后,用军功授地券购得刚刚由邦联政府掌握的西北领地的大片土地。其后的军功授地的申领工作是在联邦政府成立后逐步完成的。

大多数退伍士兵等不到土地分配就把自己手中的军功授地券贱价卖与土地投机商,这一部分土地也就提前进入了土地市场。土地投机商在这个交易过程中牟取了骇人听闻的暴利。据估计,1788年,500—600英亩的军功授地券只能卖到8美元,到1800年,每英亩就可以卖到3—5美元。这样,一张军功授地券所获的暴利就超过了2000美元。[②]

---

① Benjamin Horace Hibbard, *A History of the Public Land Polices*, p. 123, note 8.

② Paul W. Gates, *The Farmer's Age: Agriculture, 1815–1860*, Armonk: M. E. Sharp Comp., 1960, pp. 29–30.

用军功授地吸引公民参军、巩固国防,在拥有大量公共土地的美国是一个行之有效的办法。1811年12月24日,在美英1812年战争的前夕,联邦国会颁布了一项军功授地法令,号召和鼓励适龄公民加入军队,保卫年轻的共和国。政府将向每名普通士兵提供160英亩土地。

1847年2月,联邦国会为了扩充军队、进军墨西哥,又颁布了一项类似的但更为灵活的军功授地法,获得授地的士兵可以按160英亩折换100美元的标准领取国库券。1850年、1852年、1855年,联邦国会又相继通过三个军功授地法令,使更多的退伍军人得到好处。

从独立战争时期到1855年,军功授地的总数是相当可观的。详细情况见下表[1]:

	军功授地人数	土地面积(英亩)
独立战争时期到1800年以前的授地法令	16663	2165000
1812年战争时期	29186	4845920
1847年法令	88274	13213640
1850年法令	189145	13168480
1852年法令	11992	694400
1855年法令	263100	34151590
合计		68239030

由退伍士兵直接申领军功授地并在上面垦殖定居的例子不多。在一般情况下,都是由土地投机商收购军功授地券,然后认领大片土地。这样,就使将近7000万英亩的土地逐步进入了土地市场,国有土地也就实现了私有化。

在到处都是土地投机分子控制军功授地交易的情况下,退伍士兵或其家属往往由于家境困难,不可能花费时间和路费走过千里迢迢的路程到西部去申领授地。即使家境稍好的人也不愿大费周折去兑现自己手中的授地券,他们宁愿把土地券卖掉,换取现金,蒙受差价的损失。在退

---

① Benjamin Horace Hibbard, *A History of the Public Land Polices*, p. 132.

伍士兵或其家属中真正到西部申领授地并在那里定居的人寥寥无几。据一位土地总局的官员透露,该局的档案和记录中曾有这样的材料:在颁发到退伍士兵或其家属的 500 份军功授地券中,竟然没有一份是由他们自己申领,由他们自己使用,或使他们直接受益的,大部分授地券都被那些投机分子拿走了。①

最初军功授地都是在联邦政府专门划定的保留地内申领,对土地位置、土质的选择余地不大。这些保留地多半分布在俄亥俄、印第安纳、密歇根和伊利诺伊境内。随着这些地区的公共土地转为私有,或者划归有关州和领地,军功授地也转向更靠西部的地区,进入大草原和大平原东部地区,直到达科他一带。1855 年法令颁布以后,联邦政府允许授地证券持有者在上述地区任意选择适合自己需要的空地。这样就更有利于土地投机者,他们可以集中选择最好的地段,成为某一个地区的大土地所有者。

值得注意的是,投机者手中的大量土地从商品转化为生产资料需要几年,甚至几十年。一般来说,有两种转化形式。一种形式是掌握大片土地的投机者把土地分租给农民收取租金。租出的土地也就得到了开发,可以创造出财富。例如,伊利诺伊的威廉·斯卡利就曾把 19 世纪 50 年代伊利诺伊、堪萨斯、内布拉斯加廉价购得的土地出租给欧洲移民,向他们收取地租。另一种形式是把土地卖给西部农场主,或者划分成小块卖给小农户。例如,斯卡利就曾经在 19 世纪 70 年代,以每英亩 50 美元的高价把土地卖出去。②这样的转变过程虽然缓慢曲折,但这一部分土地毕竟进入了农业生产领域,最终也起到了应有的作用。

---

① Benjamin Horace Hibbard, *A History of the Public Land Polices*, p. 127.

② Paul W. Gates, "Land Policy and Tenancy in The: Prairie States", *Journal of Economic History*, No. 1, 1941. p. 71.

六、土地投机

伴随着西部土地开发而出现的土地投机自始至终都是一个影响颇大的问题。一方面极大地加重了西部移民的负担,成为开发西部的一种障碍。移民们为了从投机者手中获得小块土地,往往要付出比规定价格高几倍的价钱,但另一方面,在政府规定必须大面积出售公共土地期间,这又是小农取得小块耕地的重要途径,甚至是别无选择的途径。在宅地法颁布以前,他们只得咬着牙承受这种沉重负担。即使在宅地法颁布以后,不少移民为了获得一小块交通方便的肥沃土地也不得不以高价向土地投机者购买。

最早为土地投机活动大开方便之门的恐怕要数弗吉尼亚殖民地政府了。它占领了俄亥俄地区的大片土地,然后以低价出售。威廉·亨利·哈里森就此事写信对詹姆斯·麦迪逊说:"出售土地的价格使任何人都可以成为业主。一匹不起眼的马或者一支来福枪就可以换取1000英亩土地。"[1]

佐治亚州在出售西部土地中所造成的亚祖事件成为早期土地投机中最大的丑闻。亚祖位于今阿拉巴马和密西西比境内。佐治亚曾宣布对这个地区的大部分土地拥有主权,并于1789年把这里的大片土地以每英亩几美分的价格卖给一家公司。但后来由于这家公司企图把这片土地变成受西班牙管辖的殖民地,这项买卖被佐治亚政府取消。1795年佐治亚议会又决定把所拥有的亚祖土地的一半卖给四家公司,买卖成交后发现经手出售土地的人就是买主,并把套购的土地再次出售牟取暴利。这桩土地投机曝光后,佐治亚政府再次取消亚祖的土地买卖,但已有相当多的土地出售给真正的无辜的购地者。这就出现了购地者的土地产权是否有效的问题。此事因而不得不诉诸法庭,直到1814年才最后解决,联邦政府因此损失了400万美元。

---

① Benjamin Horace Hibbard, *A History of the Public Land Polices*, p. 210.

此外,邦联国会所颁布的大面积出售土地的法令无疑是造成大规模土地投机的更为重要的原因。俄亥俄公司和西姆斯公司都是在这样的沃土上滋长起来的。他们获得的廉价公共土地动辄几十万英亩,甚至上百万英亩。继这两个公司之后,罗伯特·莫里斯创建的北美土地公司于1795年同一些州政府达成更大的一笔土地交易,所购的土地分布在许多州,总共约600万英亩之多。同年,康涅狄格公司以每英亩40美分的价格从康涅狄格政府手中购得其在西部的土地50万英亩。

美国联邦政府赠送给公路、运河、铁路公司的大量土地也是土地投机的重要来源。这些土地是用来资助西部交通运输基础设施的,其中大部分土地可供有关公司出售,其售价完全由公司决定。又由于这些土地都位于交通线两侧,很容易出售,其售价往往高出政府规定的价格几倍。结果使得拥有大量土地的铁路公司成了最大的土地投机商。在《宅地法》颁布以后,铁路公司仍然能够以高价出售自己的土地。许多移民宁愿出高价获得一小块交通便利的沃土也不要贫瘠而又偏僻的免费宅地。我们从一家铁路公司的售地统计材料中就可以看出这种情况。

1871年3月1日到1879年12月31日艾奇逊、托皮卡、圣菲铁路售地情况表①

年份	售地数量(英亩)	每英亩售价(美元)	总售价(美元)
1871	71801.51	5.91	425013.75
1872	45328.81	5.94	269627.66
1873	133507.30	5.61	748977.25
1874	200459.96	4.49	900973.30
1875	75415.33	5.52	416409.85
1876	122201.17	$5.44^{1/2}$	665455.17
1877	85047.78	4.98	423477.49
1878	267122.47	4.52	1206527.64
1879	104744.41	4.72	494353.73
合计	1105628.74		5550815.84

① Harry N. Scheiber, *United States Economic History*, p. 248.

军功授地也是投机分子的一大土地来源,不仅数量大,而且价格很低,通常几十美分就可买到1英亩授地券。美国历史上的土地投机高潮都同军功授地的大量发放有密切的联系。虽然这不能算是土地投机的主要原因,但起码起到了推波助澜的作用。

拨给教育事业的公共土地的数量亦相当庞大,当然也不可避免地成为土地投机商的目标。特别是在《莫里尔法》公布以后,土地投机者在这里找到了巨大的商机。该法案规定各州必须出售所得到的公共土地作为建立农学院的开办费。在有大量公共土地的西部州,联邦政府将这些州公共土地按规定的标准划出一部分给各州,总共为3766000英亩。对缺少公共土地的东部州联邦政府发放土地券,到十一个西部州领取公共土地,土地券的总数为783万英亩。这部分土地投入土地市场以后,为土地投机商提供了很大的回旋余地。

最猖獗的土地投机活动出现在19世纪初叶到中叶这段时间。前后出现了三次高潮。第一次高潮出现在1812年美英战争以后,1819年达到顶峰,这一年公共土地的出售额达到了创纪录的400万英亩。[①]第二次高潮出现在30年代,来势更为迅猛。1836年公共土地的销售量达到2000万英亩。由于东部银行直接参与西部土地投机,土地投机的规模超过了第一次高潮,大部分出售的公共土地都落入了土地投机商手中。例如,1835年至1837年出售的公共土地为3800万英亩,落入投机集团手中的至少有2900万英亩,占售地数的63.16%。[②]第三次高潮出现在19世纪50年代。其特点是东部银行参与的程度超过了第二次高潮,土地投机的规模更大。土地证券市场的作用也越来越大,出现了集中的有垄断性质的证券销售网络,使金融资本可以轻而易举地控制大规模的土地投机。

---

① Benjamin Horace Hibbard, *A History of the Public Land Polices*, p. 99.

② 黄仁伟:《美国西部土地关系的演进》,上海社会科学出版社,1993年,第30页。

早在土地投机的第一次高潮出现以前,国会中已经有人看到大面积出售土地可能引发的土地投机。随着西部公共土地大量投入市场,土地投机也日益成为一种非常有利可图的行业。参加土地投机的人越来越多,不仅有西部的富翁和商人,也有东部的大公司和银行。如果不降低地价和出售小块土地,那么小农户就不可能从政府手中直接取得土地,而不得不继续为小块耕地付出高昂的代价,任凭土地投机商宰割。土地投机将更加严重。

　　据记载,1819年,阿拉巴马的四十个土地投机者曾共同约定,以同样的价格拍卖按每英亩2美元的价格买进的公共土地。由于他们在一定程度上垄断了当地的拍卖市场,结果得到了每英亩19美元的高价。在其他地区也可以找到很多类似的事件。公共土地委员会对土地投机愈演愈烈的情况极为关注,于1819年向众议院提供了土地投机问题的专题报告,希望国会采取有效措施杜绝这种现象。报告指出:"经验推翻了那种只需确定公共土地的高售价就可以遏制不公平的土地投机和阻止土地垄断的说法……只有少量资金的劳动阶级不能成为旨在定居和耕种的土地所有者。"①只有出售小块土地,才能使那些只有100美元资金的人可以从政府手中直接购买土地。

　　其实只是缩小土地出售面积还不能满足小农的要求,也不能遏制土地投机。经过几次缩小土地出售面积以后,1835年至1837年间,土地投机不但没有减弱,反而出现了一个新高潮。当然出现新高潮还有其他原因,其中交通运输条件的改善恐怕要算是最重要的原因了。由于交通运输的改善,西部的农产品和畜产品可以大量地运往东部市场,并从那里远销国外,在西部也出现了许多农牧产品的集散地,并逐步发展为重要城市和经济中心,使得西部土地越来越具有吸引力,西进的移民人数也迅速增加。匹兹堡、路易斯维尔、辛辛那提、圣路易斯、纳什维尔都成为西部农产品的重要转运站。下表是路易斯维尔在1810年到1811年转口

---

① Benjamin Horace Hibbard, *A History of the Public Land Polices*, p. 214.

西部农产品的情况。这在当时来说,数量已经非常可观,如果把所有集散的转口农产品加在一起,那么数量就相当大了。

1810—1811 年路易斯维尔转口农产品统计表[①]

品种	单位	数量	品种	单位	数量
面粉	桶	206855	猪油	磅	775692
咸猪肉	磅	1008026	葱头	桶	364
威士忌	桶	15797	土豆	桶	3019
苹果酒	桶	4193	大麻	英担*	1050492
猪肉	桶	22602	干果	桶	442
燕麦	桶	6700	家禽	只	2012224
大豆	蒲式耳	79795	马匹	匹	489
黄油	磅	41151	土亚麻布	磅	13066

*1 英担合 50.8 千克。

随着转运业的日益发展,西部的农产品源源不断地运往东部市场。据报道,仅1822年这一年就有"价值300万美元的货物越过俄亥俄瀑布运往市场。有许多是俄亥俄河流域的剩余农产品,其中有价值100万美元的猪肉、60万美元的烟草、90万美元的面粉和50万美元的威士忌酒。这个货物清单表明,密西西比河流域犹如一个巨大的殖民地社会,生产着简单原始农业的农产品"[②]。

西部的农产品大量流入东部、南部和国外市场以后,西部土地也随着升值。其市场价格远远超过政府规定的土地价格,所以人们对炒卖西部土地趋之若鹜。他们想方设法筹集资金购买西部土地,然后转手以高价卖出。西部的许多土地银行也参与其事,贷款给土地投机者,并从中获利。于是相当多的土地成了炒卖的对象而无人耕种。《波士顿每日邮报》发表评论说:"土地没有转到耕种者手里,而是落到了投机者手中。"

---

①② Percy Wells Bidwell and John I. Faleoner, *History of Agriculturein the Northern United States*, *1620–1860*, Washington: The Carnegie Institution of Washington, 1925, p. 173.

1852年，土地证券交易得到国会认可，可以直接进入证券市场，军功授地和后来的教育土地证券的流通因而被纳入了金融体系。19世纪50年代的三项军功法令颁发的授地达到48014380英亩，而且都是以证券形式颁发的。这就使得大宗的军功授地交易、转让可以在东部的证券交易所进行。东部的土地投机商不必亲身到西部去，也不需要派出代理人或者通过西部的合伙人就可以轻而易举地完成土地投机活动。他们只需要筹足资金就可以在证券交易所以几十美分一英亩的低价购进军功授地券，然后在西部取得每英亩价值5美元至10美元的相应面积的公共土地。①

尽管联邦政府曾经在19世纪20年代和30年代企图限制大规模的土地投机，把个人购置土地的总限额定为20万英亩，不允许超过这个数字，但却很难控制军功授地券的大批交易。在艾奥瓦19世纪初40年的公共土地的出售记录中，可以看到用军功授地券支取的土地远远超过用现金支付的土地。用军功授地券支取土地最多的140人，共从公共土地中取走1381000英亩，平均每人9860英亩。其中取得土地最多的人有两个，一个得到20万英亩，另一个得到25万英亩。此外还有人不仅用军功授地券取得土地，同时还用现金购买公共土地。他一共得到344578英亩。②

军功授地券通过各种渠道流入东部市场以后，为东部拥有巨资的财团提供了极为便利的条件，使他们能够轻而易举地插手西部土地的投机，成为西部的大地产拥有者。土地投机的最大弊端是使大量国有土地私有化以后不能落入直接生产者手中，成为创造财富的生产资料，而是成为投机商手中待价而沽的商品，长期闲置起来。这对美国农业的发展无疑是有负面影响的。

---

① 1875年纽约证券交易所经纪人的报价是每英亩60美分，最高的报价也只有85美分。见 Benjamin Horace Hibbard, *A History of the Public Land Polices*, p. 127.

② Benjamin Horace Hibbard, *A History of the Public Land Polices*, p. 224.

美国的社会舆论对于联邦政府在1847—1855年间所颁发的大量军功授地券可能引发的土地投机高潮是颇为担忧的。霍拉斯·格里利于1855年5月6日在《纽约半周论坛报》发表社论文章，批评从军功授地交易中大发横财的几种人。他写道："根据这些法令，退伍士兵只能得到很少的钱，而土地经纪人、军功授地投机商、律师、证券市场经纪人却得到多得多的钱。"[1]教育赠地券出台的时间不利于土地投机，《莫里尔法》和《宅地法》是同一年颁布的。由于存在可以无偿获得的公共土地，教育拨地的出售自然会遇到困难。更何况当时内战正在进行，结局并不明朗，土地投机者多半持观望态度，不愿意匆忙地把资金投入西部的土地市场。土地市场暂时趋于沉寂，直到内战结束后，土地投机活动又开始抬头。不过，60年代的土地投机是在新形势下进行的，同以前的土地投机大不一样。

　　如果说过去的土地市场具备了许多有利于投机活动的条件，那么60年代的土地市场就出现了一些不利于投机活动的因素。首先《宅地法》使西进的移民避开了土地投机者的中间盘剥，直接从联邦政府手中取得无偿的土地，使投机者失去了一个重要的销售渠道。土地投机者手中剩下的唯一的砝码就是他们可以用土地证券在西部领取位置较好、土质较好的地段以吸引那些愿意花钱购买优质土地的农户。但是铁路赠地大批投入土地市场后，这种优势就不复存在。所以土地证券的价格一直无法上扬。过去的许多土地投机集团在这样的形势下举棋不定，不敢有大的动作。

　　这种情况给那些财力雄厚的土地投机集团带来了扩展势力的良机。过去分散经营的土地证券经纪人多半由于无力承担土地市场可能出现的风险而不得不停止活动，也有人转投到大土地投机集团的麾下。在19世纪60年代中期形成了克利夫兰刘易斯土地投机集团、底特律-芝加哥普雷斯顿集团、纽约康奈尔土地投机集团三足鼎立的局面。它们控制

---

　　[1] Benjamin Horace Hibbard, *A History of the Public Land Polices*, p. 126.

着土地证券的收购和销售价格,进行大规模的土地交易,从中牟取高额利润。

刘易斯集团的首脑格利森·刘易斯是经营军功授地券出身,在19世纪50年代就营造了自己的信息和销售网。在60年代土地市场低迷的时候,他就利用这张网以50美分至55美分1英亩的价格套购了东部和南部许多州的学院土地。到1873年,他套购的学院土地证券超过了500万英亩、然后以每英亩不低于1美元的价格出售土地证券,从中获得百万美元的利润。其他两个集团也都从土地证券交易和土地投资中获得了巨额利润。

在人们的心目中,土地投机当然不是什么好事,只会对农户造成伤害,而使少数投机分子大发横财。但也有一些投机者为了赚更多的钱,对自己准备购买的地段进行细微地探察,弄清楚土地的肥沃程度、林木分布、水源和交通条件,然后吸引拓殖者来购买土地。尽管他们的目的是为了攫取高额利润,但所做的探察工作对于开发处女地、建立移民点却都是非常有益的。美国学者希巴德对他们所起的作用做了相当高的评价。他说:"事实上,如果没有这些土地投机者,我们西部荒野的一半能否如此快地拓殖出来都值得怀疑。"[1]在他看来,这些土地投机者是移民的开拓精神的鼓舞者和支持者,也是最佳耕地和移民占用地的发现者。他们还引导欧洲移民在肥沃的土地上安家落户,"并最后成为富有的受人尊敬的农场主",否则这些欧洲移民将会成为城市中的流浪者。

与希巴德持同样观点的还有莱斯利·德克尔、保罗·盖茨、理查德·伊利等学者。他们把投机者的概念用得非常广泛,许多拓荒者也包括在内,把他们卖掉自己的小块耕地、继续向西拓殖的行为看成是土地投机。德克尔就认为,早期移民首先是土地投机者,然后才是移居者。[2]伊利

---

[1] Benjamin Horace Hibbard, *A History of the Public Land Polices*, p. 218.

[2] David M. Ellis ed., *The Frontier American Developmen*, Ithaca: Cornell University Press, 1969, pp. 376–380.

也证明有的投机者创造了交通、食宿等定居条件,这种行为"既是一种个人服务,又是一个社会性服务"①。

　　如此估计土地投机的作用,虽然有其合理的成分,但显然是言过其实的。客观地说,土地投机者,特别是大土地投机者为了吸引移民,抬高土地价格确实做过一些建立基础设施的工作。例如,马里塔城就是大土地投机者建立起来的城市。但是,这样的城市在西部新兴城市中所占的比例是微乎其微的。归根结底,土地投机是一种剥削,给广大移民带来的伤害超过了可能带来的好处。

　　然而无论是土地投机、公司赠地,还是无偿分配土地都是当时美国公共土地私有化的一种形式,符合当时美国社会的需要。谁都知道,土地是人类赖以生存和繁衍的最基本的条件,它包含着无穷无尽的潜力和取之不尽、用之不竭的财富,但如果不加开发,不加利用,对人类来说只不过是沉睡的宝藏。美国得天独厚,拥有极其丰富的土地资源,经过扩张以后,单是西部未开垦的处女地就比我国全部耕地的面积要大得多。这是美国建国后拥有的唯一可以兑现的巨大财富。所以它就用土地作为开发西部的资本,多管齐下,用以解决移民的耕地、开展西部基本设施建设、资助教育事业、奖赏军功,等等。尽管出现过种种问题,甚至是严重的问题,但还是极为成功的,基本上实现了耕者有其田的杰斐逊的农业理想,为美国农业进一步发展和西部建设奠定了良好的基础。

---

① *Journal of Farm Economics*, July, 1920, p. 125.

第八章　农业的大突破

一、拓荒者的农业

16世纪末17世纪初,当欧洲正在形成资本主义关系的时候,北美洲还是一个未经开发的大陆。现今美国的大西洋沿岸覆盖着茂密的大森林,这片森林一直向西延伸1600公里。这对最初的移民来说是一个极大的障碍。他们在安顿下来以后,立刻就得清除树木,开垦一小块土地,等待来年的收获。这是一种十分沉重的劳动,欧洲的种植技术在这里发挥不了作用。幸亏印第安人教会他们简易而又有效的垦殖方法,并向他们提供玉米种子,否则他们将面对丛林,一筹莫展。

移民们最初所采用的耕作方法比刀耕火种好不了多少,既没有能力深耕细作,也不可能在地里施肥,收获的谷物往往不够食用。幸好莽莽丛林给移民们准备了丰富的食物。那里有各式各样的浆果和坚果,黑莓、木莓、越橘、草莓等浆果都是营养丰富的果品,胡桃、栗子之类的坚果也不难找到。成群的火鸡、结队飞行的野鸭和野鸽经常出没于丛林和沼泽地区。在溪流和湖泊中鱼的数量也很多,而且容易捕获。移民们在耕作之余,就得扛着火枪、带着渔具到丛林、沼泽和溪流边上打猎捕鱼,或者采集各种果品来弥补食物的不足。拓荒者的农业就是在这样的艰苦条件下开始的。

随着成批移民的到来,拓荒者的农业才不断扩大和发展。从爱尔兰、英格兰、德国和其他欧洲国家迁来的移民绝大多数是农民和手工业者。他们主要是为了躲避国内的封建压迫和各种灾难才到北美大陆谋生的。他们缺少资金,一般都只能带来一些简便的农具和农作物种子,在到达北美以后不得不胼手胝足、披荆斩棘,在丛林中建立简陋的栖身之地。在丛林中有时候也会发现一些小块的开阔地,最大的可达500英亩。《种植者的要求》一书的作者曾对新英格兰的开阔地做这样的描写:"这块土地提供的空旷地可以容纳比这个地域现有人数更多的人,而且这些空旷地不光是森林地带和其他现时用处不大的土地,在许多地方有不少经过清除适宜耕作的土地和出产干草和牲口饲料的沼泽地带⋯⋯"①

在康涅狄格、马萨诸塞和新泽西一带,拓荒者曾经发现过不少开阔的草地。其中有的是天然的开阔地,有的是印第安人遗弃的玉米地,也有的是印第安人每年烧荒造成的空地。开阔地一经发现就住满了拓荒者,形成了不大的星罗棋布的移民点。

从欧洲带来的农作物并非一下子就能适应北美的自然条件,1621年在普利茅斯移植小麦就未能成功。曾经有人对埃塞克斯某个移民点的五十家农户的仓储粮食进行调查,在所存储的谷物中,当地产的玉米远远超过从欧洲运来的大麦、小麦、燕麦、黑麦和豌豆。②拓荒者对玉米的价值有深切的认识,最早的移民都是靠着它才度过了饥荒,在北美大陆站住了脚。他们从印第安人那里学会了种植玉米的技术,并且把它作为赖以生存的主要粮食。

在康涅狄格河流域和中部地区的几个殖民地由于自然条件比较好,最先移植小麦成功。到17世纪后半期,康涅狄格河流域已经成为新英格兰的重要产麦区。

从农作物的品种和种植方法来看,拓荒者的农业包含有印第安人的农业和欧洲农业两方面的成分。有人认为:"如果说美洲印第安农业和欧洲农业的结合是美国农业的开端,并且奠定了美国农业取得巨大发展

---

① ② Percy Wells Bidwell and John I. Faleoner, *History of Agriculturein the Northern United States, 1620–1860*, p. 9, note 1.

的基础,这是不算过分的。"①

印第安人不饲养牲畜,拓荒者只能依靠从欧洲开来的船舶运送少量家畜。但由于航程太远,家畜在运送途中的死亡率很高,新的移民点又不具备饲养家畜的基本条件,无法保障家畜不受野兽的袭击。所以饲养家畜的农户很少,直到17世纪中叶,殖民地的畜牧业才初具规模。到17世纪后半期,殖民地开始向西印度群岛输出咸肉和奶制品。

南部殖民地气候温和湿润,适合烟草和经济作物的生长。但种植这类作物需要更多的劳动力,于是那里的大地主纷纷从非洲运来大批黑人奴隶,建立种植园,发展奴隶制,使南部农业走上了完全不同的发展道路。

欧洲移民初到北美洲的第一个五十年,一直在陌生的严酷的自然环境中为立足而拼搏,人口增长缓慢。直到1650年,英属北美殖民地的人口只有50368人,其中还包括1600名黑人。②这一时期,殖民地政府管辖的地区有限,基本上局限在大西洋沿岸地区。拓荒者也只在这一带定居。拓荒农业生产的农作物不多,仅仅能够满足殖民地的内部需要。

17世纪后半期,殖民地趋于稳定,人口有所增长,欧洲移民的陆续到来又加快了人口增长的速度,到1700年,殖民地人口总数已经达到2500888人。③这个数字大约相当于1650年移民人数的五十倍。在人口不断增长的过程中,殖民地当局力图抓住时机把自己实际控制的地区向西推进,最大限度地扩大自己的地盘。他们不惜采取战争手段,赶走居住在那里的印第安人。

新英格兰殖民当局扩展的目标是莫哈弗克河谷、宾夕法尼亚大平原和谢南多亚河谷一带。为了鼓励向西移民并保证移民点的安全,使新去的移民能够正常地进行农业生产,新英格兰殖民当局采取建立新"市镇"

---

① Everett E. Edwards, *American Agriculture—The First 300 Years*, p. 174.

②③ U. S. Census Bureau, *Historical Statistics of the United States*, *Colonial Times to 1970*, Vol. 2, Washington: Government Printing Office, 1975, p. 1168.

的办法,步步向西推进。新到的移民团体都可以得到一个6—10平方英里的地段,并在上面建立一个新的"市镇"。牧场、森林、荒地属全体镇民所有。每一个镇民都可以按自己拥有财产的情况分得一份相应面积的宅地、耕地和沼泽地。各地区的分配标准不尽相同。从马萨诸塞下属的一个地区来看,每拥有100英镑财产就可以分得150英亩土地,其中宅地30英亩、耕地105英亩、草地10英亩、沼泽地5英亩。

由于向新英格兰地区移民的大多是小农户,拥有的财产有限,他们获得的土地都不多,一般不超过100英亩。所以在新英格兰地区小农占有绝对优势。1725年以后,新英格兰地区殖民当局不再向移民提供土地,并且把新划出的"镇区"土地卖给私人。失去土地的小农和新移民向佛蒙特转移,使那里的移民人数迅速增加,超过了一万人。

南部地区的殖民地由于特殊的地形,扩展的方向和方式都有所不同。从弗吉尼亚到佐治亚有一条瀑布线,以西就是高山地区。山区那边还有一条宽8英里的松林带与瀑布线平行,形成两道天然屏障,阻挡着西进的移民。所以弗吉尼亚殖民地最初主要在平原地区扩展。1665年,弗吉尼亚殖民地当局颁布法令,组成一支五百人的军队,沿瀑布线修筑堡垒,从那里攻击平原地区的印第安部落,以便获取足够的土地安顿新移民。1701年,弗吉尼亚殖民地当局准备越过瀑布线,在靠近西部的边沿地区建立武装"社团"。每一个"社团"都拥有二十名战斗人员来保障整个"社团"移民的安全和财产。"社团"的每个成员都可以获得一份宅地和200英亩耕地,而且在二十年内免交一切赋税。这种组建武装移民点、逐步推进的办法颇为奏效。越来越多的移民进入了瀑布线以西阿勒根尼山以东的皮德蒙特高地。

其他殖民地开始向内地推进的时间要比新英格兰和弗吉尼亚晚得多。直到1730年以后才有较多的移民进入西部边远地区,在那里建立移民点。移民向西推进的结果,"在偏僻地区,从缅因到南卡罗来纳出现了由小农和猎手组成的特殊的社会,他们财产很少但相当勇敢和积极"①。正是他们这些人在这些地区开辟了拓荒者的农业。在他们后面接着出现的是较大的农场和南方的种植园。

随着移民的不断推进，拓荒农业也迅速向西扩展，耕地的面积越来越大。虽然拓荒者所使用的耕作方法和生活状况都远远落后于欧洲的水平，但这里没有封建束缚，拓荒者可以拥有或者占用相当数量的土地，为自己耕种，有相当高的劳动积极性。农产品的数量也随着耕地的扩大而不断增加。到17世纪末18世纪初，北美殖民地的农产品不仅可以满足内部的需求，而且可以向别的国家和地区出口。粮食是北部和中部殖民地的出口商品，不仅有小麦、玉米，而且有大米。据统计，1698年出口大米数为10407磅，1708年增加到675327磅。②

拓荒者的足迹所到之处，很快就会出现星罗棋布的居民点和分布在四周的耕地，形成了所谓的农业边疆。简单来说，这就是最靠近西部边沿的农业地带。这条农业边疆随着西进移民人数的增长而不断地向西推进，17世纪末18世纪初它主要在各殖民地靠近西部的偏僻地区和山区移动。

随着欧洲移民的不断涌入，拓荒者的队伍也愈来愈庞大。18世纪初，德国移民的人数激增，一批移民就有三千人之众。他们到达纽约后，经殖民地当局允许，沿着哈德逊河寻找地方定居，成为那一带的第一批拓荒者。相继到来的大批德国移民又涌入宾夕法尼亚的偏僻地区，其中一部分人走向特拉华河谷和新泽西的日耳曼河谷。更多的人在萨斯奎哈纳河谷落足，在那里拓殖比较肥沃的土地。

苏格兰-爱尔兰移民在德国移民之后到达新大陆。大部分人踏着德国移民的足迹进入宾夕法尼亚，越过他们的居民点，向更偏僻的地方前进，在朱利亚塔河附近和坎伯兰河谷西部寻找土地定居。有人甚至到

---

① Everett E. Edwards, *American Agriculture—The First 300 Years*, p. 192.

② U. S. Census Bureau, *Historical Statistics of the United States*, *Colonial Times to 1970*, p. 1192.

达了俄亥俄的河汊地带。后来的移民翻越阿巴拉契亚山到达山的西麓，停留在格林布里尔河、霍尔斯顿河和瓦陶加河沿岸地区。还有一批苏格兰-爱尔兰移民通过伍斯特进入了新英格兰的山区。

进入18世纪以后，陆续有人翻越阿巴拉契亚山进入老西部地区，在那里创立家园。他们主要来自宾夕法尼亚、新泽西、弗吉尼亚和北卡罗来纳。他们可以利用英军开辟的简陋的军用道路，也可以通过去肯塔基的天然通道穿过坎伯兰山口进入西部。1774年，弗吉尼亚总督邓莫尔派兵进入肯塔基，夺取肖尼人的土地，是年10月9日，在大卡纳瓦河口发生激战。印第安人败退后被迫签订和约，让出了大片土地。第二年3月，土地投机商理查德·亨德森又用1万英镑货物从肖尼人手上买下了从肯塔基河到坎伯兰山南的一大块地段，准备吸引拓荒者到那里定居。

1775年3月10日，亨德森派遣经验丰富的探险家丹尼尔·布恩带领三十名斧手，开辟了一条从霍尔斯顿河的长岛到肯塔基河的通道，以便拓荒者去肯塔基定居。这就是历史上著名的荒原路。独立战争前夕，在肯塔基河沿岸已经出现了几个比较集中的居民点。1775年5月23日，十八名来自各居民点的代表在布恩斯博诺聚会，建立了自己的联合体，建立了法庭，组建了民兵。拓荒者的农业边疆已经进入了肯塔基。

独立战争胜利后，美国的西部疆界推展到密西西比河，俄亥俄河以北密西西比河以东的西北地区又成为西进移民的另一块乐土。在美国政府使用武力把当地的印第安人驱走以后，他们立即沿俄亥俄河前进，沿途建立了众多的居民点。佛蒙特、肯塔基、田纳西人口增长的速度很快，并在18世纪90年代相继建州。俄亥俄紧随其后也于1803年成为美国的第十七个州。

拓荒者的农业主要是依靠扩大耕地来取得发展的，一个多世纪以来农业技术、耕作方法没有明显的改进，几乎停留在最初的极为简陋的状态。准备西进的拓荒者只需要拥有斧头、来福枪和简单的行装就可以成行了，斧头用来开辟道路和打造各种简陋的农具，来福枪用来自卫和猎取野兽飞鸟作为食物补充。他们找到落足的土地以后就开荒种地，既不施肥，也不深耕细作。这种耕作方法对土壤和环境带有极大的破坏性。几乎所有的拓荒者都使用这种原始的耕作法来满足自己眼前的需要，在地力耗竭以后，他们或是把土地转卖出去，或是抛弃掉。随即又到更远的西部去开垦新的土地。

欧洲的旅行者看到拓荒者的行为大为震惊。伊萨克·韦尔德在他的北美游记中曾一再对这种不顾长远利益，随意毁坏林木、滥用耕地的做法深表惋惜。[①]但是，由于美国的幅员广阔，在西部有无穷无尽的处女地，很少有人意识到这个问题的严重性。在移民西进的过程中，这种破坏性的开垦荒地的做法延续了相当长的时间，并被带到了密西西比河以西的大平原和更远的地区。

1815年以前，在佛蒙特、肯塔基的部分地区、田纳西、俄亥俄、圣路易斯地区和密西西比河下游，差不多都是拓荒者的天下。这个广大地区的农业还处在相当原始的状态。然而，随着时间的推移和农产品市场的发展，拓荒者越来越感到，靠着两只手、简陋的农具、落后的耕作技术，要从已开垦的土地上获得较好的收成是根本不可能的。随着地力的损耗，收成会越来越少。他们开始感到改进农具和耕作方法的重要性。在宾夕法尼亚东部、纽约和新泽西的大部，以及新英格兰南部出现了比较发达的农业。拓荒者的农业正在发生变化。

二、农业大发展的酝酿和准备

人力毕竟是有限的，如果不改进简陋的农具和落后的耕作方法，即使胼手胝足、加倍努力也不可能取得更好的收成。拓荒农民在经过一段时间的实践以后悟出了这个道理。他们只要赚到了足够的钱，就会迫不及待地要求得到更好的农具和学会更好的耕作方法。同时，西进运动的

---

① Isaac Weld, *Travels Through The States of North America and The Provinces of Upper and Lower Canada*, London, 1799.

规模也越来越大。从欧洲到来的新移民大部分都是农民，他们当中很少有人在东部城市停留，几乎都在上岸后立即踏上西进的征途。原来在大西洋沿岸各州和较早拓殖地区的农民中也有不少人加入了西进的队伍，去寻找更好的家园和理想的生活，结果造成东部地区农业劳动力的严重流失。由于当时美国还没有先进的农业机械和农业技术，农业劳动力流失后，大量农活就无法完成，农业劳动力的价格也随着上涨。《新英格兰农民》和《俄亥俄种植者》等刊物都纷纷发表文章和消息，报道当地农民对缺乏劳动力的忧虑和要求改变这种状况的呼吁。①

农业劳动力的缺乏导致农业雇工的工资居高不下。根据英国旅行家威廉、科贝特、帕特里克、谢里夫和詹姆斯·约翰斯顿等人的报道，1818年，一个正常的由主人提供膳食的农工的年工资为100美元至120美元，以后除个别地区外一般都呈上涨趋势。所有的大小农场主既苦于得不到足够的劳动力，又不愿意出高价，都迫切要求找到一种既省钱又能提高劳动效率的办法。于是改良农具、制造农业机械的尝试受到了关注和支持。

19世纪初，美国农民还在使用自己设计和制造的简易农具，效率很差，连犁都是木制的。其他的农具在欧洲旅游者的眼里也是"粗糙的和笨拙的"。如果他们的农具有所损坏，只能送到附近的铁匠铺或者相关的作坊里修理，一个多世纪都没有改进。

作为主要农具的耕犁首先受到人们的注意。传统的耕犁有两种，一种是轻型的，一种是重型的，但两种都是木犁。过去有人做过改进耕犁的尝试，用铁片包镶犁头部分，使犁地效率有所提高，但并不显著，而且铁片容易毁损，因而没有推广。1790年，新泽西州的查尔斯·纽博尔德发明铸铁犁，解决了经久耐用的问题，但过于笨重，使用极不方便，而且费用很高，至少需要几对耕马和耕牛才能拖动这种耕犁。1814年到1819年间，纽约的杰恩罗·伍德发明了可以拆卸、组装的铁犁，并经过多

---

① Paul W. Gates, *The Farmer's Age*, p. 271.

次改进,损坏的零件可以随时更换,使用方便,经济耐用,受到农民的普遍欢迎。不久以后,约翰·狄尔、詹姆斯·奥力维尔又制成了适宜草原地区使用的全钢犁和硬钢犁,加速了该地区的开垦步伐。

随着农业生产的需要,耕犁的改变和改进一直持续不断。到19世纪50年代,至少有200种不同类型的耕犁投入生产和使用。[①]过去生产耕犁的工匠铺和小作坊已经被大工厂所取代。1830年,仅马萨诸塞的伍斯特一地就生产了1000部耕犁,匹兹堡一家使用蒸汽做动力的工厂可以日产耕犁100部。到1836年,伍斯特工厂年产耕犁达到20000部,匹兹堡的两家工厂也具备了年产34000部耕犁的能力。由于采用了大工厂生产的先进工艺,美国耕犁质量大幅度提高。列奥·罗金认为美国耕犁以其"结构简单、易于牵引、灵巧和便宜"而成为世界上最好的耕犁。[②]

耕作效率的提高也对收割能力提出了新的要求。美国农民长期来都使用镰刀收割小麦,这是一种繁重而又费钱的劳动。据估计,一个壮劳力平均一天可以收割2英亩左右的小麦,收割时间往往拖得很长。这种状况已经严重地影响着生产效率的提高,于是人们开始研究、制造提高收割效率更高的农具和简单机器。从19世纪30年代开始,陆续有人推出了一批简单的收割机。1831年,新泽西的威廉·曼宁制成了一种割草机,并且获得了专利,给人们留下了深刻的印象。1833年和1834年,接着出现了奥贝德·赫西和赛拉斯·麦考米克发明的收割机,这是当时两种最好的收割机。赫西制成的收割机每天可收割15英亩谷物,性能十分出色,但可惜赫西缺少资金,又不善经营,他的收割机未能大量生产。相比之下,麦考米克所取得的成就要比他大得多。麦考米克在取得专利后就在弗吉尼亚农庄的车间里制造,并不断改进自己的收割机,他的机

① Clark, Victor S. ed., *History of Manufactures in the United States, 1607–1860*, New York: McGraw Hill, 1929, p. 177.

② Paul W. Gates, *The Farmer's Age*, p. 281.

器大量生产以后得到较好的推广。后来随着移民线的西移，他为了就近供应西部地区的新用户，把自己的生产车间从弗吉尼亚移到伊利河畔的布罗克波特和芝加哥，在那里建厂生产收割机。

差不多在同一时期，哈斯卡尔的收割机也试制成功。1834年，他制造的机器模型送到首都华盛顿的专利局展览，并获得了专利权。1834年，哈斯卡尔的收割机开到田间进行实地试验，但未成功。经过调整改装后，这部收割机显示了良好的性能，它可以大幅度提高工效，降低成本。每英亩小麦收割成本费为82美分，只相当于一般成本费3美元12.5美分的26%。①

手推打谷机是欧洲的先进农具，18世纪末才传到美国。1802年，宾夕法尼亚、特拉华和新泽西的农户首先使用。此后又陆续出现一些经过改进的打谷机。但是，由于耕地面积的迅速扩大，农户对打谷机的要求越来越高。农业报刊上经常刊登一些介绍各种类型的打谷机的文章，也有不少人在研制新型的打谷机。1836年，缅因州温恩罗普县的海拉姆和约翰、皮特发明的皮特打谷机是一种新型的高效打谷机，每天可以打麦100蒲式耳。不过价格昂贵，普通农户很难问津。一台大型的皮特打谷机价值200美元，型号小一些的也在75美元到150美元之间。

新式农具和农业机械的推广使用，缓解了农业劳动力缺乏的局面，提高了农业的发展速度，推动了农业边疆的迅速西移。1839年，改进农具和耕种方法的倡导者杰西·布埃尔在回顾19世纪初所取得的成就时说："新式与旧式栽种工具的悬殊是很大的。这不仅表现在所使用的时间方面，也表现在工作的方式方面，以及使用时所需的动力方面。使用旧式犁头需要四头牛的一个小队和两个人，而且工作通常还只能完成一半。改良后的犁头一般只需要两头牛和一个人就可以拉动，而且如果使用得当，可以彻底地完成任务。耙和其他的农具也经历过同样的改进过程。此外，大大地节约耕田劳动力的新工具和铧犁、种田机、播种机等都

---

① *Agriculture History*, Vol. 32, No. 1, 1958, pp. 14–15.

在使用。因此，今天一个农庄的生产费用只要四十年前的一半就够了，而且有时工作还做得更好一些。"①

在农具改进的同时，农业技术革新也引起了越来越多人的重视。美国建国后，农业技术仍然远远落在欧洲国家后面。直到18世纪80年代才出现了一批由知识精英和有产者发起的关心农业技术发展的民间组织，其中成立最早的是费城改进农业协会(1785)。继费城之后，在纽约、波士顿、纽黑文等城市也相继出现了类似的协会。费城改进农业协会的会章把协会会员的身份讲得很清楚："费城改进农业协会是由某些公民……组成的，他们当中极少有人直接从事耕耘。"②由这样一些人组成的协会自然不会在田野里实际运用欧洲的先进农业技术，最多也只能做一些介绍、展示的工作以唤起农户对新技术的兴趣和需求。正如马萨诸塞改进农业协会会章所指出的："本协会的一个重要目的是取得和发展其他国家关于改进农业的报告，并获取他们的优良机器模型。"③

出版不定期的专题文集介绍国内外农业的成功经验和技术革新成果，是各地改进农业协会的一项主要工作。在这方面，马萨诸塞和费城改进农业协会的工作最为出色。前者出版专题文集的工作从1798年持续到1832年，达三十四年之久。后者从1826年到1868年，先后出版了五卷八开本的专题文集。

然而，令人遗憾的是，普通农民读不懂专题文集，即使少数有知识的农民读懂了也对文集不感兴趣。其原因有二：第一，广大西部公共土地的存在，小农户更倾向于最省事、最廉价的广种薄收，以便轻易地获得足够的农产品。只有东部沿岸地区的农民，由于土地资源有限，而且地力日益耗竭，才真正认识到改进农业技术的必要性。第二，美国大多数农

---

① [美]威廉·福克讷：《美国经济史》上卷，王锟译，商务印书馆，1964年，第282页。

② Percy Wells Bidwell and John I. Faleoner, *History of Agriculturein the Northern United States, 1620–1860*, p. 185.

③ Percy Wells Bidwell and John I. Faleoner, *History of Agriculturein the Northern United States, 1620–1860*, p. 185.

民没有接受过正规教育,很难接受大量的专业知识,更重要的是他们缺少进行农业技术改革所需要的资金。只有少数有知识的富有的农场主才有可能进行改革农业技术的试验。马萨诸塞的沃森和特拉华的塞缪尔·亨利·布莱克就是这方面的先驱。

沃森是一个富商,在马萨诸塞的皮茨菲尔德附近购置地产开办农场后弃商从农。他非常注意农业的技术改造,通过专题文集的报道了解欧洲农业的发展状况和新技术的发现和使用。他还从国外引进一些优良的牲畜品种繁殖自己的良种牲畜群。

沃森同时也是一位农业新技术的宣传家和推广者。他在取得一定成效以后,于1807年在皮茨菲尔德公共广场举办了一次良种牲畜展览会,两只参展的美利奴羊给参观者留下了深刻的印象。展览会向参观者展示了看得见、摸得着的实物,比报刊所介绍的东西更为直接、更易为人接受,所产生的印象也更具体、更生动、更深刻。于是开办展览会很快就成为一种时尚。三年后,沃森联合二十五家农场主共同举办了一次规模更大的展览会,对周围地区的农民产生了很大的影响。这次展览会闭幕后,举办展览会的全体人员同周围地区的农民共同成立了伯克县改进农业协会。

布莱克的试验是在自己的农田里使用石灰作为肥料。结果使农作物产量显著提高,对周边地区的农户有良好的影响。大约经过十年到十五年的时间,这种施肥方法在这一带得到推广。

通过展览会和实物展示成立起来的农业协会是新一代的农业协会,其日常活动侧重于实物示范,因此在农户中拥有较大的影响。其发展速度颇令人吃惊。1815年到1840年间,在全国的许多地方都出现了这种类型的农业协会。据统计,截至1819年12月在美国各地积极开展活动的农业协会已经不下100个。[①]更为重要的是,农业协会的分布区域不

---

① Percy Wells Bidwell and John I. Faleoner, *History of Agriculturein the Northern United States, 1620–1860*, p. 188.

仅包括大西洋沿岸各州,还包括中西部的俄亥俄和伊利诺伊等新州。

各地的农业协会都是对农民进行普及农业技术教育的好学校。在协会一年一度的展览会上,经常有人结合展品讲解农业技术知识和展品的结构性能以及操作方法,并且向观众提出各种建议,供他们选择,有时还当众表演新式农具的操作方法。许多新式农具的推广都得益于这种展览会。例如,展览会的铁犁操作表演推动了20年代和30年代的耕犁更新,许多人都是在看到表演以后才决定使用铁犁的。

农业协会的活动也引起了新闻出版界的注意,一批颇有影响的农业杂志先后在各地创办和发行。美国的第一家农业杂志是约翰·斯图尔特·斯金纳于1819年4月2日在巴尔的摩创办的《美国农民》。斯金纳在创刊时宣布,这家杂志的宗旨是向读者提供有关各种农业体制和技术的材料,因此将大量刊登来自各方面的技术情报。这样的定位是符合当时的实际需要的,《美国农民》因而很快成了大受欢迎的刊物,得到了迅速的发展。最初,《美国农民》只是一个地方性的农业杂志,所刊载文章的内容都没有超出东部沿海地区的范围。斯金纳非常明白,如果要使《美国农民》进一步发展为全国性刊物,就必须扩大稿源。为此,他到处奔走,在全国各界人士中寻求支持。不久,他的努力就得到了回报。《美国农民》编辑部不仅得到了大量内容新颖的来自各地的稿件,而且还从远洋轮船主那里得到了从国外带回的优良农作物品种和良种牲畜。于是,这家杂志不仅传播了农业技术,而且还推广了良种农作物和牲畜。杂志的创办人斯金纳还获得了马里兰农业协会颁发的短角牛特别奖。

19世纪20年代和30年代,《新英格兰农民》《纽约农民》《杰纳西农民》《庄稼人》《缅因农民》相继创刊,并且都成为颇有影响力的杂志。在西部一些城市中先后出现过大约三十种农业刊物,可惜存在的时间都不太长。

重视农业技术的风气也传到了美国教育界。1792年,哥伦比亚大学创办了美国的第一个农业讲座,并得到了纽约州议会提供的专项基金。可惜这只是一个良好的开端,并没有得到其他院校和教育机构的响应和支持。一直到1822年,一所专门培养农业技术人才的专科学校才在缅因成立。学校以创建人命名,叫作加德纳学园。不过,这个学园在1831年以后讲授的课程加多,远远超过了农业课程,不再是农业专科学校。此后,在康涅狄格州的德比、宾夕法尼亚州的布里斯托尔、纽约州的怀特斯巴诺和奥奈达等地陆续建立了几所农业学校。1857年,密歇根州建立了美国的第一所州立农业专科学校。农业教育开始引起社会舆论的关注,但仍然处于初始阶段,对美国农业的影响并不显著。

总体来看,19世纪上半期是美国农业第一次大突破的酝酿和准备时期。在这个时期的农业改良、农业机械制造及技术革新和农业教育都为接踵而来的农业大发展奠定了坚实的基础。

三、飞跃发展时期

美国农业的第一次大发展时期出现在19世纪60年代,一直延续到19世纪的90年代。《美国经济史》一书的作者福尔克纳曾经指出:"可以正确无误地说,美国的农业革命在使用机器方面,是出现于1860年以后的那半个世纪。"[①]一方面,这次农业大发展具备了许多重要条件,可以说是水到渠成。

第一,拓荒者农业已经具有很大的规模,农业继续向横广面发展的推动力已经大为减弱。密西西比河以东的地区早在19世纪50年代以前就布满了移民点,没有留下多少可以进一步拓殖的土地,而越过密西西比河拓殖西部土地的人数日益增加。到1860年,明尼苏达的东南部、艾奥瓦的大部、内布拉斯加的东南部、堪萨斯和得克萨斯的东部都成了新的移民地区。那时艾奥瓦的人口达到了675000人,明尼苏达达到120000人,堪萨斯达到107000人,内布拉斯加达到29000人,就连一向

---

① [美]威廉·福克讷:《美国经济史》下卷,王锟译,商务印书馆,1964年,第8页。

杳无人烟的达科他领地也有7000人在那里定居。[1]另外,还有一批移民通过俄勒冈小道在俄勒冈和加利福尼亚拓殖,在那里建立了星罗棋布的移民点。

如果按地球的经度来确定移民向西推进的位置,直到1860年,当以得克萨斯境内的移民走得最远,他们把农业边疆推进到西经98°,即我们现在所定义的西部的东界。堪萨斯和内布拉斯加的移民点达到了西经97°。明尼苏达的移民则大概停留在西经95°的地方,再往西走就进入了干旱和半干旱地区。可以说,在美国农业大发展前夕,在50公分雨量线以东适宜农耕的半个美国都成了农业地区。尽管这里还有一定数量未开垦的土地,但耕地面积已经相当广阔了。这是拓荒者农业向横广面发展所取得的巨大成果,它为美国农业向纵深发展创造了极为有利的前提。

第二,1862年《宅地法》的颁布为西进移民提供了免费土地,加速了西部土地的开发。据统计,1868年到1900年间,在西部地区分配出去的宅地达到68万份,总面积为8000万英亩。其中仅1867年到1874年间,在干旱和半干旱地区就有168000个农户领到了2700万英亩宅地。[2]此后,联邦政府又颁布了一系列有关处理西部土地的法令,进一步推动了西部土地的开发。

第三,美国东北部地区的工业革命已经完成,不仅为农具革新和农业机械化提供了物质技术基础,而且为农产品的销售开辟了新的市场。工业和城市的发展都需要粮食和各种农产品,对于西部农业的发展起到了巨大的推动作用。

第四,交通运输革命,特别是铁路建设给西部地区带来了空前的机遇。中央太平洋铁路和联合太平洋铁路接轨后,横跨大陆的交通运输大为便利。这条铁路可以把大批移民快速地运载到大平原和落基山山区,

---

① Fred A. Shannon, *The Farmer's Last Frontier*, New York: M. E. Sharpe, 1973, p. 33.

② K. Coman, *Economic Beginnings of the Far West*, p. 365.

进一步开垦那里广阔的荒原,也可以把西部的农产品、畜产品运到东部市场,并通过东部的港口行销国外。

另一方面,这次农业大发展也曾遇到很大的困难。1861年4月爆发的内战打乱了农业发展的进程。大批农业劳动力参军,使得原本就比较短缺的人手更加缺乏,越来越多的妇女儿童投入农业生产来弥补劳动力的不足。在战场和行军路线上的农田都受到了程度不同的破坏。战时紧缩的经济对农业发展也颇为不利。但这些困难都是暂时的,美国的农民只用很短的时间就都完全克服了。与此同时,内战也从反面推动了美国农业的发展。战争造成的农业劳动力大量流失,迫使人们大力推广使用农业机器来提高农业生产率。这一时期,推广农业机器的成效显著。在北部和西部的许多县都曾经多次举办农业展览,传授使用新农具和农业机器的技术,投入使用的新农具和农业机器的数量迅速增加。1861年到1865年,收割机从大约10万台增加到25万台,割草机从2万台增加到25万台,其他的农业机器也有大幅度增长。从这个意义上说,内战使美国农业的机械化迈出了很大的一步。

美国内战对农业发展的重大意义还在于确立了美国资产阶级在全国的统治地位,北方农业资本主义发展的美国式道路因而趋于定型,南方的奴隶制种植园经济也一扫而空,并被纳入了资本主义发展的轨道。

美国农业大发展的特点在于它不仅是依靠扩大耕地面积,而且也依靠农业机械化、科学种田和发展农业技术教育,完全不同于拓荒者的农业。尽管19世纪上半期已经出现了不少农业机械,但并没有得到广泛使用,就大多数地区来说,还没有超越拓荒者采用的农具和耕作方法。内战前夕,大多数农民并没有感到使用农业机械的必要性。例如,艾奥瓦州西南部某县的报告中有这样一段话:"现在,各种谷物播种机中唯一投入使用的是一种双马的播种机,而且使用范围极其有限。其他不同类型的手推播种机虽然曾经试用过,但全部未予采用。农民中普遍流行的看法是:播种谷物的最好方法是小心用手播种,用锄盖土。"①

从60年代开始,美国农民的观念才发生了根本的转变。革新家和发明家们也特别注意改进农业机械的性能,提高耕种、收割的质量和速度。过去收割和打捆两道工序,只有收割实现了机械化。机器收割的庄稼都要用人力打捆,既耗费人力又影响速度。于是人们就以极大的热情投入打捆机器的研究,并且制成几十种类型的样机,而且都获得了专利。其中以1878年威斯康星的约翰·F.阿普尔比发明的盘绕扎谷机最为完美,得到了迅速推广。这种机器使打捆的速度提高了八倍,对于发展农业生产有重要的意义。卡维尔教授曾经指出:"盘绕扎谷机比任何其他单独的机器或工具都更能使我国增加粮食的生产,特别是小麦的生产。全国按人口计算的产量,从1860年的大约5.6蒲式耳增加到1880年的9.2蒲式耳。"②盘绕扎谷机投入使用后,还加速了小麦收割的机械化。据统计,在其投入使用后的第二年,"美国所种植小麦的4/5是用机器收割的"③。

康拜因机的发明和投入使用是美国农业机械化的一个重要里程碑。这种机器需要20匹马牵引,把收割、脱粒、捡净、装袋等工序连接在一起,进一步提高了机械化的程度。

冷轧钢犁是一种先进的农具,既轻便,又锋利,适用于一切软硬土质,是开发草原和大平原地区的理想耕犁。1868年开始在市场上出售,受到移民的普遍欢迎。1880年附近播种器和双铧犁出现后,进一步增加了耕种速度。除此以外,还出现了播种机、跨骑式中耕机、各种锄草机、谷捆搬运机,以及装卸谷物的起重机械和传送装置。到19世纪末,耕种和收割的各个环节差不多都用机器代替了人力,可以说基本上实现

---

① L. B. Schmidt and E. D. Ross, *Readings in the Economic History of American Agriculture*, p. 326.

②③ Ernest L. Bogart, *Economic History of the American People*, New York: Longmans, Green and Co., 1935, p. 500.

了机械化。不过,这种机械化主要是用畜力带动的,蒸汽的使用仅仅是开始,还没有推广。据统计,1900年,美国农场拥有的耕畜(马和骡)达到了2400万头,超过了英、德、法三国拥有耕畜的总和。[1]

广泛使用农业机械使劳动生产率大为提高。1855年,收割玉米需要用39个小时干完的活,1894年只需15个小时。1850年收割一吨牧草需要21小时,1895年只需3小时。收割成本下降的幅度也相当大。玉米从每吨16.34美元下降到6.62美元。小麦从4美元降到1.12美元,牧草从1.92美元降到63美分。[2]

更为重要的是,美国农业技术教育和科学研究在这个时期也取得了显著的进展。这不仅促进了当时美国的农业,而且为美国农业的长远发展奠定了牢固的基础。19世纪前半期,农业技术教育和科研事业基本上掌握在私人团体手中,地方政府仅限于提供援助,只有个别的州直接参加运作,而联邦政府却很少过问。从60年代开始,联邦政府才对农业的管理给予足够的重视。1862年,在农业委员会下面设立农业局。1889年初国会又通过将农业局提升为农业部,并设立部长职务的提案,农业专员诺曼·J.科尔曼被任命为第一任农业部长。农业部下设许多专门局:牲畜工业局、植物工业局、昆虫与植物检疫局、农业化学和工程局……美国农业部不仅是一个行政管理机构,而且也是一个科研机构,在消灭植物病变、改良农作物品种、推广良种等方面做了大量工作。美国学者穆尔认为:"农业部的工作虽然没有引起公众舆论的经常注意,但确实是我们的政府的一个奇迹。"[3]在联邦农业部建立后不久,各州也陆续建立了自己的农业管理机构。

美国农业教育的大发展始于《莫里尔法》颁布以后。这个法案是在

---

① Ernest L. Bogart, *Economic History of the American People*, p. 500.

② Ernest L. Bogart, *Economic History of the American People*, p. 502.

③ J. R. H. Moore, *An Industrial History of the American People*, New York: The Macmillan Company, 1921, p. 337.

1857年提出的,但遭到当时的总统布坎南的否决。1862年又一次获得国会通过,1862年7月2日经林肯总统签署后生效。法案的全称是《对设立学院以促进农业和机械工艺的各州和领地授予公共土地的法案》。法案规定,按1860年人口调查确定的国会参议员和众议员的名额计算,每有一名议员即授予3万英亩土地。各州需将出售这些土地的钱作为教育基金,发展农业和机械工艺教育。大约有1300万英亩土地授予各州,对于创建州立大学和农学院曾经起到了极为重要的作用。《美利坚共和国的成长》一书的作者们认为:"1862年的《莫里尔法》不仅对教育起了很大的促进作用,而且是美国有史以来最重要的一项农业立法。"①

由于这项法令按各州拥有国会议员人数拨付土地,所以西部人口较少的农业州得到的土地较少,而东部人口较多的州得到的土地较多。例如,堪萨斯等人口较少的州只得到9万英亩学院土地,人口众多的纽约州却得到了99万英亩,而且可以在西部公共土地中任意挑选。②这多少有点不公平,亏待了西部农业州和领地。伊利诺伊、威斯康星、明尼苏达等十七个州把学院土地进款拨给了已有的州立大学。印第安纳、艾奥瓦、俄勒冈等州则决定用这笔赠款建立农业学院。到1898年,全国45个州,3个领地的64所学院和大学(或者分校)获得了1000多万英亩土地。其中大部分土地落入了少数几个东部州的手中。③受益最多的还是东部的院校。

1890年8月30日,第二个《莫里尔法》生效。法令规定,联邦政府在刚刚结束的财政年度向每个州和领土拨款15000美元,以后每年再拨款1000美元,使拨款总数达到25000美元为止。

与《莫里尔法》有同样重要作用的是1887年的《哈奇法》。法令规定

---

① [美]塞缪尔·埃利奥特·莫里森等:《美利坚共和国的成长》下卷,天津人民出版社,1991年,第159—160页。

② Fred A. Shannon, *The Farmer's Last Frontier*, p. 274.

③ Fred A. Shannon, *The Farmer's Last Frontier*, p. 275.

要在每一个州建立农业试验站。早在1872年,农业专员就曾经召集得到土地资助院校的代表开会,讨论建立农业试验站的问题。1875年,在康涅狄格州的米德尔城建立了第一个农业试验站,其经费来自州政府的拨款和《农业学家报》老板的私人捐赠,韦斯利扬大学同这个试验站有合作关系。其后,北卡罗来纳大学(1877)、康奈尔大学(1879)都曾试图建立类似的机构。1886年,联邦国会众议院农业委员会宣布,全国已有十二个州建立了农业试验站。[1]

农业试验站广泛吸收农业院校的师生参加实验工作,是农业教育和生产实践的好形式。正是这些试验站所取得的优异成果,促使联邦国会通过了《1887年哈奇法》。从法令颁布到1893年,基本上实现了每州一个试验站的要求,有的州还不止拥有一个。全国一共建起了五十六个试验站,不久后又增加到六十六个。农业试验站的建立对于推动科学种田、发展农业技术起到了非常重要的作用。有人认为通过《哈奇法》的"1887年是美国农业发展的新阶段"[2]。

联邦和各州的农业部门在促进农业教育和科研工作方面也做了大量工作。它们发行了不少刊物,为交流经验和推广新技术做出了贡献。联邦农业部发行的农业刊物就有十几种,其中包括《农业年鉴》《农业公报》《农业研究评论》《农作物报告月刊》《每周新闻通讯》等很有影响力的刊物。各州的农业部门也创办了不少刊物。全国的农业报刊超过了五百种。

科学种田使得美国人可以培植更多更好的农作物,增加单位面积的产量,生产出越来越多的谷物。但是,西部那些广阔的未经开垦的公共土地仍然有很大的诱惑力,后来的移民又把眼光投向了大平原。那里是干旱地区,只要稍加灌溉就能够得到不错的收成。19世纪的最后二十

① Fred A. Shannon, *The Farmer's Last Frontier*, p. 280.

② L. B. Schmidt and E. D. Ross, *Readings in the Economic History of American Agriculture*, p. 481.

年,大平原成为西进移民最后的乐土。

随着西部地区的不断开发、农业技术的不断革新和农业机械化程度的提高,农作物的产量也大幅度增长,美国一跃而成为农业大国,实现了农业的第一次大突破。以美国的两种主要粮食作物小麦和玉米为例,1859年,小麦产量为173104924蒲式耳,玉米产量为838792742蒲式耳,1899年分别增加到658534252蒲式耳和2666324370蒲式耳,大体上都增加了三倍多。[1]

值得注意的是,过去东部产粮的中心地位已经被中西部和远西部所取代。产粮中心不断向西移动。以小麦为例,从下面的几个地区统计数字中可以看出各个地区小麦产量增长的情况。1859年,中西部和靠近中西部的十二个州:俄亥俄、印第安纳、伊利诺伊、密歇根、威斯康星、密苏里、艾奥瓦、明尼苏达、堪萨斯、内布拉斯加和南北达科他,生产了全国54.9%的小麦。远西部的十一个州和领地:蒙大拿、怀俄明、科罗拉多、新墨西哥、亚利桑那、犹他、内华达、爱达荷、加利福尼亚、俄勒冈、华盛顿生产了全国4.4%的小麦。1899年,中西部十二个州所占的份额上升到67%,远西部所占的份额达到13.7%。过去东部各产麦州的份额则降到10%以下。如果按人口计算,中西部和远西部地区更是遥遥领先。中西部地区人均16.8蒲式耳,远西部为22.1蒲式耳,而东部则在4蒲式耳以下。[2]

玉米生产中心也出现了明显西移的情况。据统计,1869年全国有十个主要生产玉米的州,玉米产量占全国产量的72%。在这十个州中,大西洋沿岸北部只有宾夕法尼亚州,而且仅居第八位,大西洋沿岸南部只有北卡罗来纳州,而且排在末位。出产玉米最多的州都在中西部和远

---

[1] L. B. Schmidt and E. D. Ross, *Readings in the Economic History of American Agriculture*, p. 371.

[2] L. B. Schmidt and E. D. Ross, *Readings in the Economic History of American Agriculture*, p. 375.

西部。有人估计,当时生产玉米的中心大致在印第安纳波利斯西南90英里处。[①]十年后,十个玉米生产州的玉米产量所占份额又上升到78.9%,北卡罗来纳被挤出了十大玉米生产州的名单。玉米生产中心仍在西移。到1889年,玉米生产中心移到了斯普林菲尔德西南55英里处。[②]

西部畜牧业的发展速度也是相当惊人的。从19世纪60年代末开始,随着大批移民进入大平原,在那里出现了许多大牧场。从得克萨斯河到曼尼托巴的广阔地区差不多都变成了产牛区,源源不断地向东部市场提供肉食品。

由于各种农牧产品的不断增加,美国的农业市场日益扩大,而且还大量出口海外,换取了巨额资金,在发展国民经济中起到了十分重要的作用。《美国农业经济史论丛》一书的作者认为:"内战时期大量向英国出口小麦……标志着美国农产品——包括肉类和小麦——的竞争终于不仅对英国农民,而且一般也对西欧农民产生了巨大的影响。"[③]其实,内战时期美国出口的农产品数量虽然较战前有所增加,但同高峰时期相比还有相当的距离。进入80年代以后,美国农产品的出口才到了迅速增长的时期。

小麦是美国主要的出口农产品。在农业大发展时期,小麦的出口量是稳步增长的,1873年到1877年间略有减少,1877年恢复到原有水平,1878年又有明显的增长。J.R.道奇曾经估计,1883年以前的五十八年间,美国一共出口206400万蒲式耳小麦,其中在1874年以后出口的数量占一半以上。可见美国在1883年前十年出口的小麦,比这以前半个世纪出口的小麦还要多。而在这十年中间又集中在1878年到1883年的五

---

① L. B. Schmidt and E. D. Ross, *Readings in the Economic History of American Agriculture*, p. 384.

②③ L. B. Schmidt and E. D. Ross, *Readings in the Economic History of American Agriculture*, p. 386.

234

年时间里。其增长幅度之大是颇为惊人的。

美国大量出口的粮食不仅充斥了英国的谷物市场,而且不断流入欧洲大陆的其他国家。19世纪末,美国已经成为粮食出口大国,在世界粮食市场上占有重要的地位。

回过头来审视美国农业大突破的过程,我们就会发现,正是西进运动使西部广袤的沉睡中的土地变为肥沃的耕地和广阔的牧场,推动美国的农业和畜牧业飞速发展。可以毫不夸大地说,没有西进运动,就不可能出现美国的农业大突破。

四、南部农业的资本主义改造

西进运动以极其惊人的速度造就了众多的小农户。耕者有其田,这是美国农业发展中的资本主义道路的一个重要阶段,也是南部的小农和种植园中的奴隶梦寐以求的理想世界。然而建立在强制劳动基础上的、落后的、效率低下的种植园经济,是实现这一理想的最大障碍。其实在内战前南部的种植园经济已经是穷途末路、朝不保夕了。为了苟延残喘,种植园主拼命向西部扩张,陆续建立了肯塔基、田纳西、阿拉巴马、密苏里、密西西比、阿肯色、路易斯安那等蓄奴州,最后甚至挑起了内战,但以失败告终。这里所说的南部比原来的老南部要大得多,包括西部新建的蓄奴州,因此南部农业的资本主义改造和西部的历史有直接的关系,不能略而不论。

南部奴隶主的垮台本来是一个实现南部农业资本主义改造的绝好时机,但由于联邦政府的姑息,在改造过程中对旧势力做出了种种让步和妥协,使得南部奴隶主保存了一定的政治和经济实力。改革不可能一步到位,而是经历了反复曲折的漫长过程。获得自由的黑人奴隶想要取得属于自己的一小块耕地简直是难于上青天。

内战和重建解放了黑人奴隶,摧毁了落后的种植园制度,南部农业面临着新的发展机遇。但是不同社会地位的人对这种发展机遇有不同的理解和不同的态度。处在社会底层的黑人奴隶认为这是他们取得小块耕地为自己耕种的最好时机,而且在内战期间就向官方提出了要求。1864年春天,在谢尔曼将军率领的军队进军佐治亚的时候,他同意将南卡罗来纳和佐治亚海岸线以外的岛屿上的土地分给获得自由的黑人,平均每户分得40英亩。大约有4万户黑人分得了土地,他们在那里开始建立自治机构,并颁布建立学校、建立教堂和修筑道路的命令,开创了民主改造的先例。这也是广大黑人奴隶所企盼的结果。然而,令人遗憾的是,他们的事业遭到联邦政府的反对,谢尔曼将军的决定并没有得到联邦政府的认同。内战结束后,联邦政府就要赶走他们,把岛上的土地归还原主。

以约翰逊总统为代表的政府中的保守派主张在保留奴隶主政治经济实力的情况下,缓慢地恢复南部的农业。1865年5月29日,约翰逊总统颁布通告,对一切叛乱分子实行大赦。除极少数首恶分子以外,所有南部同盟人员只要宣誓效忠联邦就可以获得一切政治权利,并恢复其战争期间被没收财产的所有权(奴隶除外)。这个通告实际上是一个维护奴隶主利益的纲领。马克思曾尖锐地指出,约翰逊变成了"前奴隶主们手中的工具"①。虽然约翰逊总统的主张遭到了国会激进派的反对和抵制,但在土地问题上他们仍然采取了妥协态度,拒绝按照谢尔曼将军的办法,以民主方式解决南部的土地问题。1865年3月,国会通过法案,设立了陆军部监督下的难民、自由民和弃置土地局(简称"自由民局")来管理南部的弃置土地,救济难民和调整自由民同雇主的关系。自由民局在南部的每一个州都设立一个分局,总共拥有80万英亩弃置土地。那时的黑人奴隶大约有400万,即使把所有的弃置土地都分配给他们,那也是杯水车薪,无济于事的。只有没收所有种植园的土地再分配给黑人,才能满足黑人对土地的需求。可惜联邦政府没有这样做,却把大量土地归还给奴隶主,甚至连已经分配给黑人的海岛上的土地也要追回,并归

---

①《马克思恩格斯选集》第三十一卷,人民出版社,1972年,第557页。

还原主。经过当地黑人的激烈反抗以后,自由民局才同意他们以每英亩1.5美元的价格购置已拥有的土地。

特别值得注意的是,就连自由民局手中掌握的土地也不是无偿分给黑人的。他们只能向自由民局租种不超过40英亩的土地,租期三年,年租金为1860年地价的6%,而自由民局往往把最好的土地赠给铁路公司或者卖给土地投机商。过去的黑人奴隶要想得到土地,也只有花钱购买,这对于他们当中大多数人来说是办不到的事情。据华盛顿农业统计局报道,在南部产棉区只有5%获得自由的黑人奴隶能够得到耕地。[①]

由于原来的奴隶主重新掌握了绝大部分种植园土地,黑人奴隶又获得了人身自由,不再受种植园主的驱使,种植园只剩下了一个躯壳,而失去了赖以存在的基础——强制劳动。同时,内战的沉重打击和对南部的破坏也使种植园主元气大伤,房屋、牲畜、农具,各种设施都遭到了严重的破坏和损失。单就奴隶解放来说,就损失了20亿美元。[②]他们虽然在内战后收回了土地,但却不可能恢复过去那样的大种植园。再加上1867年以后棉花价格下跌,南部的地价也随着急剧下降。不少大种植园主濒于破产,不得不以低价抛售土地。据报道:"在战前,甚至在战争开始之初价值10万到15万美元的种植园,只能卖到6000至1万美元……崩溃是全面的和彻底的,看来,旧种植园制度完全地和永远地毁灭了。"[③]

大种植园土地的大批出售造成了土地所有权的转移,出现了重新分配土地的局面。这是南部农业的一次根本性变革。尽管这种变革在当时并没有带来明显的效益,但从长远看,这确实是一个非常重要的起点,它为南部农业资本主义发展创造了必要的前提。由于地价低廉,比较富

---

① L. B. Schmidt and E. D. Ross, *Readings in the Economic History of American Agriculture*, p. 427.

② Ernest L. Bogart, *The Economic History of the United States*, New York: Longmans, Green and Co., 1918, p. 313.

③ Ernest L. Bogart, *Economic History of the American People*, p. 500.

裕的农民、商人、土地投机者都加入了抢购土地的行列,也有不少并不富裕的白人农民和自由民买到了10英亩到12英亩的小块土地,并在上面种植庄稼。南部的小农户急剧增长,以密西西比州为例,1867年10英亩以下的小农户只有412家,1870年就猛增到10003家。[1]

大量出售土地的结果使许多大种植园解体,转变为数量更多的小农场。据统计,九个产棉州的农场数目从1860年的45万个左右增加到1880年的110万个左右,农场的一般面积从347英亩减少到156英亩。[2]

但是,小农场数目的增加,大种植园的解体,并不意味着耕者已经有其田。能够购买大量土地的人往往是外地投资者,他们不在南部居住,而是把所购得的土地租给无地小农耕种,从佃户手中榨取高额地租。他们就是所谓的"不在地主"。而那些没有出售大种植园的种植园主,仍然独占着大量土地,成为当地的大地主。也有本地的商人和土地投机者成为种植园的新主人。绝大多数农户都不得不从这些地主手中租种土地,成为佃农。

种植园制度在南部实行多年,可谓是盘根错节,内战后虽然完全解体,但其影响并未消失,代之而起的农产品分成制和农作物抵押制都还带有种植园制度的烙印。分成制农民和抵押制农民在政治上都有人身自由,但在经济上却都受制于种植园主和地主。

谷物分成制是种植园主招引无地农民为自己耕种的方法,他们不能使用奴隶劳动,就使用经济上依附于自己的佃农。种植园主向分成制佃农提供土地、住房、种子、肥料,甚至一头耕畜,佃户则将每年收成的一半交给种植园主而不用货币交付地租,种植园主也可以免于用货币交换劳动力。在这种条件下劳动和生活的分成制使农民实际上还是受到种植园主的控制,离开种植园就寸步难行。所以他们丧失了独立行动的能

---

① Ernest L. Bogart, *Economic History of the American People*, p. 500.

② [美]塞缪尔·埃利奥特·莫里森等:《美利坚共和国的成长》下卷,天津人民出版社,1991年,第163页。

力,连种植什么作物都得听命于种植园主,而种植园主认为有利可图的作物还是棉花和烟草,单一作物制的状况几乎没有什么变化。尽管农作物分成制的条件相当苛刻,但南方的无地农民和自由民还是不得不接受这样的出路。

与此同时,随着小农户的迅速增加,农作物抵押制度逐渐盛行起来。许多小农户缺少生产资金,不得不向商人贷款,将尚未长成的农作物作为抵押品,待收割出售以后再还贷款的本息,这就是所谓的卖青。贷款人必须为此付出重利,而且只能在指定的商店里购买种子、食品、衣服和日用品,受到高价的盘剥。他们的农产品也要由债主转售出去。一直到偿清债务以后,小农才可以独立自主地经营自己的小农场。负债期间小农对农作物的种植权完全控制在债主手里,基本上以获利较多的棉花、烟草为主。

无论是农作物分成制,还是农作物抵押制,都使贫穷农民陷于被束缚和被支配的地位,在经济上成为变相的奴隶而无法翻身,根本不可能改进耕作方法和使用新技术、新农具。南部农业在种植园主和债主的支配下,再一次发展单一的农作物经济。在这一点上,发放抵押贷款的商人同种植园主的眼光是一致的,都主张种棉花。第一,棉花是畅销商品,回报率高。第二,小农对粮食的需要只有通过商人来满足,商人可以从中牟利。而种植谷物就会减少牟利的机会,并且使小农的依赖性减轻。正如博戛特所说的:"种植谷物不仅会使商人拿不到那么畅销的农作物,而且会使他失去他的买主,因为农民种植他自己消费的东西就会减少在贷款条件下做生意的需要。"[1]

然而,种植园主和放债商人指望棉花会带来高收益的如意算盘很快就落空了。单一作物种植在内战后不久就面临着两方面的困难。一方面,在强制劳动向自由劳动转换的过程中,棉花生产恢复缓慢,在1877年以前一直没有达到1859年2155000000磅的水平。另一方面,内战时

---

[1] Ernest L. Bogart, *Economic History of the American People*, p. 513.

期由于棉花供应主渠道被堵塞而出现的高价在内战后没有维持多久。1865年,棉花的价格已经从每磅70美分到1.8美元降到30美分,以后更是直线下降。[1]1894年降到最低点,每磅棉花只值4.6美分,到1898年也只值5.7美分。[2]这样的情况对种植园主、债主当然是不利的,但受影响最大的还是分成制佃农和抵押农户。他们无力偿还债务维持再生产,甚至陷于走投无路的困境。直到20世纪初,随着棉价的上涨,才有部分小农摆脱了债务的纠缠,成为自耕农,南部的农业才逐步完成了资本主义改造,走上了正常发展的轨道。不过,在发展过程中仍有农作物单一的缺陷。据估计,到1929年,南部生产的棉花达到14828000包,约占世界棉花产量的60%到65%,而粮食产量仍然不足,要依靠进口。[3]

五、小农户的困境和农民运动

西进运动和《宅地法》的颁布使美国在一段时期内成为小农占主导地位的国家。但是小农是不稳定的,随时都在分化。不过,上升为农场主的不多,主要的趋势是下滑,有的濒于破产,有的成为农业工人。导致他们破产的主要原因是高利贷。到西部地区开发土地的小农,大部分都依靠向东部资本家或者公司借债来获得必需的资金,为此不得不付出很高的利息。从1880年开始,许多保险公司和银行都加入了向西部小农贷款的行动。全国农场的负债总额从1880年的34300万美元上升到1890年的58600万美元,增加了58.53%。[4]

不少小农户由于无力偿还债务而失去土地沦为雇佣劳动者。据估计,1900年失去土地和不完全拥有土地的农户超过了农户总数的一

① Fred A. Shannon, *The Farmer's Last Frontier*, p. 114.

② Fred A. Shannon, *The Farmer's Last Frontier*, p. 415.

③ [美]威廉·福克讷:《美国经济史》下卷,王锟译,商务印书馆,1964年,第33页。

④ Arthur M. Schlesinger, *The Rise of Modern America*, 865–1951, New York: The Macmillan Company, 1954, p. 148.

半。[1]即使那些还拥有土地的小农户,甚至比较富裕的农户也是捉襟见肘,各有难处。大农场的排挤、无情的竞争,联邦政府的货币政策和铁路的高运费都使他们蒙受巨大的损失而陷于更深的困境。

内战时期,联邦政府为了支付庞大的军费,发行了总数达到43000万美元的纸币,造成了恶性的通货膨胀。票面价值为1美元的纸币到1864年7月只值29美分。当时农产品的需求量很大,价格也随着攀升,许多农户为了扩大生产纷纷举债。但是,内战结束后,联邦政府转而采取紧缩通货的政策,粮价随即下跌。举债的农户难以偿还所负债务,过去只需几蒲式耳谷物就可以偿还的债务,现在需要付出几十蒲式耳了。

内战时期及其后的一段时间,铁路运费居高不下。例如,1869年由密西西比以西地区到东海岸,每1蒲式耳谷物运费竟然高达52.5美分。如果把70年代和80年代小麦和玉米的售价同铁路运费做一个比较,那就可以清楚地看到,铁路运费对农户来说是多么沉重的负担。

19世纪七八十年代美国主要作物的售价情况[2]

时间	小麦(蒲式耳)	玉米(蒲式耳)
1870—1873	106.7美分	41.1美分
1874—1877	94.4美分	40.9美分
1878—1881	100.6美分	43.1美分
1882—1885	80.2美分	39.8美分
1886—1889	74.8美分	35.9美分

香农对高额的铁路运费有如下的描述:"当艾奥瓦、内布拉斯加和堪萨斯的农民抱怨玉米每蒲式耳的运费要用另1蒲式耳玉米来支付时,明尼苏达或者达科他农民对小麦的运费也有同样的怨言,这在通常情况下

---

① C. A. Beard, *Basic History of the United States*, New York: The New Home Library, 1944, p. 398.

② Ray Allen Billington, *Westward Expansion*, p. 631.

并不是夸大,有时估计还偏低。"①

　　另外,小农户还面临着大农场的激烈竞争和排挤,他们深感联合起来、互相帮助的必要。早在1867年,明尼苏达的农民邮政职员奥利弗·赫德森·凯利和威廉·桑德斯共同在华盛顿创建了全国农业保护者协进会(格兰其),从此开始了美国农民的格兰其运动。格兰其是一种联合,其目的是要在文化上、经济上改善小农户的处境,并提高他们的社会地位。但格兰其的纲领中明确规定了禁止参与政治活动的内容,不过格兰其并不禁止其成员以个人身份参加第三党运动。格兰其成立之初,人数不多,影响不大。1870年以前,只有九个州有格兰其的组织。进入19世纪70年代以后,由于农产品价格进一步下降,小农户的债务增加,农民的不满情绪更加严重。格兰其成了农民倾诉不满、获得帮助的组织,因而迅速发展起来。1872年,在全国建立了1105个分会,第二年又增建了8400个。1874年头两个月就成立了4700个分会。②到1874年春天,格兰其已经拥有会员268000人,第二年初又增加到858000人以上。③格兰其在密苏里州的影响最大,那里的分会有8万多名成员。此外,在印第安纳、艾奥瓦、堪萨斯、得克萨斯、威斯康星、明尼苏达等州也有相当的影响。

　　格兰其成立后最初只是举行一些农户之间的联谊会,加强彼此的联系和相互了解。在联谊会上可以交流种植经验,互相学习耕作技术,倾诉自己心中的不满,讨论大家关心的问题。格兰其还提倡会员互助,有时也组织一些讲演和举办展览,传播农业知识。1869年以后,许多格兰其的地方分会开始采取措施协助会员销售农产品,购买耕畜、种子,并为会员设置一些临时储存谷物的仓库,有时也向会员提供一些农产品的行情。由于这些措施深受会员的欢迎,格兰其的地方分会就进一步发展供

① Fred A. Shannon, *The Farmer's Last Frontier*, pp. 295–298.

② Ray Allen Billington, *Westward Expansion*, p. 634.

③ Fred A. Shannon, *The Farmer's Last Frontier*, p. 310.

销合作制度,以抵制垄断组织和中介商人的盘剥。

有一段时间购货代理人制度颇为盛行,而且收到了很好的效果。一般由州一级格兰其分会的成员通过选举确定一名购货代理人,由代理人根据全州会员的需要,统一地、直接地向有关公司或工厂成批量地购货。由于这类购货数量都比较大,售货工厂或公司可以大幅度降低售价,而且买卖双方都可以避免中介机构的收费。农户因而可以节省一大笔费用。例如,市场上售价为275美元一台的收割机,只需付出175美元就可以买到,100美元的缝纫机能够降低一半的售价。①

1874年,在圣路易斯召开了全国格兰其的年会。在这次年会上通过的宣言明确地表达了小农户的要求:"反对贷款制度、抵押制度……希望在生产者和消费者之间,在农民和制造商之间建立起尽可能直接和友好的关系。"②不过,小农本身就是资本主义制度的温床,尽管受到东部资本的挤压和盘剥,并不从根本上反对资本主义制度,而只是反对高利率和商业中的暴利。宣言中有一段话表述得十分清楚:"我们不是资本的敌人,但是我们反对垄断资本的暴政……我们反对过高的薪金、高利率和商业中的暴利。'因为正是这些东西'大大加重了我们的负担。"③

格兰其不仅在许多地方设立了供销合作机构,为会员节省了大量开支,而且还建立了各种小型工厂,为会员生产急需的农具和机械。1874年,艾奥瓦的格兰其分会最先筹集资金建立生产收割机的工厂。随后,堪萨斯、密苏里、伊利诺伊、印第安纳、肯塔基的格兰其分会也都建立了类似的小工厂。但是,由于缺乏经验和资金,格兰其同大资本的激烈竞争中最终遭到失败,几乎所有由它兴办的工厂都先后破产倒闭,就连最早在艾奥瓦成立的收割机工厂也逃不脱关门的厄运,于1875年宣告

---

① Ray Allen Billington, *Westward Expansion*, p. 634.

② C. C. Taylor, *The Farmer's Movement*, New York: American Book Company, 1953, p. 133.

③ C. C. Taylor, *The Farmer's Movement*, p. 134.

破产。

在反对铁路公司的垄断价格方面,格兰其也试图有所作为。但由于它的纲领中有禁止直接政治活动的条款,其活动范围受到限制。格兰其不能直接向各级政府施加压力和影响,只有通过在选举中支持那些同情自己的候选人来实现自己的要求。这个办法虽然不是上策,但还是收到了一定的效果。1873年,伊利诺伊的议会通过法令,规定了铁路货运和客运的最高限价,不允许铁路公司突破这个限价。其后,威斯康星、明尼苏达、艾奥瓦、密苏里等州也先后通过了类似的法令。

然而,铁路公司并不愿意受到任何限制,立即向法院提出诉讼,指责伊利诺伊州议会的法令违背了美国宪法的第十四条修正案,侵犯了铁路公司的权利和财产。1877年,联邦最高法院对"芒恩诉伊利诺伊州案"和"派克诉芝加哥-西北铁路公司案"做出判决,宣布州政府对铁路公司的管制合法。但由于铁路公司频繁而又有力的活动,这些州的法令于80年代被法庭宣布违宪而失去效力。铁路公司不但恢复了垄断价格,而且对格兰其的会员采取歧视政策,收取更高的运费,并在手续上故意刁难。

进入19世纪80年代以后,格兰其的影响力大为削弱,逐渐转变为只进行农业技术教育和组织联谊活动的团体,其活动地区主要在东部各州,会员人数锐减,美国农民运动的第一阶段——农民协进会运动(格兰其运动)基本结束。

离开格兰其的大批西部小农纷纷投入了绿背纸币运动,领导这次运动的是绿背纸币党(原名独立党)。这个党于1875年3月在克利夫兰举行的会议上正式成立,由于反对1875年1月联邦政府颁布的恢复金本位条例,拒绝使用新币,主张继续使用已经贬值的绿背纸币而得名。绿背纸币运动目的在于维持"廉价通货",反对货币升值,以维护债务人的利益。这对于债务缠身的西部小农有很大的吸引力。绿背纸币党和格兰其最大的不同点是它一开始就积极参加政治活动。1876年,绿背纸币党人参加了总统选举,并且提出了自己的总统候选人。尽管只获得

81737张选票,但这毕竟是农民运动和政治活动相结合的标志。缺乏竞选资金和城市工人的支持是这次竞选失败的两大原因。

1877年美国铁路工人大罢工遭到失败后,不少工人意识到同农民联合的重要性。是年年底,在工人和农民当中出现了建立联合政党的要求。1878年2月在托列多召开了工人及货币改革拥护者大会,出席大会的代表有160人,一些工人运动领袖和绿背纸币党的活动家也参加了大会。

大会宣告了绿背劳工党的诞生,实现了小农和工人的联合。该党的纲领包含了格兰其的许多要求和反映工人利益的要求,不仅主张货币体制的改革,还提出了实行累进所得税、缩短工作日以及建立全国和各州的劳工统计局的要求。虽然绿背劳工党还不是一个成熟的政党,但从某种意义上说,它是美国第三党运动的前奏。绿背劳工党成立伊始就积极投入了选举运动,在那一年的中期选举中获得了103万张选票。在国会众议员选举中得到了15个席位,在地方议会的选举中也取得了极大的成功。例如,在新英格兰地区得到了全部选票的1/3。在缅因州,有32名绿背劳工党的候选人当选为地方议会的参议员。

然而,这个党正是在取得极大的成功以后立即开始下滑,并很快走向衰落。其失败的主要原因在于该党过于依赖货币改革,而对工人的处境不够关心,甚至声称:"我们的全部需要只是一种在全国通用的绿背钞票和一个诚实的政府。"[①]这样就失去了自己工人党员的支持。同时,1879年后联邦政府以硬币偿还债务并未引起物价下跌,农产品价格还略有上升。许多西部农户对绿背纸币运动不再关心,并逐渐退出运动。到1884年绿背纸币党完全销声匿迹,退出了政治舞台,美国农民运动的第二阶段也宣告结束。

美国农民运动从此进入了第三阶段,其特点是出现了以小农户为主体的全国性第三党,形成了对两党制的有力挑战。进入19世纪80年代

---

① [美]菲力普·S. 方纳:《美国工人运动史》第1卷,三联书店,1956年,第715页。

以后,在中西部、远西部和南部出现了许多农民联盟,后来这些联盟合并为两个大联盟。一个是北方联盟,全称是全国农民联盟。另一个是南方联盟,全称是全国农民联盟和工业联合会。农民联盟承袭了格兰其的活动方式,举行通常的聚会、讲习会,兴办流动图书馆、交易所和供销合作社。但它更侧重政治活动,并在后来的活动中越来越具有第三党的性质。

北方联盟中最早成立的组织是1880年4月芝加哥《西部农村报》编辑密尔顿·乔治在库克县建立的农民联盟。他在自己拟定的纲领中强调,要团结美国农民来使他们得到保护,以反对阶级立法和免受集中起来的资本的侵犯和垄断集团的暴虐。[①]这个纲领已经带有明显的政治色彩。库克县农民联盟在两年内发展了2000个地方组织,盟员达到10万人。[②]到1890年,北方联盟已发展到十五个州,对其他一些州也有相当影响。

南部联盟是19世纪70年代中期得克萨斯兰巴斯县边疆小农户为抵御马贼、大地主、大牧场主的掠夺而组织起来的,是在自卫组织的基础上发展起来的。这个组织于1878年又与其他小农户组织联合,建立了得克萨斯农民大联盟。1880年,在路易斯安那州建立了农民联盟。1883年,在阿肯色州也建立了农业车轮会。农业车轮会发展迅速,1887年在八个州建立了分会,拥有会员50万人。1887年初,得克萨斯农民大联盟与路易斯安那农民联盟合并,第二年又与农业车轮会联合,形成南方联盟,1889年改称全国农民联盟和工业联合会。南方联盟的会员超过百万。南方联盟的农民组织算进去,总人数将近300万,远远超过北方联盟的人数。其影响遍及南部和西部,甚至波及东部的不少地区。

两大农民联盟及其他农民组织的建立和发展为第三党的建立奠

---

① [美]塞缪尔·埃利奥特·莫里森等:《美利坚共和国的成长》下卷,天津人民出版社,1991年,第181—182页。

② Fred A. Shannon, *The Farmer's Last Frontier*, p. 313.

定了基础。80年代末90年代初,大平原连续干旱,中西部的农业也不景气,许多小农户无力偿还抵押贷款,他们的土地因而落到债主手中。抵押贷款份额最大的几个州是堪萨斯、内布拉斯加、南北达科他、明尼苏达。1889年到1893年间,仅在堪萨斯就有11000户小农户因不能按时还债而被取消了赎取抵押品的资格,在一些县里9/10的土地被转卖。①在这种极其困难的情况下,小农户迫切需要联邦政府采取措施保护自己的利益,因而提出了建立第三党来打破大资产者控制一切的局面。

1892年2月22日,在圣路易斯大会上成立了人民党。这次大会除去各地农民联盟的代表外,还有劳动骑士团、俄亥俄煤矿工人协会、圣路易斯中央工人协会等工人组织,全国报刊改革协会,基督教妇女联合会的代表参加。这次大会主要是解决建党问题。至于人民党的纲领,却是在去年7月的奥马哈大会上制定的。纲领的矛头直接指向垄断势力和两党制,并提出了人民党的基本要求。其内容大致如下:(一)将铁路公司和其他企业的剩余土地收回,分给真正的移居者;(二)允许按照金银币1:16的比价随意铸造银币;(三)没收外国公司和"不在地主"手里的土地;(四)将铁路、电报、电话和邮政收归国有;(五)减少农业税收,实行累进所得税。此外,缩短工作日、禁止雇用童工、取缔武装侦探等也被写入纲领,以满足工人党员的要求。

由于得到了工人的支持,人民党在1892年的总统选举中取得了极大的成功。它的总统候选人詹姆斯·威弗将军获得了104万张选票,22张选举人票。有5名成员当选国会参议员,10名当选众议员。在地方选举中,人民党的候选人取得了科罗拉多、堪萨斯、北达科他和怀俄明四个州州长的职位,并在十九个州的议会中取得了245个议席。在1894年中期选举中,人民党又一次取得了辉煌的成功,有6名候选人当选国会参议员和众议员,当选州政府官员的有数百人。

---

① Fred A. Shannon, *The Farmer's Last Frontier*, p. 313.

对于人民党的崛起感到最大恐惧的是民主、共和两党。他们害怕第三党起来动摇他们的垄断地位，就利用人民党的内部分歧，在自己的竞选纲领中加入一些人民党的改革要求，企图把一些人民党人吸引到自己的阵营中来。1896年7月，在圣路易斯举行的人民党全国代表大会上，在以H.E.托比尼克为首的合并派的坚持下，通过了在总统选举中与民主党合流的决议。人民党从此丧失了自己的影响力，19世纪美国的农民运动也宣告结束。

六、农业大突破的经验教训

农业大突破是美国历史上的一件大事，对于美国经济的发展曾经起过十分重要的作用，留下了极为丰富和宝贵的经验教训，有一些东西值得我们去了解和吸取。

农业大突破留下的最大的教训就是对自然环境和土地的严重破坏。由于美国地广人稀，拓荒者缺少先进的农业知识和资金，在相当长时间内一直采用简陋的耕作方法，广种薄收。他们根本不懂得维护地力的重要性，不知道作物轮种制的作用。在地力耗尽以后他们就会毫不犹豫地到别的地方去垦殖新土地，森林和土壤就这样不断地被破坏和遗弃。也许拓荒者当时并不知道，他们为了满足眼前的需要，让国家和子孙后代付出了多么昂贵的代价。

新英格兰农民在移民中是比较先进的，但就连他们所采用的耕作方法也是十分简陋的。幸好原来的土地比较肥沃，在地力耕尽以前还可以得到不错的收成。有的观察者做了这样的分析，那里的耕作是"松懈的和做得不够的。再没有见过比这里犁得更坏的土地了，但是农民们仍然得到了差强人意的庄稼。这是由于那些古老的森林地带有着松软和肥沃的土质，因而虽然使用了很坏的耕作方法，仍然能够获得良好的收成。

这一情况,在新殖民地地区尤其是如此"①。

　　然而,新英格兰地区的可耕地是有限的,所以一些小农户在地力耗竭以后就弃农经商,或者加入西进移民的行列。在新英格兰以外的地区,小农户所使用的耕作方法更为粗陋,土地破坏的情况更为严重,加入西进移民行列的人更多。由于美国的幅员辽阔,在西部有无穷无尽的处女地,很少有人认识到破坏森林、植被和土壤的严重性。在移民的心目中,这种只需要努力而不投入或者少投入资金的耕作方法是最适合于他们的方法。他们在西进过程中,很长时间里都沿用这种破坏性很大的垦殖方法,造成了极为严重的后果。欧洲的旅行者看到这种情况大为震惊,伊萨克、韦尔德在他的北美游记中一再对拓荒者不顾长远利益,随意毁坏林木、营造耕地和滥用土地的行为深表惋惜。②

　　这种胡乱耕种土地的行为在50公分雨量线以东地区的影响暂时还不明显,因为雨量比较充沛,植被恢复较快。但是跨过这条雨量线进入干旱少雨的大平原以后情况就不同了。胡乱耕种使那里的旱情更为严重,气候变化无常。经过大约半个世纪,这种破坏行为最终酿成了举世震惊的大灾难。1934年5月11日晨,几百万吨的尘土被大平原的狂风从西到东卷进了大西洋,在长达2800公里的上空形成一个混浊昏黄的广阔的天幕,持久不散。大平原的水井、溪流被沙土填塞,完全干涸,成千上万的农户逃离家园,流落他乡。这场大风使全国1/6的土地遭受程度不同的损坏,大平原又回到无人居住的状况。这个教训实在是太深刻了。

　　联邦政府对干旱地区兴修水利设施的投入不够、不及时,是另一个值得研究的问题。初到干旱世界的移民宁愿继续西进,穿越大平原、跨过落基山到太平洋沿岸雨水充沛的地区建立自己的新家园,也绝不在这

---

　　① [美]威廉·福克讷:《美国经济史》上卷,王锟译,商务印书馆,1964年,第84页。

　　② Isaac Weld, *Travels Through The States of North America and The Provinces of Upper and Lower Canada*, London, 1799.

里停留。直到19世纪60年代,50公分雨量线以东的土地分配殆尽以后才不得不进入这片不毛之地谋求生存。在这里定居的小农户一般都要挖掘深井,依靠风车从深井里提水供人畜饮用和灌溉菜园,至于耕地所需的用水则只有靠老天爷的赐福了。起初,在年景好的时候,农户可以得到不错的收成,一般年也还可以生存下去,进入干旱地区的移民因而也逐渐增多。内华达、科罗拉多、犹他、亚利桑那、新墨西哥等地的人口相继达到建州标准,并加入联邦。随着大平原的不断开发,土地表层也不断受到破坏,用水问题愈发严重。本来就十分干旱的地区又遭到土地沙漠化的威胁,潜伏着更大的危机。如果联邦政府及时采取措施,这里的缺水问题起码可以得到缓解。

然而,在相当长的一段时间内,联邦政府并不重视这个问题,也没有采取有效措施加以解决。1869年,犹他州政府曾向联邦国会建议,将一定数量的公共土地划拨给干旱州,由州政府用出售这些土地的收入兴修水利设施,帮助干旱地区的农户发展农业。也有人建议国家直接用公共土地资助灌溉渠的建设,按每英里四十八个地段的标准把兴建渠道沿线的公共土地划拨给承建公司。但联邦政府对这些意见均未予以考虑,而倾向于吸引比较富裕的农户到干旱地区,靠自己的力量解决灌溉问题,并准备用扩大售地面积的办法来吸引他们。

1875年,美国国家土地委员会考察了加利福尼亚拉森县的荒漠法,认为这是一个值得推广的方案。其实,这个法案就是一个扩大售地法案,同联邦政府的意向不谋而合。法案规定,垦殖者可以优先占用任何一块不超过640英亩的荒地(包括未经勘测的荒地),只要在两年内加以灌溉就可以按政府规定的最低价购买这块土地。同年秋天,格兰特总统视察了几个干旱州,也认为扩大出售公共土地面积以增强垦殖者承担灌溉费用的能力是一个好办法。他在当年12月的总统咨文中要求国会任命一个委员会对干旱州进行调查。国家土地总局局长也持有类似的观点。正是这样的意向构成了1877年《荒芜土地法》的基调。

1876年,《荒芜土地法》被提交国会,并在参众两院获得通过,1877

年3月3日经总统签署后成为法律。法令规定,出售荒芜土地最高限额为640英亩,每英亩价格为1.25美元(先付25美分,三年内付清),只需在三年内灌溉其中的部分土地即可拥有对整个地段的所有权。不过,这项法令有明显的漏洞,既未规定应当灌溉的面积,又没有设立必要的检查制度,这就为土地投机者打开了方便之门。正如美国学者福尔克讷所说:"这项法令除了鼓励土地的舞弊以外,是没有达到什么目的的。"[①]在法令颁布后的七年间,每年售出的干旱地约为50万到100万英亩,其中只有几千英亩得到灌溉。[②]而且这些土地基本上掌握在"不在地主"手中。1887年,亚利桑那的总测量员曾经估计,那年大约有40万英亩土地落入了居住在芝加哥、圣路易斯等地的投机者手中。[③]他们丝毫也不关心土地的灌溉,而只是把这些土地作为商品,待价而沽。事实表明,法令的执行情况相当糟糕,同联邦政府的期望背道而驰。1888年联邦国会曾对售出的干旱土地的灌溉情况进行一次调查,但未采取任何措施。

对于如何杜绝这种只买地却不按规定灌溉土地的行为,联邦政府内部存在意见分歧。土地总局认为,《荒芜土地法》的规定是不切合实际的,没有哪一个农户能够单独承担灌溉费用。应当废止这项法令,实行现金交易,把干旱地卖给那些有能力在地段上修筑水利设施的农户。国会则主张对原有法令进行修正和补充。

1891年8月,国会又通过一个干旱土地法,把出售干旱土地的单位面积改为320英亩,只允许本州居民购地。法令还规定购地者必须连续三年按每英亩1美元投入改善费,用来配置水利设施,并要求把不少于1/8的土地开拓为耕地。法令还鼓励相邻地段的农户合力修建水利设施。然而这项法令仍然没有收到显著效果。事实证明,联邦政府仅以优惠条件出售干旱土地是远远不够的,还必须提供更多的、更有效的帮助

---

① [美]威廉·福克讷:《美国经济史》下卷,王锟译,商务印书馆,1964年,第19页。

② Benjamin Horace Hibbard, *A History of the Public Land Polices*, p. 428.

③ Benjamin Horace Hibbard, *A History of the Public Land Polices*, p. 429.

才能解决干旱地的灌溉问题。要求政府投资兴修水利工程的呼声日益高涨。也有人主张把公共土地划拨给有关干旱州政府,由州政府处理售出干旱地的灌溉问题。俄勒冈州国会参议员多尔弗和怀俄明州国会参议员沃伦都曾在国会发言支持这种主张。但国会一时难于决断,对不同意见未置可否,随即在众议院设置一个干旱地区水利委员会来专门研究这个问题。国会还派出专家到西部考察,对开发这一地区的价值进行评估。

经过一段时间的酝酿以后,联邦国会于1894年8月通过了《凯里法令》。这是一个折中的法令,既未将全部公共土地交给所在干旱州,又没有关于联邦直接参与水利工程的规定,只是向各干旱州拨出每州不超过100万英亩公共土地,责成有关州吸引移民定居,兴修水利设施,并要求定居农户开垦一定数量的土地。法令还规定,出售给每个人的土地不得超过160英亩,每英亩价格为50美分。各干旱州不得出租所得到的土地,或者将土地移作其他用途。法令颁布后有十个干旱州各获得100万英亩土地。后来,怀俄明、爱达荷和科罗拉多又共获得400万英亩。

事实证明,由干旱州各自为政地解决水利问题是很难奏效的。因为任何一个州都不具备承建大型水利工程的能力。法令颁布后十五年,得到灌溉的土地只有288553英亩,还不到出售土地的1/10。[①]联邦政府的高官,包括农业部长和内政部长都从长期的实践中看清了这个问题,主张由联邦政府直接负责大型水利工程建设,有效地解决相关地区的用水问题。但反对派的势力也相当强大。他们以西部农业的崛起将损害东部农业,不应当以东部纳税人的钱修西部的水利设施为借口,顽固地在国会内进行抵制。从《凯里法令》颁布到1902年,十一个有关垦荒法案均未获得通过。直到19世纪末,联邦政府都没有采取决定性措施来改变西部严重缺水的状况。

干旱地区的农户们当然不能坐等政府的帮助,为了生存都在因地制

---

① Benjamin Horace Hibbard, *A History of the Public Land Polices*, p. 437.

宜地发掘和利用有限的水源。靠近落基山麓的农户占有地利,可以在溪流边修筑小土坝,拦蓄从山上流下的溪水。远离河流的农户只有挖掘深井来解决用水问题。犹他州盐湖城南边的小农户就是依靠挖出的深井在灌溉方面取得了骄人的成就,他们使600万英亩土地得到灌溉或部分灌溉。①这种个人的努力是十分宝贵和非常必要的,但其成果所占的分量实在是太小了。

也有一些社会人士对于旱地的灌溉问题非常关心,曾经做过一些实地考察,并且提出了变荒漠为良田的方案。早在19世纪中叶就有一位名叫沃曾克拉夫特的医生提出用科罗拉多河水灌溉阿拉莫峡谷的计划。四十三年后,年轻的灌溉工程师查尔斯·鲁滨逊·罗克伍德筹集了足够的资金,实现了这个方案。他在19世纪和20世纪之交,挖通了从科罗拉多河西岸到阿拉莫峡谷的运河,引来了源源不断的河水,使整个谷地变成了绿洲。但是,由于无力修筑可以控制流量的大坝,两三年后这片绿洲就被狂暴的科罗拉多河水冲毁,造成严重的灾难,联邦政府不得不拨出大笔专款来拯救灾区。可见私人的努力毕竟是有限的,很难从根本上解决灌溉问题。

不过,社会力量和小农户的努力并没有白费,无论是他们的成功还是失败都给人们留下了深刻的印象。由联邦政府投资兴修重大水利设施已经成为多数人的共识,这种共识也影响到了国家领导人。西奥多·罗斯福入主白宫后,在第一个致国会的咨文中就郑重地表示:"在国有干旱土地上定居的拓荒居民都把家园安排在河流沿岸,从那里获得用水来浇灌土地。这样的机会事实上已经消失了,但那里仍有广阔的国有土地可以作为私人事业的宅地。这里的水利工程应当由联邦政府来修建。"②

1901年夏天,十一个西部州的议员在怀俄明的夏延聚会,商讨干旱

---

① Fred A. Shannon, *The Farmer's Last Frontier*, p. 216.

② Benjamin Horace Hibbard, *A History of the Public Land Polices*, p. 446.

地区的开垦问题,通过了由内华达州参议员费朗西斯·G.纽兹兰起草的垦荒法案,要求联邦政府将出售西部公共土地的部分款项用于干旱地区的水利工程。这个法案随即在国会两院获得通过,1902年6月17日经罗斯福总统签署正式生效。这就是具有重要意义的《垦荒法令》(又名《纽兹兰法》)。同时还成立了土地开发署,负责西部灌溉工程的立项和管理。①法令指定十六个西部干旱州须将出售专项土地的款项保留下来作为灌溉基金,统筹使用,由内政部长审定各项水利工程合同。在工程覆盖的土地上定居五年并开垦一定数量土地的农户可以获得80英亩土地,但必须每年向有关水利机构支付20—30美元的灌溉费,十年内把应摊付的工程费付清(1914年土地法把付款期改为二十年)。这样就使得这笔灌溉基金永久保值,并可以滚动使用。

《垦荒法令》的颁布标志着联邦政府直接参与西部水利建设的开始,对于西部干旱地区的开发具有极为重要的意义。但是,由于资金、技术等种种原因,一直到20世纪三四十年代才出现在西部的主要河道上兴修巨大水利工程的热潮。

联邦政府拨款兴建的第一个巨大的水利工程是1931年动工的博尔德水坝(1947年更名为胡佛水坝)。这是一项战略性工程,包括巨大的水坝和通往阿拉莫峡谷的全美运河,历时四年多才告落成。坝高221米,拱顶长379米,灌溉混凝土248万立方米,是当时世界上最大的混凝土拱形坝。高耸的水坝拦住了科罗拉多河的急流,在上游地带形成一个185公里长的大水库——米德湖,起到了拦洪蓄水的作用,使100多万英亩干旱地得到灌溉,还为周边和下游地区的城市提供了廉价的电力。

经过几十年的建设,在美国西部干旱地区形成了以科罗拉多河、哥伦比亚河和密苏里河为主干的系统水利工程,使干旱地区的农业得到了最根本的保证。俗话说"迟到总比不到好",美国干旱地区的水利建设虽

---

① David A. Shannon, *20th Century America*, Chicago: Rand McNally College Pub. Co., 1974, p. 38.

然延误了几十年,但总算是完成了。

推广农业技术,实现科学种田是美国农业大突破的一条重要经验。但是,要让小农户认识到农业技术却不是一件容易的事情。尽管19世纪二三十年代相继出现了一些农业刊物和小型展览会,但其影响只局限在知识阶层和富裕农户的圈子里。直到19世纪后半期,联邦政府才给予足够的重视,并制定了一系列发展和推广农业技术的政策。《莫里尔法》《哈奇法》的通过和农业部的成立,使得农业技术教育和科学试验工作得到迅猛的发展。农业院校的成立为美国的农业培养了一大批高、中级技术人员和农业技术员。农业部下属的各个专业局和农业试验站引进和培育了优良的农作物品种,推广了科学的耕种方法,使美国的农业完成了一次飞跃。

第九章 交通运输的重要作用

一、没有道路的世界

英国移民登上北美大陆的时候，面对的是丛林和原野，没有什么道路，只有印第安人出外狩猎或者到邻近部落走过的断断续续的羊肠小道。说是小道，其实崎岖难行，从一个地方到另一个地方经常要披荆斩棘，跋山涉水自己蹚出一条路来。这样的路如果不是处处留下标志，根本就看不出来。

"路是人走出来的"，这句话用于美国西部交通运输的发展过程的初始阶段是十分贴切的。移民们除了自己开辟小路以外，还尽量利用前人留下来的各种类型的小道来编织自己的原始交通网。

印第安人在北美十三个殖民地留下了一些小道，其中最有利用价值的是著名的佩科特小道。这是连接康涅狄格河南部新伦敦和罗得岛的韦斯特利、东格林威治、普罗维登的通路，1691年成为纽约至波士顿邮路的一个路段。在阿巴拉契亚山以西地区也有一些著名的印第安人小道。例如，阿拉巴马的盖恩斯小道和密西西比阿拉巴马之间的查克托小道。查克托小道是几条印第安小道的总称，其中最重要的一条从纳奇兹地区通往莫比尔地区，又称纳奇兹小道。还有一条是从俄亥俄西部迈阿密河和小迈阿密河一带通往南部切罗基人居住地的迈阿密小道。

狩猎者包括印第安人猎手在追踪猎物的过程中也留下了一些常走的小道。尽管崎岖难行，但还可以依稀辨认。其中比较著名的有如下几条：

256

（一）弗吉尼亚小道。起于波托马克河，往南进入弗吉尼亚，沿蓝岭山脉东麓下行，止于达恩河和斯汤顿河交汇处。

（二）切罗基小道。始于今俄克拉何马东部的吉布森要塞附近，沿阿肯色河上溯，再进入锡马龙河，直抵俄克拉何马北部，向西与圣菲小道连接。由于狩猎者多在小道附近设置陷阱，这条小道又称"设陷阱猎兽者小道"。这条小道既有水路又有旱路不易辨认。1848年，亚伯拉罕·比福德中尉画出小道的线路图，并标明方位，移民可以更方便地沿着这条小道西进，再从圣菲小道转到自己想去的地方。

（三）陶斯小道。是连接阿肯色和新墨西哥北部地区的一条小道。因始于新墨西哥的陶斯，故得此名。不仅狩猎者常走这条路，西班牙人也曾由此东进。

还有一种小道是西班牙的探险者和传教士开辟出来的。早在16世纪，西班牙的探险者和传教士就从墨西哥城北上抵达圣菲，这条路长1500英里，史称奇瓦瓦小道。西班牙的传教士和旅行者还开辟了一条从墨西哥到希拉河和科罗拉多河汇合处的小道，由于它艰险难行，人们称之为"魔鬼之路"。

此外，毛皮商人常经之处也逐渐形成小道，其中有中西部的赛欧托小道和密西西比河以西的普拉特河小道。普拉特河小道是由W.H.阿什利的落基山毛皮公司于1825年修建的沿河道路，是当时连接密苏里和俄勒冈的一条重要商道。

对于北美十三个殖民地的居民来说，阿巴拉契亚山以东的滨海地带就是他们的全部世界。这里除去某些小道以外就没有什么道路了，殖民地的陆路交通十分不便。城镇和城镇之间的往来多半通过沿河的航道。从阿巴拉契亚山流入大西洋的河流多半都比较短小，而且水流湍急不便行船。在山区和低地之间有一条骤然降低的坡线，河流到这里都成为落差很大的瀑布，即使乘坐轻便的独木小船到这里也必须弃舟上岸，所以这些河流都不通航。不过，人们还是可以把它们作为探路的标记，沿河行走可以进入阿巴拉契亚山西侧的高地。后来，在移民西进的时候，这些河流也起过一定的作用。不过在美国独立以前，很少有人敢越过阿巴拉契亚山到山那边陌生的世界去寻找幸福。

其实山的那一边比较平坦，先是一条不太宽的阿巴拉契亚山高地带，再往西去就是中央低地，那里有一望无际的森林和草原。那里虽然也没有路，但到处都可以走，而且有不少可以行船的河流。西班牙人早就不止一次探查过从佛罗里达到密西西比河之间的地区。德里昂、阿尔瓦雷斯·德皮内达和德索托等人相继从佛罗里达北上，直抵阿巴拉契亚山麓，然后转而向西到密西西比河畔，再沿河南下。法国人也曾从新法兰西出发，探查过密西西比河沿岸地区，他们虽然没有修筑过任何道路，但留下了可以跟踪的足迹，所以翻过山以后行路反而更容易一些。

美国独立后，根据《巴黎和约》将疆界向西推进到密西西比河。这一片广阔的土地对于人口日益增长的东部十三个州的居民有着强大的吸引力。这时，东部十三个州内部的交通也有所改进。波士顿、哈特福德和奥尔巴尼之间，费城、巴尔的摩、里士满之间都有通路。几条通往西部的小道在独立后也得到拓宽和改造，甚至可以行驶马车。北边的那条路起于波士顿和哈特福德，在哈德逊河分别同1793年建成的莫哈弗克路和1792年建成的卡兹基尔路相接通往尤蒂卡和费里。中部使用的道路是七年战争中修筑两条军用道路。一条是福布斯路，从费城通往匹兹堡，另一条是布拉多克路，从巴尔的摩通往匹兹堡。再往南有独立前修筑的连接弗吉尼亚和奇塞尔要塞的大河谷路和连接里士满和奇塞尔要塞的里士满路。此外还有通往肯塔基和田纳西的道路。这些道路当中有不少完全没有经过改建而很难行车的道路。这样，美国独立前后在这个没有道路的世界里总算出现了一张极为原始的交通路线图。这样的交通路线实在是太少了，而且集中在东部，根本不可能满足移民西进的要求，即使在东部各州也只能连接几个点和线，广阔的腹地仍然是无路可通的。

二、刘易斯和克拉克探险

如果说大西洋沿岸，乃至密西西比河以东地区曾经是个有道路的世界，那么对于刚刚独立的美国来说，密西西比河以西的地区更是神秘的、完全不知晓的世界。那里地形复杂、气候恶劣，跨过西经100°就是干旱和半干旱地区。缺少水源和树木的辽阔的大平原对于行人来说，就是一道难以通过的地带。大平原西边的尽头就是高耸入云的落基山脉，过了落基山又是高山和山间盆地、沙漠。到达太平洋沿岸以后才能找到雨水充沛的肥沃土地。

关于这片广袤土地曾经存在过各种神奇的传说，但是它的本来面目是什么样子谁也弄不清楚。打开一条穿越蛮荒原野、崇山峻岭和沙漠、谷地的通道，揭开这个神秘世界的面纱成了许多勇敢探险者的强烈愿望。一些具有一定实力的土地公司充当了"始作俑者"。最早探查西南部的是西班牙人。俄罗斯也曾派人从海上探寻加利福尼亚。英国人的行动晚一些，直到1753年，英国皇家土地公司的成员里维润德·詹姆斯·莫里才带领一支队伍到西部为公司寻找新的土地和通往太平洋的道路。这支探查队的活动范围没有超过落基山以东的地区，从莫里于1756年发回公司的信中所说的情况看，他们曾经把密苏里河作为探查的一项内容。他在信中这样写道："有些人被派去探查密苏里河，其目的是查明这条河是否可以通向太平洋。如果能够找到这样的河道，他们就要沿河道行进，并把他们所走过的地区、旅途的距离及那些河流和湖泊所具有的航运价值做准确的报道。"[①]不过，这次探查没有取得什么结果。

在独立战争后的十年中，曾经出现过几种探查密西西比河以西地区的方案，其中有的方案是同杰斐逊有关的。在独立战争结束前几周，杰

---

① Stephen Ambrose, *Undaunted Courage: Meriwether Lewis, Thomas Jefferson, and The Opening of The American West*, New York: Simon & Schuster, 1997, p. 68.

斐逊就曾同乔治·罗伯特·克拉克将军通信探讨过密西西比河以西地区的探险问题。克拉克将军很赞成尽快开展这项工作,并建议最好组织人数不多的小分队以便灵活快捷地寻找通路,而且可以避免麻烦。由于当时条件还不成熟,去西部探险的想法并未付诸实践。1786年,杰斐逊曾从约翰·莱迪亚瑞尔那里得知,库德船长曾设想,经俄罗斯渡过白令海峡到北美大陆,然后从西到东就可以找到一条横贯大陆的道路。杰斐逊支持这个计划。后来库德船长在实现这个计划的时候在俄罗斯被捕,并被遣送波兰。1790年,陆军部长亨利·诺克斯派遣陆军中尉阿姆斯特朗探查西部,但他只到达密西西比河东岸就结束了这次探险。

杰斐逊早就发现英国人也在准备探查密西西比河以西的交通路线,企图把那片土地划为自己的殖民地。1792年5月11日,为英国政府工作的海运船长罗伯特·格雷把哥伦比亚号驶入哥伦比亚河,并测定哥伦比亚河口的位置在北纬124°、西经46°交汇处。杰斐逊根据这个信息确认了穿越北美大陆的可能性,并测算出这条通路的长度大约为3000英里。不久,他就建议费城美国哲学学会组织从密西西比河到太平洋沿岸的探险。乔治·华盛顿、罗伯特·莫里森和亚历山大·汉密尔顿在得知这个消息后都表示愿为这次探险捐款。1793年1月,哲学学会已经募集到1000美元,可以使这次探险成行。杰斐逊希望由知名的科学家领导这次探险,建议法国植物学家安德烈·米夏克斯担任这项工作,并确定探险路线是从圣路易斯出发,经密苏里河、哥伦比亚河到太平洋沿岸。但探险队出发后,没有走这条路,反而向肯塔基方面进发。后来哲学学会发现米夏克斯是在为法国政府工作,探险因而被取消。

这次探险中断以后,杰斐逊把年轻的梅里韦瑟·刘易斯作为新的探险队队长的首选。杰斐逊选中刘易斯当此重任绝不是偶然的。刘易斯不同于一般的年轻人,他生于1774年8月18日,出生地点在弗吉尼亚的皮德蒙特高地,那里是文明社会和西部荒原的交界处。在那里他既可以感受到西部原野的召唤,又拥有充分享受文化教育的机会。在青少年时期,刘易斯虽然没有上过正规学校,但从家庭和社会学到了不少知识,而且拥有边疆生活的经历。刘易斯还曾在佐治亚生活过几年，这也增加了他的阅历。青年时期他就继承了父亲留下的一笔可观的财产，大约有2000英亩土地、520英镑现金、24名黑人奴隶和147加仑威士忌酒。由于他当时还未成年，财产由监护人代管。他本人则四处求学，但一直没有机会进入正规学校。不过，他得到了杰斐逊的指导，曾在杰斐逊家里就读一年，增长了不少学识，也颇受杰斐逊的赏识。1792年到1794年，刘易斯成年后从监护人手中接过财产管理权，成为种植园主。1794年，刘易斯志愿参军，成为年轻共和国的军人，曾在西北地区同印第安人作战，对边疆的情况有了进一步的了解。1800年12月5日，刘易斯获得上尉军衔。1801年，杰斐逊当选总统后，立即邀请刘易斯担任他的秘书，两人之间的了解更加深入。杰斐逊非常欣赏刘易斯的勇气和好学，并且有意识地引导他去学习同探险有关的自然科学。

1802年8月，杰斐逊和刘易斯共同阅读了加拿大人亚历山大·麦肯齐关于发现太平洋的一本书。麦肯齐的这本书所记载的是他为西北公司寻找从蒙特利尔到太平洋沿岸通道的经历。麦肯齐在到达太平洋岸边的时候，还在一个岩石上刻了"亚历山大·麦肯奇自加拿大陆路到此，1793年7月22日"。加拿大的地形、山脉和河流的分布同美国北部颇为相似，麦肯齐的记载对美国在这个地区的探险很有用处。西部探险的准备工作进入了更为具体的阶段。刘易斯不仅阅读了大量有关探险的资料，而且还在蒙特塞罗学习植物学知识，后来他又被杰斐逊派往费城，接受几位著名学者的指导。1803年夏天，他在那里得到卡斯珀·威斯塔和本杰明·拉什等专家的帮助，潜心攻读自然史。专家们还向他提供了一份向沿途可能遇见的印第安人和其他人进行调查的问题清单和搜集材料的方法。刘易斯还在杰斐逊的图书馆里和圣路易斯查阅了西班牙人绘制的地图，并找到了约翰·埃文斯和詹姆斯·麦基绘制的密苏里河流域图。他还购置了各种测绘仪器，准备绘制沿途的地形图。

与此同时，杰斐逊也在为这次探险申请经费。早在1802年12月，他在总统咨文中就提出了从密西西比河到太平洋沿岸的探查预算，这笔预算于第二年1月获得参众两院通过。随后杰斐逊正式任命二十八岁的刘易斯和三十二岁的克拉克担任探险队的正副队长。杰斐逊详细地向他们说明了此行的具体任务。①归纳起来大致有如下四个方面内容：第一，沿密苏里河和哥伦比亚河找出一条"最能直通的和适用的穿越大陆的商用水路"；第二，通过天文观察来确定地理位置，以便绘制地区地图；第三，了解沿途印第安部落的分布情况、人数、语言、服饰、居住条件、生活状况、生活习惯和部落间的关系；第四，了解沿途各地的气候、水土、地貌、动植物种类、矿产，并做必要的记录。

1803年7月5日，探险队正式成立，由25名士兵、考察人员、翻译、印第安人向导共51人组成，随即开赴圣路易斯，并在那里度过了冬天。

当路易斯安那购买完成以后，密苏里河流域差不多都是美国的国土。在这个地区探险不再涉及外交问题，这使得探险队的负担减轻了不少。1804年5月14日，探险队从圣路易斯出发，乘坐一艘内河货船和两艘独木舟溯密苏里河而上，踏上了探险的征途。探险队的行进方向是先走密苏里河这条水路，沿着堪萨斯、艾奥瓦和内布拉斯加的边界线进入南达科他，经北达科他、蒙大拿，在大瀑布上岸，翻越落基山，然后再沿哥伦比亚河抵达太平洋海岸。

探险船队在南达科他同特顿苏族人相遇，双方避免了冲突，友好相处。1804年冬天，刘易斯准备在北达科他的曼丹村附近过冬，并利用这段时间在那里建立曼丹要塞作为过冬的营地。曼丹以上的密苏里河河床狭窄不能通行内河货船，原来的两艘独木舟也显得过于宽大。刘易斯决定派人把这几艘船开回圣路易斯，另外建造了六艘轻便的独木舟。1805年6月13日，船队到达蒙大拿境内密苏里河的大瀑布，这里已靠近落基山麓。刘易斯决定在大瀑布停留一月，准备攀越落基山的大陆分水岭。他们补充了给养，购买了马匹，并得到肖尼人的指引。1805年9月20日，探险队经过艰难的跋涉，到达了克利尔莱克河，沿河而下进入了

---

① Donald Jackson, ed., *The Letters of the Lewis and Clark Expedition*, pp. 61–66.

哥伦比亚河。11月7日,探险队终于到达了太平洋岸边。威廉·克拉克于12月3日一个阴雨天,在一棵高大的凭靠大洋的黄松上刻下了自己的名字和到达的日期。探险队随即在哥伦比亚河靠近出海口的地方扎营过冬,在那里停留了四个月。

1806年3月,探险队启程返回圣路易斯,6月底到达比特鲁特河谷。在这里,探险队为了寻找更多的通道和探查更广阔的地区分为两支队伍。一支由克拉克率领,在密苏里河的三岔河口进入黄石河,顺流而下,在与密苏里河汇合处再进入密苏里河。另一支队伍由刘易斯带领,重新翻越大陆分水岭,回到大瀑布然后转向北方,探查马里亚斯河谷。由于那里的印第安部落对探险队抱敌视态度,刘易斯只好带领小队向黄石河方面退却,并与克拉克会合。1806年9月23日,刘易斯和克拉克带领探险队回到了圣路易斯。

这次探险对西进移民和西部开发具有十分重要的意义。探险队穿越和探查了几千英里人迹罕至的荒野,发现了几个可以通过落基山的山口,找到了经哥伦比亚河直达太平洋沿岸的道路。刘易斯对沿途的地质地貌、动植物的分布情况都做了科学考察,并且有详细的记载。克拉克也把旅途的情况、面对的种种问题和困难、同印第安人的交涉过程做了记录。这些记载对于了解西部很有帮助。

刘易斯和克拉克探寻出来的道路非常艰险,特别是在翻越落基山分水岭那一段路程,更是令人望而生畏。随探险队考察的一位名叫哈里·梅杰斯的学者认为这一段路是"刘易斯、克拉克整个探险过程中最难辨认、最不可思议的路程"[1]。尽管这条道路十分艰险,但对当时的移民来说,毕竟是一种希望,一种经过努力可以实现的希望。到19世纪三四十年代成批移民涌向远西部的时候,就是沿着这个方向走出了一条俄勒冈小道。

---

① Stephen Ambrose, *Undaunted Courage*, p. 289.

三、俄勒冈小道

刘易斯和克拉克探险成功的消息很快传遍了全国,引起人们的关注。从密西西比河西岸到太平洋沿岸是一个广阔而又神秘的地区,那里虽然危机四伏,但充满了希望和机会。在西进的移民面前展现出一个更为广阔的天地。对刘易斯、克拉克开辟出的通道最感兴趣的是毛皮商人,探险队有关落基山溪流盛产海狸和沿途大多数印第安人友好行为的记载和报道对他们产生了很大的吸引力。1806年到1807年冬天,来自四方的毛皮商人云集圣路易斯,等待密苏里河解冻,做好沿密苏里河航行猎取河狸和从印第安人那里购买兽皮的准备。

1807年春,西班牙商人曼纽尔·利萨带领42名猎手和商人乘船溯密苏里河而上,到达北达科他和蒙大拿交界处,进入黄石河,直抵毕格霍恩。他们在那里修筑曼纽尔要塞作为商队的过冬营地。他们猎获了许多河狸,并同周围的印第安人做毛皮生意。有一位名叫约翰·科尔特的人在黄石地区的山间独自步行500英里,随身只带了一支猎枪,他到达了格林河,发现了毕格霍恩河谷。一直到1808年夏天利萨率领的这个商队才返回圣路易斯。商队所获得的丰厚利润,使得更多的毛皮商人下定了到落基山探宝的决心。

1809年2月,密苏里毛皮公司在圣路易斯成立。当时的名人曼纽尔·利萨、威廉·克拉克、梅杰·安德鲁·亨利、皮埃尔·梅纳德都是公司的股东。是年春天,公司组织了一支172人的探险队乘船沿刘易斯和克拉克的航道上行,到达北达科他的曼丹要塞,并在那里建立了商栈。探险队随即派出两个小分队。一支小分队到黄石河上的曼纽尔,沿途猎取海狸。另一支小分队则进入大平原同当地印第安人做生意。不久后,皮埃尔·梅纳德带领少数人返回圣路易斯。

1810年,梅杰·安德鲁·亨利继续沿密苏里河上行,直抵蒙大拿的三岔河口,并在这里建立商栈,后来这里的商栈曾经遭到印第安人的袭击。

然后他自己带领一小队人沿麦迪逊河行进,跨过大陆分水岭,直插斯内克河上游地区,并在沿河地带建立了许多小木屋作为落脚的地方。1811年春,亨利率队返回圣路易斯。

此后,密苏里毛皮公司由于本身的问题没有再派出商队到落基山一带获取狸皮。1813年和1814年,这家公司先后放弃了曼纽尔和曼丹要塞的商栈。密苏里毛皮公司虽然没有在刘易斯和克拉克探查的地区站稳脚跟,但探查了一些刘易斯和克拉克没有走过的道路。

对西部地区感兴趣的另一家公司是1808年成立的美国毛皮公司。公司的首脑约翰·雅各布·阿斯特雄心勃勃,计划从东、西两个方向探查这块神秘的地区。从东到西的一路起自大湖区,最后到达太平洋沿岸,准备沿途修筑一系列商栈。从西到东的一支队伍先从纽约乘船到西海岸,然后再往东走。西路队伍于1810年9月在纽约乘船起航,1811年3月进入了哥伦比亚河,1812年在那里建立了阿斯特里亚商栈。阿斯特还派罗伯特·斯图亚特继续东去,他沿着前人的足迹到了南山口,再从那里找到了普拉特河。东路队伍于1811年3月从圣路易斯出发,商队在这里听到密苏里毛皮公司在三岔河口的商栈曾经遭到印第安人袭击的消息,认为刘易斯和克拉克的探险路线不安全,决定改道。

商队从圣路易斯出发后沿密苏里河上行到独立城附近就进入堪萨斯河,然后通过小布鲁河北上到达普拉特河,从北普拉特河向西穿过内布拉斯加西部,到达怀俄明的卡斯珀。然后沿斯威特沃河到落基山的南山口,再转向位于其西南方的布里杰尔要塞,从这里经萨布莱捷径穿越大熊河河谷到达霍尔要塞,这里有哈德逊毛皮公司建立在斯内克河的商栈。商队沿这条河向西北方向前进,翻过布鲁山就到了俄勒冈的东北部,哥伦比亚河流经这里进入太平洋,于是商队就沿哥伦比亚河而下直达阿斯特里亚。这里已经接近太平洋海岸,商队认为已经完成了探查使命,乃于1812年6月29日启程返回圣路易斯。

美国毛皮公司商队所到达的终点就在富饶的威拉米特河谷附近,他们走过的路线就是历史上著名的俄勒冈小道。这条小道全长2170英里,在横贯大陆铁路通车以前一直是移民去远西部的主要通道。不过,俄勒冈小道是一条漫长而又难走的路,所以开通后又经过二十年才开始有人走上这条路。1832年,纳撒尼尔·韦恩和威廉·萨布利特沿着小道西去,恐怕他们要算是最早使用这条小道的两个人了。1836年,马科斯·怀特曼夫妇也走完这条小道,到俄勒冈西部传教。他们成功走完俄勒冈小道的消息传出来后,密西西比河沿岸的许多城市成立了俄勒冈协会,人们到处都在议论俄勒冈,到俄勒冈去的呼声越来越高。不过,在40年代以前只有分散的移民从小道经过,人数不多。1839年,托马斯·法拉姆带领的几名男子组成的马队大概是规模最大、气势最盛的一支旅行队了。大队人马走上俄勒冈小道始于1842年,那年5月有112人在独立城集中,5月16日出发,12月抵达温哥华要塞,完成了这次远征。第二年5月,又有上千人的队伍在独立城集中,组成半军事化的集体,于5月22日出发。他们头两天走的是俄勒冈小道和圣菲小道合在一起的路段,然后同圣菲小道分开从拉腊米要塞进入山区,经过南山口,开始翻越大陆分水岭。这时行程已经达到947英里。移民队伍在布里杰尔要塞(位于1070英里处)休整,再往前行就是1288英里处的霍尔要塞,通往哥伦比亚河和俄勒冈的斯内克河就流经这里。翻过布鲁山沿哥伦比亚河下行就到了温哥华要塞。在霍尔要塞之前的路段有清楚的路标,过了霍尔要塞就没有路标了,而且道路狭窄,只能通行简便的车辆。一批又一批移民就是这样艰难地到达俄勒冈的。

　　1845年是俄勒冈移民人数最多的一年,总共有3000人,使那里的居民人口翻了一番,达到6000人。[1]1846年,著名美国历史学家弗朗西斯·帕克曼还随同移民走完了俄勒冈小道,并写成了《加利福尼亚－俄勒冈小道》一书,于1849年出版。其后的二十五年中大约有五十多万人通过这条小道进入俄勒冈和加利福尼亚。进入加利福尼亚的道路又称加利福尼亚小道,实际上是俄勒冈小道的延续。这条小道大致有两条线路。

---

[1] Ray Allen Billington, *Westward Expansion*, p. 448.

一条起自俄勒冈小道的霍尔要塞,沿拉弗特河进入爱达荷,穿过阿尔本河谷和马尔斯河谷,经索达斯普林斯去加利福尼亚。另一条经内华达的里诺进入加利福尼亚的亨博尔特河。后来,人们往往把俄勒冈小道的终点延展到加利福尼亚。

在横贯大陆铁路通车以前,俄勒冈小道是移民从密西西比河岸通往太平洋沿岸的唯一通道,其重要意义是不言自明的。俄勒冈-加利福尼亚小道协会在互联网上所做的介绍中有这样一段话:"如果没有俄勒冈小道,那么我们今天所说的俄勒冈、加利福尼亚、内华达、爱达荷和犹他就不会是今日美国的一部分。"

19世纪70年代以后,俄勒冈小道逐渐被人们遗忘,小道毁损情况严重。1906年,一位名叫埃兹拉·米克的七十六岁老人怀着缅怀俄勒冈小道的心情驾着篷车从西到东重游这条小道,希望唤起人们对这个历史遗址的珍惜和怀念。后来西奥多·罗斯福总统和柯立芝总统都曾接见过他,并请他出席国会的听证会。此后,由国家公园管理处、土地管理局和森林管理处,以及有关各州负责各个路段的保护和维修。目前有300英里的路段、125个遗址被保留下来成为旅游景点。

四、圣菲小道和其他西部小道

圣菲位于新墨西哥靠北的地方,是西班牙人胡安·德奥奈特于1609年建立的一个小城镇。西班牙的无敌舰队在海上被英国海军击溃以后,西班牙人急于在北美洲西海岸寻找能够停泊船只的港口,作为他们在海上的中转站。16世纪末17世纪初,有人从西班牙在美洲的殖民地墨西哥出发,分水陆两路北上探查,并在适当的地点建立新的殖民地。1595年,沿海岸北上的探险船队中途遇难,未能实现自己的目的。1602年,塞巴斯蒂安·威茨卡诺带领由三只船组成的探险队从墨西哥出发,沿下加利福尼亚航行,发现了圣迪戈,最后抵达了蒙特雷湾,并在那里建立了第一个殖民地。

胡安·德奥奈特走的是陆路。1598年,他组织了130人,并带着同等数目的奴隶,驱赶着7000头牛和83辆满载货物的牛车从圣巴巴拉出发,经过崎岖难行的山路到达新墨西哥的埃尔帕索。探险队在这里渡过里奥格兰德河,并沿河北上进入多山的查马河谷,德奥奈特决定在这里建立一座小城镇,取名圣胡安,不久又在附近建立了圣菲。这里盛产白银、毛皮和骡马,但缺少日用商品。由于山路崎岖而又遥远,和墨西哥城市的贸易十分不便,这个城镇的发展受到很大影响,一直到19世纪也不过是一个拥有2000人的小城镇。

19世纪20年代,密西西比河沿岸已经有移民定居。那里的商人对圣菲的白银、毛皮和骡马都很感兴趣,准备用美国生产的日用商品去换取这些货物,以便从中牟取丰厚的利润。

密苏里富兰克林城的商人威廉·贝克内尔带领一支二十多人的队伍,准备探寻一条通达圣菲的道路。他们于1821年秋天出发,沿密西西比河南下,在阿肯色河口转而向西北方向前进,经堪萨斯、科罗拉多进入新墨西哥。探险队穿越拉顿山口的时候,同墨西哥的军队相遇,他们这才从墨西哥军人那里得知墨西哥已经发生革命,不会逮捕美国的探险人员,并且欢迎他们去圣菲做生意。探险队到圣菲后确实受到了居民的欢迎,他们随身带去的货物很快就销售一空,返程带回了许多银币和毛皮,获利丰厚。贝克内尔的名声因而大噪,被人称为"圣菲小道之父"。不过,他这次走过的道路虽然比较安全,但却相当曲折,长达1000多英里。

在贝克内尔之后又有几批商人沿着他开辟的圣菲小道到达圣菲,而且都满载而归得到了很好的回报。

1822年6月,贝克内尔带着三辆满载的篷车第二次去圣菲。他十分清楚,他所带的重载篷车很难通过拉顿山口。他决定在俄克拉何马东部渡过阿肯色河,进入宽60英里、危机四伏的西马龙荒漠,然后沿加拿大河西进抵达圣菲,这条路虽然比较危险,但缩短了不少路程,全程不过900英里。历史上把西马龙那一段路叫作西马龙捷径。

由于去圣菲的人日益增多,而且来自不同的地区,逐渐形成了三条小道。一条从科罗拉多中南部的韦尔法诺河地区开始,南下到新墨西哥,直达圣菲,史称陶斯小道。第二条是经过拉顿山口进入新墨西哥的小道,也就是贝克内尔第一次去圣菲所经过的道路。第三条就是西马龙捷径。后来小道又延伸到埃尔帕索,并进入墨西哥,同奇瓦瓦、杜兰戈两座城市相通。

　　进入19世纪40年代以后,墨西哥曾经关闭这条小道以阻止美国移民的渗透,已进入当地的美国商人就转而发展同印第安部落之间的交易。有的商人向北去寻找毛皮产地,经过科罗拉多进入怀俄明,直达落基山的南山口,同俄勒冈小道汇合。还有人经过斯内克河到俄勒冈,并继续向西,发现了经亨博尔特河到加利福尼亚的水路和基拉河通往西南部的道路。他们还在探寻道路的过程中发现了众多的面积不大的肥沃的谷地和草地,为拓荒者提供了落脚的好去处。

　　美墨战争结束后,西南部地区和加利福尼亚都落入了美国手中。1850年,联邦政府在圣菲小道开办了马车驿运和邮政业务。圣菲小道在美国历史上曾经是连接密西西比河沿岸地区同新墨西哥的一条著名商道,曾经对美国西南部的开发起到过重要作用。但是由于这个地区的拓殖落后于其他地区,圣菲的贸易额在美国早期的经济发展中所占的份额十分有限。据估计,那个时期运往新墨西哥商品的价值不超过13万美元,从事这项贸易的商人不超过80人。[①]其实圣菲小道更重要的作用是为后来跟进的大批移民提供了一条可以使用篷车穿越草原继续向远西部进发的道路。1880年,艾奇逊—托皮卡—圣菲铁路建成后,这条小道就再也不能发挥西部通道的作用了。

　　摩门小道也是历史上有名的道路,始于伊利诺伊的瑙武,终于犹他的盐湖城,是摩门教徒西迁时所经过的路线。摩门教最初创立于纽约,又称"后期圣徒教会"。由于怪异的教义和其后曾实行的多妻制屡遭政府和社会的反对,曾被迫迁往俄亥俄及密苏里,直到伊利诺伊的瑙武才

---

① Ray Allen Billington, *Westward Expansion*, p. 391.

有可能停留下来,但时间不长又被迫西迁。这一次摩门教的首脑布里格姆·杨下决心到落基山另一边寻找一个与世隔绝的世界来安顿教徒们。1846年2月,摩门教徒踏上了前途未卜的艰难征程。第一批出发的1600人渡过了已经冰封的密西西比河,在艾奥瓦的苏格格罗夫村驻扎下来等待后续的人马。几个月后大队人马到来,两支队伍才在这里会合,然后继续西行。路途并不顺利,经过四个月的时间才到达密苏里河对岸的康斯尔布拉夫斯。前面就是陌生的、危机四伏的草原,恶劣的自然条件和可能来自印第安人的袭击,都对这支准备不足的大队人马构成了不小的威胁。杨决定停顿下来,在这里休整和准备,过冬以后再进入草原。

除了备足必要的物品以外,杨把全部人员按军事原则组编为队,每队100人,由队长负责指挥,并且规定严格的日程和制度及各种注意事项,同时也传授一些应对紧急情况的方法。杨亲自带领一支挑选出来的精壮队伍先行开路,大队人马随后跟进。1847年4月中旬,队伍出发,进入草原地区。起初,他们沿着俄勒冈小道在普拉特河南岸行进,不久就发现河对岸的荒地更平坦,便于篷车行驶,而且可以避开俄勒冈小道上来往的行人。于是,他们决定渡过普拉特河走一条新路。6月初,摩门教徒们顺利进入怀俄明,在普拉特河上游的拉腊米要塞停下来补充给养,准备进入崎岖的山区。

离他们不远的地方就是落基山的南山口,越过这个山口就是蜿蜒在崇山峻岭中的山间小路。幸好他们对车辆进行过改装,总算是顺利地到达了布里杰要塞。这是俄勒冈小道上的一个重要中转地点,如果他们从这里继续沿着俄勒冈小道走下去,那么就可以到达威拉米特河谷、贝尔河谷和卡奇河谷。那里的自然条件和地理环境都比较好,适合移民居住。但是,这对摩门教徒没有吸引力。他们宁愿寻找一个与世隔绝的地点作为未来定居的家园,哪怕那里的条件十分恶劣不适宜居住。于是,他们毫不犹豫地选择了南下的路线。这条路线无人走过,只听说那里有高耸的山脉和荒凉的沙漠,没有肥沃的土地,也没有多少水源,有的只是危险和重重磨难。在摩门教徒以前没有人愿意冒这个险,受这种磨难,所以没有留下有关这条路线的可靠信息。摩门教徒只有自己去开辟道路。他们艰难地翻过尤因塔山，穿越沙漠，走出了科罗拉多，在终年积雪、高耸入云的瓦沙奇山岭被阻拦在狭隘的山口北边。山那边就是大盐湖和干旱的大平原，自然条件十分恶劣，但摩门教徒却从这里看到希望，认为这是他们建立与世隔绝的理想家园的最合适的地方。他们相信没有人会同他们争夺这块"宝地"。他们齐心协力凿宽了山口，把所带的篷车推过山口，随即下行到平原。1847年7月24日，他们终于走完了艰难的征程，到达了大盐湖，这一天也就成了摩门人的"先驱日"。他们所走过的路就叫作摩门小道，全长1768公里，成为后来的移民进入犹他州的一条通道。

1859年到1860年间修筑的马伦小道是一条军用道路，可以通货运马车，起于蒙大拿的本顿要塞，终于华盛顿的沃拉沃拉，全长624英里，是采矿者常经的道路，对于开发蒙大拿的矿藏起过一定的作用。

另外，还有一些路程较短的小道。其中有加利福尼亚小道、奥弗兰小道、老西班牙人小道、奈兹-珀斯小道、洛洛小道等。

关于奥弗兰小道有两种说法。一种是泛指从密西西比河两岸通往远西部的所有小道，也包括通往太平洋沿岸的那些小道。另一种是指从南、北普拉特河汇流处开始，经布里杰山口至布里杰堡和自布里杰堡经大盐湖至加利福尼亚的萨特尔堡的两条通路。

加利福尼亚小道也包括多条道路，其中有18世纪60年代和70年代出现的两条道路。一条通过加利福尼亚半岛进入加利福尼亚，另一条来自亚利桑那的索诺拉。老西班牙人小道也是通往加利福尼亚的一条要道，它始于新墨西哥的圣菲，沿查马河穿越犹他通往洛杉矶。另外一条连接新墨西哥和加利福尼亚的小道始于新墨西哥的祖尼，沿索尔特河和希拉河进入加利福尼亚。此外还有一些狩猎者和采矿人曾经出没的小道，有的小道要经过莫哈维沙漠，有的小道在盐湖谷汇集，然后进入加利福尼亚。

在远西部还有一条快马邮道。这条路始于密苏里的圣约瑟夫，从这里穿越堪萨斯、科罗拉多到盐湖城,使用的是已有的驿车道。再经过内华达的冷泉镇和卡森城,越过内华达山到加利福尼亚的萨克拉门托,再往西南就是旧金山。这条快邮路的不少路段危险难行,而且效益不显著,再加上内战爆发,存在的时间只有十三个月。从1860年3月开通到1861年4月关闭。

通往西部的小道虽然不少,而且在西进运动中确实起过一定的作用,但其通过量十分有限,根本不能满足大批西进移民的要求。如果按照现在的标准,这些小道不过是荒原中的小径,十分简陋,狭窄而又崎岖不平,不时还会出现一些危险路段,行人不得不攀缘而过。可见改进西进过程中的交通运输设施是多么迫切的问题。

五、收费道路、国道和运河

美国殖民地时期,各居民点之间、城镇之间本来都是荒原和丛林,几乎都是靠居民自己开辟出来的小道来互相交往。有的地段不过是人们走出来的小径,即使经过修筑的路段也到处都有积水,晴天则尘土飞扬,能见度大受影响。这种状况在殖民地初期,由于人口不多,商业活动比较少,人们还可以忍受。那时各地生产的农产品和手工业品主要供应当地和附近地区的消费者,距离较远的地区和各殖民地之间的不太多的人员和商品交流完全依靠沿海的航运来实现。

随着时间的推移,向北美十三个殖民地移民的人数越来越多。城镇和移民点的数量日益增加,规模不断扩大。经济也有显著发展,出现了为数颇多的手工作坊和商品市场,以及货物的集散地。商品的运销、人员的交往都对交通运输提出了更高的要求。各个殖民地当局都已经感觉到交通滞后的严重性,从18世纪中叶开始对境内的驿路和重要道路进行修补和填平,在大城市中也修筑了一些加宽的铺石路和半铺石路,大城市之间的重要通路还经过整修和拓宽。在波士顿至普罗维登斯、纽约至费城、费城至巴尔的摩的道路上,行驶着定期的大型邮车。坚固而宽大的四轮马车取代了旧式的小马车,成为这些道路上的重要的陆路运输交通工具。不过,由于各殖民地当局各自为政,而且缺少资金,这种道路改造和新建工程缺乏整体规划,而且规模不大,远远不能满足对改善交通运输的要求。

美国独立后,西部边界扩展到密西西比河,广阔的西部处女地对于广大的移民具有强大的吸引力,越来越多的移民涌向西部。交通运输滞后的问题更加突出。一个反应灵敏的公司老板看准了收费道路是一个发财致富的门径,最先抓住了这个商机。他向宾夕法尼亚州政府申请到修筑收费道路的特许状,并筹集资金建成了从兰开斯特到费城的碎石路(1792—1794)。路长66英里,耗资465000美元,质量上乘,可与同等级的英国公路相媲美。公司在沿途设立收费站,向过往车辆收取通行费,由于过往的车辆很多,公司的赢利十分可观。公司的成功经验引发了修筑收费道路的热潮,东部的大部分州都在修筑收费道路。到1838年,仅宾夕法尼亚州就拥有收费道路2500英里,耗费筑路资金3700万美元。①

大多数收费道路虽然都不能通往西部,但却大幅度地改善了东部各州内部和各州之间的交通运输,当然也使沿海一带的移民比较容易地到达各州的西部边界。

只有不多的同通行西部的小道相连接的收费路,也有一些原来的小道经过改建和拓宽以后成为可以通行马车的公路。纽约州的莫哈弗克收费路和大杰纳西路相连接后可以通往大湖区。福布斯和布拉多克两条军用道路都由宾夕法尼亚州和马里兰州出资改建,成为从费城和巴尔的摩直通匹兹堡的马车道。费城到肯塔基基塞尔要塞的大河谷路和里士满到那里的里士满路,通过一条小马车路同坎伯兰山口的草原路连接,再通过荒原路可以到路易斯维尔和法兰克福。这条通路于1795年完成了改建,可以通行马车。1788年,北卡罗来纳建成了纳什维尔路,

---

① [美]Arthur Cecil Bining:《美国经济生活史》,王育伊译,商务印书馆,1947年,第158页。

1795年又开辟了老沃尔顿路。这两条路同田纳西的诺克斯维尔路连接后，形成了通往肯塔基、弗吉尼亚、宾夕法尼亚、北卡罗来纳的道路网，来自东部几个州的移民可以乘坐马车抵达田纳西的纳什维尔。

由联邦出资修筑的坎伯兰国道是当时最长的通往西部的道路。1806年，联邦国会通过修筑这条道路的法令。1811年开工，直到19世纪中叶建成，耗资700万美元，全长600英里。它始于马里兰的巴尔的摩，途经坎伯兰、宾夕法尼亚、弗吉尼亚、俄亥俄、印第安纳，抵达伊利诺伊的范代利亚城。这条国道宽阔平坦，可以行驶四轮大马车，是西进移民的一条重要通道，后来成为现今的美国第40号公路的一部分。

然而，西进移民的人数确实增加得太快了，仅仅一条坎伯兰国道是远远不够的。为了缓解西进道路的紧张情况，联邦政府还采取向有关州和筑路公司赠送土地以推动道路建设的政策。早在1823年，国会就通过决议向俄亥俄州赠送修筑连接伊利运河和康涅狄格西部道路所需的土地，并将沿路两侧1英里宽的地带赠予承包道路工程的建筑公司。[①]随后又多次为修筑道路提供了赠地，总数达到3276646.21英亩。[②]

同原来崎岖不平的狭窄小道相比，收费道路的优越性是显而易见的。西进移民、往来行商和游客趋之若鹜，客运兴盛繁忙，但货运由于收费太高并不景气。盈亏相抵，只有屈指可数的几家公司略有赢利，其股息在最繁荣的年代也不过1%—8%。[③]收费道路的修筑和营运因而日趋衰落。

运河需要较多的资金和技术，起步晚于收费道路，在1812年美英战争后才开始受到人们的关注，而且发展缓慢。直到1816年只修筑了100英里，其中通航的运河不过三条，其航运里程各有2英里多。[④]1817年，

---

① Everett Dick, *The Lure of the Land*, p. 160.

② Benjamin Horace Hibbard, *A History of the Public Land Polices*, p. 236.

③ Frederic J. Wood, *The Turnpikes of New England and Evolution of The Same Through New England Virginia and Maryland*, Boston: Marshall Jones Company, 1919, p. 35.

④ George Rogers Taylor, *The Transportation Revolution 1815–1860*, p. 32.

纽约州为了开通连接大湖区通往西部的道路和开发北部偏僻地区,于4月和7月通过开挖伊利运河和尚伯兰运河的决议。伊利运河起自纽约州东部的奥尔巴尼,西至连接大湖区水路的布法罗,全长364英里,是通往西部的重要水路。尚伯兰运河是纽约州连接奥尔巴尼和尚伯兰湖的水路,使北部遥地区的货物能够通过这条水路进入哈得孙河,直达纽约市。两条运河分别于1825年和1823年完成。运河通航伊始就立即显示了运费低廉、旅行方便的优越性。西进移民可以直接从纽约出发经哈得孙河上行至奥尔巴尼,再进入伊利运河经大湖区到达西部。西部移民的农、牧产品、木材、矿石可以经这条水路运往纽约。东部的工业品、日用品也可以源源不断地运往西部的沿河移民点。伊利运河给纽约带来了繁荣,使其成为东部受益最大的港口。到1850年,纽约的人口和财富都已超过费城、波士顿和巴尔的摩而居于美国大城市之首。

伊利运河的巨大经济效益极大地鼓舞了投资者,很快就掀起了修筑运河的高潮。新英格兰各州、宾夕法尼亚、弗吉尼亚和俄亥俄的州政府和私人公司都把巨额资金和人力投入这项事业。

宾夕法尼亚州担心伊利运河将会使费城失去许多商机,从而落到纽约后面,在伊利运河通航后的第二年就决定修筑一条连接匹兹堡和费城的运河与其抗衡。这也是一项巨大的工程。运河全长395英里,途经哈里斯堡,到霍里德斯堡被阿巴拉契亚山阻隔,只好由一段越山铁路连接,翻过山后从约翰内斯堡开始继续挖掘河道,直达匹兹堡。此外围绕这条运河还挖掘了几条较短的运河,形成了宾夕法尼亚州的运河体系。不过,这个水系并没有创造出像伊利运河那样的效益。

从缅因到弗吉尼亚的大西洋沿岸各州为了改进州内和与邻近州的水路交通,修筑了从内地到潮水线的距离不长的运河。其中有缅因州的坎伯兰-牛津运河、马萨诸塞和罗德岛的布莱克斯通运河、新泽西的莫里斯运河等。这些运河同西部水系不相连接,和西进没有直接的关系。

俄亥俄州修筑的两条连接伊利湖和俄亥俄河的河道是西部运河水系中的两条干道。其中一条始于俄亥俄河畔的朴次茅斯,到克里夫兰进入伊利湖，全长308英里，耗资800万美元，于1833年建成。另一条运河从辛辛那提到迈阿密河，然后经迈阿密河同伊利湖连接，直达托莱多，完成于1845年。俄亥俄州还围绕这两条运河，挖掘了一些支渠，形成了自己的水道网。

印第安纳州的沃巴什-伊利运河，全长450英里，是美国最长的运河。它是连接俄亥俄河和伊利湖的水道，是在1827年印第安纳议会得到联邦政府的赠地以后决定修筑的。运河工程于1832年动工，中间可以利用一段沃巴什河和莫米河的水道，相对来说工程并非十分困难。但由于资金不足和1839年经济萧条的困扰，工程进展缓慢。1849年，托莱多到特雷霍特河段通航，1853年才又延展到埃文斯维尔。运河的下段由于业务惨淡被迫于1860年停航，特雷霍特到托莱多的航运一直延续到1872年。

从总体来说，这条运河并没有给印第安纳带来经济效益，而是入不敷出。用于运河工程的费用高达800万美元，各项收入加在一起只有550万美元，其中出售公共土地的收入占一半以上。①

伊利诺伊修筑的伊利诺伊-密歇根运河是连接密西西比河和密歇根湖的水上航道，建于1836年，1848年竣工。这条运河在进入19世纪50年代以后运输繁忙，对芝加哥的崛起起过重要的作用。

联邦政府最初对运河工程持观望态度，只是在伊利运河完工，投入营运并取得显著的经济效益以后才开始支持州和私人公司的运河工程。它所采取的方法有两种：一是赠送公共土地，二是向各运河公司投资。据统计，俄亥俄、密歇根、印第安纳和威斯康星等州获得400万英亩土地，直接投入各运河公司的资金达到300万美元。②其中受益最大的是切萨皮克和俄亥俄两家公司。有的公司主要依靠联邦和州政府认购的股份，私人的股份只占少数。例如，弗吉尼亚州的迪斯马尔运河公司拥

① George Rogers Taylor, *The Transportation Revolution 1815–1860*, p. 48.

② George Rogers Taylor, *The Transportation Revolution 1815–1860*, p. 49.

有股金486000美元,其中来自联邦政府的为200000美元,来自州政府的为190000美元,私人股金只有96000美元。①

总体来说,州一级政府在运河修筑中起到了最为重要的作用,许多规模庞大的运河都是在相关州政府的倡导、筹划和实施下完成的。联邦政府基本上没有直接参与运河的修筑。

六、铁路

运河只能连接已有的河流形成水路交通网,在河流稀少的地区就不能发挥作用,在地理上有较大的局限性。铁路才是连接东部和西部,特别是远西部的最有效的、不受地理条件限制的、最强大的交通设施。不过,由于起步比较晚,修筑的难度也比较大,一直到19世纪下半期,才成为西进移民所广泛采用的通道。

自从英国修筑了世界上第一条铁路以后,联邦政府就给予了充分的重视,并采取了相应的行动。早在1824年到1838年间,联邦政府就出资并派遣技术人员勘探铁道线路,1830年到1843年间,又降低了铁路建设所需进口器材的关税,使这一时期的铁路建筑少花费600万美元。②内战前三十年间,联邦政府偶尔向铁路公司赠送土地,但数量不大,而且几乎都集中在19世纪50年代,出现了联邦政府向铁路公司赠地的高峰期,仅联合太平洋铁路公司一家就获得了11935121.46英亩。这一时期的赠地总数达到91239389.27英亩。再加上60年代以前的赠地37789169.23英亩,联邦政府赠予铁路的土地总数为129028558.50英亩。③

不少州政府也于30和40年代投入大量资金修筑铁路。据估计,内

① George Rogers Taylor, *The Transportation Revolution 1815–1860*, p. 50.

② George Rogers Taylor, *The Transportation Revolution 1815–1860*, p. 95.

③ Benjamin Horace Hibbard, *A History of the Public Land Polices*, p. 264.

战前十五年间,有关州共举债9000万美元作为修筑铁路之用。①例如,马萨诸塞州为修筑第一条西方铁路,投入了460万美元,于1841年完工,而投入这条铁路的私人资金只有60万美元。1854年,马萨诸塞州议会又拨出200万美元投入第二条穿越该州铁路的建设。②

纽约州用于资助铁路建设的资金更多,到1846年共向10家铁路公司投入九百多万美元。同年,州议会决定此后不再资助铁路建设。

城市和地方用于铁路建设的资金也相当惊人。例如,到1879年纽约州的城市和地方资助铁路建设的资金达到3000万美元。1840年到1853年间,宾夕法尼亚州有关城市和地方资助铁路建设的资金也有1400万美元之多。③

东部几个州在修筑铁路的时候都充分考虑了开发西部的需要,把铁路的延伸线指向西方。由西方铁路公司承建的穿越马萨诸塞州的铁路从波士顿到奥尔巴尼,1842年建成投入营运。西进的移民可以在奥尔巴尼进入纽约州的铁路系统通往西部,也可以改为水路,经伊利运河进入伊利湖,到达俄亥俄州的托莱多。纽约州有三条主干铁路,两条起于纽约,在奥尔巴尼汇合。其中一条沿哈德逊河直达奥尔巴尼,另一条沿边界线在匹兹菲尔德同马萨诸塞的铁路相交。两条铁路在奥尔巴尼汇合后转而向西,经锡拉丘兹到达布法罗,然后从布法罗往西经过伊利城进入中西部的铁路网。第三条干道始于皮尔蒙特,经霍内尔维尔到伊利湖畔的敦刻尔克,同布法罗去伊利城的铁路相交。新泽西也修筑了连接泽西城同纽约州铁路网的铁路。宾夕法尼亚州有由费城经匹兹堡通往西部的铁路。巴尔的摩到华盛顿的铁路和华盛顿、巴尔的摩经坎伯兰到惠林的铁路,把马里兰州同西部连接在一起,方便了西进的移民。

中西部地区特别是俄亥俄、印第安纳、伊利诺伊、密歇根等州,对铁

---

①② George Rogers Taylor, *The Transportation Revolution 1815–1860*, p. 42.

③ George Rogers Taylor, *The Transportation Revolution 1815–1860*, p. 93.

路建设都非常重视。它们一方面希望同东部各州加强联系和商业往来，另一方面向远西部延伸，以满足西进移民的需要。在这几个州中密歇根加入联邦的时间最晚，经济实力相对较弱。1837年，就是它加入联邦的那一年，决定举债500万美元修筑三条铁路，从东到西贯穿全州。第一条是南密歇根铁路，从莫罗到新布法罗。第二条是中密歇根铁路，从底特律到圣约瑟夫。第三条是北密歇根铁路，从休伦港到拉皮兹，但这条铁路由于资金不足中途停建。

其他几个中西部州的铁路建设规模也都不小。到1855年形成了相当密集的中西部铁路网。俄亥俄的斯普林菲尔德、辛辛那提、曼斯菲尔德，印第安纳的印第安纳波利斯、拉法耶特和伊利诺伊的芝加哥、奥尔登、加林纳都成了这张铁路网中的重要枢纽。威斯康星的密尔沃基是最北边的一个枢纽。密西西比河东岸的罗克艾兰、伯林顿等城市是这张铁路网最西端的城市。再往西走就越过了密西西比河。

19世纪50年代和60年代，密西西比河西岸的几个州也进入了铁路建设高潮时期。密苏里州兴建了两条铁路。一条是从圣路易斯到堪萨斯城的密苏里太平洋铁路，另一条是从汉尼巴尔到圣约瑟夫的铁路。随后又修筑了从圣路易斯经皮尔斯城到俄克拉何马文塔和从圣路易斯到凯罗的两条铁路，使圣路易斯成为密苏里州的铁路枢纽。

艾奥瓦州修筑了几条从东到西的平行的铁路。第一条是从芝加哥到康西尔布拉夫斯的芝加哥西北铁路。第二条是罗克艾兰铁路，起点是密西西比河畔的罗克艾兰，终点是艾奥瓦的康西尔布拉夫斯。第三条是艾奥瓦中央铁路。此外，芝加哥圣保罗铁路还穿过艾奥瓦的北部，并在艾奥瓦境内修筑支线通往密苏里河岸边的苏城。

明尼苏达的铁路中心是双城（圣保罗和明尼阿波利斯）。铁路四通八达，向东有同芝加哥和密尔沃基连接的两条铁路，向西南有通往苏城的铁路，向西北有与北达科他的俾斯麦相连接的铁路，向北有可通德鲁斯的铁路。在堪萨斯有从堪萨斯城通往丹佛（科罗拉多）的堪萨斯太平洋铁路，有从托皮卡通往达拉斯（得克萨斯）的密苏里—堪萨斯—得克萨斯铁路,还有一条从托皮卡经圣菲(新墨西哥)到艾奇逊(亚利桑那)的艾奇逊—托皮卡—圣菲铁路。得克萨斯也初步建成了以达拉斯为中心的铁路网。

密西西比河以西几个州和领地的铁路网的形成使大平原东部的交通大为改善,但还缺少可以到达太平洋沿岸的铁路。而修建这种铁路需要穿越落基山、内华达山和沙漠地带,是一项极为艰巨的工程。

早在1845年,纽约商人阿萨·惠特尼就看到了修筑横跨大陆铁路的商机。他向国会建议用土地资助铁路建设,并且提出了一个筑路方案。不过,他的建议和方案没有引起国会的重视。于是惠特尼进行了执着的宣传,对国会议员和公众不断施加影响。大约过了八年,社会舆论趋向于惠特尼的建设方案,但在选定线路问题上出现了激烈的争吵。南方诸州的国会议员主张兴建的横贯大陆铁路应当穿越南部诸州,而北方诸州的国会议员则持相反的意见,要求这条铁路经过落基山的南山口。1853年,国会授权军队在密西西比流域和太平洋沿岸之间测绘出最合适的筑路路线。经过两年的努力,测绘出的道路有四条,北方两条,南方两条。南北之间的争执仍然无法解决。

1861年,由于南部诸州的分离,国会控制在北方议员手中,意见趋于一致,选择了靠近中部的路线。1862年7月1日,国会通过了修筑第一条太平洋铁路的决议。铁路分为两个路段,由中央太平洋铁路公司和联合太平洋铁路公司分段承建。西段由中央太平洋铁路公司承建,从加利福尼亚往东修,与联合太平洋铁路接轨。东段由联合太平洋公司承建,从西经100°开始向西修,与中央太平洋铁路接轨。联邦政府同意向两家公司提供资金津贴和土地资助,具体数额为:平原地区每英里为12000美元,山区每英里48000美元,山麓地带每英里32000美元。铁路沿线的土地,按每英里十个间隔地段赠予两家公司。条件是十分优惠的,但工程也是十分艰巨的。中央太平洋铁路工程主要是在山区进行,尤为困难,进展十分缓慢,幸亏后来公司雇用了8000名华工,才能在规定的时间内完成。1869年5月中旬,两条铁路在犹他州奥格登城附近的普罗蒙特里接轨。当铁路工人把最后一枚金制道钉打进铁轨的时候,在现场的人们立时沉浸在欢乐的海洋中。

19世纪80年代,南太平洋铁路建成。这条铁路起始于旧金山,往东南经亚利桑那的尼德尔斯、尤马,1882年又延伸到得克萨斯州的埃尔帕索,并继续建成了穿越得克萨斯的线路,同得克萨斯太平洋铁路平行,形成了又一条横贯大陆的通道。

北太平洋铁路是在1864年获得国会特许的,计划从苏必利尔湖西岸修到俄勒冈的波特兰,但由于迟迟没有得到联邦国会颁发津贴的承诺,一直没有动工。1870年,金融巨头杰伊·库克向北太平洋铁路公司提供贷款,铁路工程才得以启动。铁路从东到西穿越明尼苏达进入北达科他,抵达密苏里河东岸,在那里很快就出现了一座新城——俾斯麦。但1873年经济危机中断了铁路建设,直到1879年才得以复工,1883年修到波特兰。四年后,铁路又延伸到塔科马。至此北方的横贯大陆铁路也宣告完成。

上述三条太平洋铁路同原有的铁路网相连接以后,形成了东起波士顿、纽约、费城,西迄波特兰、旧金山、洛杉矶,北至西雅图、圣保罗,南迄新奥尔良,连接内地各大城市的覆盖全国的铁路网。到1890年,美国全国铁路的总里程达到167191英里,远远超过英国而居于世界首位。[①]

四通八达的国内铁路网的形成为美国经济的高速发展创造了最有利的条件,对大平原和落基山等边远荒凉地区的开发尤有重要的意义。可以毫不夸大地说,没有这样强有力的交通通道,美国的西进运动就不可能顺利地进行,西部开发也将是一个长期的缓慢的过程。

---

① [美]威廉·福克讷:《美国经济史》下卷,王锟译,商务印书馆,1964年,第152页。

第十章　西部城市的形成及其作用

一、城市边疆的出现及西部城市兴起的原因和类型

在大批移民越过阿巴拉契亚山以前，西部广大地区只有西班牙人、法国人和英国人为了军事目的而建立的要塞和货物转运站，毛皮商人建立的商栈，及印第安人的村庄。无论是从人口还是从服务功能、生活设施方面来看，这些聚居点都不是真正意义上的城市，即便是规模最大的要塞和商栈充其量也不过是一个小城镇。人口的集中和增长是城镇形成和发展的最重要的因素。因此在当时人烟稀少的西部已有的聚居点很难得到发展，在相当长时间内都只是孤立的、彼此相距遥远的站点。

随着移民的不断西进和加利福尼亚金矿的发现，出现了农业边疆和矿业边疆。农业边疆从东向西推进，而矿业边疆则从西向东扩展。在这两条边疆推进的过程中，不断有移民定居下来，并建立起城镇。于是又出现了城市边疆。

按照特纳的说法，边疆就是蛮荒世界同文明相汇合的边界线，那么城市边疆就是这条边界线上出现的小城镇。这批小城市出现的初期总是带有野蛮和文明混杂的色彩，一般都是简陋的，而且带有不文明的因素。随着这条城市边疆的移动，又会不断出现新的半野蛮半文明的小城镇，而原来的那些边疆小城镇则逐渐发展为文明程度较高、规模较大的城镇。有些条件好的小城镇甚至一跃而为城市。当然也有不少边疆城镇由于条件的变化而趋于衰颓，甚至完全消失，或者留下一片废墟，成为历史上所说的鬼城。西部城市的产生和发展就是在这样的一个过程中

实现的。

从表面上看，美国西部的城市，甚至包括东部的城市几乎都是从移民的聚居点发展起来的。罗纳德·L.戴维斯和亨利·D.霍姆斯在《西部城市化导论》一文中指出："所有美国的城市，在不太长的时间以前都是拓荒者的居民点。"[①]这样就容易产生一种误解，似乎美国的西部城市都是拓荒者的居民点，只不过是西进运动的产物，对运动没有产生过重大的影响。其作用往往被人们所忽视。美国边疆学派创始人特纳就把他的注意力集中于农业边疆的研究。他在自己的主要著作中完全不提西部城市的作用，直到晚年他才意识到这个长期被忽略的问题的重要性，并曾号召人们加以研究，但为时已晚。他的弟子们和信奉边疆论的学者一时跳不出窠臼，一直把农业边疆的向西推移作为解释美国历史的主要原因，把研究重点始终放在大规模同野蛮环境接触的东部文明载体——拓荒者的行为和影响上面，对西部城市问题完全没有兴趣。

然而，随着城市的增多和城市本身的发展，人们越来越感到认识和研究城市的重要性，并提出了城市化这个概念。按照《大英百科全书》的解释，城市化就是人口向城镇或城市及其周边集中的过程，既包括城镇数目的增多，又包括城镇人口的不断扩充，甚至涉及城镇人口的生活和居住方式，等等。20世纪中叶，美国城市史已经成为一种热门课题，形成了历史学的城市史分支。从50年代到80年代中期，至少有350种专门论述西部城市边疆的著作。[②]不过，其中大多数不是城市史专家写的，对于城市边疆和城市化的概念没有明确的界定和区分。事实上，并不是在移民西进过程中曾经起过作用的要塞、商栈乃至边疆移民点和小镇都能够实现城市化，从而发展为城市。如果侧重研究西部的城市化问题，那么这些小城镇就不会占有多少分量，但如果全面研究西部的城市

---

① Ronald L. Davis and Henry D. Holmes, "Introduction studies in Western Urbanization", *Journal of the West*, Vol. 13, No. 3, July, 1974, p. 1.

② Roger L. Nicolas, ed., *American Frontier and Western Issues*, pp. 69–70.

史,那么它们的地位和作用都不能受到忽视。

西部城市最初都是功能不全、规模不大的小城镇,有些只不过是居民点。其形成的原因多种多样,有的出于军事的需要,有的是商栈,有的是原始的水陆码头,或者是采矿人临时聚居的地方和拓荒者的居民点。美国学者勒金厄姆曾把西部的城镇划分为七种类型:(1)西部沿海城镇;(2)矿山城镇;(3)牛镇;(4)荒原要塞;(5)商栈;(6)兵站;(7)城市。在这些类型的城镇中,要塞、兵站和商栈是最为独特的了。它们不是一般的居民点,而是专门为驻军和来往商人建立的设施,其周边的居民也是为驻军和商人提供服务的手艺人和商店、餐馆的小业主以及他们的帮工。严格来说,它们还算不上真正的城镇,最多只能叫作准城镇。但即使是这样的准城镇在早期移民西进的过程中也起过不可或缺的作用。

分布在西部地区的许多要塞和兵站都是西班牙人、法国人和英国人在美国独立以前修筑的。其中一些废弃了,更多的要塞保留下来,直到美国独立后还在起作用。美国人在向西扩张和西进过程中又修筑了不少要塞来对付印第安人。例如,印第安纳的韦恩堡、哈里森要塞,密歇根湖东岸的谢尔比要塞,以及伊利诺伊的麦基诺、迪尔波恩和克拉克等要塞。在远西部地区要塞数目要少一些,但也有著名的密苏里河沿岸的阿特金森要塞、基奥瓦要塞、曼丹要塞、联合要塞和北普拉特河岸边的拉腊米要塞、邦维尔要塞等。

军事要塞一般都建筑在有险可守,并可以控制周围地区的具有战略价值的地点,往往就在去西部通道的附近。要塞与要塞之间距离都非常遥远。早期移民在西进的路途中总要经过艰苦的长途跋涉才可能从一个要塞走到另一个要塞。要塞往往是西进移民的最理想最安全的歇脚处,他们都要在这些要塞稍事停留休整和补充给养。如果他们在路途上遭遇不幸事故,这里也是他们可以求助的地方。

商栈主要是毛皮贸易盛行时期修建起来的。最早进入北美大陆的是西班牙人,但他们对毛皮贸易并不重视。只有猎捕河狸的狩猎者和一些小公司从事这项贸易,规模不大,没有修建规模较大的商栈,最多只有一些简陋的临时搭建的篷屋。法国人进入北美后，立即发现毛皮贸易是一桩利润丰厚的事业，凡是有河狸的地方就有他们的足迹，从圣劳伦斯河沿大湖区直到密西西比河都是他们狩猎的好去处。为了收购和转运毛皮，法国人还建立了卡斯基亚、卡霍基亚、文森斯等商栈，经营规模都比较大。这些商栈不仅可以接待贩卖毛皮的小商和猎手，而且可以容纳一定数量的行人。七年战争结束后法国人虽然退出了北美，但这些商栈仍然存在并有所扩展。

英国人进入北美后在蒙特利尔建立了中心商栈。在这里先后出现了一些毛皮贸易公司，其中最有影响的是哈德逊海湾公司，公司成立于1670年，控制着西北地区的毛皮贸易，后来还曾向远西部扩展。另外一家苏格兰人组建的公司成立于1779年，控制着曼丹到太平洋沿岸和路易斯安那一带的毛皮贸易。由于两个公司不断扩展规模和业务，后来圣路易斯、底特律都成了毛皮贸易中心，去远西部收购和猎取兽皮的商贩都以圣路易斯为基地。

美国独立后曾由政府出面来协调毛皮贸易，但没有收到什么效果，毛皮贸易仍然处于私人公司独占的局面。1808年成立的美国毛皮公司是最成功的公司之一，该公司把业务重点放在初经开发的远西部，计划沿密苏里河和哥伦比亚河修建一系列商栈来扩大毛皮贸易。1811年在哥伦比亚河岸建立了阿斯托里亚，同年在靠近现今圣约瑟的地方建立了另一个商栈。1829年在黄石河口建立了联合要塞，这是一个具有防御能力的商栈。另外一家颇有影响的密苏里毛皮公司也建立了几个永久性的商栈，一个在毕格霍恩河畔，另一个在密苏里河的三岔河口，还有一个位于斯内克河畔。

一般来说，毛皮商栈的位置邻近盛产河狸的地点，几乎都是在极为偏僻的地带。不少商栈就在西进小道的附近，有些商栈还是俄勒冈小道的中转站。所有商栈，包括法国人和英国人遗留下来的商栈都曾经是西进移民临时歇脚、补充给养的好去处，发挥过很好的作用。不过，要塞和商栈毕竟和一般的城镇不同。随着西部的逐步开发和社会秩序的改善，要塞和商栈失去了存在的价值而趋于消亡,只有那些地处交通要道和经济发展中心的要塞和商栈才能够发展为重要的城镇和城市。例如,法国人修建的圣路易斯和圣约瑟早在美国独立以前就发展为西部的重要城市了,而印第安纳的韦恩堡也由于后来两条铁路在这里交会而成为这个州的重镇。

二、农业边疆和拓荒者的城镇

农业边疆是由拓荒者开辟的一条边疆,从东到西不断推进。随着这条边疆的推进,西部的广阔处女地才不断得到开发变成耕地,可以说它是西进运动中最重要的、起决定作用的一条边疆。难怪边疆学派创始人特纳及其弟子们都把研究重点放在农业边疆上。

拓荒者西进的目的就是要为自己寻找一块可以耕种的土地。他们在西进的路上只要发现这样的土地,就会毫不犹豫地停留下来建立自己的家园。停留在一个地方的人多了就形成最初的居民点。一旦人口饱和,接踵而来的拓荒者就会继续西进寻找新的乐土。这样的过程周而复始,一个又一个新的居民点就出现在西进的道路上。这些居民点就是西部城镇的基础,但不是每一个居民点都可能成为后来的城镇,只有那些地理条件优越、交通方便的居民点才有条件成为某一个地区的中心居民点,并发展扩大为城镇。所以拓荒者城镇的出现要比农业边疆的推进晚许多。总是先有农业边疆然后才有西部城镇。但也有例外。一些最早从事土地投机的公司在从政府手中购得廉价土地以后,立即准备出售和经营这些土地。它们往往投资建设居民点所必须具备的各项设施,包括住房、街道和公共活动场所,吸引了大批移民前来定居。这些居民点或者出现于农业边疆到达之前,或者本身就是农业边疆线。1788年,最早从事土地投机的俄亥俄公司在购得西部廉价土地后,在俄亥俄河上游建立了马里塔城。这座城镇的居民主要是该公司招引来的拓荒者。第二年1月,西姆斯公司也在俄亥俄河北岸建立了一个居民点,这个居民点后来发展为西部著名的城市辛辛那提。1790年,纳撒尼尔·马西在俄亥俄河沿岸建了一个驿站,由于这里的土地适宜耕种,很快就聚集了众多的移民,九年以后驿站就扩展为曼彻斯特城。1795年,伊斯雷尔·勒德洛诺建立了邻近俄亥俄的汉密尔顿和德顿城。

其实,在美国独立以前,已经有敢于冒险的拓荒者沿着印第安人走过的羊肠小道和山路,翻过阿巴拉契亚山进入田纳西、肯塔基和俄亥俄。1771年,在田纳西东部已经形成了瓦陶加、卡特谷地和北霍尔斯顿等居民点,一年后在这些居民点定居的已有几百户人家。肯塔基的情况比较复杂。英国殖民当局同当地印第安人的冲突和战争相当频繁,拓荒者一时很难找到稳定的定居点。直到独立战争前后才形成了一些居民点,其中比较重要的有布恩斯博诺、沸水泉居民点、霍诺斯堡、里斯顿和马丁居民点等。俄亥俄是拓荒者眼中的福地,地理条件相当优越。俄亥俄河从东北流向西南,贯穿全境,流入密西西比河,再加上本身的许多支流,形成了西北地区的水上交通网,水资源十分丰富,可以浇灌的土地很多,简直是拓荒者的乐土。这里法国人和英国人修建的要塞和商栈比较多,都可以作为拓荒者聚居的核心设施。仅在俄亥俄北部就出现了不少像克里夫兰、桑达斯基和托莱多这样的小城镇。

不过,这一时期的拓荒者城镇都是以农业为主,经济单一化,城镇的规模很小,发展十分缓慢。其真正发展时期始于美国独立后大批移民涌向西部的时候。由于去俄亥俄的通道多而且比较方便,其发展速度也是相当快的,那里的小城镇都有不同程度的扩大和发展。其中以辛辛那提的发展最快,它不仅是农业中心,而且是商业和航运业中心,屠宰业也有长足发展。1818年,这里出现了西部的第一家屠宰场。二十年后,每年宰猪的头数达到了182000头。[1]1830年,辛辛那提已成为美国的第七大城市,有"西部皇后"的美称。随着经济的发展,辛辛那提也成为西部的一个重要文化中心。这里建起了学校、图书馆、医院,并且出版了报刊。

---

① Robert E. Riegel, *America Moves West*, New York: Holt, Rinehart and Winston, 1971, p. 253.

德国移民在辛辛那提的文化事业奠基过程中功不可没。19世纪二三十年代,他们移居这里的人数激增,同时带来了本国的文化。他们创办了报社和杂志社,开办了俱乐部,丰富了城市的文化生活,德语也成了这个城市的又一种通用语言。

辛辛那提的快速发展也带动了俄亥俄河流域和周边小城镇及居民点的发展,使这里的小城镇达到了一定的规模。《美国西进》一书的作者里格尔认为:"俄亥俄河流域的成长意味着30年代沿河的比较老的地区不能再被认为是边疆了,除非你说的是文化边疆、医疗边疆,或者其他什么边疆。"[1]因为从一般的标准看,俄亥俄河流域地区在19世纪30年代已经接近东部,而远远超过了西部边疆地区的发展水平。

相比之下,肯塔基的发展速度就不如俄亥俄那样快。那里虽然也出现了路易斯维尔这样的城市,但只是肯塔基内部的货物集散地,同外地的联系不多,贸易的范围和规模都不大,没有具备辛辛那提那样大的经济实力和影响。

随着时间的推移,农业边疆从北到南全面向密西西比河推进,农业城镇也就不断在西部出现。沿着布法罗大湖区这条道路西行的拓荒者穿过纽约州、俄亥俄州进入密歇根。底特律是进入密歇根的门户,一批拓荒者最先聚居在这里,随后又在西进的道路上建立了许多居民点和小城镇。在西北方向有两个比较有影响的小城镇:大拉皮兹和萨吉诺。犹如所有的拓荒者的城镇一样,这些城镇在建立之初规模都不大而且发展缓慢。其中发展最快的底特律到19世纪40年代也只有9000户居民。

从底特律向西南方向行进就进入了印第安纳北部和伊利诺伊草原。从这条线路过来的拓荒者同来自辛辛那提和路易斯维尔的移民在这一带汇合,建立了众多的农场和居民点。盖尔斯伯格、斯普林菲尔德、芝加哥等城镇就是在这样的基础上建立起来的。不过,作为农业地区的城镇其发展速度是极为缓慢的。即使芝加哥这样的名城,当时的规模也很

---

① Robert E. Riegel, *America Moves West*, p. 254.

小，它是在1803年美国陆军建立的迪尔伯恩要塞的基础上成长起来的。1833年，联邦国会拨款在此修建港口，到1834年也只有2000户居民，1837年经济危机前夕才规划为市，居民人数达到6000人。[1]同开发较早的辛辛那提、圣路易斯和新奥尔良相比，芝加哥那时只不过是一个毫不起眼的小城镇，经济实力有限，在同它们的竞争中不可能构成威胁。

从伊利诺伊往北就是威斯康星，这是密西西比河以东开发较晚的地区。差不多靠近19世纪中叶才有较多移民进入这里，其中有来自新英格兰和纽约的移民，也有许多来自德国和斯堪的那维亚半岛的外国移民。威斯康星南部地区土壤肥沃，适宜耕种，是拓荒者梦寐以求的天堂，只是由于信息不通，交通不便，拓荒者才迟迟没有发现这个地方。密尔沃基是这里最早形成的城镇，直到1836年居民人数还不到1000人。向东部宣传，尽快吸引移民进入威斯康星一直是这座城镇的重要工作。

拓荒者经南部地区西进是在1815年以后开始的。那里新开辟的几条道路成为西进的要道。移民们可以从弗吉尼亚出发，穿越南、北卡罗来纳进入佐治亚，向西到达哥伦比亚，然后跨过阿拉巴马的东部边界进入上联邦路和联邦路去莫比尔、圣斯蒂芬，最西到达密西西比的拉齐兹。另外还可以走大谷路，经诺克斯维尔、纳什维尔抵达密西西比河沿岸的重镇孟菲斯，或者在诺克斯维尔转向西南，经亨茨维尔、弗洛伦斯到拉齐兹。沿途都有拓荒者停顿，在维克斯堡、巴吞鲁日、莫比尔、拉齐兹等地定居下来的拓荒者越来越多。这一系列定居点都很快扩展为拓荒者的城镇。不过，由于南方的气候温暖，土地肥沃，适宜种植棉花等经济作物，在移民中种植园主占有较大的比例，有不少城镇是主要为种植园经济服务的，受到种植园主的控制。许多拓荒者不得不离开刚刚建立起的家园，走向更远的西部。

大概在19世纪中叶，农业边疆才推进到密西西比河以西地区。内

---

① Robert E. Riegel, *America Moves West*, p. 258.

战前在堪萨斯、内布拉斯加已经出现了一些小城镇,在密苏里河沿岸有艾奇逊和利文沃斯,在堪萨斯河沿岸有托皮卡和劳伦斯等。在这些城镇中利文沃斯发展最快,居民人数超过7000人。继续西行,跨过50公分雨量线后就进入了干旱和半干旱的大平原。面对如此恶劣的自然条件,拓荒者宁愿经过艰险的俄勒冈小道,到俄勒冈、加利福尼亚和哥伦比亚河沿岸去建立自己的家园而绝不在大平原停留。农业边疆在这里出现了跳跃式的推进,把大平原甩在一边。只有摩门教徒为了寻找一个与世隔绝的落脚点,甘愿进入这种无人区,在大平原这样恶劣的环境中求生存。他们在大盐湖一带定居,凭着惊人的毅力和勤劳的双手开辟耕地、寻找水源,建立众多的小型灌溉设施。他们所到之处逐渐形成居民点和城镇,著名的盐湖城、帕罗万和塞达等城镇都是他们辛勤劳动的结晶。

所有的拓荒者的城镇在建立之初都是为周边地区的农户服务的,是一种小型的农产品集散地和家具、日用品、农用物资供应地,有的也可能是地区性的交通运输中心。这些城镇不仅为定居的移民服务,还可以接待匆匆西进的过客,其作用是十分明显的。随着工业革命、农业革命和交通运输革命的开展,那些条件比较好的农业城镇逐步发展成为工业中心、商业中心和交通运输枢纽,其作用和影响也更为重大。

三、矿业边疆、畜牧边疆和矿山城镇、牛镇的出现及其作用

矿业边疆和农业边疆从形成到发展都不一样。采矿者不是寻求适宜耕种的土地,而是在崇山峻岭和莽莽荒原中寻找矿脉。他们随着矿藏的发现而聚居,随着矿藏的枯竭而四散。哪里发现采矿点,哪里就会立即出现矿山营地。矿山营地有大有小,大的营地有5000到6000人,远远超过了当时作为城市的2500人的标准。但由于它只是为采矿者服务的单一经济体,不具备城市的主要功能,还不能算是真正意义上的城镇。这里有商业和服务业,但却都是围绕采矿者的需要而设立的。有出售简单工具、衣服、食品和日用品的商店,有酒吧、饭馆、洗衣店、诊所、药店、

理发店,甚至还有赌场和收购黄金的场所。这里没有任何的正规司法机构和警察,完全依靠自发成立的治安委员会之类的社区管理组织来维持营地的社会秩序。

矿山营地是由于采矿区的发现而兴起的,完全依附于矿区。一旦矿区的矿藏枯竭,被采矿者所抛弃,矿山营地也就失去了存在的基础而趋于消亡,成为无人居住的废墟。大多数矿山营地都是临时性的,随生随灭。只有少数靠近交通线或者经济迅速发展地区的营地才能够存在下去,并发展为城镇。也有不少邻近矿山营地的城镇由于不断为众多的采矿者提供商品而日益兴盛,甚至发展为西部的大城市。

西部矿山边疆的形成和发展起源于一个偶然的事件。1848年1月24日,那位曾在1846年6月14日参加"熊旗起义"、私自占领梭诺马,并宣布成立"加利福尼亚共和国"的老兵——木匠詹姆斯·马歇尔,在加利福尼亚新墨尔舍的萨特磨坊附近的河流中发现了几块闪闪耀眼的黄金。3月中旬,加利福尼亚报纸上发表了一则有关的讯息,但未引起人们注意。5月的某一天,一个名叫圣布兰南的男子拿着几块来自萨特磨坊的黄金在大街上叫喊:"黄金!来自亚美利加河的黄金。"从此这个惊人的消息不胫而走,立即在美国掀起了淘金热潮。

不少淘金者为了尽快赶到加利福尼亚,从东部乘船绕过合恩角直奔加利福尼亚,从陆路过来的淘金者也不在少数。仅仅一年的时间到这里淘金的人数就达到了8万人之多,在加利福尼亚的群山中形成了一条矿业边疆。

第一批过来的都是各自为战的个体淘金者。他们既缺少资金,又不懂先进的技术,只是采用原始的手工方法,使用铁铲和洗盘淘取矿区表层的黄金。任何一个产金矿区表层的储量都是极其有限的,经不起这种野蛮采掘,用不了多少时间就会失去采掘的价值。于是淘金者就不得不频繁地移动,寻找新的采矿点。矿业边疆在加利福尼亚停留时间并不长,从1853年开始那里的矿点近于枯竭。幸好1859年在几个地方又发现了新的金银矿,其中最著名的有科罗拉多的派克峰地区和内华达的卡森河谷。在卡森城西北有一条长3英里的矿脉,是当时全美最大的金矿区。亨利·T.P.康斯托克曾要求拥有这个地段,金矿就以他的姓氏为名叫作康斯托克金矿。科罗拉多的金矿集中在派克峰一带,分布在普拉特河和阿肯色河之间。第二个淘金热潮就出现在这两个地区。矿业边疆离开了加利福尼亚向东进入内华达,并越过犹他州抵达科罗拉多。第二个热潮的淘金者又叫作"四九年人",他们疯狂涌入新的矿区,几个月内就有上万人到达内华达矿区,随后陆续进入科罗拉多的"四九年人"不下10万人。派克峰下的格里戈里营地恐怕是形成最快的营地之一,一夜之间就冒出了地面,第二年就发展到5000人的规模。

在这次淘金热潮中出现了众多的矿山营地,有些营地很快发展为城镇。原有的小城镇也受益匪浅,都有所发展。这样的城镇有内华达的亨博尔特、弗吉尼亚城、埃斯梅拉尔达、内华达维尔和朱尼森等,还有科罗拉多的坎农城、普依布洛、科罗拉多斯普林斯、中央城、丹佛和布尔德等。

19世纪60年代和70年代,在俄勒冈、怀俄明、蒙大拿、爱达荷、南达科他等地陆续发现了金矿,矿山边疆又向北和东北方向推进,所过之处又陆续出现了一批矿山营地和城镇。其中比较著名的有爱达荷的白银城、爱达荷城、森特维尔、萨蒙城、埃尔克城,蒙大拿的赫勒纳、班纳克城,怀俄明的大西洋城、南山口城,南达科他的卡斯特城和戴德伍德。

矿山营地和城镇的兴起给附近交通比较便利的城镇带来了难得的商机。这些城镇通过向采矿者供应食物、衣服和简单工具发展商业,扩大了自身的经济规模。加利福尼亚的旧金山和科罗拉多的丹佛就是这样的城镇。它们都在淘金潮中从一个微不足道的小城镇一跃而为西部的重要城市,例如旧金山在发现黄金以前人口约有1000人,第三年就激增到3.5万人。商业获得空前的发展,城内大兴土木,城区规模不断扩大。1851年,其贸易额居全国第四位。到19世纪50年代中期,旧金山已经成为西海岸上的一座大城市了。

矿山营地和城镇的兴起还促进了整个西部商业和运输业的发展。它们所需要的各种商品主要靠东部供应。只有旧金山、萨克拉门托和丹佛这样的中心城市的商人才有力量从东部贩运大批商品,并运往各采矿点销售,这就促进了批发业、托运业和零售业的发展。昔日那些偏僻的荒山都出现了商贩和骡马队的通道,以及喧闹不堪的消费市场。

不断出现的采矿点需要大量的粮食和蔬菜,这些农产品一般都要依靠附近的城镇和地区供应。由于西部农业的规模很小,很难满足这些需求。供不应求的现象十分严重,农产品的价格居高不下。丰厚的利润驱使人们去从事农业,于是在矿区附近出现了不少新农场和菜园。条件优越的加利福尼亚圣华金河谷很快就成为农产品的重要生产基地,蒙大拿等地适宜耕种的地方的种植业也得到了发展。农产品市场因而迅速形成并取得长足的发展。农产品的需求量也随着日益扩大。但如果没有足够的劳动力投入西部农业,那么那里的农业生产规模就很难相应扩大。幸好大批采矿者由于矿藏枯竭而不断转入农业,满足了西部农业对劳动力的需求。到19世纪70年代,西部生产的主要农产品已经可以自给自足了。

西部的矿业边疆在达科他的黑山停顿下来,没有继续向东推进。个体淘金者所到地区矿层表面的金银都被采掘一空,但埋藏在地层深处的金、银和其他矿藏都没有被触动,得以完好地保存下来。下一步就是由那些拥有充裕资金和技术的公司进行开发了。这样的新矿区才是长期固定的,一般都能成为城镇,有的甚至可以发展为中心城市。

畜牧业边疆最早出现于得克萨斯南部里奥格兰德河和墨西哥湾交汇地带。这里虽然是干旱的大平原的一部分,但却得天独厚地有丰茂的水草,充足的水源,简直是放牧者的天堂。大平原的其他地方也有不少适合放养牛群的好去处。早在19世纪上半期在得克萨斯南部就出现了牧牛场,但由于道路梗阻,很难将牛群外运,最多只能向其他地区提供数量有限的肉制品。直到铁路向西延伸通达大平原边缘地带以后,西部的肉制品乃至整群牛才可能东运。把整群牛运往芝加哥屠宰,然后再从那里把肉制品运销东部和海外是一桩极为有利可图的买卖。得克萨斯牧场主发现,如果他们雇人把牛群从牧场赶到堪萨斯太平洋铁路沿线,那么他们的买卖就真的做成了。尽管这条路相当遥远，但所经过的都是草原地带，对于牛仔和牛群都是安全的。还有一些精明的商人也插手转运牛群的生意，他们投资雇用牛仔，在铁路线上修筑转运站。

1867年，伊利诺伊肉食品商人约瑟夫·G.麦科伊到堪萨斯实地考察，在堪萨斯太平洋线上看中了一个名叫阿比林的小车站。车站附近没有多少住户，是一片开阔的草地，而且有足够的水源，可以在这里圈养牛群。他对如此优越的条件十分满意，高兴地说："这块乡间土地完全没有人居住，水源充足，青草丰美，差不多整片土地都适合放养牛只。"①同年7月，麦科伊投资在这个小车站附近建成了具备各项设施的牛群转运站。这一年的下半年由这里运出的得克萨斯牛达到了35000头，此后四年中又约有150万头牛经这里转运出去。阿比林也由一个冷清的小车站变成一个热闹非凡的牛镇。

堪萨斯太平洋铁路沿线还有其他适合转运牛群的站点，埃尔斯沃斯就是其中一个。它原本是靠近这条铁路的一个小镇。这个小镇经济十分落后，社会秩序非常糟糕，没有人愿意在这里投资经营商业。但是，小镇的地理条件优越，可以同阿比林相媲美。堪萨斯太平洋铁路的低廉运费对牛群转运商有极大的诱惑力，他们为了高额的利润，冒着风险在这里建立牛群转运站，使小镇一跃而为西部的重要牛镇之一。

随着养牛事业的发展，畜牧边疆不断向北推进，得克萨斯的养牛业规模也迅速扩大。随着联合太平洋铁路、圣菲铁路的落成，在这两条铁路沿线又出现新的牛群转运站，同时也形成了四条驱赶牛群的通道：锡达利亚通路、奇育蒙通路、韦斯特恩通路和古德莱特拉文通路。锡达利亚通路是从得克萨斯通往堪萨斯太平洋铁路的道路，它同锡达林、埃尔斯沃斯、阿比林相连接。奇育蒙通路、韦斯特恩通路都是通往圣菲铁路的，分别和牛顿、道奇城相连。古德莱特拉文通路通往太平洋铁路的夏延。这些相继出现的牛镇都和阿比林一样，由于转运牛群而迅速发展成

---

① Ray Allen Billington, *Westward Expansion*, p. 586.

为西部的重要城镇。

由于贩运、放养牛群带来的利润十分可观，畜牧边疆向北推进的速度也是相当快的，在西部其他适合放牧的地区也出现了许多牧场和牛群转运站。19世纪60年代末，畜牧边疆进入了堪萨斯、内布拉斯加和科罗拉多，70年代又把怀俄明、蒙大拿、达科他、亚利桑那和新墨西哥包括在内。随着西部地区铁路建设的进展，特别是得克萨斯等重要牧区铁路的建成，长途驱赶牛群已无必要，而且不再是有丰厚利润的生意，再加上沿途牧场主的防范和阻拦，长途驱赶牛群的人越来越少。养牛业也出现了趋于衰落的现象，据统计，到1886年，仅怀俄明的牛群就从过去的900万头减少到300万头。①

然而牛镇和矿山城镇不同，并没有由于养牛规模的缩小而消失，或者成为废墟。因为牛镇差不多都在铁路沿线，有些条件好的牛镇可以发展多种经济而转化为大城市，有些牛镇可以转型为交通枢纽或者商业城市，即使那些条件较差的牛镇也可以作为小城镇继续存在下去。西部的牛镇和矿山城镇一样都出现在农业边疆到达以前，在它们出现以后才把附近地区的农业带动起来，对西部开发起过重要作用。这一事实证明了美国学者韦德所主张的城市在西进运动中起过先锋作用的论点。

四、西部沿海城镇的形成和发展

在西进运动期间，太平洋沿岸的圣迪戈、洛杉矶、旧金山和西雅图先后由几个不起眼的小城镇和居民点一下子就发展为影响很大的西部中心城市。它们发展的推动力和道路虽然不尽相同，但都拥有优越的地理条件，巨大的发展潜力。所以在西部开发触及这个地带的时候，这些城镇就脱颖而出，成为地区经济发展的核心。

圣迪戈在加利福尼亚的南端，同墨西哥的北部边城蒂华纳邻近。它

---

① Ray Allen Billington, *Westward Expansion*, p. 597.

面临太平洋,是美国的天然良港,也是西班牙探险家最容易发现的登陆口岸之一。早在1542年就已被西班牙王室雇用的葡萄牙探险家发现,但由于这里并不是他们的目的地,就没有被占用和开发。1602年,又一位探险家率领的船队路过这里,但没有靠岸登陆。1769年,圣迪戈·德阿尔卡拉又带领两艘船队从墨西哥出发去蒙特雷,船上载有军人、传教士和移民。天主教传教士弗雷·朱尼珀罗·塞拉在这里上岸,并建立了第一个传教站。但这个传教站曾几度被毁又几度重建,很长时期都没有扩展为较大的居民点。直到毛皮贸易和采石业发展起来以后,圣迪戈才得到扩展,成为周边地区的核心。1822年墨西哥独立,圣迪戈曾经是墨西哥加利福尼亚的首府。美国夺取加利福尼亚以后,于1850年宣布在圣迪戈建市。几条横跨大陆铁路建成,特别是圣菲铁路的通车给圣迪戈带来了众多的移民和极大的商机,使它一跃而成为西部的重要中心城市之一。

由于圣迪戈的地势险要,港湾水深浪静,四周有山岩环护,是停泊巨轮的好地方,它同时可以作为军港和开展国际航运的商港。后来,圣迪戈真的成了美国的重要海空军基地,美国太平洋舰队的司令部就设在这里,驻有大批的海空军官兵和后勤服务人员。国防工业在圣迪戈的工业体系中也占有很大比重,同军人和国防工业有关的商业和服务业也得到长足的发展,成为这个城市经济的重要部分。圣迪戈陆上交通也随着西进运动的发展而日益扩展,逐渐成为美国西海岸的一个重要门户,国际航运业也成为这里的一个重要经济部门。

圣迪戈的风景优美,气候宜人,地形多变,既有森林茂密的山峦和绿野遍地的河谷,又有适宜休闲的海滩和荒野无人的沙漠,可供人观赏和探索,是一个难得的旅游胜地。其旅游收入相当可观,也是这个城市经济的一个亮点。

不过,圣迪戈的发展在很大程度上依赖于北美大陆交通运输的改善。19世纪后半期,几条横贯大陆铁路虽然已经建成通车,但公路交通网却远远没有形成,圣迪戈的发展比较缓慢。它的许多有利条件还只是一种潜力，并没有充分发挥出来，进入20世纪以后才逐渐显露。今天的圣迪戈已经是人口超过百万的大城市，在美国大城市排行榜上居第六位。

沿着太平洋海岸向北航行，不久就可以到达另一个沿海城市洛杉矶。洛杉矶的发现晚于圣迪戈，直到1769年才进入西班牙探险家的视野，两年后才出现了圣加布里埃尔传教站。不过，西班牙殖民当局对这个小小的传教站并没有加以注意，直到1781年才在当地传教士的劝说和帮助下，于离海只有几英里的印第安人村庄旁边建立了洛杉矶居民点，虽然也称之为镇，但居民人数却很少。这里虽然鲸鱼、海豹成群，水产品极为丰富，又不缺少天然的港口，但由于西班牙殖民当局禁止居民与外来船只进行贸易，洛杉矶的居民主要从事农耕。可以说洛杉矶原本是一个农业城镇，而且处于隔绝状态，发展十分缓慢。三十年后才有美国的商船不顾西班牙的禁令进入了这里的圣佩德罗港，使洛杉矶开始与外界接触。墨西哥独立后，美国同洛杉矶的贸易有较大的发展，洛杉矶的规模也逐步扩大，成为一个农商兼备的城镇。

美墨战争后，加利福尼亚进入美国的版图，淘金热首先在旧金山地区涌现。洛杉矶虽然不是主矿区，但也从中得到好处，成为各矿区的食物、日用品的供应站，城镇的商业因而得到较快的发展。1850年洛杉矶扩建为市，不过由于陆路交通不方便，腹地极其有限，洛杉矶这座海港城市受到了限制。如果没有四通八达的内陆交通网，那么它就只能是边远的沿海小城市，对周边地区不会有太大影响。

1876年南太平洋铁路通达洛杉矶，使这个城市同亚利桑那、新墨西哥的广大腹地相连接，并在埃尔帕索和得克萨斯太平洋铁路接轨，直达得克萨斯的要冲达拉斯。南太平洋铁路还在得克萨斯南部继续延伸，穿过得克萨斯的另一重镇休斯敦。九年后圣菲铁路也通到洛杉矶，从这里可以通过这条铁路穿过科罗拉多进入堪萨斯和堪萨斯太平洋铁路接轨，同东部的铁路网相连通。这时，洛杉矶真正成了美国西海岸的重要门户之一，其发展速度大为提高。土地投机商和外来移民大批涌入这个日益兴旺的城市,地价急剧上升,房地产的升温推动了洛杉矶经济的发展。

与此同时,陆上交通的改善使洛杉矶的海运事业高速发展,货物吞吐量直线上升,成为太平洋沿岸的重要港口,到19世纪上半期,其港口吞吐量超过了旧金山而居于西部各海港之首。

洛杉矶的教育、文化事业在西进运动时期虽然有长足的发展,但还远远没有达到高峰,同当时美国的其他大城市相比并不突出。但由于它有日益增长的雄厚的经济实力,优美的环境和便利的交通,在这方面的潜力是不可限量的。20世纪上半期,洛杉矶电影事业的异军突起绝非偶然,没有用多长时间好莱坞影城就成了全世界的影视中心。电影业不仅成为洛杉矶的重要经济支柱之一,而且带动了当地文化、教育事业的蓬勃发展,使洛杉矶一跃而成为为数不多的世界文化中心城市之一。

位于加利福尼亚北部的重要港口城市是旧金山。旧金山位于旧金山湾内,由于地点比较隐蔽,湾口又常常有雾笼罩,直到1769年才被西班牙的一支探险队发现。1776年,胡安·巴力斯塔·德安扎上校还带领士兵和移民在这里建立要塞和以农耕为主的居民点。但由于交通不便,商业不发达,这个居民点发展缓慢,直到美墨战争前夕也不过是一个约有200户居民的小镇。在美墨战争中美军控制加利福尼亚以后,小镇于1847年初定名为圣弗朗西斯科,即旧金山。就在这一年,有两百多名摩门教徒从盐湖城方向来到这里成为新的居民,旧金山的人口因而有大幅度的增长。不过,它依然是一个小城镇,依然只有单一的经济。农业是主要的经济部门,小规模的牛皮、牛脂贸易占不了多少分量。1848年兴起的淘金热才真正改变了这个小城镇的面貌,使它一跃而成为西海岸首屈一指的港口城市。

1848年,在旧金山东部萨特锯木厂附近发现黄金的消息吸引着成千上万的淘金者奔向这里的金矿所在地,还有不少来自世界各地的淘金者。他们不惜背井离乡远渡重洋来到旧金山,大批移民涌入使旧金山的人口急剧增长,两年后达到3.5万人,这在当时来说已经具有了一个大城市的规模。同年,旧金山由一个小城镇改建为市。众多的采矿者带来了众多的商机,供应食品、工具、日用品的商店如雨后春笋般一夜之间从旧金山的各个角落冒了出来,酒馆、赌场、沙龙、旅店和临时仓库都赶建起来。旧金山出现了一片繁荣的景象。第一条横跨大陆铁路的通车使旧金山成为西海岸的第一个交通枢纽,并发展为远洋贸易的中心之一。大量的工业品、木材、农产品从这里运往亚洲国家,再从那些国家进口丝绸、茶叶等货物。据统计,仅1880年一年就有1292艘外国船只在旧金山验关、入关。旧金山也是美国西部的一个重要金融中心,这里有加州银行、太平洋股票交易所和美国铸币厂。旧金山还拥有相当发达的工业,这里有制糖厂、冶炼厂和机械厂。屠宰和肉类加工业也很发达。联合钢铁公司是这里最大的企业,拥有建造大型舰艇的实力。19世纪末,旧金山在美国大城市排行榜上居第九位。

西海岸最北边的城市是华盛顿的西雅图。西雅图的地理位置不同于其他三个太平洋沿岸的港口城市,它并不在太平洋岸边而是位于深入内陆的普吉特海湾沿岸。这里有丰富的渔业和林业资源,气候宜人,林木苍翠,有绿宝石城之称。西雅图所在地原本是一个印第安部落的营地,1851年,来自伊利诺伊的一批移民在埃利奥特湾(即普吉特湾)邻近的地方建立了阿尔基波因特居民点。印第安人友好地接待了新来的邻居,并给予他们热情的关照和帮助。后来这些移民为了表示对这个印第安部落的谢意,就用部落酋长的名字为自己的居住地命名,称之为西雅图。西雅图的经济最初以农业为主,渔业和林业为辅,虽然有所发展,但速度比较缓慢。1869年,西雅图改建制为市,但还只是一个不大的城镇,又过了十几年才真正进入了大发展阶段,在西海岸的四个城市中是发展最晚的。

19世纪80和90年代所发生的两件大事才真正为西雅图的发展提供了巨大的推动力。第一件大事是北太平洋铁路的轨道延伸到这里(1883),这使得西雅图不再是只靠着篷车、小木船和不大的腹地相联系的城镇,不再是有天然良港和到东方各国的较短航线,但由于缺少货物和资金,不能开展海运事业和海外贸易的城镇。它现在可以通过北太平洋铁路这一强大的运输通道同蒙大拿、达科他、明尼苏达等沿线各州相通,成为广阔腹地的各种货物的集散地,同时也可以利用海上的航运同东方各国开展国际贸易。西雅图很快就成了西海岸的重要港口之一,城市规模迅速扩大,很快就从3000人增加到4万多人。后来虽然经受一场大火,但劫后恢复很快。

第二件大事是19世纪90年代末阿拉斯加出现了淘金热。西雅图是去阿拉斯加必经的门户。大批的淘金者经过这里,随即带来了不少的商机,使西雅图的经济更上一层楼。

不过,西雅图并不是一座主要依靠淘金热发展起来的城市。在淘金热席卷这里以前,它的经济已经向多样化发展,不但有农业、林业、渔业、商业,而且有相当强大的制造业,翻砂、铸造、光学器皿、罐头制造、船具维修等工业部门都已具有相当的规模。

总体来看,西海岸的四座大城市并不是农业边疆的产物,它们都是在农业边疆到达这里以前就已经出现了。它们的飞速发展同横贯大陆铁路通车有直接的关系。同时它们本身都有优越的地理环境、丰富的自然资源,不仅是理想的定居场所和工商业者大展宏图的福地,而且也是当时西部的地区性经济中心,对西部的开发起到过十分重要的作用。尤其重要的是,它们都是西海岸的良港,是美国开展国际贸易的有力支柱,也是美国西部走向世界的基地。

五、横贯大陆铁路的建成和西部城镇的发展

19世纪中叶,随着淘金热的出现和采矿点的不断增加,大批移民涌向加利福尼亚、俄勒冈、内华达、怀俄明、蒙大拿等产金地区,其中不少移民就在当地定居下来。这些地区的工商业都有较快的发展,其经济规模已达到了相当水平,矿产品、农产品、木材、水产都有大量剩余,需要销往东部,同时也需要得到更多的东部工业品和短缺的物资。东部发达地区也需要把工业品和多余物资投向西部的广大市场。但是密西西比河以

西地区交通极不方便,只有平坦的草原才能通行马车,密苏里河虽然可以行船,但只能到达落基山麓。进入落基山地区以后,崇山峻岭连绵不断,道路梗阻。俄勒冈小道、圣菲小道、加利福尼亚小道通过量极小,而且崎岖难行,连经过这些小道西进的移民都深感旅途中的艰险,迫切要求改变这种状况。要求修建横贯大陆铁路的呼声越来越高,联邦政府所经受的这方面的压力也越来越大。

其实所谓的"横贯大陆铁路"并不是从东海岸一直修到西海岸。事实上,1860年以前密西西比河以东地区的铁路网已经基本建成,只需要修一条把密西西比河沿岸的铁路线同西海岸相连接的铁路就可以贯穿大陆,把东西两海岸连接起来了。从西海岸开出的火车可以通过圣路易斯、芝加哥、印第安纳波利斯、辛辛那提、匹兹堡等中间枢纽站抵达东海岸的纽约、费城、巴尔的摩、波士顿等重要城市。

1862年,美国国会通过了《太平洋铁路法案》,拉开了兴建横贯大陆铁路的序幕。这项法案规定,联邦政府将向承建第一条横贯大陆铁路的联合太平洋铁路公司和中央太平洋铁路公司提供大量土地和资金。按计划,这条铁路东起奥马哈,经内布拉斯加、怀俄明、犹他、内华达到加利福尼亚的萨克拉门托,后来又延伸到旧金山,预计于19世纪60年代末建成。两个路段于1869年5月10日在犹他州普罗蒙特里峰接轨,按时完成了计划。横贯大陆铁路的开通,把广大的荒凉的西部腹地同东部的发达地区连成一气,为东部提供了新的市场,同时也加快了西部开发的速度。铁路的营运状况良好,赢利丰厚。

第一条横贯大陆铁路的成功和联邦政府的扶持政策,鼓励着更多的公司投入西部新线路的建设,有的州和领地政府也参与了这项计划。堪萨斯决定修筑一条堪萨斯太平洋铁路,直接把堪萨斯城和联合太平洋铁路连接起来。这条铁路在修筑过程中改为从堪萨斯城通往科罗拉多的丹佛,再从丹佛筑一条支线,在夏延同联合太平洋铁路接轨。

在1883年到1893年的十年中,又有三条横贯大陆铁路建成。这就是1883年建成的北太平洋铁路,1887年建成的南太平洋铁路和1893年建成的大北铁路。北太平洋铁路是于1864年获得国会批准的，原计划从苏必利尔湖滨的德卢斯修到俄勒冈的波特兰，中间穿越北达科地、蒙大拿、爱达荷，经华盛顿的东南角进入俄勒冈再到波特兰，后来又延伸到西雅图。南太平洋铁路的建设并不顺利，按原计划，这条铁路应当在亚利桑那的育马同得克萨斯太平洋铁路接轨，但由于后者过早破产，铁轨只铺到得克萨斯的沃思堡。南太平洋铁路公司不得不改变计划，把铁路修到得克萨斯的埃尔帕索，并购买了加尔维斯顿—哈里斯堡—圣安东尼奥铁路，形成了自己的穿越得克萨斯的线路，经过得克萨斯南部的重镇休斯敦，与得克萨斯太平洋铁路平行。另一条从明尼苏达的圣保罗和德卢斯经迈诺特、斯波坎到西雅图的大北铁路于1893年完工。这几条干线都有一些支线，覆盖了一些过去交通不便十分荒凉的地区。

另一条从堪萨斯通往西南部与南太平洋铁路连接的重要线路是艾奇逊—托皮卡—圣菲铁路。这条铁路从1859年就已开始筹划。铁路公司首脑卡勒斯·K.霍利德原来只打算把铁路从堪萨斯的托皮卡修到圣菲，但在1863年获得联邦政府大量的土地赠予以后，立即改变主意，决定把铁路延长到亚利桑那的艾奇逊。不过，这条铁路在建设过程中并不顺利，直到1885年始告完成。其后这条铁路又向西延长到亚利桑那和加利福尼亚边境上的尼德尔斯，最后在加利福尼亚境内同南太平洋铁路接轨。这样在广阔的西部腹地里，难于通行和无法到达的地区就越来越少了。

几条横贯大陆铁路及其支线的建成初步形成了密西西比河以西地区的铁路网，并同原有的铁路网连在一起，构成了比较完备的全美铁路系统。这至少在三个方面推进了西部地区的城市发展。

第一，铁路有强大的运载能力，能够在短时间内把大批移民运到他们所希望去的地方。过去乘马车从密西西比河西岸到加利福尼亚的旧金山需要几个月，经铁路乘火车以后只需一个星期。①过去成群结队行走通常是几十个人，最多不过一两百人，现在一列火车就可以运载几百人。乘客的去处也可以不同，火车所经之处不断有人停顿下来，成为原有城镇的新居民，也有不少移民进入大平原和落基山区的荒凉地带，在那里建立移民点和城镇。这样就促进了西部的城市化。所谓的城市化通常是指人口向城镇集中，城镇数目增加和规模扩大的过程。同城镇人口增加相联系的有市政建设和管理，公共设施的兴建、维护和改善，市容规划，以及和市民生活有关的种种问题，所有这些都应当属于城市化的范畴。横贯大陆铁路的建成不仅给西部荒凉地区带来了大量人口，使那里城镇数目增加、规模扩大，而且带来了众多的商机，繁荣了市场，激活了经济，改善了城市人口的生活质量。

第二，全国铁路网的畅通使那些重要的铁路枢纽城镇得到了飞速的发展，成为地区中心城市，乃至全国知名大城市。也有的西部城市被东部的投资者选中，发展为新兴的工业城市。例如，交通便利、矿产丰富的西部城市丹佛的冶炼业就得到了奥马哈格兰特冶炼公司的扶持。1882年，该公司就将下属的冶炼公司从利德维尔迁到丹佛。三年后，丹佛的大型冶炼厂增加到九家，成为美国冶炼业的重镇之一。

第三，铁路公司在修筑横贯大陆铁路过程中，为了抬高地价以便在出售所获赠地当中牟取暴利，经常自行设计，在铁路沿线土地上建筑城镇，然后高价向移民出售城镇土地和房屋。例如，联合太平洋公司计划建造拉腊米城的消息传出后，土地投机商就以高价抢购那里的土地，在铁路还没有建到这里以前，铁路公司已经从售地中获利34400美元。②铁路公司建筑的城镇很多，其中难免有选址不当而成为昙花一现的城

---

① Jack Chen, *The Chinese of America: From The Beginning To The Present*, San Francisco: Harper and Row, 1981, p. 65.

② John W. Reps, *Cities of American West: A History of Frontier Urban Planning*, Princeton: Princeton University Press, 1979, p. 561.

镇。不过，大多数城镇都能存在下去，而且有所发展。例如，联合太平洋铁路线上的夏延和拉腊米都是怀俄明境内的重要城市，夏延的地位尤为突出。

我们这里所说的西部城市化是西进运动这一特定时期的问题，所以这里的西部是历史上的广义的西部，应该包括远西部、落基山区、大平原、中西部和老西部。西进运动本身是一个由东向西延续一个世纪的过程，因此西部城市化也是随着边疆的移动而逐步实现的。农业边疆是从东向西，而矿业边疆却是由西到东。在两条边疆推进的过程中，不同地理位置的城镇在形成和发展的时间上有差异。不过，规模较大的有影响的城市基本上都在铁路线上，同铁路建设有直接的关系。最早开始出现城市化的地区虽然还没有铁路，但水陆交通都已相当发达，是早期移民聚居的地点。

从时间顺序上看，西部城市化的进程基本上是先东后西。最早出现城市化的地区是阿巴拉契亚山以西的俄亥俄河流域，那里最先出现较多的城镇，是移民西进的第一站。大概从19世纪20年代开始，由于人口急剧增加而出现城市化的苗头，随后不久就形成了一批城市规模比较大、经济比较发达、能够影响周边地区的中心城市。匹兹堡虽然是宾夕法尼亚境内的城市，但它位于阿巴拉契亚山以西，俄亥俄河上游，是移民西进的桥头。移民可以通过福布斯和布拉多克两条改建后的马车道从费城和巴尔的摩到达这里，然后沿俄亥俄河而下，去更遥远的西部。到30年代，匹兹堡已经发展为俄亥俄河上游最有影响的城市，其规模和经济实力都超过了邻近的城市惠林，并享有"西进大门"的美誉。匹兹堡的工业部门也相当齐全而且比较发达，是当时美国的一座重要工业城市。

匹兹堡以西的中心城市是肯塔基的路易斯维尔和俄亥俄的辛辛那提。路易斯维尔是肯塔基境内的货物集散地，也是这个州的水路交通枢纽，在19世纪30年代从肯塔基的诸多城镇中脱颖而出，成为这个州的中心城市。同路易斯维尔相比，辛辛那提发展更快、影响更大，这里有发达的航运业、商业和工业，屠宰业尤为著名。这里有清洁整齐的街道和希腊式、罗马式的建筑。人口达到46000人,1830年就已成为第七大城市,1840年又上升到第六位。由于这个城市不仅经济发达而且市容十分美丽,有"西部皇后"之称。

上面所提到的几个中心城市虽然都在铁路建成以前就已形成,但是重大的跳跃式的发展还是在19世纪50年代铁路通车后完成的。那时的匹兹堡和辛辛那提都已成为西进道路上的铁路枢纽,路易斯维尔也成为铁路线上的城市。

在中西部的城市中,主要依靠铁路迅速发展起来的典型恐怕要算是密歇根的底特律和伊利诺伊的芝加哥了。底特律在铁路建成以前原本是一个小城镇,由于它的地理位置十分重要,是进入密歇根的东大门。1840年,底特律人口达到9000人,已经具有一个小城市的规模。不少商人和投机者把这个城市看成有重大发展潜力的城市,准备在这里"淘金",波士顿的投资者首先在这里修筑铁路。到19世纪50年代初,密歇根中央铁路和密歇根南方铁路先后完工。底特律是密歇根中央铁路的起点,另外还有一条短线同密歇根南方铁路的起点相通,底特律顿时成了密歇根的铁路枢纽,城市规模迅速扩大,一跃而为这个地区的中心城市。

芝加哥位于芝加哥河流入密歇根湖的河口,是伊利诺伊的水上门户。但它最初并未引起人们的注意,其发展晚于其他的中心城市,1830年才由于运河管理委员们的到来而进入人们的视野。一批土地投机商看中了它有利的地理位置,纷纷到这里抢购土地。1834年,芝加哥的人口达到2000人,城内出现了整齐宽阔的街道和各种公共设施。到1837年经济危机爆发以前,它的人口增加到6000人。居民和土地投机商对这个城市抱着很大的希望。但是,1837年经济危机打击了这个城市,使它陷入了停滞和衰退,人们的希望也就变成了失望。幸亏19世纪40年代末50年代初出现了建筑铁路热潮。芝加哥由于优越的地理位置和城市决策人的远见和努力终于成为最大的铁路中心站之一。芝加哥到罗克艾兰、芝加哥到密尔沃基、芝加哥到伯林顿、芝加哥到富尔顿、芝加哥到特雷霍特、芝加哥到圣路易斯的多条铁路先后完工。这时的芝加哥已经成为东海岸各大城市和密西西比河之间的铁路转运中心，工商业都得到飞速发展。到1860年中西部有四座城市的人口超过了十万人，芝加哥就是其中之一。不过，占第一位的仍然是圣路易斯。芝加哥是四个城市中最年轻的，但却是最有发展前途的城市。进入19世纪80年代以后，它的经济规模和人口都超过了圣路易斯而跃居西部城市的榜首。

圣路易斯本来是西部最大的城市。1764年，由新奥尔良的法国商人拉克里德建成。它位于密西西比河西岸，离密苏里河河口不远，是两大河流的航运枢纽和商业中心，也是通往大平原和落基山区的中转站。从这里可以进入俄勒冈小道和圣菲小道，去俄勒冈、加利福尼亚、犹他州和亚利桑那等地。它还是19世纪前四十年最大的毛皮集散市场，著名的密苏里毛皮公司（1808）、美国毛皮公司（1827）都以这里为基地。早在1840年，圣路易斯居民人数就超过了12000人，是西部最大的城市。但它过于依赖水运，建设铁路比较晚，而且线路少，最终落在了芝加哥后面。

丹佛是落基山地区的一个矿山城镇，由于交通不便城镇规模并不大。19世纪70年代堪萨斯太平洋铁路修到这里，两条支线同联合太平洋铁路、圣菲铁路接轨，丹佛随即成为落基山区的铁路枢纽，采矿业、工商业都得到了迅速的发展。到19世纪末，丹佛的人口达到了20万人，成为这个地区最有影响的中心城市。

太平洋沿岸的圣迭戈、洛杉矶、旧金山和西雅图也都是在横贯大陆铁路通车后才迎来自己迅猛发展的春天，成为影响巨大的中心城市。

从匹兹堡到旧金山的所有中心城市都是各个地区的经济中心、工业基地和交通枢纽，不但和本地区的其他城镇有密切的联系，而且同其他地区，乃至东部的各大城市都有往来。它们不但能够对周边地区的农业、商业和其他产业起主导和调节作用，而且能够提供所需要的工农业产品和各种日用品。

在密西西比河以西地区特别是大平原和落基山地区，中心城市的密度很小,彼此之间由于相隔遥远,利益冲突不大,没有出现中心城市之间的激烈竞争。例如,落基山区的丹佛和太平洋沿岸的旧金山就没有争夺过势力范围,它们在各自地区的主导地位至少在19世纪以内没有受到严重挑战。这里每一个中心城市所影响的地区都非常宽广,在他们影响范围内的小城市和小城镇的数量也很有限,发展的空间很大。因此中心城市和小城市之间、小城市与小城市之间也没有出现激烈竞争的现象,即使有这样的趋势,那也只是停留在比较隐蔽的阶段。

中西部地区的情况就完全不同了。那里的城市数量多、发展早、密度大,它们不仅仅为销售周边农业地区的产品和提供所需物资服务,而且同外地市场有密切联系。1838年建立的堪萨斯城就是以密苏里河流域为腹地,面向东部的城市。腹地的大小、市场份额的多少直接影响这类城市的发展。辛辛那提、圣路易斯、芝加哥也都是有广阔腹地又同东部有密切联系的城市。这些城市共同的特点是发展迅速、实力雄厚,勇于开拓,彼此之间争夺腹地、争夺市场的竞争在19世纪后半期就已变得十分激烈。圣路易斯和芝加哥之间的较量最为典型。

一直到19世纪70年代圣路易斯都是西部的第一大城市。当地的政府官员和市民都引以为豪,不相信有哪一座西部城市能从他们手中夺走这个位置。1880年,当联邦统计局公布芝加哥的人口超过圣路斯15万人的材料时,他们感到震惊,而且很不甘心。《圣路易斯快讯》载文惊呼:"关于圣路易斯只有375000居民的报道使得每个人都大为吃惊,耻辱和欺骗的叫声顿时响起来了。"①圣路易斯决心要把失去的位置夺回来,决心同芝加哥较量。

1893年,芝加哥举办世界博览会并取得了巨大成功。圣路易斯力图挽回颓势,也于1904年举办了同样的国际博览会,但除了使城市面貌改观以外,并未取得实际效果。圣路易斯在同芝加哥竞争中始终处于劣势的原因,是过去的城市领导层长期满足于水路运输中心的地位,没有

---

① *St. Louis Post-Dispatch*, June 18, 1880.

及时地大力发展铁路运输,因而同东北部经济发达地区的联系远远地落在芝加哥的后面。而芝加哥则作为美国东西铁路运输的枢纽脱颖而出。1853年到1857年间,已有十条干线和十一条支线同芝加哥相连接,使它能够控制着大份额货运、客运和广阔的市场,在同圣路易斯的较量中占尽上风。尽管两个城市在竞争中难免产生过负面影响,但总体来说是对两个城市的发展有利的。圣路易斯虽然处于下风,但也改善了城市的基本设施和市容,发展了工业和贸易,后来也成了铁路线四通八达的城市。

在谈到西部城市化的时候,绝对不应当忽视规模和影响范围较小的城市。这些城市虽然人口不足十万,但数量远远超过中心城市,其影响力也是相当大的。中西部的孟菲斯、密尔沃基、斯普林菲尔德,远西部的波特兰、斯波坎、里沃赛德等都属于这类城市。至于小城市的数量就更多了,它们在西进运动时期都发挥了各自的作用。

由于西部各个地区的地理条件不同,人口城市的分布极不平衡。在沙漠地带和山区,人口稀少,城市数目也很少。在太平洋沿岸,特别是加利福尼亚,人口多,城市最为密集。据统计,到1890年,加利福尼亚的城市化达到48.6%,而新墨西哥的城市化只有6.3%。

六、西部城市发展中的种族问题和暴力问题

同所有城市一样,美国西部城市在发展过程中也出现了这样和那样的问题,例如,市政管理不善、城市的无序建设、少数资本巨头操纵城市经济、市民两极分化、贫民窟的出现、卖淫和赌博盛行、环境污染,等等。除去这些共同性弊端以外,西部城市特别是远西部城市还存在着特别突出的种族问题和暴力问题。

1848年开始的淘金热,把四面八方的人都吸引到加利福尼亚、内华达、科罗拉多、爱达荷等矿区。其中除来自本土的移民外,还有许多海外淘金者。早期从海外来到这些地区的有中国人、爱尔兰人、德国人、英国人、威尔士人、苏格兰人、墨西哥人、加拿大人、意大利人、黑人和来自南

美洲的人。其中以中国人、爱尔兰人、德国人最多,根据1860年的统计分别为34935人、33147人和20919人。①这些地区顿时成了少数族裔聚居的世界。美国学者纽金特认为,"淘金潮像一个熔锅",把不同种族的人会聚在一起了。其实少数族裔聚居的地方并非熔锅,他们都在不同程度上受到种族主义者的歧视、迫害和摧残,根本没有融入主流社会,享受平等待遇的机会。这就造成了一种极其不合理的现象。一方面少数族裔在这里创造了大量财富,为美国西部社会做出了重要贡献;另一方面又受到了极不公正的待遇,他们的家庭、财产、生命都得不到保护,随时都可能被抢劫和杀害。

爱尔兰人虽然也受到歧视,但情况要好一些,他们经过自己的努力建立了一些企业。例如,在旧金山湾北岸的狄龙公司、康奈斯公司和奥沙利文公司都是爱尔兰人开办的,而且具有一定的经济实力。犹太人在萨克拉门托一带也开设不少商店和规模较大的公司。德国移民、法国移民、墨西哥移民也都做出了贡献。华工人数最多,贡献更为突出。

华工主要来自中国的广州、福建,多半是被美国公司招募到美国西部从事铁路建设的契约工。有一部分人被卷入淘金潮成为采矿人,也有人经商,在西部城市开设餐馆和洗衣店,从事农业和园艺的华工也相当多。从华工人数和分布情况看,1882年《排华法案》颁布前夕在美国西部华工总人数达到136000人,其中68%的人住在加利福尼亚。在爱达荷淘金的有43000人,曾占爱达荷居民的1/3。在亚利桑那华人最多时达到1419人,大部分在塔克森和圣克鲁斯河一带从事农业生产。在内华达有5416人。②

华工的贡献是多方面的,本书在前面的相关章节中已经提到。不过,华工在农业方面的贡献过去在美国的著述中被长期忽视,有必要再引用一次米尔顿·梅尔策在《华裔美国人》书中的那一段话:"今天,全世

---

① Walter Nugent, *Into the West*, p. 58.

② Walter Nugent, *Into the West*, p. 60.

界都知道,加利福尼亚的大谷地就像神话中的食品篮子一样。但是这片生长水果和蔬菜的土地在中国人加以整治开发成形以前是没有多大价值的。"①

西部城市的所有少数族裔都在不同程度上受到歧视和迫害。在加利福尼亚居住的黑人都是自由人,但都被剥夺了选举权,不能参加陪审团,也不能与白人通婚,他们的家庭和人身安全完全没有保障。来自南美洲的移民甚至被禁止加入淘金者的行列。

在西部少数族裔中受暴力迫害最严重的恐怕是华人了。表现出来的原因是白人劳动者同华工争夺就业机会,其实深层次的原因却是种族主义作祟。大打出手的是工人、痞子、暴徒,而煽风点火的则是上层人物,乃至地方政府。例如,1876年加利福尼亚州参议院的一个特别委员会通过了一个污蔑华工、煽动反华情绪的《就中国移民的邪恶告美国人民书》,硬说他们是"堕落的人",是抢走白人劳动者饭碗的元凶。加利福尼亚州议会还从1855年起陆续通过了一系列反对华人移民的法律,对他们进行了种种限制,甚至毫无人性地剥夺了他们的捕鱼权和其他谋生手段。旧金山议会也通过了不准许华人移民购置产业、领取商业执照和加入美国国籍的禁令。加利福尼亚州议会甚至为某些受蛊惑的群众进行反华示威设定假日。

在地方政府的公开怂恿下,西部一些城市中的反华暴行相继发生。1871年,在洛杉矶有22名华人被白人暴徒杀害。1877年,在旧金山受到迫害的华人也相当多,有二十五家华人经营的洗衣店被捣毁,损失达两万美元。暴徒们还扬言要把华人居住区夷为平地,在旧金山郊区罗姆农场做工的5名华人惨遭杀害。暴徒们还焚烧了多家华人的住房,有的被烧死在房中,有的在逃出火窟后被枪杀。1880年在丹佛、1885年在怀俄明的罗克斯普林斯都发生了驱赶和杀害华人的暴力事件,受联合太平洋公司雇用的28名采矿华工被打死,不少华人住宅被焚毁。接着在西雅

① Milton Meltzer, *The Chinese Americans*, New York: Thomasy Crowell, 1980, p. 33.

图、达科马都发生了驱赶华人的事件。暴徒们限定华人离开市区的日期,威胁那些逾期不走的华人将要受到追杀,他们的住宅也要被炸毁。居住在西海岸和落基山之间的华人还经常受到小股种族主义者的袭击。

种族主义的幽灵无所不在,有少数族裔聚居的地方就有种族迫害和种族暴行。早在1855年,在中西部城市路易斯维尔就发生了一次大规模的流血惨案,历史上称之为"路易斯维尔的流血星期一"。这个城市的德国和爱尔兰移民比较多,对于城市官员的选举有相当大的影响。当地的政客担心这些少数族裔把选票投给自己的竞选对手,就利用一无所知党的种族主义情绪做出决定,不允许在国外出生的人投票。为了实现这个决定,在每一个选区只设一个投票站以便实行监控。全城共有八个选区,共设八个投票站,每个投票站都有荷枪实弹的一无所知党徒及其支持者把守,阻止德国移民和爱尔兰移民投票。在有的投票站发生了冲突,种族主义者乘机煽动一批暴徒袭击爱尔兰移民居住区。针对爱尔兰移民的暴行极其残酷而且具有很大的破坏性。爱尔兰移民的许多住房被烧毁,商店被抢劫一空,天主教堂被捣毁。不少爱尔兰移民被枪杀和打伤,有些受伤的人甚至被推进熊熊大火的房屋中活活烧死。究竟有多少爱尔兰人死于这次杀戮? 一直没有确切的统计数字,各种估计数字相差悬殊,从14人到100人不等。历史学家们经过考察对比以后共同确定的数字是22人。①

在种族关系中最突出的问题是对黑人的长期迫害和歧视。尽管黑人和白人对抗最激烈的地方是南部,但在西部城市中所出现的许多对抗场面绝不比南部逊色,往往导致大规模流血事件的发生。黑人大批进入西部城市是在内战以后,内战虽然给予黑人自由,但并没有使他们的人身安全得到保障,也没有减轻白人对他们的歧视。因此自由黑人也成了西部城市中受歧视、受迫害的弱势群体。迫害黑人的暴力事件层出不

---

① Kenneth T. Jackson and Stanley K. Schultz, *Cities in American History*, New York: Alfred A. Knopf, 1972, p. 479.

穷,在东圣路易斯、莫比尔、芝加哥、底特律、新奥尔良等西部城市都出现过这类事件。

1866年在新奥尔良发生的流血惨案是发生时间最早、规模最大的暴力事件之一。事件的起因是该市自由黑人的一次和平游行。当时市政会议厅正在举行讨论黑人选举权的会议,一群黑人步行到议会厅表达自己的意见,队伍在行进中由于参加的人数越来越多出现了拥挤和推撞。到达会议厅外面的街道上以后游行队伍立即被警察和军队包围,在拥挤不堪的情况下双方很快就发生了冲突。军警大打出手,不少黑人受伤倒地,倒地后又有警察和种族主义者用刀刺伤他们的头部,或者用钝器击打他们,使伤者中有不少人立时毙命。试图逃跑的黑人也遭到军警的追杀,现场顿时躺满了死者和伤者。据统计,有34名黑人和4名白人被杀害,二百多人受伤。谢里丹将军在考察了事件的全过程和现场以后认为这是一场"不折不扣的屠杀",而且是市长和警察们一手制造的。①

其后发生的斯普林斯菲尔德的事件是另外一种形式,这次事件是由种族主义者挑动起来的。这个城市的白人对城市中黑人人口增长感到厌恶和不安。种族主义者利用这种情绪,借口一名白人妇女被黑人男子强奸,于8月13日煽动群众要求警方严惩。形势很快失控,被煽动起来的群众越过警方的警戒线,直接冲入黑人居住区袭击黑人的住房和商店。在这次暴乱中有6名黑人被打死。事后有许多黑人为了逃避种族主义暴徒的袭击纷纷离开了斯普林斯菲尔德。

种族问题必然会引发暴力问题,从这个意义上说,种族问题和暴力问题是很难分开的。除此以外,在西部城市中由于政府机构不健全,缺乏司法和警察机关,缺乏市民对地方权威的认同感而出现的暴力问题也是十分严重的。有不少城镇在建立之初及其后相当长时间内都处于无政府和半无政府状态,简直是无法无天。尽管这些城镇的居民珍惜无拘

---

① Kenneth T. Jackson and Stanley K. Schultz, *Cities in American History*, p. 483.

无束的自由生活,但也感觉到这种无法无天的混乱局面是对自身安全的严重威胁,如果没有一个大家都愿意遵从的社会治安机构,哪怕是很小的城镇也是难于存在下去的。于是人们自发地组织起治安维持会来保障自身的安全。就连旧金山这样的沿海城市也出现过治安严重失控的局面,1851年组织治安维持会后社会秩序才有所改观,斗殴凶杀、抢劫事件才大为减少。不可否认,这种西部城市曾经普遍采用的自治自卫办法对维护最起码的社会秩序确实起到过相当重要的作用,但这种办法毕竟是通过民间机构来实施的,本身不具备法律效力,不可能有效地杜绝一切暴力事件。例如,治安委员会对于酗酒和私仇私报引发的枪战和凶杀就往往制止不力,收不到应有的效果。

由于酗酒而引起的枪战和凶杀多半发生在牛镇。牛仔们在经过长途跋涉把牛赶到铁路沿线的牛镇后,总是要痛饮一番。这中间几句不投机的话,或者不恰当的动作都可能引发斗殴和枪战。凶杀时有发生。在阿比林和道奇城两地枪战最频繁,事故最多,那里的治安维持会束手无策。最后,那些同贩牛有关的商家不得不亲自出面干预,共同制定规则,限制牛仔在酒吧饮酒的数量,以便减少斗殴和枪杀事件。

西部移民的法制意识本就十分淡薄,再加上城镇缺乏司法机构,个人的恩仇无法诉诸法庭,大多数人都采取私仇私报的办法。新墨西哥的牧场主奥利弗·李就曾经公开宣扬说:"我一生中从未故意伤害过一个男人、女人和孩子,除非他们先伤害我。我要他们付出代价。"[1]这种思想无疑助长了西部城市暴力事件的发生。在实际生活中有许多为报私仇杀人的罪犯可以长期逍遥法外而不受法律的追究,一个名叫比尔·米切尔的人报仇杀人后竟自由自在地生活了五十二年。在整个19世纪,西部城镇中的枪战问题非常突出。1979年出版的比尔·奥尼尔的《西部枪手百科全书》收录了从1865年到1900年间255名枪手的小传,这些枪手同587次枪战有关。在堪萨斯的地方报纸上也曾报道过希科克·厄普和

---

① Michael P. Malone ed., *Historians and the American West*, p. 241.

巴特·马斯特森等二十余名枪手制造事端的事件。

西部的盗匪歹徒也曾经横行一时。内战后的半个多世纪在堪萨斯、俄克拉何马和阿肯色都曾出现一批势力强大的匪帮,他们占地为王,造成一个又一个的犯罪王国。有一些匪帮是由南部同盟溃败军人组成的,对于这些匪帮地方上的治安维持会完全束手无策。直到有效的地方政府和警察机构建立后,大规模的抢劫才逐渐被制止。

但是,无论是种族问题、暴力问题,还是其他种种问题都只是西部城市成长过程中不可避免的次要的事物。随着城市的发展这些问题都会逐步得到解决和缓和,但同时也还会产生新的问题。美国西部城市和其他地区的城市一样,都是在不断克服问题的过程中向前发展的。

第十一章　妇女在西进中的作用

一、撑起半边天

在世界历史上，重男轻女是一个普遍现象。男性的一切活动都会受到社会关注，任何荣誉和成就都自然而然地归诸男性。妇女在社会上完全没有地位，她们的作用和贡献长期受到忽视。美国也不例外。尽管西进运动时期的美国妇女曾经起到过举足轻重的作用，但在相当长时期内没有得到社会的认同，完全受到忽视，在19世纪的学术界几乎没有反映。不过，由于西进运动中妇女的作用太重要了，太突出了，美国社会和美国学术界不可能对此永远保持沉默。进入20世纪以后，开始出现专门论述西部女性的著作。南希·威尔逊·罗斯在她的书中强调："不把妇女的作用包括进去，就不可能说明或者写出美国发展中的这个阶段"的群体。[①]在毛皮贸易和淘金热中的移民或者人数不多，或者居无定所，即使成群结队也有很大的流动性，而且都是男性群体，只有极少数的妇女参加后勤服务工作。这些男性群体都只不过是过眼烟云，易聚易散，在开发西部的过程中只起过一时的、局部的作用。西进和开发西部的主力军是拓荒者，是农民。西进的拓荒者都是以一家一户为单位，有男有女还有儿女。家庭主妇起码要承受一半的重担，真正可以算得上半边天。她们所起的作用是至关重要的。

昔日的家庭主妇们在漫长的、艰难的和危机四伏的西进行程中，不

---

① Nancy Wilson Ross, *Westward the Women*, New York: Random House, 1945, p. 5.

仅要同男人们并肩奋斗,披荆斩棘闯出西进的道路,而且要在沿途寻找饮水和柴火,埋锅造饭,照料一家人的饮食。男女之间自然形成了分工,共同分担旅途的辛苦和危险。从某种意义上说,家庭主妇所承担的分量可能更重一些。她们不仅要分担繁重的体力劳动,而且在精神上还要为全家人的生活、健康和安危操心。正如罗斯所写的那样:"在西部探险中总是充满危险和无法预见的东西,使得妇女们经常担惊受怕,害怕她们自己和孩子们挨饿,害怕疾病,害怕伤病得不到医疗帮助,害怕丈夫被印第安人杀害,害怕自己被俘为奴。"①即使能够幸运地走完西进的路程,在西部某处定居下来,她们也还是会陷入寂寞和恐惧的氛围而得不到宁静。在与世隔绝的荒原和丛林里,夜晚的虫鸣、兽吼及各种神秘怪异的响动声都足以令她们寝食不安,毛骨悚然。对此,罗斯有一段绘声绘色的描写:"当夜色深沉,森林总在说话:像妇女受折磨发出的呻吟那样的美洲狮的嘶吼、狼群的嚎叫、熊和豹的沉重脚步声、树枝和嫩条的折断声、神秘的低语和沙沙声。"②西进的边疆妇女就在这样的寂寞而又恐怖的环境里坚强地生存下去,并创造出奇迹,无论是用什么样的浓墨重彩把她们写进青史都是不算过分的。

20世纪的美国学者对于美国社会长期不重视西进妇女的现象无法接受,颇为愤愤不平。格伦达·赖利在《边疆妇女:艾奥瓦的经历》一书中指出:"美国妇女史中最受忽视的部分是她们在边疆定居和发展。"③埃默森·霍夫更是认为妇女是西进运动的真正英雄,他在《边疆的历程》中写道:"美国西部的主角、一个时代的主角,不是骑着瘦马、留着长发、有着毛茸茸大腿的男人,而是坐在篷车前沿、身材瘦削、满脸凝重的妇女。她跟随她的丈夫奔赴前程。她的脸埋藏在同样破旧的遮阳帽下,那是在

---

① Nancy Wilson Ross, *Westward the Women*, pp. 11–12.

② Nancy Wilson Ross, *Westward the Women*, p. 13.

③ Glenda Riley, *Frontierswomen: The Iowa Experience*, Ames: Iowa State University Press, 1981, p. 7.

跨越阿巴拉契亚山和密苏里河时就戴上的。我的天啊，那就是美国!象征着美国财富的种子和整个美国伟大英雄诗篇的是太阳帽下的女人，而不是横枪跃马的英雄。但有谁写过她的故事？有谁画过她的肖像?"①

由于当时无人关注西进妇女，也就没有留下关于她们的系统的、专门的文字材料。即使偶尔有一些一鳞半爪的记载，也都分散在一些州和地方的文档中，寻找起来极为困难。其实后来许多美国学者并不是看不到西进妇女的半边天作用，他们也希望恢复历史的本来面目，还她们以公道，但苦于材料不足，虽然在有关章节中尽可能予以表述，却往往显得苍白无力，难以达到目的。20世纪60年代以来，美国史学界受各种社会运动，特别是女权运动的影响，对西进妇女的作用给予了充分的关注。远西部历史学会还把散失在各地的西进妇女日记整理、复印，为研究者提供了珍贵的材料。

轻视妇女的思想观念转变以后，一些学者利用过去从未引起人们注意的西进妇女的日记、书信和回忆录，进行了比较深入的研究，完成了一系列颇有分量和影响的著作。②这些著作比较充分地展示了边疆妇女的作用和贡献。书中所引用的大量事例雄辩地说明，如果没有西进妇女的忘我劳动，对家人的细心照料和坚忍不拔的精神，西进运动就可能半途而废。没有妇女的帮助，男性拓荒者就很难走完预定的路程，即使侥幸到达目的地也很难长期生存下去。失去半边天的拓荒者在西部难有作为，就连长期生活在男性社会里的淘金者也深有感触。他们深感没有家的苦恼，没有人做饭，没有人洗衣服，没有人关心自己的病痛，没有人关心环境卫生，没有人分担忧愁和不幸，也没有人共享快乐。采矿者对于这种枯燥孤独的生活十分厌倦，渴望改变这种状况。像采矿者这样的

① Emerson Hough, *The Passing of the Frontier*, New Haven: Yale University Press, 1921, pp. 93–94.

② Glenda Riley, *Frontierswomen: The Iowa Experience*, Ames: Iowa State University Press, 1981; Sandra Myres, *Westering Women and the Frontier Experience, 1800–1915*, Albuquerque: University of New Mexico, 1982.

在劳动生产过程中完全不依赖女性的男性,在生活和思想上也是离不开女性的。西进妇女在这样的社会里同样是可以起到半边天的作用的。

美国学者约尔马·博伊森甚至认为,在西部女性的魅力超过了男性的影响,西部的主宰者是妇女而不是男人。他写道:"'在西部妇女中间存在着普遍的希望和激情'。这就是母亲的力量,男性的粗鲁力量是无法与之抗衡的。正是这种力量使荒野的西部处于女性的完全控制之下。"①尽管这个论断有点矫枉过正的味道,但肯定西进妇女作用的基调是可取的。另一位美国学者约翰·麦克·法拉格对这个问题的表述更全面一些。他在《和奥弗兰小道上的妇女和男人》一书中曾反复强调在西进运动中妇女和男人做出了同等的贡献。其结论为"建立自由平等的妇女和男人社会的一个重要步骤是创造一部妇女和男人真正联合的历史"②。这就是说,在西进运动中女性和男性所起的作用是相同的。从西进妇女用自己的行动创造历史到美国社会基本上承认这段历史,差不多经过了一个世纪,可见轻视妇女的思想有多么顽固!

二、女传教士先行

在西进妇女的行列中,女传教士走在最前面。最早跨过落基山的两名白人妇女都是有志去西部印第安部落中传教的女教士,一位名叫纳塞莎·普伦蒂斯·怀特曼,另一位是伊莱扎·哈特·斯波尔丁。两人都自幼接受过宗教教育,都是虔诚的新教徒。当时东部的宗教界人士都认为印第安人没有正当的宗教信仰,完全生活在黑暗之中,应当到他们当中去传播基督教以拯救他们的心灵,给他们送去光明。纳塞莎和伊莱扎受到这

---

① Dee Brown, *The Gentle Tamers: Women of the Old Wild West*, New York: Putnam, 1958, p. 290.

② John Mack Faragher, *Women and Men on the Overland Trail*, New Haven: Yale University Press, 1979, p. 11.

种思想的感染,下定了去西部的决心,宁愿放弃东部舒适而又安定的生活,去接受各种艰难险阻和困苦生活的考验。

1834年,塞缪尔·帕克医生(身兼传教士)在纽约州招聘传教士到西部向印第安人传教。纳塞莎认为这是实现自己愿望的一次难得的机会,立即向帕克医生提出应聘申请,但由于美国宗教界当时不主张派遣女传教士去西部传教,纳塞莎的申请未获同意。随后,纳塞莎为了实现自己的愿望就下嫁正准备去西部传教的马库斯·怀特曼医生。这样,她就可以随同丈夫一起去西部完成自己的事业,这是一种特殊形式的宗教婚姻。伊莱扎也想不出更高明的办法,还是在去西部前同亨利·斯波尔丁结婚,得到了去西部的机会。

1836年春天,两对传教士夫妇受新教教会的委托,并得到教会的财政支持,从纽约出发去落基山以西的俄勒冈传教。那时俄勒冈不是美国的领土,到那里传教可能遇到的困难是难以想象的。他们对困难和危险有清醒的估计,在离开纽约以前购置了各种必需品和大量食品。但是由于所携带物品数量太多,用了几辆大篷车才装载妥当。等他们上路以后立即发现太多的辎重成了他们西进的累赘,不得不一边走一边精简行装,沿途抛弃了大量物品和几辆篷车,最后只剩下一辆双轮篷车和最必需的物品。

密西西比河以东地区已成了有许多移民定居的地区,相对来说,危险比较少,道路也比较好走,一行四人没有遇到太大的麻烦。过了密西西比河情况就大不相同了。大平原地区地势平坦,行路并不难,但那里印第安人出没无常,袭击过往客商的事件时有发生。进入落基山区以后,山路崎岖,险象环生,而且有时要通过印第安人居住的地区,随时都可能发生危险。两对夫妇带着一辆篷车要通过这样的地带而不受到伤害,简直是令人难以置信。幸好他们在草原地带同一支规模很大的毛皮商队相遇,并得到允许同商人结伴而行。但在经过圣路易斯,即将进入大平原时,许多商人不愿意与行动缓慢的传教士篷车同行。这对两位妇女来说简直是大难临头,不过,她们并没有退缩,决心要继续走下去。也许是两位妇女坚毅精神的感召,也许是商队领头人吉姆·布里杰的劝导,使商人们改变了态度。一行四人才没有被抛下,随着商队登上落基山,翻越大陆分水岭到达温哥华堡。他们在那里受到哈德逊公司货栈人员的热情接待。

纳塞莎在途中怀孕,到达温哥华堡时已有5个月的身孕,这时到印第安人当中去建立传教站对她来说显然是不合适的。温哥华堡的麦克劳克林医生再三劝说纳塞莎夫妇留在商栈,到分娩后再去过荒野生活,但纳塞莎不顾一切困难和危险坚持要尽快到印第安人当中落脚。他们经过商量,决定由亨利去寻找愿意接受他们的部落。事情很快就有了结果,纳塞莎、马库斯夫妇去韦拉普传教,伊莱扎、亨利夫妇去拉普威建立传教站。两地相距120英里,往来极不方便,两对夫妇在两个差不多与世隔绝的地方一住就是十一年。两位妇女在传教站的生活是十分劳累的,她们不仅承担了繁重的家务劳动,而且还要挤出时间在印第安人当中传教。

在同印第安人友好相处方面她们做得很成功,但是传教的效果却不太好。由于她们是最早到西部印第安人当中传教的女教士,缺乏经验,过于注重宣传新教教义,希望在宣讲教义的过程中引起印第安人内心世界的变化。这种抽象的宣讲方法很难让印第安人听懂,更不可能引起他们的兴趣,不少印第安人甚至对她们的传教感到厌烦,觉得是一种负担。纳塞莎在给家人的信中写道:"有人说,如果他们只知道狩猎、吃喝和睡觉那该多好,现在可就不好了。"①

在印第安人当中传教本来就是一件极为困难的事情。不仅有语言上的障碍,而且有极大的文化传统、生活方面的差异,印第安人的信仰和新教教义又相去太远,简直是格格不入,再加上宣讲的方法不太恰当,四位传教士虽然不遗余力地工作了十一年,但效果不佳。他们所在的部落中只有22人跟随他们活动,勉强算是新教教徒,其实这些人对新教教义

---

① Nancy Wilson Ross, *Westward the Women*, p. 33.

并不十分了解。

在印第安人中间生活的第一个年头,纳塞莎和伊莱扎同白人社会几乎完全失去了联系。这中间只有纳塞莎曾经探望过伊莱扎。伊莱扎生孩子后两人之间只有书信来往。她们完全靠书信来相互倾诉自己的感受,并且相约在每天早上9点同时为孩子做祷告。这是两人相隔120英里之遥所可能采取的一种共同行动。南希·威尔逊·罗斯认为,两位母亲对相互交往的迫切要求是建立妇女组织的一种动力,起初虽然只有两人建立这种间接的联系,但也被她看作是著名的"哥伦比亚母亲协会的第一步"。随着传教士夫人人数的增多,终于建立了这个协会。这个协会很快就成了联络分散居住的妇女们的一个中心。

两年后又有四对新婚传教士夫妇踏上了去俄勒冈的道路,他们的到来使俄勒冈的荒原中又增加了四位女性。在这四位女性中,玛丽·理查森·沃克的经历最具有代表性。她原来在缅因工作,是一位深受欢迎的女教师,但她一心想当传教士,而且愿意到最艰苦的地方工作以求洗涤自己的心灵。她在同传教士埃尔坎纳·沃克结婚后立即走上了西进的征程。他们在辛辛那提同另外两对传教士夫妇会合,在路途上又有另外一对新婚夫妇加入了他们的行列。

四对年轻夫妇在密苏里的独立城做好进入干旱世界的一切准备以后顺利地通过了大平原登上了落基山。但他们在丛山中几乎迷失了方向,几经曲折才翻过了大陆分水岭,到达怀特曼夫妇的传教站。他们本已疲惫不堪,应当留下来稍事休息,但内心强烈的使命感迫使他们强打精神,立即动身到印第安人的村落中建立传教站。玛丽和丈夫在斯波坎人中落脚,在那里建立了一间14平方英尺的简陋的小木屋作为传教站。同她的前辈一样,玛丽在这里过着十分俭朴而又繁忙的生活。根据留下来的记载,她每天要工作16个小时,自己洗衣服、缝衣服、烤面包、做饭、挤牛奶、制作黄油和肥皂,有时还要做木工、修补房顶和打扫烟筒。如果有空余时间就学斯波坎人语言,到他们当中传教。临睡前还要写日记,她准备把这份宝贵的记载留给后人。

除去来自美国东部的女传教士,还有来自大西洋彼岸比利时的天主教修女。最早被比利时天主教会派往新大陆俄勒冈的有六位修女,她们是阿洛伊莎、洛亚娜、阿尔宾、凯瑟琳、科妮莉亚和诺伯婷。她们的任务是在那里传教,兴办学校,教育丛林、荒原中的印第安儿童。她们的旅途漫长而又十分危险。她们要从欧洲港口上船,沿南美洲航行,绕过霍恩角北上才能到达北美洲太平洋沿岸的哥伦比亚河口,然后乘小船上溯至阿斯托里亚和温哥华堡,她们的传教地点就在这里的周边地区。这条航路所经的海域风急浪高,变幻莫测,而且常常有海盗出没,如果途中一切顺利也要走七个月。六位修女乘坐的船只不仅多次受到暴风雨的袭击,而且曾被海盗船追踪,进入太平洋后还曾断水断粮。7月29日,这艘船终于到达哥伦比亚河口,整个船身早已创痕累累。修女们从当地印第安人那里得到食物和水,然后沿哥伦比亚河上行到达目的地。她们在温哥华堡受到哈得逊海湾公司人员的热情招待,稍事休整以后就雇了一条小船溯威拉米特河而上,在著名的威拉米特谷地安顿下来。她们得到印第安人的支持和帮助,在那里修建了住房、教堂和学校。她们在那里的生活相当艰苦,但却充满了希望和乐趣,衣食住行都要自己动手。地里的劳动十分沉重,料理日常生活也要付出许多劳动和时间。她们还要利用一切可以利用的时间在成人中传教,在学校里教育儿童。

比利时修女的传教方法和新教传教士的方法不同,她们随身带来许多印刷精良的彩色宗教画,在向印第安人传教的时候结合图画讲说宗教故事和教义。这对印第安人有相当大的吸引力,收到了很好的效果。在学校里教育儿童的工作也取得了显著的进展。六位修女在这里取得成功的消息传回比利时以后,又有一批修女到俄勒冈传教,并且成功地开办了新的学校。可惜的是此后她们没有得到比利时天主教会的后续援助,很难进一步开展工作,不得不放弃这里的学校和教堂,到加利福尼亚去谋求生存。

西进的女传教士和修女的人数虽然不多,但她们不畏艰苦、锲而不舍的精神对后来者是巨大的鼓舞。她们所走过的路途、她们的感受、她们所取得的成就和她们留下的文字记载都是历史上的宝贵财富,成为后来开发西部的重要借鉴。

三、拓荒者家庭的支柱

到西部去的拓荒者都是以家庭为单位的,从准备启程到在西部某地落户的各个阶段都不能缺少家庭主妇。在西部移民点中没有男人的家庭也许还能找到,但是没有主妇的家庭却是很难支撑下去的。由于路途艰险,到处危机四伏,死人的事时有发生。如果男主人遇害,幸存的主妇一般都可以接过他的担子带着子女,在同路伙伴的帮助下在目的地建立家园。如果主妇身亡,很少有男主人能够承担起繁重的家务劳动和做全家生活的安排,很容易导致家庭解体。对于大多数西进的妇女来说,西进就意味着不得不放弃比较安定舒适的环境,去西部荒原中接受劳累而又危险的磨炼。她们往往比男性承受的压力更多、付出更大。是什么东西给予她们如此巨大的动力和决心,使她们同家人一道踏上了这前途难料、艰难危险的西进道路呢? 恐怕只有用女性对家人的爱和关注,对更美好的家庭生活的憧憬来解释她们西进的决心。正如迪伊·布朗在《温柔的协调者:荒野老西部的妇女》一书中所说:"对于大多数妇女来说,到西部去的唯一理由就是寻找新的家园,许多移民妇女的梦想就是在某个河谷里拥有一间舒适的木屋。"[1]也有的家庭为债务所困扰,被迫去西部寻找财富来偿还债务。一位名叫凯瑟琳·豪恩的新娘这样写道:"早在1849年1月,我们第一次想到要向加利福尼亚移民。那是国家的困难时期,我们也卷入了在艾奥瓦克林顿附近的商业纠纷,打算去新埃尔多拉多并尽量'获取'黄金,以便带回这些黄金还清债务。"[2]

---

[1] Dee Brown, *The Gentle Tamers*, p. 195.

[2] Lillian Schlissel, *Women's Diaries of the Westward Journey*, New York: Schocken Books, 1982, p. 166.

到西部去是需要很大的勇气的。不少家庭虽然非常向往西部的美好未来，但不愿付出过于高昂的代价，迟迟不能做出决定，甚至完全放弃了西迁的念头。决定西迁的家庭，特别是家庭主妇从准备迁移的那一天起就要放弃正常生活，夜以继日地为路途的衣食和安全操劳，即便定居以后也要面对极大的困难和危险。

上路以前，每个家庭主妇都需要准备一家人在路途上和定居之初的食物、衣服和一切必需品。根据当时的记载，一位家庭主妇在动身前至少要煮制10磅肥皂，缝制全家人的四季换洗衣服、宿营的帐篷和马车顶篷，腌制旅途需用的肉食和置办各种必需的生活用品。这些繁重的工作至少需要半年或更多的时间才能完成。一位名叫玛丽·埃伦·托德的女孩曾这样回忆说："我们决定到俄勒冈去以后，发现需要考虑和做的事情很多……父亲、母亲往往同时叫我。我先是听父亲说：'玛丽·埃伦把锯子或者锤子递给我'……母亲接着又吩咐：'玛丽·埃伦，我在这里煮制肥皂，你可不可以搅拌好奶酪。你知道我们需要很多肥皂。我还必须纺出全部的棉纱卷，因为我们要带走很多棉纱。'"[1]

对于移民妇女来说，路途上的艰辛是难以形容的。相比之下，上路前的准备工作就安稳得多了。只有少数比较富裕的家庭有条件乘坐西进的邮车、航船和火车，大多数移民就只能靠自己的篷车和双脚了。但即便是有幸乘坐车船的妇女也要经受拥挤不堪的折磨，一位乘坐驿车去内华达行车五昼夜的妇女写道："需要活动一下我们的双脚，但只能在请求邻座旅客移动他们的双脚后才能这样做，因为连一英寸的空间都没有。"[2]西进道路的许多路段崎岖不平，行车事故时有发生，遇到陡坡乘客们都必须下来推车。贝茨夫人曾回忆这种情景："乘客们都必须下车以减轻驿车的重量，并推车帮助马匹上坡，当他们到达山顶后又要刹住

---

① Adrietta A. Hixon, *On to Oregon! A True Story of a Young Girl's Journey into the West*, Signal-American Printers, 1947, p. 8.

② Dee Brown, *The Gentle Tamers*, p. 115.

车,然后上车驶往下一个山坡,时刻都有翻车折断脖子的危险。"①

进入大平原以后干旱威胁着篷车队。宿营后取水和收集柴草都是妇女的事情,这里的水源有限,草木稀少,她们不得不远离宿营地四处寻找,收集不到柴草就拾干牛粪做燃料。詹姆斯·伍德在日记中有这样的记载:"妇女和儿童都去捡野牛粪,用来生火做饭。"②戴维·埃克尔斯夫人也留下了类似的回忆:"在平原上,总是在篷车两侧挂上装干野牛粪的粗布袋。我们平均每天走10英里,我相信我又多走了5英里去寻找我们的疲惫无力的牛的饲草和晚间燃料。"③

洗衣服也是妇女在旅途中的繁重劳动。一般的篷车队大约每两个星期在有水的地方停留一整天,让妇女们洗衣服。成堆的脏衣服、炽热的阳光、干燥的风使妇女们不仅疲惫不堪,而且两手变得又红又肿。丽贝卡·凯查姆曾这样回忆说:"卡米拉和我两人在洗刷的时候双手晒伤得很厉害,既红肿又疼痛,就像被开水烫了一样。我们的双手比农夫的手还黑,而我又看不到有什么法子可以防护,因为每件事都要在风和阳光下完成。"④

由于篷车的空间有限,能供骑乘的马匹也很少,妇女徒步跟随车队是司空见惯的事情。如果车队中有的男子因伤病或其他原因不能担任警戒和驾车,就由妇女替代。凯瑟琳的日记中就曾提到这样的事故,"有一名男子被毒蛇咬伤了脚踝。尽管在伤口上涂上了所有能得到的药品,但还是不得不用普通的手锯截去受伤的脚。幸好他有一个善良的、勇敢的妻子伴随着。她帮助和鼓励他恢复健康和劳动能力。"⑤在他养伤期

① Dee Brown, *The Gentle Tamers*, p. 116.

② Dale Morgan, ed., *Overland in 1846: Diaries and Letters of the California Oregan Trail*, Georgetown: Taisman Press, 1963, p. 274.

③ John Mack Faragher, *Women and Men on the Overland Trail*, p. 77.

④ Leom Kaiser and Priscilla Knuth eds., "From Ithaca to Clatsop Plains", *Oregon Historical Quarterly*, Vol. 62, No. 3, Sept. 1961, p. 283.

⑤ Lillian Schlissel, *Women's Diaries of the Westward Journey*, p. 178.

间,他的妻子不但要护理他,而且还要承担路途上一切工作。如果没有超人的毅力,这样的重担是会把人压垮的。

定居是西进旅途的终点。但是等待拓荒者的不是梦想中的乐园,而是荒凉的原野,一切都得从头做起。他们面对的是繁重的劳动和艰苦的生活。修建一个能够遮风避雨的栖身棚屋就是一个很大的难题。在大平原地区缺少林木,木材奇贵。在滨海一带虽然有丰富的木材资源,但由于谋生不易,移民们没有足够的时间和金钱来营造住房。新到这里的移民家庭一般寄居在先到的移民家中,或者使用印第安人遗弃的茅棚,有的住木架帆布帐篷,也有人住临时搭建的锌板房。他们往往采取互助的办法来逐步解决住房问题,相邻近的居民先建好一间木屋,大家共同居住,然后再建第二间、第三间。一位移民妇女在日记中曾这样记载:"一间木屋尽快建成。24人,其中有12名孩子就住进去,一直到他们能建成第二间木屋以前,这24个人就在这一间屋子里平静地生活下去。"①

西南部地区的条件最差,那里只有土坯房,房屋狭小,而且十分简陋。即使在条件较好的大平原东部边缘和邻近地区也存在着住房难的问题。1855年,一位在堪萨斯定居的妇女给她留在东部朋友的信中这样写道:"我们仅有一间房,我们全家在这里吃饭、喝水和睡觉。那个房间还没有你们的厨房大。"②

虽然移民家庭的所有成员都要面对住房难的问题,但家庭主妇遇到的困难要大得多。她们不但要适应这样恶劣的条件,而且要努力加以改善,使家里的其他成员过得好一些。她们为此所付出的劳动和忍受的痛苦往往令人难以想象。爱整洁是妇女的天性,尽管家务劳动十分沉重,她们仍然要想方设法收拾和布置一下简陋的房子,改善居住条件。平时尽量把房屋打扫干净,保持清洁。没有家具就自己打造,这本来是男人的事,但他们要种地或者打工谋生,顾不过来,于是妇女们就自己动手。

---

① Nancy Wilson Ross, *Westward the Women*, p. 12.

② Dee Brown, *The Gentle Tamers*, p. 194.

一位居住在俄勒冈的妇女颇为骄傲地叙述自己帮助丈夫打造家具的往事:"我的丈夫用劈开的木板做桌子,我做椅子,用印花油布包上干树叶做椅垫。我用装糖的木箱做了一把扶手椅,用相同的方法做椅垫和包装。碗柜和其他家具也是我做的。我对我的新家感到非常骄傲。"①

除去收拾和布置房屋以外,其他的家务劳动也是十分繁重的。妇女们要自己纺纱织布、缝制全家人的衣服被褥、烹煮饭菜、储备食物、采摘浆果,还要自制肥皂、蜡烛之类的日用品。用水也是一大难题,她们往往要到远处提取。即使有幸在河流沿岸居住的家庭,也不是所有的主妇都可以免除用水的困难,因为有些西部河流的水含碱量大,不宜饮用,需要加以处理。居住在里奥格兰德河畔的一位妇女抱怨说:"只有一种选择,要么使用含碱量很大的里奥格兰德河水,要么选用价格昂贵的人造冰溶化的水。"②

一般地说,西部的妇女是同丈夫并肩创业的。她们的独立性比较强,有的妇女不仅肩负着日常家务劳动的重担,而且还为家庭创造了财富。《边疆妇女》一书的作者赖利曾经做过这样的描写:"显然,边疆妇女是经济创造者,她们生产所有的家庭用品……并且挣到了少量的现金。"③可以毫不夸大地说,妇女是西部移民家庭的支柱,如果没有这根支柱的支撑,那么这个家庭就会崩溃。

四、维持西部社会稳定的重要因素

最早到西部的毛皮商人、狩猎者和淘金者差不多都把妻室儿女留在东部或者靠近西部的地区,他们所居住的地方基本上是男性社会。迪

---

① Mary Osborn Douthit, ed., *The Souvenir of Western Women*, Portland: Anderson and Du -
niway Company, 1905, p. 91.

② Frances C. Carrington, *My Army Life*, Philadelphia: J. B. Lippincott, 1911, p. 56.

③ Glenda Riley, *Frontierswomen*, p. 56.

伊·布朗根据自己所掌握的材料做了如下估计：1849年，在整个旧金山只有15名妇女。到这一年的12月底，妇女人数才增加到50名。1850年，妇女人数只占加利福尼亚人口总数的8%，但矿工人数未计算在内，否则妇女所占比例将会更低。[①]这样的社会是当时美国的特殊条件下形成的畸形社会，不可能长期维持下去。

在19世纪的美国，家庭仍然是社会的基础。没有妇女就不可能组成正式的家庭，缺少妇女，整个社会的基础也就岌岌可危。曾经有一些探险者和在西部的单身男性同印第安妇女结为夫妇，建立一个稳定的家庭，并得到有关部落的接纳和保护。如吉姆·布里吉、威廉·本特、乔治·米克这样的在拓荒者中间颇有影响的人物都娶了印第安女子为妻。长期居住在西部边疆的西北毛皮公司和哈得逊海湾毛皮公司的代理们差不多也都有一个印第安妻子，并且为自己有一个温馨的家庭而感到幸运和自豪。例如，居住在科尔维尔要塞的苏格兰裔美国人安格斯·麦克唐纳的印第安妻子为他生了十个孩子。他非常爱自己的妻子，总是对人夸耀说，如同他的苏格兰乡亲一样，他也有一个美满如意的婚姻。[②]1850年，一位曾在吉姆·布里吉家中做客的旅行者回忆说："他有一个印第安妻子和两个孩子……看起来很满足。布里吉夫人，那位印第安妇女还为我们烹煮了美味的晚餐。"[③]

然而，能够娶印第安妇女为妻的人毕竟是少数，其他的大多数人就没有这样幸运了。他们痛感没有家室的孤独和苦恼，但在缺少妇女的社会里又很难改变这种处境，一时人心躁动，成为严重的社会问题。妇女的地位在西部社会中显得异常的特殊和高贵，从东部过来的女性只要一走上这里的土地，就会像众星捧月般受到珍视和呵护。有一位旁观者对

① Dee Brown, *The Gentle Tamers*, p. 218.

② Dee Brown, *The Gentle Tamers*, p. 214.

③ Dee Brown, *The Gentle Tamers*, pp. 214–215.

于这种场面不由感叹地说："妇女就是女王。"①一位曾在加利福尼亚旅行的妇女对当地矿工们对她的细心关照和尊重感到惊讶和高兴。她回忆说："如果我长期生活在他们当中,恐怕会对自己的重要性产生很大的错觉。每当我停下来用餐的时候,他们为了驱赶蚊虫总是在煎锅里燃起小小的火头,并把煎锅放在我的周围。当烟柱在我的四周升起,我觉得自己好像受到香烛供奉的女神。"②不少年轻小伙子常常骑马奔驰几十英里只是为了看一眼邻近地区新来的妇女,即使连说一句话的机会都没有也绝不后悔。

东部那些穷困潦倒走投无路的单身妇女只要愿意到西部去,都可以找到满意的归宿。她们初到西部一般都充当女佣或者厨娘,暂时在比较富裕的家庭里落脚。用不了多久就会有人前来求婚,把她们娶走。面貌姣好的固然会很快被人选中,姿色平常的也同样有人垂青。1857年,居住在加利福尼亚的雅洛什·赞达斯在信中这样写道:"一个星期前还在做饭、生炉子、洗衣服的女佣人或者女厨师;已经成为银行老板或者某个富商的妻子,因为她们有漂亮的脸蛋。"③而一位要塞军官夫人则抱怨她的并不漂亮的女佣人也被人带走了。她说:"那个姑娘的面貌和举止很像一个大兵,虽然不是十分丑陋,但也同漂亮不沾边,所以我们以为能够留住她工作……可是她三天前就不在要塞了,那个为我们保管毯子的男人把她娶走了。"④为了使女佣人在西部长期受雇,芝加哥的职业介绍机构特别为林肯要塞挑选了一批丑陋的女子,但出人意料的是,连她们也在两个月内全体被娶走。

在西部,相当长时间内妇女短缺的问题一直困扰着整个社会。无法组织家庭的单身男子占有很大的比例,他们为了娶到妻子要花费很大的代价,不得不到处举债。这种状况直接影响到社会稳定。不少人主张从

---

① Dee Brown, *The Gentle Tamers*, p. 218.

② Caroline C. Leighton, *Life at Puget Sound*, Boston: Lee and Shepard, 1883, p. 106.

③④ Dee Brown, *The Gentle Tamers*, p. 222.

东部引来大批单身妇女以缓和西部的紧张局势。一些商人从这里看到了商机,他们十分清楚,不管从什么地方输入妇女都会是大受欢迎而又极为有利可图的营生,于是亲身赶到东部招募妇女。他们雇人在街头巷尾宣传去西部的好处,并承诺为愿意去西部的妇女支付路途上的一切费用,等到这些妇女到达西部被男人选中以后,商人们就从男方那里收回成倍的金钱,从中获取巨额利润。也有人不为赢利甘愿出面为西部做有益的事情。例如,纽约的一位名叫伊丽莎白·法纳姆的女监狱看守长在了解到西部渴望引进妇女以后,曾计划从东部向西部运送新娘。1849年2月2日,她登载了一则广告,准备组织二十五岁以下的妇女去西部成家。她先后曾同两百多名妇女商谈,其中许多人都表示了去西部的意向。但可惜这位组织者病倒,这项计划未能实行。

十二年后,一位来自俄亥俄富兰克林大学的年轻人阿萨·希恩·默塞在运送东部妇女去西部的事务中取得了成功。1861年,他在大学毕业后去西雅图寻求发展,不久得到领地政府的许可和支持创办了华盛顿大学,并担任第一届校长。但当地生源奇少,第一年注册入学的不过十余人。他认为出现这种情况同缺少年轻女性有关,于是就向领地政府提出从东部招引新娘的计划,以便在若干年以后能够提供生源。这是一项长远的计划,不会马上见效。因此领地政府只是在原则上同意他的计划,但并未提供财政上支持。默塞并未因此气馁,放弃自己的计划。1864春天,他到新英格兰地区劝说并打动了几百名年轻妇女,大家都表示愿意到西部去试试运气。但由于运载船只出现问题,不得不把行期推迟,并把人数减少到一百人左右,直到1866年1月15日才从纽约启航。随后由于交通运输的日益发达和西部经济的迅速发展,西部缺少女性的矛盾逐步得到缓解,西部社会也日趋稳定。

五、争取女权和社会平等地位的先行者

在西部,由于妇女在家庭经济生活中占有相当重要的地位,因而具

有较强的独立性。妇女们不仅能够生产许多生活中的必需品,而且还可以在社会上赚到少量的现金以增加家庭的收入,有的妇女还当选地方的公职人员。她们无论是在家中还是在社会上的地位都比东部的妇女高,她们接触社会的机会相对较多,眼界也比较开阔,对妇女的无权和受歧视的状况有很深的感受,迫切要求改变这种不合理的状况。虽然她们同东部的女权运动并无直接的联系,但她们当中的先进分子已经起来开展争取平等权利的活动,其中最有影响的一次行动是1869年9月2日举行的怀俄明茶会。这次茶会的意义十分重大,美国学者迪伊·布朗给予了很高的评价,他认为:"怀俄明茶会在争取女权的斗争中犹如波士顿茶党在争取独立的斗争中那样重要。"①

　　怀俄明茶会的组织者是一位名叫埃斯特·麦奎格·莫里斯的妇女。她是一位富有经验而且意志坚强的妇女活动家,在当地社会有良好的声誉,曾被选为南山口城的地方执法官。她非常关心妇女的权利,愿意尽最大的努力向领地议会提出妇女选举权法案。虽然那年她已经五十五岁,但仍然精力充沛。经过周密的策划,终于在领地议会选举前夕举行了这次重要的茶会,南山口城的二十名知名人士应邀出席茶会。莫里斯预计这二十人当中定会有人当选领地议会议员,打算通过当选者向领地议会提出授予妇女选举权的议案,从而在怀俄明领地结束妇女被排斥在选举之外的状态。她在茶会上说出了自己的想法,立刻语惊四座。对于这样一个不可思议的话题,不少人完全不知所措,在他们心目中,男尊女卑、妇女主内似乎是天经地义的事,让她们拥有选举权,走上社会同男人平起平坐,这简直是匪夷所思。令他们更为惊讶的是,在座的很受人尊敬的威廉·布赖特上校居然接受了莫里斯的想法,当众表示,如果他当选领地议会议员,一定要向议会提出这种议案。尤有甚者,出席茶会的另外几位要人也纷纷做了同样的允诺。这次茶会最后成了莫里斯发表女权宣言和行动计划并得到在座不少名流大力支持的会议,这次会议立即

---

① Dee Brown, *The Gentle Tamers*, p. 238.

受到人们的普遍重视。

不出莫里斯所料,威廉·布赖特果然当选领地议员,并被推举为参议院议长。布赖特没有忘记自己的承诺,于1869年11月19日向参议院提出了在怀俄明领地实施妇女选举权的议案。布赖特的行动立即引起了怀俄明各界人士的强烈反响,大多数人不相信这是真的,以为布赖特在开一个大玩笑。莫里斯和她的伙伴们则认为这是难逢良机,是她们的茶会起了作用。于是她们立即抓紧时机向社会各界宣传这个议案的重大意义,并向领地的总督和议员们写信,向他们发出呼吁,希望他们能够加以支持。

议案以6票赞成、2票反对、1票弃权在参议院获得通过,但却在众议院遭到激烈的反对。有人主张把妇女享受选举权的年龄从十八岁提高到三十岁,也有人要求把议案的辩论推迟到第二年的7月4日。经过长时间的激烈辩论以后,争辩双方达成妥协,把妇女的选举年龄从十八岁改为二十一岁。议案经过修正后以6票赞成、4票反对、1票弃权获得通过,1869年12月10日,经约翰·坎贝尔总督签署。于是妇女选举权法案正式生效,怀俄明因而成为美国最早实施妇女选举权的领地。1870年9月6日在怀俄明领地选举中,适龄妇女们走进投票站投下了自己神圣的一票。一位名叫路易莎·安·斯温的七十岁高龄的妇女是第一个投下选票的人,成为美国第一位行使选举权的女性。此外,怀俄明的妇女还打破了不能参加陪审团的限制,有六名代表进入了法庭的大陪审团。

然而,男尊女卑的旧传统和歧视妇女的偏见根深蒂固,对于妇女拥有选举权这个事实,怀俄明的许多男子不能接受。甚至在曾经支持妇女选举权的民主党人中也有不少人改变主张出面加以反对,甚至主张向领地议会提出废除妇女选举权的新法案,并向领地议会不断施加压力。在他们频繁的活动下,领地议会终于通过了废除妇女选举权的法案。后来,这项法案由于遭到了坎贝尔总督的否决才未能生效。怀俄明妇女所取得的这项基本权利因而得以保留。

然而,妇女取得选举权仅仅是女权运动的第一步,妇女参政、议政还是以后的事情。怀俄明妇女进入地方议会和担任公职是在怀俄明建州二十年后才得以实现的。1910年，玛丽·G.贝拉米被选入怀俄明州议会，成为美国第一位州议会女议员。美国的第一位国会女议员也出自怀俄明州，她名叫珍妮特·兰金，于1917年当选。1925年5月，怀俄明选民又选出了美国历史上的第一位女州长珍妮特·泰勒·罗斯。

继怀俄明之后，科罗拉多、爱达荷、犹他三个西部州在1900年以前相继通过了妇女选举权法案。美国各州中最先通过妇女选举权法案的十二个州都是密西西比河以西的西部州。

西部妇女除了取得选举权和参政、议政的权利以外，还要求取得与男子平等的经济地位和社会地位。不少西部妇女不顾世俗偏见，走出家庭独自开办供应膳食的公寓和经济营养食品的商店，并且取得了极好的经济效益。据报道，一位加州妇女每年烤制和销售价值18000美元的馅饼，获利达6000美元之多，[①]这在当时是一个不小的数目。有的西部妇女进入牧场，和男人一样干一个牛仔的工作，放牧和驱赶牛群。她们都有足以自立的可观收入，改变了在家庭中的依附地位，甚至离开家庭过独居的生活。

由于西进是一个危机四伏的行程，任何一个错误的决定都可能导致整个家庭，甚至一个篷车队的覆灭。不少随丈夫西进的妇女为了自身和家庭的安全，禁不住一反夫唱妇随的常态，在讨论重大问题的时候往往要发表和坚持自己的意见。她们的意见一般都是经过深思熟虑的，经常可以帮助丈夫或者车队领头人做出正确的选择，使车队转危为安。她们从中也认识了自己的价值，同东部的妇女相比有更多的自信和独立性，因而敢于起来反对一些陈规陋习。例如一些居住在犹他的妇女就曾反对过摩门教的一夫多妻制，摩门教的首领布里格姆·杨的新婚小妾发现他还有其他妻妾的时候断然提出离婚，并将他告上法庭，多家媒体曾争相报道，在全国引起了轰动。

---

① Dee Brown, *The Gentle Tamers*, p. 253.

西部妇女是女权运动的实践者。她们没有提出成套的理论和纲领，但她们所取得的成果却是实实在在的，同时也是十分显著的，不愧是美国女权运动的先行者。

六、西部教育事业的开拓者

迄至19世纪，整个西部都是待开发和初步开发的地区，一切必须从头做起。这里没有正规学校，更没有专职教师。刚刚在西部定居的移民没有办法让子女受到最起码的教育，只有少数有文化的移民能够在家中教自己的子女读书识字。但这同正规学校所能提供的课程相比还是有不小的差距，西部迫切需要开办正规学校和受过专门教育的专职教师。然而，当时西部为教师提供的薪酬不高，愿意担任教师的男性不多，即使勉强接受这项工作也很少有人做长期打算，不断有人中途转业。人们不得不把目光转向女性。在去西部定居的妇女中也有一些出身名门有文化知识的女性，她们受过良好教育，而且不计报酬，能够细心关怀和引导学生，完全可以胜任教师的工作。但可惜人数太少，简直是杯水车薪，难解燃眉之急。在东部，特别是在新英格兰地区，闲居家中的知识女性众多，她们都是西部教师的最佳人选。假如能够把她们动员到西部去，对于那里的教育事业将是莫大的支持。美国早期妇女运动的领袖人物凯瑟琳·比彻深感这个问题的重要性，曾经发表了《美国妇女对自己国家的责任》这一著名的宣言，号召东部的知识妇女到西部去担任中小学和幼儿园教师。她强调这是一项很有意义的工作，希望东部的知识妇女抛弃那种把时间消磨在逛商店、讲究衣着打扮和闲言碎语中的无聊生活，到西部去当一名优秀教师和儿童的保护者，为国家尽一点责任。

西部的城镇和社区也认识到兴办学校的重要性和迫切性。早在19世纪50年代后期，堪萨斯等地的报刊就登载了成批招聘女教师的消息，并说明了薪酬的数目和食宿条件。从那时起就陆续有东部的妇女应聘到西部教书。最初的西部学校是十分简陋的，一般只有一两间教室，一间教室通常要挤满60到70个学生。一个单人课桌要由两个学生共同使用,有时中间还要坐一个瘦小的学生。女教师每月的工资在8美元至12美元之间,由学生家庭轮流提供食宿。一个学校往往只聘请一名女教师,她必须承担所有科目的教学任务。她们的工作相当繁忙,而生活却不富裕,这同她们在东部安定而又舒适的生活相比确有明显的差别。她们全靠对西部儿童的关爱和神圣的使命感才得以克服生活上的种种困难和不便,坚持下去并取得辉煌的成绩。她们有时也会怀念过去在东部的舒适生活,但却无怨无悔,甘心留在西部当教师。例如,有一位女教师在向自己的朋友诉说了西部生活的艰苦以后,接着表示:"别以为我在后悔。不,完全不,我不会回去。尽管我有时非常饥饿和疲惫,但我是坚定和快乐的。"①

在西部城市中有一些文化素养很高的女教育家曾为渴望学习的年轻妇女开设讲习班和专门学校,给她们提供提高自己的机会,有些人结业以后可以担任小学教师的工作。例如,1851年,E. M. 帕克夫人曾在旧金山开办讲习班,由她教授英语、法语、西班牙语、音乐和绘画课程。1860年,H. K. 克拉普小姐又在内华达的卡森城开设一所专门学校。但可惜的是这种讲习班和学校毕竟太少,而且又都不是常设的机构,培养的人才屈指可数。

总体来说,整个19世纪西部的教育都处在初始阶段,是远远落后于东部的。那里没有完备的高等学校,中小学也没有普及,要接受良好的高等教育只有去东部。但由于路途遥远,花费太大,即使男性青年也很难得到去那里求学的机会,更何况西部的女性。直到19世纪70年代才出现了一位幸运的年轻女子得到了这个机会,她的名字叫作贝瑟妮亚·欧文斯。她到费城唯一一所接纳女学生的费城选修学院学医,她在那里结业后获得毕业证书,成为了一位女医生。

她学成归来,在俄勒冈的一座小城罗斯堡行医。她没有想到在一次

---

① Dee Brown, *The Gentle Tamers*, pp. 290–291.

偶然的事件里,竟然受到男性同行的公开歧视和社会舆论的非议。有一次罗斯堡医学界邀请当地的几名有声望的医生共同对一具尸体进行解剖,研究有关的病理。她作为来自费城的医生也接到了邀请,但是其他几名应邀的男医生看到她到场后都不以为然。有人甚至公开表示,如果贝瑟妮亚参加这项工作,他就立即退出。最后贝瑟妮亚不得不悄然离去,此事传到社会上后,指责那几位男医生歧视妇女行为的人不多,却有许多人对贝瑟妮亚进行非议和指责。

在今天看来,发生这种事当然是一种笑柄,但在那个时代的美国西部却是不足为奇的事情。那时许多男人都在说:"我们不希望我们的妻子和女儿成为数学家、哲学家或者科学家。我们并不喜欢她们知道这类事情并引以为荣,而宁愿她们不知道。"①在这样的气氛下,西部女教师们处境的困难是可想而知的。在相当长时期内西部的女教师人数虽多,但入学就读的女孩子却少得可怜,在学校中男孩子占压倒优势。在某种意义上说,这对在那里辛勤工作的女教师也是一种无奈和不平衡,在她们的心目中当然希望有更多的女孩子得到上学的机会。

---

① Nancy Wilson Ross, *Westward the Women*, p. 157.

第十二章　西部的生活和文化

一、拓荒者的生活

对于拓荒者来说,西部是一个完全陌生而且神秘的地方。他们无心观赏那些雄伟的崇山峻岭和幽深的莽莽丛林,而是焦急地盼望找到一块可以落脚的土地。他们在西进途中可能碰到居住在山林深处的印第安部落,也许可以在那里得到友好的接待,但也可能兵戎相见,是祸是福很难预料。即使撇开印第安人不说,光是对付这些荒凉的山林就是一件十分艰难的事情。拓荒者一旦选好落脚的地点以后,他就必须首先安排自己一家人的生活。他们只从文明社会带来了最简单的工具、随身行李、生活必需品和数量有限的食品。修筑房屋、打造家具和必要的生活设施都只得就地取材,所能依靠的只有自己的双手和简单的工具。他们这些生活在近代的人不得不重新经历和改造原始社会的生活环境,可以说拓荒者的生活是相当简朴、相当艰苦的。

为自己的家庭建筑一所栖身的房屋就是一件非常困难的事情。在老西部和中西部地区定居的移民可以利用丰富的林木资源修筑比较坚固的圆木房屋,但这种房屋需要较长时间才能建成。初到西部的拓荒者一般都是先搭盖一间"半敞篷屋"暂时栖身。这种篷屋没有门窗,三面封闭,一面完全敞开作为出入口,既不能防寒也不能阻挡野兽的袭击,所以在敞开的那一面日夜都得燃着篝火。在这以后才有可能搭盖圆木房屋供一家人居住。建造这种房屋一般要用几个星期的时间,甚至更长,房屋的面积都很小。例如,林肯总统的父亲托马斯初到印第安纳的佩里县

（后改称斯塞县），只盖了一间带阁楼的宽18英尺、长20英尺的小木屋。一家三四口人在这样狭小的房屋中居住自然拥挤不便，完全无个人隐私可言。

在草原和大平原中的移民要为自己建造遮身之处就更加困难了。这里缺少木料，移民们只能用黏土和野草做土坯，建造低矮简陋的土坯房，居住条件更为恶劣。由于建造房屋要耗费大量时间和精力，这种土坯房的大小同中西部的木屋差不多，在里面只能遮风避雨，完全谈不上舒适二字。

移民们不可能把必要的家具随身带到西部，所需要的床和桌椅都得自己打造。通常的家庭只有一两张用粗糙的木板拼凑起来的床、一张木板桌子和几张三条腿的凳子，起初床垫和枕头都用干草充填，跳蚤随处可见。家具虽然不多，但已使小屋显得相当拥挤，如果再留出纺线和烤面包、做饭的空间，这间小屋也就没有什么可以供人回旋的余地了。

移民们安顿下来以后最迫切的事情就是开辟耕地种植粮食，这是一项非常沉重而又进展缓慢的工作。中西部和老西部最先到达的拓荒者多半在溪流附近和林木比较稀疏的地方开垦荒地。他们只需要砍倒不多的树木，清除地下的树根和茂密的灌木丛、野草及地段内的石块和杂物，相对来说比较容易。但考虑到拓荒者只有锄、斧和镰刀等简单农具，这项工作也是相当困难的。而后来的移民就很难找到林木稀少的地方，还要清除更多的树木，其困难的程度是可想而知的。所以拓荒者在定居的第一年只能开辟几英亩的耕地，而且多半采取粗放式耕作方法，既不中耕除草也不施肥，产量不高。移民们所携带的食物数量有限，在能够收获足够的谷物以前不能满足他们食用的需要。幸好森林中有丰富的野果和飞禽走兽，移民们可以通过狩猎和采集来补充食物。这里有营养丰富的草莓、越橘、醋栗、胡桃和栗子，还有成群的火鸡、野鸭和野鸽，溪流和湖泊中鱼的数量也很多。正是这些东西帮助拓荒者度过了最初的难关。

在草原和大平原定居的拓荒者就没有这样幸运了，他们遇到的困难更多。大平原是干旱和半干旱地区，人和牲畜的饮水都很难解决，大片的耕地得不到灌溉，完全靠天吃饭。许多拓荒者都不敢进入这片土地，直到19世纪六七十年代，才有少数敢于冒险者问津这里。首先在这里定居的都是略有积蓄的移民，因为他们必须靠自己的财力打一口深井，并建造一架风车从深井中提水供人畜饮用和浇灌面积不大的菜园。所开辟的大片耕地只有靠老天爷降雨，在平常的年景可以指望较好的收成，每遇上荒年就得逃离这块土地或者留下来忍受折磨。

拓荒者最初赖以为生的主要粮食是玉米。玉米是北美印第安人的主要粮食作物，具有产量高、营养丰富，容易种植的优点，是西进移民垦殖荒地时最理想的作物。小麦、大麦、燕麦等作物是在定居几年以后逐步种植的，而且数量有限。茶、咖啡、食糖都是从东部带来的，非常珍贵，是日常生活中的奢侈品。蔬菜、水果靠拓荒者自己种植，有豆荚、西葫芦、南瓜、西红柿、西瓜、蔬菜、葡萄等。拓荒者自己养奶牛和少量猪、羊等牲畜，奶制品并不匮乏，肉食虽不充足，但还可以通过狩猎和捕鱼得到补充。

拓荒者的衣服都是自己缝制的，纺纱、织布、缝纫几乎都是家庭主妇的事情。也有不少的拓荒者用猎取的兽皮缝制衣服和坐垫。

西部移民生活中最大的问题就是缺乏医疗服务。19世纪的第一个二十五年，整个西部都很难见到受过训练的医生。那里没有正规医院，没有卫生学校，缺少医学书刊。繁重的劳动、频繁的狩猎、同印第安人的冲突和森林、荒原中的意外事故，都可能造成人体的伤病。恶劣的环境和气候有时会在移民中酿成瘟疫，黄热病、霍乱、伤寒都侵袭过移民。由于药品奇缺，他们只能寻找球根牵牛之类的草药作为泻药，使用甘汞和放血来治疗疾病，往往药不对症，死亡率很高。不过，在这段时间里西部也出现过极少数训练有素的医生。1801年，威廉·戈福斯博士曾经在西部推广种牛痘，密苏里的萨平顿博士把奎宁介绍到西部医治疟疾，收到很好的效果。

随着时间的推移，西部的医疗卫生条件也有了初步的改善，不过进展还是十分缓慢的。1819年,西部的第一所医学院——俄亥俄医学院建立,但由于规模很小,影响不大。1832年才成立了第二所医学院——沃星顿医学院。1826年在俄亥俄出版了西部的第一家医学杂志——《俄亥俄医学集刊》,后来更名为《西部医学和物理学杂志》。尽管西部的医护人员总体水平不高,但也出过一些杰出的医生。例如,路易斯安那的弗朗西斯·普雷沃斯特博士在1832年做了4例剖腹手术,其中3例是成功的。约翰·L.里士满也曾于1827年在俄亥俄乡间做过一次剖腹产,虽然没有保住婴儿但救活了产妇,并使她在二十四天内康复。

总体来看,拓荒者的生活比东部人的生活要艰苦得多,需要经过不断努力才能逐步接近文明社会的水平。

二、淘金人的生活

淘金者是美国西进运动中的一个特殊群体。他们对肥沃的原野和谷地不屑一顾,专门在远西部的崇山峻岭中寻找矿脉,所以他们的生活特别艰苦。最早发现金块的地点是加利福尼亚的新黑尔维舍、萨特磨坊一带。第二年又在内华达山区发现金银矿,最初的淘金者都生活在这些地区。他们往往居无定所,所到之处没有房屋,甚至荒无人烟。只有少数携带帐篷的人有栖身之处,大多数人只能就地取材,胡乱搭盖一个容身之所。刚到的淘金者得益于密沃克印第安人的帮助,他们学会了用砍下的粗大的松枝架成一个圆锥形的骨架,然后用丁草盖屋顶,在北方也有人用木板盖房。南方的情况就不同了,淘金者主要居住在帐篷里。苏格兰作家T. D.博斯威克于1852—1853年到远西部矿区游历。他曾回忆说:"在北方矿区木板房和框架支撑的房是常见的,帐篷很少,而在南方矿区却恰恰相反。"①

---

① Susan Lee Johnson, *Roaring Camp: The Social World of the California Gold Rush*, New York: W. W. Norton, 2000, p. 104.

在内华达山区交通梗阻，粮食供应不及时，淘金者不得不向印第安人学习，采集内华达山麓的橡实、野生燕麦、菜豆和各种野菜充饥。1809年11月，威廉·米勒和他的伙伴在寻找矿源时就靠橡实度日，就连传教士丹尼尔·伍兹也曾经烹煮橡实和少量鹿肉作为晚餐。即使这样，冬季到来后缺粮问题依旧显得特别突出，淘金者不得不外出狩猎或者捕鱼来解决粮荒。也有人自己开辟菜园作为补充。有几名淘金者路过一位法国人开辟的菜园时大受鼓舞，他对同行的人说："我的上帝啊！……你有多愚蠢。像我一样忍受了四年都没有想到这样简单的事情。"①从这些简短的记载可以看出，对早期的淘金者来说，食物供应是多么重要的问题。

由于淘金者的流动性很大，住房和食物供应都很难彻底解决。他们的足迹从加利福尼亚开始，随着新采矿地的发现而不断向东转移，经过内华达和科罗拉多山区，穿过亚利桑那的沙漠地带进入华盛顿、俄勒冈、爱达荷、蒙大拿，直至南达科他的黑山。在这样广阔的地区中，有许多金银矿的表层被开采后即被抛弃，那里的营地也人去楼空，有些已经形成的矿山城镇也变成了空无一人的死城。淘金者在不断流动的过程中经常要受到饥寒的折磨。

不过，在矿山定居点，特别是矿山城镇形成后，淘金者的生活状况得到了一定程度的改善。由于淘金者聚居人数的增多，各种服务行业应运而生，面包店、杂货店、洗衣店、小餐厅、酒吧相继出现。在这里，拓荒者甚至可以租赁简陋的住房。最早兴起的矿山城镇索诺拉不但有宽阔的街道和带防火墙的房屋，而且还有教堂、印刷所、旅舍和学校。在附近出现的詹姆斯敦、哥伦比亚、斯普林菲尔德等矿山城镇也都有类似的设施。索诺拉的报纸为了吸引移民把矿山城镇和聚居点吹得天花乱坠，其实存在的问题仍然很多。1853年，在阿穆多尔县的库克巴尔矿点定居的洛雷纳·海斯曾在旧金山《黄金世纪》发表文章，指出矿区的设施有缺陷，需

---

① Susan Lee Johnson, *Roaring Camp*, p. 110.

要进行改造,特别是从山间溪流引水的水槽频繁出事,影响水的正常供应,需要彻底维修。

城镇居民的生活同分散居住的淘金者的生活不一样。他们聚居在一起,相互之间交往不断。简陋的酒店是当时最方便的交往场所。酒店在美国几乎是同城镇同时兴起的,它不仅是住宿和娱乐场所,而且是信息交流和社交的地点,其在城镇中的重要地位是可想而知的。美国学者丹尼尔·布尔斯廷认为:"美国人已经形成一种习惯,他们出于公私兼顾、事业与乐趣并重的目的,从全国四面八方汇拢在一起。集会是件新鲜事,而酒店是使集会成为可能的典型美国式设施。"①矿山城镇甚至聚居点也都有自己的酒店。不过开始的时候,大多数酒店都设在简陋的帐篷里,中间放一排箱子把帐篷分为男女两部,没有床铺就用干草做床垫。起初,连丹佛这样著名的矿山城市都没有拥有正规建筑的酒店。直到1858年11月,威廉·拉里在给妻子的信中提道:"到春季,我们将在这里建起一座漂亮的酒店。"②

大多数新的淘金点都是少数人探查出来的,然后就有大批人跟进,探寻新矿点的人一般都组成两三人的小集体。他们初到之时,既无社会,又无法规,远离政府,一切全凭自己做主。他们的衣食住也完全自理。随着大批新人涌来,才不得不通过少数服从多数的办法建立大家共同遵守的社会秩序。他们举行全体大会,选出由3—5人组成的裁决委员会,由这个委员会处理日常的事务,不过重大事件的最后裁决机构是全体大会。他们还制定了大家都必须遵守的简单法规,违者将受到惩罚。这样的自治机构虽然很不完善,但却是矿山聚居点得以建立基本秩序的有力保证,淘金者可以在这里生活、劳动而不必担心外来的侵袭。

没有政府的保护和干预,自己组织起来管理自己、保护自己是矿区聚居点得以迅速发展的重要原因。据估计,1866年这样的聚居点在加

---

① ② [美]丹尼尔·布尔斯廷:《美国人:建国历程》,美国大使馆新闻文化出版处,1987年,第173页。

利福尼亚有五百多个，在内华达有两百多个，在亚利桑那和俄勒冈各有一百多个，在蒙大拿、新墨西哥和科罗拉多大约各有三十多个，总共有一千多个。①

西部的金银矿区都位于印第安人的土地和公共土地上，淘金者根本不考虑土地的所有权，而是毫无顾忌地使用这些土地，他们往往同当地的印第安部落发生冲突，而在使用国有的矿区时则没有任何麻烦。因为当时的联邦政府还没有在这些地区建立有效的地方政权，对淘金者滥用矿区的现象不闻不问。1848年12月，波尔克总统曾经建议国会通过一项有关产金地的法案，将一部分收益收归国库，另一部分归淘金者所有。但总统的建议完全被忽略了。矿区的产权和收益仍然处于无人过问的状态。直到1866年国会才通过了一项《采矿法》，确认"凡是同美国法律不相抵触的地方性采矿惯例和规章都属有效"。这等于承认了矿区聚居点以往所实行的法规，实现了先到先得益的优先原则。

涌向西部的淘金者一般都缺乏资本，只能使用洗盘和手铲淘取散布在土地表层的沙金，而不是埋藏较深的大型金矿，这样的资源很快就会告罄。所以相当多的矿区聚居点都是昙花一现，人去楼空。

采矿边疆的出现和发展带有很大的突然性，来去匆匆，犹如过眼烟云，沉淀下来固定下来的东西只是有限的城镇。但由于淘金造成的移民潮使西部许多荒野地区的人口骤然增加，转变成新的领地，甚至建立新州。例如，内华达矿区的移民由于人数剧增，于1861年迫使国会同意把他们所居住的犹他西部地区划为内华达领地，并于1864年10月31日作为新州加入联邦。这对于西部的开发的确产生过重大的影响。淘金潮中的移民差不多都曾经历过含辛茹苦的艰难岁月，但能够持续以淘金为生的人并不多，大部分人都转变为城市商人、劳工或者乡村的农夫，成为西部社会的基础。

---

① [美]丹尼尔·布尔斯廷：《美国人：建国历程》，第92页。

三、西部的宗教和教育

宗教在北美殖民地社会中有着极为重要的地位。《美利坚共和国的成长》一书认为："新英格兰的建立……主要是被称为清教的一次宗教运动所造成的结果。"[1]在许多书本中都把新英格兰叫作清教徒的殖民地，事实上，那里在相当长一段时间内所实行的是政教合一的制度。弗吉尼亚殖民地虽然是由弗吉尼亚公司建立起来的，但英国国教会很早就在那里扎下了根。由于它的干预，殖民地当局于1643年宣布清教徒的集会为非法活动。美国独立后宗教在社会上自然起着非常重要的作用，绝大部分美国人都虔信宗教，把宗教作为自己的精神寄托。

美国是一个移民国家，来自不同国家的移民有不同的信仰，美国因而也成了一个教派林立的国家。据估计，1776年约有26个教派。[2]不过，其中大多数是影响不大的小教派，值得一提的有安立甘宗（圣公会）、长老会、卫理公会、公理会、浸理会等。安立甘宗和卫理公会由于在独立战争中倾向英国而大受打击，影响力急剧下降。公理会、长老会、浸理会都是积极支持独立的教派，他们的影响在战后都在不断增长。在合众国的东部十三个州，教派虽然有兴有衰，但是宗教的影响却是与日俱增的。

西进运动的形成和发展对宗教的传播有喜有忧。西进移民的目标是追求富裕的生活，所面对的是生存和改善生活的现实问题。他们最关心的问题是找到一个合适的地方建立新的家园，宗教信仰自然而然地退居次要地位。再加上，早期西部移民几乎都生活在没有教堂、没有传教士的环境里，宗教信仰越来越淡化。在东部人的眼里，这些西部移民简直是没有宗教信仰的怪物。正如美国学者里格尔所说："对于虔信宗教的东部人，特别是新英格兰人来说，西部正在走向地狱，并且可能把东部

---

① [美]塞缪尔·埃利奥特·莫里森等著：《美利坚共和国的成长》上卷，第66页。

② 杨真：《基督教史纲》上册，三联书店，1979年，第533页。

344

一起带去。"①

随着时间的推移,美国东部的各个教派逐步认识到西部的重要性,开始把西部看成一块宗教的处女地,纷纷派人到那里传教。

在美国东部新教占统治地位,天主教的势力比较薄弱,但他们可以从欧洲教会得到大量金钱,有条件在西部展开传教活动来扩大自己的影响。他们曾率先派人到西部大力开展各种形式的布道,但没有收到显著的效果。新教各派经历了第一次和第二次大觉醒运动,更加世俗化、大众化和适应大众的需求,他们更容易得到西部移民的信任。虽然很早就有少数新教传教士跟随移民西进,但影响有限,真正的有组织的传教活动是从19世纪初开始的。在东部人的支持下,他们成立了一系列协会,准备在西部传播新教,其中有美国教育协会、美国圣经协会、美国宗教书籍出版协会等。此外,新教的一些教派也加强了合作。1812年,公理会的对外传教委员会经过改组成为各派共有的机构。1826年,长老会和公理会共有的传教组织扩展为美国国内传教协会。公理会和长老会之间的合作尤为紧密,曾在西部边疆地区设立联合教堂,彼此还在对方的布道坛演讲,甚至在俄亥俄、印第安纳、密歇根、威斯康星等地实现过一体化。

西部的移民居住得极为分散,邻里之间相隔遥远,彼此之间缺少接触和交流的机会,他们都有强烈的孤独感。在这样的地方采用常规的布道方法显然是不行的,为了适应这种环境,传教士们创造了所谓的"野营布道法"。这是由长老会牧师詹姆斯·麦格雷迪创始的布道方法,并被到西部传教的其他教派所广泛采用。讲道的牧师在野地搭建帐篷,吸引周围几十英里内的居民带着帐篷到这里听讲。这既是一次布道会,又是地区内居民的一次聚会,参加者十分踊跃,规模大约在1万人到2.5万人之间,布道通常要延续六天到七天。人们在这里除了听讲、祈祷之外,还可以唱歌跳舞尽情欢乐。

---

① Robert E. Riegel, *America Moves West*, p. 283.

"野营布道法"虽然是长老会牧师创造的,但由于教派内部势力强大的正统派过于强调正规化、秩序化并没有被广泛采用。这个教派在西部的活动成效不大。相反,卫理公会和浸理会都积极采用了这种灵活有效的布道形式,在西部取得了很好的效果,逐渐在那里占据了支配地位。

随着西部经济的发展,城市逐渐兴起。在城市中的劳动者要为生活奔忙,白天没有空闲时间,所以正规的布道会很难找到足够数量的听众,于是"延期布道会"应运而生。这种形式也是长老会的牧师创造的,此人就是被誉为"近代宗教复兴精神之父"的查尔斯·G.芬尼。他根据城市的特点把布道放在每天晚上进行,延续几个星期,这样就使得劳动群体有可能前来听讲,结果取得了很好的成效。新教各派都陆续在西部建立和发展了自己的组织。1826年,公理会和长老会合作共同建立了美国家庭传教士协会和长老会传教牧师会,1835年浸理会派也成立了美国浸礼会家庭传教协会。

从东部派牧师到西部传教是早期的做法,因为那时在西部几乎找不到这样的人才。教会不得不为自己派遣的牧师支付旅费和较高的薪金。随着西部移民人数的增加,在当地寻找和培养神职人员的方法更为可取,教会只需要支付适当的薪金就可以建立一支传教士队伍。1853年美国家庭传教士协会筹集了10万美元资金用来支付当地传教士的薪金,可以使成百个教堂的工作得以运转。

早期的西部教育往往和教会的活动分不开。教会的资助成为一些学校,特别是高等学校的主要经费来源,也有一些中小学是地方或者社区自己兴办的。总体来说,西部教育发展缓慢而且举步维艰。初等教育由于缺少教师,往往是有教师就开学,教师走了就放假。说是学校,一般都只有一间教室,而且十分简陋。即使条件较好,有固定教师的学校,充其量也只有一位兼教写算的教师。学校没有教科书,经常使用的是诺厄·韦布斯特的拼音、杰迪代亚·莫尔斯的地理和林德利·默里的语法读本,即使这样简陋的学校也不是到处都有的。学龄儿童能够就学的比例很小，据估计，1840年只有1/11的小孩入学。①19世纪30年代，在辛辛那提、路易斯维尔、底特律等城市出现了免费小学。这些小学的条件比较好，有更多的固定教师和更多的教室。例如，1837年，辛辛那提市政为十所免费小学支付43名教师的薪金，总数达到14000美元，十所学校可以容纳3300名6—16岁的儿童。②

中等教育暂时还没有得到地方政府的足够关注，一直到1840年西部还没有出现公立的中等学校，阿巴拉契亚山以西的四百余所学校都是私人创办的。

1783年在莱克星顿成立了西部的第一所高等学校特兰西尔瓦尼亚大学。这所大学起初只不过是一所神学院，18世纪最后几年才成为综合性学院，到19世纪30年代，它已经拥有一个非常有名、非常完备的医学系，在西部的高等学校中首屈一指。

教会在西部高等学校建设中功不可没。长老会曾在特兰西瓦尔尼亚大学建设中发挥过重要作用，1823年及其后又创建了匹兹堡大学、印第安纳学院（后改为大学）、伊利诺伊学院。1824年，卫理公会在俄亥俄的牛津建立了迈阿密大学，随后又于40年代建立了密苏里州立大学和密歇根州立大学。天主教会也在圣路易斯建立了圣路易斯大学。

西部的学院和大学规模都不大，经费也不充足，一般只有一两座楼，其中既有教室也有宿舍。学校只有两三名教授和为数不多的学生。

从20世纪40年代开始，陆续出现了专门学院，有六七所医学院、三所法学院、十所神学院。医学院中有路易斯维尔医学院和俄亥俄医学院（辛辛那提）等。特兰西瓦尔尼亚大学的医学系虽然不是独立的医学院，但其实力是最强的。十所神学院中有七所是长老会的，二所是浸理会的，一所是圣公会的。

另一方面，各个宗教派别建立的学校也存在很多问题。纳什维尔大学校长菲利普·林斯利（1827—1855）在任职期间深感这种教派学校的弊

①② Robert E. Riegel, *America Moves West*, p. 187.

端。他曾于1834年抱怨说："西部高等院校过分多和规模不大的一个主要原因,毫无疑问是由于五花八门的宗教派别。几乎每个教派都要有自己的学院,并且一般来说每个州至少有一所。俄亥俄、肯塔基和田纳西二十所高等院校,除去两三所之外,都属于不同教派,它们之中当然很少达到应有水平,大部分只不过是愚弄公众而已……高等院校旨在向青年教授语言、文学、艺术和科学,而不是任何教派或党派的教条主义的神学……难道每个州有多少教派就得有多少学院吗?难道要大家相互忌妒和猜疑、阻碍学校发挥有益作用和顺利发展吗?"①由于西部教派学院多半建立在边疆城镇,基础并不稳固,其失败率达到80%以上,到1930年有超过4/5的学校被迫关闭。

此外,在20至40年代还出现过一种非正规的讲习所。讲习所一般都在冬天开班,有课程也有讨论。

总体来看西部地区的教育发展缓慢,在相当长一段时期都远远落后于东部。

四、西部的文学和艺术

在开发西部初期,那里还没有真正意义上的文学,只有一些道听途说的关于西部的传说和拓荒者在家书中对西部生活的描写。其后,随着西进人流的扩大,有一些随着丈夫西迁的知识妇女写下了不少日记,既写西部的自然条件,又写亲身的感受,虽然不是精雕细琢的文学创作,但都算得上是一种纪实的、颇为生动感人的作品,恐怕在美国西部文学发展史上应当占有一席之地。

西部探险家们留下的文字记载虽然只是一些未经文学加工的素材,但也是西部文学的一笔重要的财富,后来成为文学家们进行创作的材料来源之一。例如,梅里韦瑟·刘易斯和威廉·克拉克的探险、泽布伦·派克

① [美]丹尼尔·布尔斯廷:《美国人:建国历程》,第186页。

和史蒂芬·H.朗等人的探险都留下了长篇的记录,记下了在西部探险的主要经历,对所见到的植物、动物都做了详细的考察和记载,对所穿越地带的地形地貌、印第安人的分布和对待探险队的态度,以及相互的交往和冲突都有说明。朗的探险记载没有传统的关于荒野西部传说的浪漫色彩和过分夸大,给人以一种可信的印象,他对大平原地区的记述使许多美国人都认为那里是美国的大沙漠。不过影响最大,最深远的是刘易斯和克拉克探险,这次探险不仅为时最长、行程遥远、经历曲折、记载丰富,而且取得了许多科学考察的成果。所经过的众多的无人知晓的河流、荒凉雄伟的崇山峻岭给人们留下了广阔的遐想的空间,探险队中传奇式的人物和他们的经历也给文学创作提供了极好的素材。难怪后来刘易斯和克拉克探险成了西部历史和文学的热门话题,出版了难以计数的作品。

美国是一个年轻的移民国家,移民们的文化水平有限,而且都要为自己的生活奔忙,没有多余的时间去欣赏和创造典雅的高深的文学。最贴近生活、最符合现实需要的是通俗文学和口头文学。通俗文学以简朴的文字形式出现,也带有粗俗的幽默,不拘泥于体裁,不修饰文字,民谣、传单、打油诗、布道词、信件都属于这种文学。其典型的印刷品不是图书、论文,而是报纸、小册子、操作指南。西部的通俗文学中的许多好作品最初都刊登在《觉醒》《新闻》等刊物上,然后才汇编成册,流传各地。

通俗文学一般都以喜剧式英雄人物为主题。主人公都有超人的体力,勇猛刚强,能够战胜强劲的对手,能够在丛林中降虎驱豹,但有时也会由于缺少知识闹点笑话,其中影响较大的有《克里克特》和《阿肯色大熊》等。随着廉价印刷报纸书刊方法的采用,一种所谓的"十美分小说"如雨后春笋沛然兴起。由于价格便宜推广很快,"十美分小说"中有一半以上使用西部题材。例如,西部的知名人物小猫卡森、小羚羊比利、殃神简都成了小说的主人公。还有一些主人公是作者虚构的,例如死木头狄克,毒蛇内德和黑色复仇者等。"十美分小说"盛行于19世纪60年代到90年代,随后逐渐消失。

口头文学也曾经是一种非常流行的形式。丹尼尔·德雷克曾在1834年发表的文章《论西方历史、特征和前景》对此做了如下解释："一个年轻而自由的民族,其文学必然是口头的。这种文学尽管尚未充分发展,但它却是我国文学的特征……如果你希望唤起人们为着伟大的目标而去自愿行动,你就必须依靠宣传鼓动使他们的幻想和感受发扬开来,你不但要发扬他们的理智,还要推动他们的希望和要求,每项目标的效益和可爱之处都必须表达得足以引起人们的羡慕。必须使感情激昂起来,并使冷漠的自私自利全部消失,犹如覆盖田野的积雪在4月的阳光下顿然全消那样。然后,正如春天破土而出的幼芽,爱国主义的伟大而善良的行动就会萌发。如果一个新兴国家的文学丧失了其隐喻的和口语的特性,那么以公众情绪为基础的体制必将衰退和没落。"[①]

德雷克的说法是有道理的。在那个年代,无论是政治家、传教士还是文人,都更喜欢口头的宣传和讲述。只有这样才能拥有听众,才会受到欢迎。而那些有文化、有空闲时间能够坐下来阅读文学作品的人,实在是太少了,西部的情况更是如此,所以早期的文学家多半是从口头文学发展起来的。美国建国以后的第一代文学家拉尔夫·沃尔多·埃默生就是通过这个途径成长起来的。在19世纪60年代以前,他的主要活动是讲学,主要的经济来源也是讲学。他正式出版的著作中有不少是他的系列讲稿的汇编,例如,1850年出版的《代表人物》和1860年出版的《生活之道七讲》,都是他曾经用过的讲稿。

美国总统亚伯拉罕·林肯的演说是非常有名的。丹尼尔·布尔斯廷认为:"在那个时代,作为口头语言威力最伟大和最持久的里程碑是亚伯拉罕·林肯……他的全部文学声誉都来自他的演说词。"[②]林肯的许多著名演说也成为美国口头文学的经典名作。

布尔斯廷还认为,美国文学巨匠马克·吐温之所以受到读者欢迎,在

---

① [美]丹尼尔·布尔斯廷:《美国人:建国历程》,第379—380页。

② [美]丹尼尔·布尔斯廷:《美国人:建国历程》,第400页。

相当程度上得益于口头文学。他写道:"马克·吐温最独特的天才就在于他能把常用的口头语运用自如,并能使轶事趣闻和起码常识带上文学形式。"①马克·吐温于1883年发表的《密西西比河上》就把西部的密西西比河流域的生活和语言融入了故事,给人一种贴近生活而又饶有趣味的感觉。

最早写西部文化的是东部人。他们当中一些人创办了杂志,鼓励用西部材料写文章、报道。例如,蒂莫西·弗林特开办的《西部杂志和评论》,威廉·戴维斯·加拉格尔开办的《西部杂志和每月评论》和詹姆斯·霍尔编辑的《西部月刊》,都是比较有影响的西部杂志。弗林特生于马萨诸塞,曾就读于哈佛大学,1815年参加西部的传教活动,开始了解西部,后来曾游历欧洲,1840年在密西西比河畔的中西部城市拉奇兹去世,著有自传和小说。但他的作品富于浪漫色彩,想象丰富,可信度低。相比之下,詹姆斯·霍尔的作品更贴近实际。霍尔生于费城,曾于1812年战争爆发后参军,战后回费城学习法律,结业后在伊利诺伊的肖尼城担任十二个县的执行法官。此外,他还在那里编辑杂志,写了许多短篇小说。

稍晚,使用西部题材的东部作家还有詹姆斯·费尼莫尔·库柏、华盛顿·欧文、理查德·达纳和苏珊·谢尔比·马戈芬等人。

库柏是纽约人,一生从未到过纽约以西的地方,可以说他对西部完全缺乏亲身的感受,完全凭着道听途说和所能看到的材料塑造了一个边疆英雄的形象。英雄名叫纳蒂·大庞波,他为人善良、勇敢、无所不能,但却粗野、举止不雅。

欧文只在俄克拉何马停留过一个月,对西部略有所知,凭自己的感受写了好几部书。其中有《草原上的旅行》《阿斯托里亚》和《班尼维尔上尉的探险》。

理查德·达纳是新英格兰人,哈佛大学的学生,曾于19世纪30年代访问了墨西哥统治下的加利福尼亚,在一艘船上过了两年水手生活,写

---

① [美]丹尼尔·布尔斯廷:《美国人:建国历程》,第400页。

了一本名为《生活在船桅下的两年》的写实作品。这本书记载了加利福尼亚境内太平洋沿岸居民的生活、习俗,详细而又生动,但不时流露出清教徒的偏见,对当地人的懒散和不文明颇有微词。

马戈芬是一位年轻的知识妇女,1846年从肯塔基去墨西哥,途经圣菲小道。她把途中的亲身感受记录下来,写了《穿越圣菲小道进入墨西哥》一书。作者称赞新墨西哥人的开拓精神,介绍那里的饮食、风俗习惯,特别赞赏新墨西哥人优美的舞蹈,但对妇女们袒胸露怀的行为不以为然,并斥之为不文明现象。

以上以西部为题材的作家虽然有很多精彩的描述,但都把西部看成是亟待东部人去开发改造的蛮荒地区,而很少谈到西部的重要性和它的巨大的潜力。这多少和某些清教徒的看法有相似之处,他们把西部边疆说成是凄凉的荒野,到处都有黑色的魔鬼、野蛮的印第安人,只有那些被生活逼迫的人才会到罪恶的边疆去寻找生路。在他们眼里,拓荒者不过是平庸的为生活而拼搏的群氓,只有那些驱赶印第安人、夺取土地的人才是真正的英雄。正是这些人用文明把野蛮赶走,"用文明赶走野蛮"是那个时期美国西部文学中一个普遍的中心内容。

19世纪初,西部的音乐和其他艺术几乎都处于初始阶段。那时的主要乐器是长笛和小提琴,而且这些乐器几乎都是乐师自制的。乐师们差不多都没有机会接受专门训练,只能自学演奏。钢琴更是少得可怜,很难组成一个像样的乐队。直到1807年才有一批年轻的音乐爱好者组成阿波龙里安协会,开始演奏巴赫和莫扎特的曲子。歌唱仅仅是社会集会的一种娱乐活动,既没有专业的歌唱家也没有演唱会,可以说还处于原始阶段。

在西部擅长雕刻的人不多,而且基本上都是自学成才,只有个别人在成名以后才得到资助到欧洲学习雕刻。H.鲍尔斯就是这样的幸运儿,他的代表作是《女奴隶》。

西部城市住房和公共建筑基本上都是模仿东部,没有自己的独特风格。而农村的建筑却是五花八门、种类繁多,圆木屋、土坯屋、木板房、简陋的茅屋应有尽有。但这些房屋只不过是遮风避雨的栖身所,谈不上什么建筑风格和艺术,如果从返璞归真的角度考虑当然是值得研究和总结的。

绘画的情况比较好一些。西部的自然条件虽然比较恶劣,但却多姿多彩,而且充满着神奇的景观,不少国外的和东部的画家都曾到西部游历写生,并传授画技。有一位来自东部名叫乔治·卡特林的画家到西部专门画印第安人的画像,在西部颇有影响。西部也有一些自学成才的画家,密苏里的乔治·凯莱布·宾厄姆就地取材,对当地的风景、拓荒者的生活进行写生,不断提高自己的技法。后来他又到东部和欧洲访问,继续深造。他作画的题材总是同荒原丛林有关,他声称:"我是丛林的学生中最棒的,那是我的故乡的特产。"①19世纪30年代后半期,芝加哥成立了艺术学院,绘画艺术得到了进一步发展。

在西部,戏剧最早只是一种自我娱乐的工具。1800年以前就曾在莱克星敦出现,其后又在匹兹堡、辛辛那提、底特律、圣路易斯和一些军事要塞兴起。那时的戏剧差不多都是自编、自导、自演,舞台就布置在大房间或者会议厅里,既没有专门的剧院,又没有专业的剧团。第一个职业剧团是在蒙特利尔和魁北克组成的,成立于19世纪初,随后在肯塔基的莱克星敦开业。第一个演出的剧目是《简·肖尔》。随后,剧团在西部城市巡回演出。但由于西部城市比较小,而且市政当局认为戏剧有伤风化,往往用重税来阻止演出。所以剧团的处境是极其困难的,在19世纪20年代以前,剧团的规模都很小而且贫困。

一直到19世纪20年代和30年代,西部的戏剧才有起色。出现了两位非同寻常的人物:詹姆斯·考德威尔和索尔·史密斯,两人都是戏剧演员兼活动家。考德威尔主要在新奥尔良、纳什维尔、圣路易斯和纳齐兹等地活动,并且产生了良好的影响。史密斯的活动范围主要在肯塔基,也曾在圣路易斯发展,并拥有过一座剧院。

---

① Robert E. Riegel, *America Moves West*, p. 294.

当时在西部最有名的戏剧城市是新奥尔良。法国剧团和美国剧团都在这里演出过。《费加罗的婚礼》等名剧的上演使当地的观众大饱眼福。辛辛那提是仅次于新奥尔良的西部戏剧城市。1832年,考德威尔耗资4万美元在这里创建了可以容纳1300—1500人的剧院。1837年,他又在圣路易斯修建了一所更大的剧院,舞台宽55英尺、深73英尺,座位和地板都可以移动。

总体来说,西部的戏剧,特别是远西部的戏剧还处于初始阶段,远远落后于东部。西部文化和东部文化的差别是显而易见的。丹尼尔·布尔斯廷认为:"1840年时,波士顿、纽约或费城同田纳西以至西部边远地区在文化上的差别,恐怕相当于12世纪的英格兰和上世纪之间的英格兰之间的差别。"[①]

五、没有政府的社会

西部广大的荒原上差不多都没有现成的政府机构,移民从西进之日起就开始自己管理自己的生活。这种生活完全不受政府的约束,个人享有充分的自由和独立,但同时也失去了政府的保护和援助,失去了赖以维系的社会秩序和法规。任何一个社会,哪怕是人数不多的社会,没有秩序和共同遵守的法规都是无法存续的。因此西部的移民社会就不得不自己维护社会秩序、自己制定法规来度过没有政府的阶段。

除去探险者、猎人、毛皮商人以外,西进的移民都不得不结伴而行,共同面对漫长道路上的艰险。没有相互的支持、帮助和共同抵御外来的灾害,是很难存活的,所以移民们从上路那天起就过着集体的生活,形成一个小社会,共同的目的地把他们结合在一起。这种小社会是临时性的,也许到中途就有人改变主意,加入另外的车队到别的目的地去,也可能不断有新的成员加入进来。在到达目的地后,这样

---

① [美]丹尼尔·布尔斯廷:《美国人:建国历程》,第413页。

的社会就不再存在而被一个新社会所取代。但不管这个社会存在多长时间，都必须有共同遵守的规则、正常的秩序和必要的分工。有人负责指挥、有人负责保卫、有人协调全体成员的行动，这样很自然地就形成了组织者的权威。社会的所有成员都把旅途的安全寄托在组织者身上，一个成功的组织者必须把他带领的一队人安全地带到目的地，一路上都要群策群力，化险为夷。

服从指挥、统一行动绝不是迫于组织者或者某些人的暴力强制，而是由于共同抵御危险、克服困难的需要，完全是自觉自愿的。移民们在踏上征途，组成车队的时候一般都要签订与《五月花号公约》相似的协议，确定民主商议、少数服从多数的原则，并保证成员之间要相互支持、相互帮助。一个赴加利福尼亚的移民集体于1849年5月9日通过的决议就包含了上述内容。大致如下：

"鉴于摆在我们眼前的漫长而艰苦的旅程，从我们本身的利益出发，为了安全、方便和亲善的目的，尤其重要的是，为了防止不必要的延误和耽搁，我们愿意接受在旅途中严格约束自己的全部章程和规则。我们通过在本协议上签名的方式，相互宣誓并保证。当得到授权的人员严格执行所有可能制定的章程和规则时，我们将果断地给予支持和协助。而且，当本集体的任何成员因牛或骡受损失、大篷车毁坏、遭到印第安人抢劫，或者由于他本人无法控制的原因而丧失按正常情况与集体同行的能力时，我们保证永不遗弃他们……在任何情况下，我们都将同生共死，永远站在一起。"[1]

临时的旅行集体对成员的违规行为和犯罪行为要实行惩罚。一般由临时选出的陪审团在宿营的时候议决惩罚的轻重，但如受到团体中2/3多数人的反对，陪审团的判决即被否决。

总体来看移民旅途中组成的集体已经初步具备了某些政府功能。不过，这完全是自治，而且是在全体成员参与下组织起来的。布尔斯廷

---

① [美]丹尼尔·布尔斯廷：《美国人：建国历程》，第76—77页。

称之为"自作自为"的"政府",而且奉行的是多数决定的原则,长官意志在这里不起作用。

移民们到达目的地后所面临的环境改变了,他们不再担心旅途的艰难险阻,但他们所在的土地仍然处于政府控制之外,没有任何公共机构来维持社会秩序。如果他们不能自己组织起来实行有效的自治,那么新形成的移民点就会处于无政府混乱状态,居民们的生命财产得不到任何保障,更不用说集中力量抵御外来的袭击了。

在西部最容易引起争执的是土地问题。原则上西部的公共土地都属于联邦所有,根据法律,这些土地都需经丈量后才能分块出售。由于测量的进度十分缓慢,这些土地几乎都未经测量,当然也不可以向移民出售。移民到那里不可能得到合法的土地所有权,差不多都是占地者。土地是不动产,数量是固定的。先到的占地者为了防止后来的移民或者土地投机商争夺他们所占的土地就自动组织产权俱乐部,或称自行占领土地者俱乐部。他们自己制定出法规,禁止任何人侵占别人开垦的土地,并惩罚侵犯个人和私有财产的行为。有些俱乐部还自行测量土地、划分地段,并确认定居者对所占土地的权利。尽管这种权利并未得到联邦政府的承认,但在西部已经成为广泛存在的一种半合法形式。优先选择、优先占领、优先拥有逐渐成为移民们对待西部土地的原则。所以当联邦政府有能力处理西部土地的时候,不得不对其加以考虑,1841年通过的先买权法案充分照顾了这种原则,使占地者有权优先购买自己所占有的地段,从而成为合法的土地所有者。

如果说产权俱乐部只是维护土地占有者对土地的占有和使用权,避免争夺土地的纠纷,那么治安维持会就是维护移民社会秩序和安全的民间机构,其主要目的是打击盗窃、抢劫,保护移民的人身安全和财产。治安维持会最早出现于矿区,在那里的活动最为频繁。因为那里抢劫杀人案件比其他地区的移民点都多。从矿区向外输送金块的通道,是抢劫案多发地带。那里的移民人人自危。他们自动组成治安维持会,破获和打击了四处作案、杀人越货的匪帮,并通过移民点自设的法庭将他们绳之以法。治安维持会捕获的匪徒一般都由居民自己选出的陪审团判决,而某些重大案件则往往要经居民大会审判。例如,内华达城对惯匪艾夫斯及其副手的判决就是由1500人的居民大会做出的。在各地的治安维持会的活动都卓有成效。迪姆斯代尔教授对其做了如下的评价:"在遍布各地的自警团(即治安维持会)的保护之下,蒙大拿的公民们从此可以高枕无忧了。"①

无论是产权俱乐部还是治安维持会都不是合法的政府机构,甚至同政府没有任何联系,但却起到了保护移民和维系社会秩序的重要作用。在联邦政府鞭长莫及的情况下,西部移民自己创造的一种自治模式,充分发挥了独立自主的主动精神。这种精神后来深深地融入了美国人的思想,同美国民族性格的形成有一定的关系。

---

① [美]丹尼尔·布尔斯廷:《美国人:建国历程》,第105页。

后　记

　　一般来说,每当我整理完一部书稿以后多少都会有点兴奋,有点感受,有时也会因为书中的某些不足和缺陷而感到无奈和遗憾,但却从来没有产生过写一篇后记抒发一下的念头。不知为什么写完这部书稿以后,总有点言犹未尽的感觉。虽然还没有达到骨鲠在喉、一吐为快的程度,但还是决定写几句话,同读者分享一下自己感触最深的东西。

　　美国西进运动距今已经一百多年了。它毕竟已经成为历史,往事如烟,在许多人的心目中早已淡忘了。现今连美国人自己也只是从西部电影、小说和有关的历史遗迹中感觉到这个运动曾经存在过,而对运动本身知之甚少。对于远隔重洋的中国人来说,不知道美国西进运动并不是什么怪事,而是很正常的现象。完全没有必要让大家都来了解这个历史事件。然而对于历史工作者来说,这绝对是应该予以重视、予以了解的。因为西进运动不是一般的历史事件,它关系到美国日后的发展。运动所遇到的许多问题及美国对待问题的态度和解决问题的过程都非常重要,对其他国家有借鉴的价值。

　　美国西进运动涉及的问题很复杂,成就和阴暗面都非常突出,因此需要有一个由浅入深的认识过程。开始我对西进运动没有什么兴趣。翻开书本一看,满纸都是疯狂的土地扩张和血腥屠杀,残酷迫害印第安人的惨景。愤愤不平的心情久久不能平静,这种心情使我很容易接受那些对西进运动持否定态度的观点。现在看来,这种认识是片面的和肤浅的。感情、道德色彩太浓重,缺少实事求是的分析。

　　后来,接触的材料多了,正面的东西、重大的成果越来越突出。我才觉得应当纠正过去的片面看法,对运动做一个全面的评价。正好改革开放之风也吹进了我国的史学界,于是我在《历史研究》发表了我的第一篇全面评价美国西进运动的论文。不过,那时的认识还只是就事论事,充其量也只是给予一个客观的、公正的评价而对运动的丰富内涵和宝贵的经验教训只是一带而过,浅尝辄止。这样的认识显然是不够的。

写完这部书以后我才进一步认识到美国西进运动的重要性,它之所以重要就在于它给后来者提供了很多值得借鉴的东西。我们的前辈很重视历史,喜欢以史为鉴。《战国策》中就有"前事不忘,后事之师"这句话,以后又辗转相传,几乎成了"座右铭"。的确许多历史事件都是值得借鉴,应当借鉴的,美国西进运动尤其如此。美国的西部和我国的西部有许多相似之处,都是缺少水源和降雨量不足的干旱和半干旱地区,都有广阔的未开垦的土地,都是交通梗阻,人烟稀少的地方。在开发的过程中必然也会面对不少共同的问题。一百年前美国人走过的每一步,无论成功和失败都是我们的"后事之师"。且看看西进运动时期的交通设施建设,盲目建设、效益低下的现象就颇令人惋惜。例如,印第安纳州和宾夕法尼亚州开挖的运河都由于盲目兴建而没有取得应有的效益,甚至造成严重亏损。再看看拓荒者刀耕火种到处开垦土地,无视环境保护所造成的恶果更是令人触目惊心。1934年5月,大平原的狂风刮起几百万吨沙土从西到东在美国上空形成一个长达2800公里的沙幕,最后坠入大西洋。这场大灾害震惊了美国也震惊了全世界。可惜事过境迁,人们并没有真正吸取这个深刻的教训,在世界各地破坏环境的现象愈演愈烈。如果我们能够认真研究和对待西进运动留下的沉痛教训,并且让更多的人了解,那么我们就可以避免更多的失误。这对我们的事业是很有好处的。我在西进运动史学一章中已经列举了一些比较美国西进运动和我国西部开发的文章,这些文章是一个良好的开头,但愿有更多的人来从事这项研究工作。

由于西进运动的内容太丰富了,所涉及的问题又十分复杂,这本书只是探索这个问题的初步尝试。我相信将来会有更多的同行做更深入的研究,取得更好的成果。

主要英文参考书目

Armstrong, P. A., *Sauks and the Black Hawk War*, Springfield: H. W. Rokker, 1887.

Armstrong, Virginia Irving ed., *I Have Spoken: American History Through the Voice of the Indians*, Chicago: Sage Books, 1971.

Bartlett, Richard A., *The New Country: A Social History of American Frontier, 1776–1890*, New York: Oxford University Press, 1974.

Batie, Sandra and Robert G. Healy, *The Future of American Agriculture as a Strategic Resource*, Washington D. C. : The Conservation Foundation, 1980.

Beard, C. A., *Basic History of the United States*, New York: The New Home Library, 1944.

Beard, Reed, *The Battle of Tippecannoe: Historical Sketches*, Chicago: Donuhue & Henneberry, 1889.

Bellot, H., *American History and Historians: A Review of Recent Contributions to the History of the United States*, Norman: University of OkIahoma Press, 1952.

Berkhofer, Robert F., *The White Man's Indian: Images of the American Indian from Columbus to the Present*, New York: Alfred A. Knopf, 1978.

Billington, Ray Allen, *Westward Expansion: A History of the American Frontier*, New York: The Macmillan Publishing Co., Inc., 1974.

Billington, Ray Allen, *Frederick Jackson Turner: Historian, Scholar, Teacher*, New York: Oxford University Press, 1973.

Billington, Ray Allen, *The Far Western Frontier*, New York: Harper, 1956.

Blum, John M., *The National Experience*, New York: Harcourt Brace Jovanovich, Inc., 1985.

Bogart, Ernest L., *Economic History of the American People*, New York: Longmans, Green and Co., 1935.

Bogue, Allen G., et al., *The West of the American People*, Itacia, Ill.: F. E. Peacock Publishers, 1970.

Brown, Dee, *The Gentle Tamers: Women of the Old Wild West*, New York: Putnam, 1958.

Brooks, Nathan C., *A Complete History of the Mexican War: Its Causes, Conduct and Consequences*, Philadelphia: Grigg, Elliot & Co., 1849.

Burke, Charles T., *Puritans at Bay: The War Against King Philip and the Squaw Sachems*, New York: Exposition Press, 1967.

Burnett, Edmond Cody, *The Letters of the Members of the Continental Congress*, Washington D. C.: Carnegie Institution, 1936.

Callow, Alexander B. Jr., Ed., *American Urban History*, New York: Oxford University Press, 1982.

Calloway, Colin G., *New Directions in Amenican Indian History*, Norman: University of OkIahoma Press, 1987.

Caroll, John Alexander and James R. Kluger, eds., *Reflection of Western Historians*, Tusson: University of Arizona Press, 1969.

Carrington, Frances C., *My Army Life*, Philadelphia: J. B. Lippincott, 1911.

Clark, Victor S. ed., *History of Manufactures in the United States, 1607–1860*, New York: McGraw Hill, 1929.

Coman K., *Economic Beginnings of the Far West, 2Vols.*, New York: The Macmillan Company, 1921.

Commons, J. R., et al., *A Documentary History of American Industrial Society, 10 Vols*, New York: The Macmillan Company, 1910.

Capps, Benjamin, *The Old West: The Indians*, New York: Time-Life Books,

1973.

Coues, Elliot, *History of the Lewis and Clark Expedition*, New York: Francis P. Harper, 1893.

Cronon, William, et al., Eds., *Under an Open Sky: Rethinking America's Western Past*, New York: Norton, 1992.

Dick, Everett, *The Lure of the Land: A Social History of the Public Lands from the Articles of Confederation to the New deal*, Lincoln, Web.: University of Nebraska Press, 1970.

Douthit, Mary Osborn ed., *The Souvenir of Western Women*, Portland: Anderson and Duniway Company, 1905.

Edwards, Everett E., *The Early Writings of Frederick Jackson Turner*, Madison: University of Wisconsin Press, 1969.

Edwards, Everett E., American Agriculture—The First 300 Years, Washington D. C.: Government Printing Office, 1941.

Etulain, Richard W. ed., *Writing Western History: Essays on Major Western Historians*, Albuquerque: University of New Mexico Press, 1991.

Faragher, John Mack, *Women and Men on the Overland Trail*, New Haven: Yale University Press, 1979.

Fenton, William, *American Indian and White Relations to 1830: Needs and Opportunities for Study*, Chapel Hill: University of North Carolina Press, 1957.

Frost, John, *The Mexican War and Its Warriors*, New Haven: H. Mansfiels, 1950.

Gates, Paul W., *The Farmer's Age: Agriculture, 1815–1860*, Armonk: M. E. Sharp Comp., 1960.

Goetzmann, William H., *Exploration and Empire: The Explorer and Scientist in the Winning of the American West*, New York: Norton, 1966.

Halbert, H. S. and T. H. Ball, *The Creek War of 1813 and 1814*, Tuscaloosa: University of Alabama Press, 1969.

Henry, Jeannett, *Textbooks and the American Indian*, San Francisco: Indian Historian Press, 1970.

Hibbard, Benjamin Horace, *A History of the Public Land Polices*, Madison: University of Wiscosin Press, 1965.

Higham, John, *The Reconstruction of American History*, London: Hutchinson, 1962.

Hine, Robea V., *The American west: An Interpretative History*, New York: Harper & Row, 1973.

Horsman, Reginald, *Race and Manifest Destiny: The Origins of American Racial Anglo–Saxonism*, Cambridge: Harvard University Press, 1981.

Hough, Emerson, *The Passing of the Frontier*, New Haven: Yale University Press, 1921.

Hughes, R. D., *Indian Agriculture in America: Prehistory to the Present*, Lawrence: University Press of kansas, 1987.

Jacobs, Wilbur R., *The Historical World of Frederick Jackson Turner*, New Haven: Yale University Press, 1968.

Jackson, Donald ed., *The Letters of the Lewis and Clark Expedition*, Urbana: University of Illinois Press, 1962.

Jackson, Helen. H., *A Century of Dishonor*, Minneapolis: Ross & Haines, 1964.

Johnson, Susan Lee, *Roaring Camp: The Social World of the California Gold Rush*, New York: W. W. Norton, 2000.

Knopf, Richard C., *Anthony Wayne, A Name in Arms: Soldier, Diplomat, Defender of Expansion Westward of a Nation*, Pittsburgh: University of Pittsburgh Press, 1960.

Limerick, Patricia Nelson, *The Legacy of Conquest: The Unbroken Past of the American West*, New York: W. W. Norton, 1987.

Malone, Michael P. ed., *Historians and the American West*, Lincoln: University of Nebraska Press, 1983.

Martin, Calvin, *The American Indian and the Problem of History*, New York: Oxford University Press, 1987.

Meltzer, Milton, *The Chinese Americans*, New York: Thomasy Crowell, 1980.

Merk, Frederick, *Manifest Destiny and Mission in American History: A Reinterpretation*, New York: Afred A. Knopf, 1963.

Milner, Clyde A., *A New Significance: Re-envisioning the History of the American West*, New York: Oxford University Press, 1996.

Moore, J. R. H., *An Industrial History of the American People*, New York: The Macmillan Company, 1921.

Morgan, Dale, ed., *Overland in 1846: Diaries and Letters of the California Oregan Trail*, Georgetown: Taisman Press, 1963.

Myres, Sandra, *Westering Women and the Frontier Experience, 1800–1915*, Albuquerque: University of New Mexico, 1982.

Nettles, Curtice P., *The Roots of American Civilization*, New York: Appleton-Century-Crofts, 1938.

Nicolas, Roger L. ed., *American Frontier and Western Issues: A Historigraphical Review*, New York: Greenwood Press, 1986.

Nugent, Walter, *Into the West: The Story of Its People*, New York: Knopf, 1999.

Onuf, Peter, S., *Statehood and Union: A History of the Northwest Ordinance*, Bloomngton: University of Indiana Press, 1987.

Paulson, Barry W., *Economic History of the United States*, New York: The Macmillan Company, 1981.

Paxson, Frederick Logan, *History of the American Frontier, 1763–1893*, New York: Houghton Mifflin Co., 1924.

Paxson, Frederick Logan, *Recent History of the United States*, New York: Houghton Mifflin Co., 1928.

Paxson, Frederick Logan, *The Last American Frontier*, New York: The Macmillan Co., 1910.

Peters, Virginia Bergman, *The Florida Wars*, Hamden: Archon Books, 1979.

Prucha, Francis Paul, *United States Indian Policy*, Bloomington: University of Indiana Press, 1977.

Reps, John W., *Cities of American West: A History of Frontier Urban Planning*, Princeton: Princeton University Press, 1979.

Riley, Glenda, *Frontierswomen: The Iowa Experience*, Ames: Iowa State University Press, 1981.

Rohrbough, Malcolm J., *The Trans-Appalachian Frontier*, New York: Oxford University Press, 1978.

Ross, Nancy Wilson, *Westward the Women*, New York: Random House, 1945.

Rutland, Robert, et al., *Madison Papers*, Chicago, 1962.

Scheiber, Harry N., *United States Economic History*, New York: Van Nostrand, 1964.

Schlissel, Lillian, *Women's Diaries of the Westward Journey*, New York: Schocken Books, 1982.

Schmidt, L. B. and E. D. Ross, *Readings in the Economic History of American Agriculture*, New York: The Macmillan Company, 1925.

Shannon, Fred A., *American Farmer's Movement,* New York: Van Nostrand, 1957.

Shannon, Fred A., *The Farmer's Last Frontier*, New York: M. E. Sharpe, 1973.

Shannon, Fred A., *20th Century America*, Chicago: Rand McNally College Pub. Co., 1974.

Singletary, Otis A., *The Mexican War*, Chicago: University of Chicago Press, 1960.

Smith, Henry Nash, *Virgin Land: The American West as Symbol and Myth*, Cambridge: Harvard University Press, 1950.

Stanfield, Melvin, *Cracks in the Melting Pot: Racism and Discrimination in American History*, New York: Glencoe Press, 1973.

Steffen, Jerome O., *The American West: New Perspectives, New Dimensions*, Norman: University of Oklahoma Press, 1979.

Stewart, Edgar I., *Custer's Luck*, Norman: University of Oklahoma Press, 1955.

Taylor, C. C., *The Farmer's Movement*, New York: American Book Company, 1953.

Taylor, George Rogers, *The Transportation Revolution 1815–1860*, New York: Routledge, 1977.

Tocqueville, Alexis De, *Democracy in America*, Garden City: Doubleday, 1966.

Turner, Frederick Jackson, *The Frontier in American History*, New York: Henry Holt and Company, 1921.

Utley, Robert M., *Custer and the Great Controversy: The Origin and Development of a Legend*, Los Angeles: Westernlore Press, 1962.

Wade, Richard C., *The Urban Frontier: The Rise of Western Cities, 1790–1830*, Washington D. C.: Howard University Press, 1959.

Washburn, Wilcomb E., *The Indian and the White Man*, Garden City; Anchor Books, 1964.

Webb, Walter P., *The Great Plains*, Boston: Ginn and Co., 1931.

Wellman, Paul I., *The Indian Wars of the West*, Garden City: Doubleday, 1954.

Wexler, Alan, *Atlas of Westward Expansion*, New York: Facts on File, 1995.

White, Richard, *It's Your Misfortune and None of My Own*, Norman: University of Oklahoma Press, 1991.

Williams, Frederick D., *The Northwest Ordinance: Essays on Its Formation, Provisions and Iegacy*, East Lansing: Michigan State University Press, 1989.

Wish, Harvey, *The American Historian*, New York: Oxford University Press, 1960.

Worster, Donald, *Rivers of Empire: Water, Aridity and the Growth of The American West*, New York: Pantheon, 1985.

Worster, Donald, *Under Western Skies: Nature and History in the American West*, New York: Oxford University Press, 1992.

Wunder, John R. ed., *Historians of American Frontier: A Bio-bibliographical Sourcebook*, New York: Greenwood Press, 1988.